Peter Wegenschimmel

Zombiewerften oder Hungerkünstler?

Schriftenreihe zur Zeitschrift für Unternehmensgeschichte

Herausgegeben im Auftrag der Gesellschaft für Unternehmensgeschichte von Carsten Burhop, Christian Kleinschmidt und Werner Plumpe

Band 33

Peter Wegenschimmel

Zombiewerften oder Hungerkünstler?

Staatlicher Schiffbau in Ostmitteleuropa nach 1970

DE GRUYTER
OLDENBOURG

Die Dissertation, auf der dieses Buch aufbaut, entstand in einem Cotutelle-Verfahren zwischen der Universität Regensburg und der Universität Wien.

ISBN 978-3-11-073937-4
e-ISBN (PDF) 978-3-11-073600-7
e-ISBN (EPUB) 978-3-11-073603-8

Library of Congress Control Number: 2021934668

Bibliografische Information der Deutschen Nationalbibliothek
Die Deutsche Nationalbibliothek verzeichnet diese Publikation in der Deutschen Nationalbibliografie; detaillierte bibliografische Daten sind im Internet über http://dnb.dnb.de abrufbar.

Einbandabbildung: Janusz Uklejewski, Werft Pariser Kommune
© European Solidarity Centre
Druck und Bindung: CPI books GmbH, Leck

www.degruyter.com

Dank

„Zombieunternehmen" und „Corona-Sozialismus" – Covid-19 hat Fragen der (Un-) Rentabilität von Unternehmen und möglicher Staatshilfen in einem Ausmaß, von dem wissenschaftliche Publikationen nur träumen können, eine mediale Bühne beschert. Das Virus hat aber auch eine ganze Promovierendenkohorte geprägt. Die Pandemie zeigt, dass gerade die erste Phase der Promotion kein Unternehmen für das Homeoffice ist. Die sich dahinter verbergenden Hürdenläufe zwischen Archiven, Bittstellungen bei Türsteherinnen und Türstehern (*gate keeper*), Feedbackschleifen mit Kolleginnen und Kollegen, Feldgespräche und Interviews lassen sich nicht auf Zoom verlegen. Hier unterscheidet sich die erste Phase der Dissertation – die Sammlung von Forschungsdaten – im Übrigen nicht wesentlich von der im Sozialismus informell geregelten Materialbeschaffung als erster Schiffbauphase. Ich bedanke mich bei den Mitarbeiterinnen und Mitarbeitern der staatlichen Archive in Zagreb und Danzig, Jerzy Sokołowski, dem letzten Vorstandsvorsitzenden der Werft Gdynia AG, sowie dem Archivteam des Privatarchives der Uljanik Group, deren Hilfsbereitschaft die Grundlage einer für zeithistorische Projekte einzigartigen archivalischen Quellenlage darstellt. Nicht übergehen möchte ich Fatima Ajanović und Marta Szymańska, die im Rahmen des Projektes „Transformations from Below: Shipyards and Labor Relations in the Uljanik (Croatia) and Gdynia (Poland) Shipyards since the 1980s" mit der Transkription der Interviews beschäftigt waren. Dasselbe gilt für David Zufić, Ana Rebić und Mateo Dragić, Studierende der Juraj Dobrila Universität, die an der Digitalisierung von kroatischen Zeitungsartikeln mitwirkten. Einen Freundesgruß schicke ich an meine Projektkollegen Piotr Filipkowski, Andrew Hodges und Stefano Petrungaro, die gemeinsam mit mir einige Interviews durchgeführt haben und deren Interviewmaterial ich zusätzlich für meine eigene Forschung verwenden durfte. Zuletzt gilt mein besonderer Dank den ehemaligen Beschäftigten der Werften, die bereit waren, ihre Zeit und ihr Insiderwissen mit mir zu teilen. Es war wohl gerade zu Beginn für sie nur allzu augenfällig, dass es sich bei mir nicht um einen geborenen „Meeresmenschen" (*ludzie morza*) handelt, sodass sie viel Geduld aufwenden mussten, um mir das Schiffbau-ABC von Ahming bis Zweitaktmotor beizubringen.

Die zweite Arbeitsphase ist zwar wie der Rohbau eines Schiffes weniger von der europäischen Reisefreiheit abhängig, doch auch sie kann von den Restriktionen rund um Covid-19 tangiert werden. Diese haben gezeigt, dass der Zugang zu einem Büro, in dem ich Bücher stapeln kann, und zu einem dort vorhandenen leistungsfähigen PC, der meine digitalisierten Forschungsdaten verträgt, keine Selbstverständlichkeit ist. Ich bedanke mich bei dem Leibniz-Institut für Ost- und

https://doi.org/10.1515/9783110736007-001

Südosteuropaforschung, dem Deutschen Historischen Institut in Warschau und dem Institute for Global Studies der University of Minneapolis, dass sie mir Räumlichkeiten und Forschungsstruktur zur Verfügung gestellt haben. Diese Annehmlichkeit lernte ich schmerzlich vermissen, nachdem sich die University of Minneapolis in den Lockdown verabschiedete. Zu diesem Zeitpunkt waren meine Familie und ich gezwungen, die USA viel früher als uns lieb war zu verlassen und wir erlebten im Anschluss eine unwegsame Odyssee aus Quarantänen und plombierten Zügen durch Zentraleuropa; doch zumindest war es mir rechtzeitig gelungen, den „Rohbau" der hier vorliegenden Arbeit im sicheren „Ausrüstungskai" zu parken. Damit traf mich der Zeitpunkt des Einschnitts durch Covid-19 weniger bitter als viele Kolleginnen und Kollegen, die der forschungspraktischen Stagnation bei gleichzeitig steigender arbeitsweltlicher Prekarität ausgeliefert waren.

Ich möchte mich bei allen Kolleginnen und Kollegen bedanken, die vom Homeoffice aus an der Ausrüstungsphase mitwirkten. Zuerst gilt mein Dank meinen Betreuern Ulf Brunnbauer und Philipp Ther, in deren Vision „Area Studies" nur in Relation zu globalen Entwicklungen sinnvoll entwickelt werden können und die deshalb als Betreuer und in ihrer eigenen Forschung emsig bemüht sind, den Niedergang des ostmitteleuropäischen Schiffbaus als Facette einer globalen Transformation des Kapitalismus zu beschreiben. Unter den vielen hilfreichen Kommentatorinnen und Kommentatoren nach unzähligen Projektvorstellungen möchte ich insbesondere Mitchell J. Larson von der Association of Business Historians und Mark Spoerer erwähnen, die sich von meiner Begeisterung für die Idee, dem weithin vernachlässigten Raum Ostmitteleuropas in der Unternehmensgeschichte mehr Aufmerksamkeit zu schenken, anstecken ließen.

Im letzten Arbeitsschritt profitierte der – wie sich später herausstellen sollte – von mir etwas schusselig zusammengeschweißte Rumpf von den Hinweisen der Gutachterin Dorothee Bohle, die dazu beitrugen, die Fallstudien in die Debatte der „Varieties of Capitalism" einzubetten, sowie den Ratschlägen der kritischen Gäste der ersten, strapazenreichen Probefahrten Melanie Arndt, Adrian Grama, Stefano Perungaro, Sabine Rutar, Natali Stegmann und Pieter Troch. Als letzte Qualitätsprüferinnen und Qualitätsprüfer vor der endgültigen „Überlieferung" agierten die Mitglieder der Study Group „Social Sorting" der Graduiertenschule für Ost- und Südosteuropastudien. Jutta Mühlenberg bin ich für ihr detailliertes Lektorat sehr verbunden.

Für die Promovierenden dehnt sich die Arbeit in allen vier Phasen häufig in Urlaube und Nachtschichten hinein aus. Ohne die Finanzierung einer Promotionsstelle im Rahmen des Projektes „Transformations from Below" durch die Deutsche Forschungsgemeinschaft und den österreichischen Wissenschaftsfonds wären diese finsteren Arbeitsstunden überhaupt die einzigen gewesen, während deren ich mich der Dissertation hätte widmen können. Ich bedanke mich deshalb bei den beiden Fördereinrichtungen, dass sie die Prekarität, die junge Forschende umgibt, für einige Jahre in Zaum hielten.

Zuletzt darf ich mich bei der Gesellschaft für Unternehmensgeschichte e. V. bedanken, deren Druckkostenzuschuss die Publikation der Arbeit ermöglicht und deren Zuerkennung des Preises für Unternehmensgeschichte ihr hoffentlich viele Leserinnen und Leser einbringt.

Wien, zweiter Lockdown 2020

Inhalt

Abkürzungen

AAN	Archiwum Akt Nowych w Warszawie (Archiv Neuer Akten in Warschau)
AARP	Archiwum Agencji Rozwoju Przemysłu (Archiv der Agentur für Industrieentwicklung)
ABl	Amtsblatt der Europäischen Union
ABU	Arhiv brodogradilišta Uljanik (Unternehmensarchiv Uljanik Group)
ACERP	Arhiv Centra za restrukturiranje i prodaju (Archiv des Zentrums für Restrukturierung und Verkauf)
AES	Association of European Shipbuilders
ANIK	Arhiv Najwyższej Izby Kontroli (Archiv der Obersten Kontrollkammer)
APG	Archiwum Państwowe w Gdańsku (Staatsarchiv in Danzig)
AWES	Association of West European Shipbuilders
CAD	Computer Aided Design
CESA	Community of European Shipbuilding Associations
dwt	deadweight tonnage
Dz.U.	Dziennik Ustaw
EU	Europäische Union
Forum	Forum Okrętowe
HDA	Hrvatski Državni Arhiv (Kroatisches Staatsarchiv)
HDZ	Hrvatska Demokratska Zajednica (Kroatische Demokratische Union)
IWF	Internationaler Währungsfonds
JUBMES	Jugoslovenska banka za međunarodnu ekonomsku saradnju (Jugoslawische Bank für Internationale Wirtschaftliche Zusammenarbeit)
KPS	Korporacja Polskie Stocznie (Vereinigung Polnische Werften)
M-Form	multi-divisional form
OOUR	Osnovna organizacija udruženog rada (Grundorganisationen der assoziierten Arbeit)
OPEC	Organization of the Petroleum Exporting Countries
OR	Organizacja rada (Arbeitsorganisationen der assoziierten Arbeit)
PiS	Prawo i Sprawiedliwość (Recht und Gerechtigkeit)
PO	Platforma Obywatelska
PZPR	Polska Zjednoczona Partia Robotnicza (Polnische Vereinigte Arbeiterpartei)
PZU	Powszechny Zakład Ubezpieczeń (Allgemeine Versicherungsanstalt)
RO	Organizacja rada (Arbeitsorganisation)
SEA	Shipyards and Maritime Equipment Association Europe
SDP	Socijaldemokratska Partija Hrvatske (Sozialdemokratische Partei Kroatiens)
Sl. List	Službeni List
SLD	Sojusz Lewicy Demokratycznej (Bund der Demokratischen Linken)
SOUR	Složena organizacija udruženog rada (Komplexe Organisation der assoziierten Arbeit)
U-Form	unitary form
Zjednoczenie	Zjednoczenie Przemysłu Okrętowego (Vereinigung der Schiffbauindustrie)
Zrzeszenie	Zrzeszenie Przedsiębiorstw Przemysłu Okrętowego (Verband der Unternehmen der Schiffbauindustrie)
ZUS	Zakład Ubezpieczeń Społecznych (Soziale Versicherungsanstalt)

https://doi.org/10.1515/9783110736007-002

Einleitung

Gerade einmal zwanzig Minuten benötigte der Richter des Handelsgerichts Pazin, bis er sein Urteil über 163 Jahre Unternehmensgeschichte der istrischen Werft Uljanik gefällt hatte. Schulden in Höhe von 164 Mio. HRK und seit über einem halben Jahr gesperrte Unternehmenskonten ließen ihm letztlich keine andere Wahl. An diesem 13. Mai 2019 eröffnete der Richter das Konkursverfahren und die traditionsreiche Schiffbaunation Kroatien „stand ohne Schiffbau da".[1] Ein ähnliches Schicksal hatte zehn Jahre zuvor die Werften in der zweiten großen Schiffbaunation Ostmitteleuropas ereilt. Am 6. Januar 2009 begann das Konkursverfahren der Werft Gdynia. Nach einem negativen Bescheid der Europäischen Kommission über die Zulässigkeit der zuvor geleisteten Beihilfen blieb der Regierung nichts anderes übrig, als die Vermögensmasse der Werft auf einer Auktion anzubieten. Die „Abwicklung der polnischen Schiffbauindustrie"[2] – symbolträchtige Wiege der Solidarność und gleichzeitig Arbeitgeber für Tausende Menschen an der Ostseeküste – löste ein politisches Trauma aus, dessen Aufarbeitung bis heute in Wahlkampfreden und Politdebatten andauert.

Unbeeindruckt von jedem juristischen Geplänkel waren die Schiffbauerinnen und -bauer überzeugt, bald wieder an ihren Arbeitsplatz zurückkehren zu können. Meine Interviewpartnerinnen und -partner berichteten von Notizblöcken, Schuhen und Teekochern, die die Beschäftigten in den Werkstätten und Hallen der Werft Gdynia zurückgelassen hatten. Auf dieselben Gegenstände trifft, wer heute einen Spaziergang durch das Pulaner Arsenal unternimmt. Die Schiffbauerinnen und -bauer der postsozialistischen Staaten sind an Krisen gewöhnt; sie sind aber auch gewöhnt, aus diesen Krisen wieder aufzustehen. Immerhin sechs Regimewechsel hatte Uljanik überdauert. Spätestens seit den 1960er-Jahren war das selbstverwaltete Unternehmen chronisch insolvent. Der Zusammenbruch des Schiffbaumarktes infolge des ersten Ölpreisschocks in den 1970er-Jahren traf die Werft Uljanik ungleich härter als die Werft in Gdynia.[3] Gleichzeitig machte

1 Barbara Ban: „Uljanik ide u stečaj, svi radnici će dobiti otkaz", in: Jutarnij List vom 13.5.2019, https://novac.jutarnji.hr/aktualno/uljanik-ide-u-stecaj-svi-radnici-ce-dobiti-otkaz/8857994/, zuletzt geprüft am 19.11.2019.

2 Pap/keb: „Specustawa stoczniowca uchwalona", in: Wprost vom 5.12.2008, https://www.wprost.pl/gospodarka/146576/Specustawa-stoczniowa-uchwalona.html, zuletzt geprüft am 11.12.2019.

3 Im vorliegenden Buch werden für geografische Bezeichnungen, für die es einen gängigen deutschen Namen gibt, wie z. B. für Danzig und Stettin, diese verwandt. Damit sind keinerlei politische Absichten verbunden. In Polen und Kroatien ist es ebenfalls üblich, für bestimmte ausländische Städte – sofern vorhanden – eigensprachliche Bezeichnungen zu verwenden. Lediglich bei Gdynia weiche ich von dieser Vorgehensweise ab, weil die Namen Gdingen und Go-

https://doi.org/10.1515/9783110736007-003

eine Reform des Selbstverwaltungssystems das Unternehmen kaum mehr steuerbar. In den 1980er-Jahren spitzte sich die Lage endgültig zu: Kontosperrungen und Produktionsausfälle prägten den Betriebsalltag. Importrestriktionen und die Inflation zwangen die Werft zu einem temporären Rückzug aus dem globalen Markt. Auch die Umwandlung in eine Aktiengesellschaft Anfang der 1990er-Jahre trug nicht dazu bei, das Ruder herumzureißen. Im Gegenteil, der Kroatienkrieg verminderte die Kreditwürdigkeit der Werft zusätzlich. Im Jahr 1995 stockte die Auszahlung der Löhne und schon wieder stand die Produktion still. Lediglich sporadisch verzeichnete die Werft in den Jahren zwischen 2000 und 2010 eine positive Geschäftstätigkeit. Die Werft Uljanik hatte also auf die institutionellen Umwälzungen, in die sie involviert war, keine überzeugende Antwort gefunden. Trotzdem „wurstelte" sie sich bis 2019 durch.[4] Kurz bevor das Unternehmen im selben Jahr Konkurs anmeldete – also gut ein Jahr bevor der Begriff mit den verheerenden wirtschaftlichen Auswirkungen der Corona-Pandemie Schlagzeilen machte – geisterte das Pejorativ „Zombieunternehmen" durch die kroatische Medienlandschaft.[5]

Das bis heute gebräuchliche Idiom, „etwas ist rentabel wie die Werft in Gdynia",[6] bezeichnet im Polnischen ein Fass ohne Boden. Es geht auf die 2000er-Jahre zurück, obschon der Geist der Unrentabilität die Werft schon viel länger begleitete. Im Jahr 1978 verzeichnete das Staatsunternehmen Pariser Kommune in Gdynia zum ersten Mal einen expliziten Geschäftsverlust. Selbst die gängigen Subventionen hatten in diesem Jahr nicht ausgereicht, die laufenden Kosten zu decken. In den Folgejahren zeigte das neu eingeführte Prinzip der unternehmerischen Selbstfinanzierung seine Zähne. 1988 entging das Unternehmen nur knapp der Liquidation. Die Ausgangslage verbesserte sich auch in den 1990er-Jahren nicht, als die Werft lernen musste, ohne den sowjetischen Markt und staatliche Exportprämien auszukommen. Bis 1994 wuchsen die Schulden auf

---

tenhafen mit der nationalistischen und nationalsozialistischen Vergangenheit verbunden sind. Eine Ausnahme von dieser Regel bilden Unternehmensnamen, die immer im Original stehen. Das als Danziger Werft im deutschen Sprachraum berühmt gewordene Unternehmen heißt hier beispielsweise Werft Gdańska.

4 Ulf Brunnbauer: Building Ships and Surviving Late Socialism. The Shipyard „Uljanik" in Pula in the 1970s and 1980s, Regensburg 2019, S. 4.

5 Marcel Holjevac: „Kako su milijarde bacili u vjetar. Kratka povijest državnih jamstava", in: Narod.hr vom 30. 3. 2019, https://narod.hr/hrvatska/kako-smo-milijarde-bacili-u-vjetar-kratka-povijest-drzavnih-jamstava, zuletzt geprüft am 4. 12. 2019.

6 Polnisch: *rentowne jak stocznia w Gdyni.*

einen Rekordwert von 5 Brd. PLN.[7] Lediglich in einem kurzen, privaten Interregnum konnte die Werft profitabel wirtschaften. Als nach dem Millennium die Schulden völlig aus dem Ruder liefen, war das Unternehmen durchgehend auf Beihilfen angewiesen. Angesichts dieser Verlustserie ist die Frage berechtigt, weshalb ausgerechnet 2009 die Beschäftigten nicht an ihren Arbeitsplatz zurückkehren konnten. „Wären wir nicht Mitglied der EU17, würden die Gewerkschafter nach Warschau kommen und die Regierung müsste zustimmen, mehr zu zahlen. Und für vier oder fünf Jahre hätten wir Ruhe."[8] Für die polnischen Medien, wie auch für die Beschäftigten der Werft Gdynia war klar, dass erst ein externer Faktor die einstudierten Verhandlungsrituale zwischen staatlichen Akteuren und der Werft aufgebrochen hatte: der Beitritt zur Europäischen Union. Ohne eine Begrenzung der Beihilfen wären die Werften Gdynia und Uljanik weiterhin unrentabel – und würden wohl trotzdem Schiffe produzieren.

Im Zentrum des vorliegenden Buches steht nicht die Faktorenanalyse des Konkurses von zwei der größten Werften Ostmitteleuropas im Anschluss an den Beitritt zur Europäischen Union. Die Kernfrage lautet also nicht: Wie konnte es zum Konkurs kommen?, sondern: Warum trat der Konkurs *erst* in den Jahren 2009 beziehungsweise 2019 ein? Wie gelang es den beiden Werften, den langen Untersuchungszeitraum – beginnend in den 1970er-Jahren – trotz chronischer Unrentabilität zu überleben? Welche Legitimationsstrategien kompensierten das Scheitern der jeweiligen Unternehmen an der Ostsee beziehungsweise am Adriatischen Meer? Welche gesellschaftlichen Variablen überlagerten die Key-Performance-Indikatoren zur Rechtfertigung ihrer Subventionierung?

Unrentable Unternehmen: Ausnahme oder Emblem?

Ähnlich wie die Beschäftigten der Werften Gdynia und Uljanik setzen die meisten unternehmenshistorischen Arbeiten das Überleben eines Unternehmens als Normalfall voraus.[9] Die Gefahr von Pfadabhängigkeiten, die in Sackgassen enden, ein überhitzter globaler Wettbewerb in einem gesättigten Markt und die Fragilität

7 Bedingt durch die hohe Inflationsrate der frühen 1990er-Jahre kam es 1995 zu einer Denomination des *Złoty* durch Streichung von vier Nullen.

8 Witold M. Orłowski: „Smutna historia naszych stoczni", in: Gazeta Wyborcza vom 18.7.2008, S. 29.

9 Werner Plumpe: „Die Unwahrscheinlichkeit des Jubiläums – oder: warum Unternehmen nur historisch erklärt werden können", in: Jahrbuch für Wirtschaftsgeschichte 44 (2003), Nr. 1, S. 143–156, hier S. 156.

junger Wirtschaftssysteme entlarven diesen Eindruck als Facette einer Survivorship Bias. Immerhin ereignete sich ab den späten 1980er-Jahren in Ostmitteleuropa ein Massensterben in der Unternehmenspopulation.[10] Ulrike Schulz spricht vom „unwahrscheinlichen Überleben" des von ihr untersuchten volkseigenen Betriebs Simson.[11] Der Unternehmenshistoriker Werner Plumpe weist darauf hin, dass sich diese Unwahrscheinlichkeit nur fallbezogen im historisch-gesellschaftlichen Kontext erklären lässt.[12] Der Kontext beeinflusst nicht nur die Handlungsoptionen des jeweiligen Unternehmens, sondern auch die Beurteilung seines Ziels und seiner Geschäftstätigkeit. So schlagen sich Transformationsprozesse auch in scheinbar objektiven Überlebensindikatoren und Unternehmensbilanzen nieder. Zum einen kennt die „lange und komplexe Geschichte"[13] der wirtschaftlichen Erfolgsmessung also selbst „Phasen der Krise und radikalen Transformation"[14]. Die Umwertung aller Werte, die mit der spätsozialistischen Transformationsphase einherging, implizierte eine „‚uneindeutige' Referenzialisierung und ihr [der Zahlen; P. W.] gebrochenes Verhältnis zu dem, was die Akteure in pragmatischer Abkürzung als ‚Realität' apostrophieren"[15]. Zum anderen können staatliche Akteure durch Interventionen die kontingenten Rentabilitätsurteile aus unterschiedlichen Motiven aufheben. Die Bewertung von Unternehmen als rentabel beziehungsweise unrentabel bildet somit eine äußerst dynamische Relation vielfältiger gesellschaftlicher Beziehungen.

Handelt es sich bei den Werften Gdynia und Uljanik um „permanently failing organizations"[16]? Dieses organisationstheoretische Konzept aus den späten 1980er-Jahren bietet einen Erklärungsansatz für das Auseinanderklaffen zwischen Überlebenschance und Rentabilität. Marshall Meyer und Lynne Zucker betonen, dass besonders in ambivalenten Kontexten mit verquickten Interessenlagen die Wahrscheinlichkeit für eine Abkopplung von Geschäftsergebnissen und Überlebensaussicht steigt. Der lange Atem beider Unternehmen deutet darauf

---

10 Andrzej Karpiński/Stanisław Paradysz/Paweł Soroka/Wiesław Żółtkowski: Jak powstawały i jak upadały zakłady przemysłowe w Polsce, Warszawa 2013.

11 Ulrike Schulz: Simson. Vom unwahrscheinlichen Überleben eines Unternehmens 1856–1993, 2. Aufl., Göttingen 2013.

12 Plumpe: „Unwahrscheinlichkeit".

13 Michael Power: „Counting, Control and Calculation. Reflections on Measuring and Management", in: Human Relations 57 (2004), Nr. 6, S. 765–783, hier S. 766.

14 Uwe Vormbusch: „Performative Entdeckungsverfahren und die Krise von Wert", in: Jürgen Beyer/Konstanze Senge (Hg.): Finanzmarktsoziologie. Entscheidungen, Ungewissheit und Geldordnung, Wiesbaden 2018, S. 93–106, hier S. 93.

15 Ebd., S. 100.

16 Marshall Meyer/Lynne G. Zucker: Permanently Failing Organizations, Newbury Park u. a. 1989.

hin, dass das „survivial of the fittest"-Paradigma im Kontext der Transformation nur gebrochen Anwendung findet. Entsprechend argumentieren Gernot Grabher und David Stark in einer frühen wirtschaftssoziologischen Analyse der wirtschaftlichen Umwälzungen in Osteuropa: „Fitness is not an absolute and invariant quantity".[17] In der folgenden Untersuchung wird sich zeigen, wieso die Transformationsphase Ostmitteleuropas im Übergang von Spät- zu Postsozialismus einen fruchtbaren Nährboden für das Phänomen langfristigen Unternehmensversagens bietet.

Hungerkünstler wie Uljanik oder die Werft Gdynia ernährten sich von Widersprüchen und Ambivalenzen. Der Wirtschaftshistoriker Dariusz Grala erwähnt den widersprüchlichen und voluntaristischen Charakter der polnischen Wirtschaftsreform der 1980er-Jahre, die den Großunternehmen Ausnahmeregelungen einräumte, anstatt die ursprünglich geplante Nivellierung der Unternehmen durchzusetzen.[18] In Jugoslawien zeitigte ein Gesetz aus dem Jahr 1980,[19] das eigentlich die Verfügungsrechte der staatlichen Akteure in puncto Liquidation stärken sollte, unbeabsichtigte Folgen. Kurzsichtige Vorstoße, die Selbsterhaltungstriebe jugoslawischer Unternehmen zu stimulieren, hatten ungewollt zum Anstieg der Zahl staatlich kontrollierter unrentabler Unternehmen beigetragen.

Auch in der nächsten Reformphase Ende der 1980er-Jahre und vor allem zu Beginn der 1990er-Jahre boten die beiden Staaten keine kohärente Neudefinition der Ausschlusskriterien unrentabler Unternehmen. Der sozialistische Staat hatte eine Lücke auf der Eigentümer- und Kontrollposition zurückgelassen, die – ideologisch und ressourcenbedingt – von den staatlichen Aktionären nicht ausgefüllt werden konnte.[20] Staatliche Akteure, denen die Privatisierungsressorts die Entstaatlichung der Wirtschaft anvertraut hatten, entwickelten sich unversehens zu „agents of étatization"[21], ohne dass sie eine politisch ausverhandelte Anleitung zum Umgang mit unrentablen Unternehmen an die Hand bekamen. Die Unentschlossenheit der letztlich haftenden Eigentümerstelle bewirkte, dass sich trotz fehlender Rentabilität diejenigen Akteure durchsetzen konnten, die vom Überleben des Unternehmens

17 Gernot Grabher/David Stark: „Organizing Diversity. Evolutionary Theory, Network Analysis, and Post-Socialism", in: dies. (Hg.): Restructuring Networks in Post-Socialism. Legacies, Linkages, and Localities, Oxford, New York 1997, S. 1–32, hier S. 4.

18 Dariusz T. Grala: Reformy gospodarcze w PRL 1982–1989. Próba uratowania socjalizmu, Warszawa 2005, S. 183–184.

19 *Zakon o sanaciji i prestanku organizacija udruženog rada*, in: Sl. list SFRJ (1980), 41.

20 Piotr Kozarzewski: Polityka właścicielska państwa w okresie transformacji systemowej. Próba syntezy, Lublin 2019, S. 131–136.

21 David Stark: „Recombinant Property in East European Capitalism", in: American Journal of Sociology 101 (1996), Nr. 4, S. 993–1027, hier S. 1001.

profitierten.[22] Dazu gehörten in erster Linie die Beschäftigten und ihre Vertreterinnen und Vertreter. Maciej Bałtowski und Tomasz Mickiewicz bezeichnen den Fall, in dem sich nicht etwa die politischen Eliten durch Rent-Seeking bereichern, sondern umgekehrt Unternehmen und ihre Beschäftigten das Staatsbudget schröpfen, als „politischen Kapitalismus à rebours".[23]

Organisationsgeschichte des Staates

Durch das auf den ersten Blick parasitäre Verhältnis zwischen Unternehmen und staatlichen Akteuren tritt der Staat deutlich als Schlüsselakteur in der Überlebensgeschichte der beiden Werften hervor. „The state is always in" – die Forschungsprogrammatik der Unternehmenshistoriker Philip Scranton und Patrick Fridenson scheint auf den ersten Blick trivial.[24] Die weniger triviale forschungspraktische Herausforderung für unternehmenshistorische Arbeiten im spät- und postsozialistischen Kontext besteht darin, den Staat selbst als historischen Akteur mit einer strukturell-organisationalen Dimension zu entwickeln. Hier hat insbesondere die postjugoslawische Historiografie Nachholbedarf.[25] Viele Sozialwissenschaftlerinnen und -wissenschaftler sowie später Historikerinnen und Historiker hatten lange Zeit die Maxime des Architekten der jugoslawischen Selbstverwaltung Edvard Kardelj vom absterbenden Staat unhinterfragt übernommen.[26] Insofern ist der Originalität der jugoslawischen Selbstverwaltung eine wissenschaftliche Vernachlässigung des staatlichen Einflusses auf der Unternehmensebene geschuldet. Erst nach dem Zerfall Jugoslawiens begannen einzelne Historikerinnen und Historiker der Unternehmensgeschichte, die Rolle des Staates in den selbstverwalteten Unternehmen zu rekonstruieren. In einem 2020 erschienenen Artikel versucht Pieter Troch diesen blinden Fleck nachträglich zu kolorieren. Seine Fallstudie über den Holzwirtschaftsbetrieb Kosmet Šper im Kosovo bekräftigt den Einfluss des

22 Meyer/Zucker: Permanently Failing Organizations.

23 Maciej Bałtowski/Tomasz Mickiewicz: „Prywatyzacja a ład korporacyjny. Polska w perspektywie porównawczej krajów Nowej Unii", in: Raport o przekształceniach własnościowych w 2007 roku, Warszawa 2009, S. 223–257, hier S. 253.

24 Philip Scranton/Patrick Fridenson: Reimagining Business History, Baltimore 2013, S. 16–22.

25 Marcelo Bucheli/Jin Uk Kim: „The State as a Historical Construct in Organization Studies", in: Marcelo Bucheli/Daniel Wadhwani (Hg.): Organizations in Time. History, Theory, Methods, Oxford 2014, S. 241–262, hier S. 242.

26 Beispielhaft dafür stehen die industriesoziologischen Untersuchungen von Veljko Rus: „Influence Structure in Yugoslav Enterprises", in: Industrial Relations 9 (1970), Nr. 2, S. 148–160 oder Josip Županov: Sociologija i samoupravljane, 2. Aufl., Zagreb 1987.

Staates in strategischen Entscheidungen. Er konstatiert: „State paternalism is dynamic and multifaceted".[27] Auch die in diesem Buch besprochenen Fallstudien erfordern eine historische Analyse der Dynamiken und Facetten staatlicher Interventionen.

Mit Beginn der spätsozialistischen Reformen unterlag die Staatlichkeit einem durchdringenden Wandel.[28] Bis dahin war zumindest in der staatssozialistischen Variante die Eigentümerkontrolle über Wirtschaftsorganisationen ein zentraler Aspekt des „bürokratischen Leviathans"[29] des Staatsapparates gewesen. Nun gingen die spätsozialistischen Reformen nicht so weit, an der staatlichen Eigentümerschaft per se zu rütteln; sie machten aber die Repräsentation der Eigentümerschaft brüchig und schränkten die daran geknüpften Rechte ein – insbesondere die Rechte der staatlichen Planungsorgane und der vermittelnden bürokratischen Koordinierungsinstanzen. Die Variante des jugoslawischen Selbstverwaltungssozialismus hingegen zeigt, dass Staatspaternalismus nicht notwendigerweise eine Funktion von Eigentümerkontrolle und der direkten Unterordnung der Unternehmen unter politische Organe war. In diesem Fall forcierten die spätsozialistischen Reformen die Koordinierungsfunktion des Staates und verwandelten ihn selbst immer mehr in einen Unternehmerstaat.[30]

Die Phase des Postsozialismus macht laut Anna Grzymala-Busse und Pauline Jones Luong eine Rekonzeptualisierung des Staatsbegriffs erforderlich: „The post-communist experience has much to tell us about how the state *becomes*".[31] Die Politikwissenschaftlerinnen argumentieren, postkommunistische Staaten seien weder stabile noch kohärente Akteure, die sich scharf von anderen Gesellschaftsbereichen trennen ließen. Charakteristisch ist die Vielzahl an Rollen, in denen der postsozialistische Staat auftritt. Als Gesetzgeber schaffte er die Rahmenbedingungen für unternehmerisches Handeln; als Eigentümer verfügte er über Kontrollrechte in ausgewählten Unternehmen; als Partner beteiligte er sich

---

27 Pieter Troch: „Tensions between Plan and Market in Socialist Kosovo.", in: Business History (2020), DOI: 10.1080/00076791.2020.1733981.

28 Joachim von Puttkamer: „Der schwere Abschied vom Volkseigentum. Wirtschaftliche Reformdebatten in Polen und Ostmitteleuropa in den 1980er Jahren", in: Norbert Frei/Dietmar Süß (Hg.): Privatisierung. Idee und Praxis seit den 1970er Jahren, Göttingen 2012, S. 158 – 183; Susan L. Woodward: „Reforming a Socialist State. Ideology and Public Finance in Yugoslavia", in: World Politics 41 (1989), Nr. 2, S. 267 – 305, hier S. 274.

29 Maria Hirszowicz: The Bureaucratic Leviathan. A Study in the Sociology of Communism, New York 1980.

30 Milica Uvalić: Investment and Property Rights in Yugoslavia. The Long Transition to a Market Economy, Cambridge 1992, S. 57 – 65.

31 Anna Grzymala-Busse/Pauline Jones Luong: „Reconceptualizing the State. Lessons from Post-Communism", in: Politics & Society 30 (2002), Nr. 4, S. 529 – 554, hier S. 530 (Hervorh. i. Orig.).

an der Finanzierung von Modernisierungsprojekten und als Vermittler schaltete er sich zwischen Unternehmen oder Sozialpartnern ein. In seiner Feldforschung stößt Ivan Rajković im postjugoslawischen Kontext außerdem auf die Rolle des Distributors, der für Ansprüche aller Art aufkommen soll.[32] Bei dieser Bandbreite kam es zwischen den einzelnen Organisationen unvermeidlich zu überlappenden Kompetenzen und damit auch zu Konflikten.[33] Die Eigentümerkontrolle über die Unternehmen in Staatshand war eines dieser Konfliktfelder. Während einige staatliche Akteure auf eine konsequente Umsetzung der marktwirtschaftlichen Reformen pochten, versuchten andere, sich als starke Eigentümer gegenüber den Unternehmen zu positionieren. Mit derselben Vehemenz, mit der manche politischen Gruppierungen eine Zerschlagung der Großunternehmen forcierten, forderten andere eine Konsolidierung in branchenumfassenden Holdings.

Mit der Aufgabe der Rechtsform staatlicher beziehungsweise selbstverwalteter Unternehmen 1991 hatte sich die interorganisationale Dynamik zwischen staatlichen Akteuren und Wirtschaftsorganisationen spürbar verändert. Die Organisationstheoretikerin Olga Suhomlinova hält fest: „The redefinition of the relationships between the state and organizations is at the centre of the post-socialist transformations."[34] Die vorliegende Arbeit greift zur Analyse der sich neu justierenden Beziehungen zwischen staatlichen Akteuren und den beiden Werften Gdynia und Uljanik auf Konzepte der neoinstitutionalistischen Organisationstheorie zurück. Nach Glenn R. Carroll, Jerry Goodstein und Antal Gyenes ist diese theoretische Perspektive besonders für jene Organisationen fruchtbar, die sich in einer Situation befinden, in der staatliche Akteure eine ähnlich dominante Rolle wie in sozialistischen Volkswirtschaften besetzen.[35] Indem neoinstitutionalistische Konzepte Legitimitätsfragen[36] und heterogene Umwelteinflüsse[37] als konstitutiv für die Organisationsform von Unternehmen betrachten, bieten sie alternative Erklärungsmodelle für das Überleben unrentabler Unternehmen und ermöglichen einen Brückenschlag zu Konzepten des Public und Non-Profit-

32 Ivan Rajković: „Concern for the State. Normality, State Effect and Distributional Claims in Serbia", in: Glasnik Etnografskog Instituta SANU, Nr. LXV/1 (2017), S. 31–15, hier S. 37.

33 Olga Suhomlinova: „Property Rules. State Fragmentation, Industry Heterogeneity and Property Rights in the Russian Oil Industry, 1992–2006", in: Human Relations 60 (2007), Nr. 10, S. 1443–1466.

34 Dies: „Property Rules", S. 1443.

35 Glenn R. Carroll/Jerry Goodstein/Antal Gyenes: „Organizations and the State. Effects of the Institutional Environment on Agricultural Cooperatives in Hungary", in: Administrative Science Quarterly 33 (1988), Nr. 2, S. 233–256, hier S. 237.

36 John W. Meyer/Brian Rowan: „Institutionalized Organizations. Formal Structure as Myth and Ceremony", in: The American Journal of Sociology 83 (1977), Nr. 2, S. 340–363, hier S. 352.

37 Meyer/Zucker: Permanently Failing Organizations.

Managements. Immerhin überwiegt in den Debatten im Umkreis der beiden Werften Uljanik und Gdynia die Annahme, das Unternehmensziel habe nicht darin bestanden, Profite zu maximieren, sondern Verluste zu minimieren.

Staatliche Industrie in Transformation

Die Instabilität politischer Kompromisse und die widersprüchlichen Zugänge einzelner staatlicher Akteure kennzeichnen gesamtgesellschaftliche Transformationen. Diese Phasen sind geprägt von beschleunigtem, disruptivem Wandel. Das Zentrum dieses Wandels ist schwer lokalisierbar und der Prozess daher kaum steuerbar.[38] Die Transformation ist horizontal gleichzeitig auf mehrere Gesellschaftsbereiche wie Politik und Wirtschaft verstreut und sickert vertikal bis auf die Mikroebene hinab. Obschon sie alle drei Untersuchungsebenen – Unternehmen, Branche und Staat – umfasst, entwickelt der Prozess doch auf jeder Ebene eine eigene Dynamik. Der Mehrwert der vorliegenden Analyse für die historische Transformationsforschung besteht nun einerseits in der bisher kaum anzutreffenden Anwendung als Branchen- beziehungsweise Organisationsbegriff[39] und andererseits in der Tiefenanalyse der Verzahnung dieser unterschiedlichen Dynamiken. Was bedeutet die gesamtgesellschaftliche Transformation für die einzelnen Werften und inwiefern erweisen sie sich als Linsen, an denen sich gesamtgesellschaftliche Prozesse brechen?

Die Gleichzeitigkeit und Umfassendheit dieses Prozesses bedingen eine hohe gesellschaftliche Fragilität.[40] Das einzelne Unternehmen kann sich bei seinem Organisationswandel nicht länger an die im Sozialismus weisungsberechtigten Akteure der Branchen- oder Staatsebene halten, da diese selbst dem Wandel unterliegen. Unter diesen unübersichtlichen Bedingungen fahren viele Organisationen auf Sicht. Es kommt immer wieder zu Verzögerungen und Pfadabhängigkeiten, Inertia oder gar Widerstand machen sich breit. Sie stehen für das Zurückschlagen des „Polanyischen Pendels“ in Richtung soziales Schutzbedürfnis,

---

38 Raj Kollmorgen/Wolfgang Merkel/Hans-Jürgen Wagener: „Transformation und Transformationsforschung. Zur Einführung“, in: Raj Kollmorgen/Wolfgang Merkel/Hans-Jürgen Wagener (Hg.): Handbuch Transformationsforschung, Wiesbaden 2014, S. 11–27, hier S. 17.

39 Zur Anwendung des Transformationsbegriffs innerhalb einer Organisation siehe Elizabeth Dunn: Privatizing Poland. Baby Food, Big Business, and the Remaking of Labor, Ithaca 2004.

40 Vgl. Claus Offe: „Das Dilemma der Gleichzeitigkeit“, in: Merkur 45 (1991), Nr. 505, S. 279–292.

das der Historiker Philipp Ther in den Ländern Ostmitteleuropas, aber nicht ausschließlich dort, beobachtet.[41]

Die Pendelbewegungen der Transformation treten im Bereich der Wirtschaftspolitik deutlich zutage und problematisieren das Bild einer „neoliberalen Hegemonie" in Ostmitteleuropa.[42] Wenn überhaupt, dann kam in Kroatien und Polen eine Schocktherapie nur kurz und nicht etwa landesweit, sondern lediglich lückenhaft zur Anwendung – eben dort, wo sich Wirtschaftsorganisationen und ihre Beschäftigten nicht zu helfen wussten.[43] In den kampferprobten Großunternehmen aus der Schwerindustrie setzten die Regierungen hingegen Verstaatlichung als Mittel einer Sozialpolitik ein, die darauf zielte, gesellschaftliche Unruhe zu regulieren.[44]

Die Trägheit der staatlichen Eigentümerschaft in Schlüsselindustrien stellt den dritten Pfeiler der von Ther beschriebenen Hegemonie, die Privatisierung, infrage. Nicht ohne Grund gehörten die postsozialistischen Länder Ostmitteleuropas gemessen am Anteil der staatlichen Unternehmen am Bruttoinlandsprodukt und an der Gesamtbeschäftigung in sämtlichen Studien der letzten Jahrzehnte dem europäischen Spitzenfeld an.[45] Einer Studie des Internationalen Währungsfonds aus dem Jahr 2019 zufolge lag in Polen der Anteil der staatlichen Unternehmen an der Gesamtbeschäftigung und an der Wertschöpfung in der gesamten Europäischen Union am höchsten.[46] Jede und jeder achte Beschäftigte arbeitet hier in einem staatlichen Unternehmen. In derselben Studie belegt Kroatien nach Slowenien den zweiten Platz in Hinblick auf die Anzahl der Staatsunternehmen pro Einwohnerin beziehungsweise Einwohner. Auf eine Million Einwohnerinnen beziehungsweise Einwohner kommen immerhin 260 staatliche Unternehmen.

---

41 Philipp Ther: Das andere Ende der Geschichte. Über die Große Transformation, Berlin 2019, S. 18.

42 Ders.: Die neue Ordnung auf dem alten Kontinent. Eine Geschichte des neoliberalen Europa, Berlin 2014.

43 Aleksandra Leyk/Joanna Wawrzyniak: Cięcia. Mówiona historia transformacji, Warszawa 2020, S. 15–51.

44 Vgl. Pieter Vanhuysse: Divide and Pacify. Strategic Social Policies and Political Protests in Post-Communist Democracies, Budapest/New York 2006.

45 Siehe dazu Uwe Böwer: State-Owned Enterprises in Emerging Europe. The Good, the Bad, and the Ugly, Washington, D. C. 2017; Christine Richmond: Reassessing the Role of State-Owned Enterprises in Central, Eastern, and Southeastern Europe, Washington, D. C. 2019.

46 International Monetary Fund: Reassessing the Role of State-Owned Enterprises in Central, Eastern, and Southeastern Europe 11 (2019), Nr. 19, https://www.imf.org/-/media/Files/Publications/DP/2019/English/RRSOECESEEEA.ashx, zuletzt geprüft am 24.8.2020.

Obwohl die Bedeutung staatlicher Unternehmen in den Ländern Ostmitteleuropas empirisch erwiesen ist, gibt es keine wirtschaftshistorischen Untersuchungen zu ihrer Genese und Entwicklung in den jeweiligen Volkswirtschaften. Die maßgeblichen Analysen zur Transformation der Schwerindustrie beschäftigen sich mit anderen Faktoren, zum Beispiel dem Einfluss ausländischer Direktinvestitionen[47] oder gewerkschaftlicher Akteure[48]. Sie geben aber keine Antwort auf die Frage, was es bedeutet, ein Staatsunternehmen nach dem Sozialismus zu sein. Nach welchen betriebswirtschaftlichen Logiken funktionieren sie? Welchen weit gefassten öffentlichen Zweck erfüllen sie? Die hier präsentierten Unternehmensgeschichten zweier Großwerften in staatlicher Hand können dazu einen wichtigen Beitrag liefern.[49]

Vergleichende Unternehmensgeschichte

Die vergleichende Forschungsstrategie zählt zu den maßgebenden Ansätzen einer analytischen Geschichtsschreibung. Der Mehrwert der Betrachtung eines Phänomens in zwei sozialen Kontexten besteht in der Multiplikation der Perspektiven, die die Bedingung für eine Unterscheidung zwischen Phänomen und Kontext darstellt. Erst diese Differenzierung ermöglicht eine „präzise kontextkontrollierte Generalisierung"[50] und konkret die Überprüfung des Einflusses zweier unterschiedlicher Kontexte auf das Phänomen des Überlebens unrentabler Unternehmen. Die hier betrachteten Kontexte unterscheiden sich in den Spielarten des Sozialismus und damit auch in den postsozialistischen Pfadabhängigkeiten, in industriepolitischen Entscheidungen zu Beginn der marktwirtschaftlichen Transformation, in einer zeitlich versetzten Integration in supranationale Bezugsrahmen und der gesellschaftlichen Einbettung der Unternehmen auf regio-

---

47 Jan Drahokoupil: Globalization and the State in Central and Eastern Europe. The Politics of Foreign Direct Investment, London 2009.

48 Vera Trappmann: Fallen Heroes in Global Capitalism. Workers and the Restructuring of the Polish Steel Industry, Houndsmill 2013.

49 Für den polnischen Kontext erachtet Maciej Tymiński die Unternehmensgeschichte als einen deutlichen Transformationsverlierer: „Scholars prepared new analyses of the economic history of particular countries, but these studies mainly examined how central planning functioned in general terms, with only a brief mention of the role of enterprises within the system or the informal mechanisms emerging in the socialist economy." Ders.: „Managers in the Command Economy. Case Studies from Poland, 1956–1970", in: Business History 113 (2019), Nr. 3, S. 1–27, hier S. 3.

50 Thomas Welskopp: „Stolpersteine auf dem Königsweg. Methodenkritische Anmerkungen zum internationalen Vergleich in der Gesellschaftsgeschichte", in: Archiv für Sozialgeschichte 35 (1995), S. 339–367, hier S. 346.

naler Ebene. Im Gegenzug sollte die Auswahl zweier strukturell ähnlicher Unternehmen dazu beitragen, die kontextuellen Unterschiede möglichst kontrollierbar zu halten.[51] Die beiden Fälle verbindet neben der Zugehörigkeit zur Schiffbaubranche ihr sozialistisches Erbe und die Erfahrung einer Transformation. Schlüsselkriterien für die Fallauswahl waren eine verzögerte Privatisierung und ein anhaltender staatlicher Interventionismus auch nach der Kommerzialisierung. Beide Unternehmen hatten während des jeweiligen Höchststandes eine ähnliche Beschäftigtenzahl, sodass der Größenmaßstab kein gravierendes methodisches Problem darstellt. Das jeweilige Zusammenspiel von Überschneidungen und Differenzen bildet die Variationen hinsichtlich des Phänomens unrentabler Unternehmen, die hier untersucht werden sollen.[52] Der von Charles Tilly in den 1980er-Jahren beschriebene „Variationen identifizierende Vergleich"[53] hat sich in der Vergangenheit als besonders geeignet für die Unternehmensgeschichte herausgestellt.[54]

Der internationale Vergleich stellt eine Sonderform der vergleichenden Unternehmensgeschichte dar. Er fügt den übrigen Dimensionen einer Unternehmensgeschichte eine „Betrachtungsebene hinzu, die *die Wirkung politischer Faktoren in nationalstaatlich verfassten Gesellschaften* in die Analyse einbezieht".[55] Mithilfe dieser Strategie lässt sich belegen, welche Rolle dem Staat in der Entwicklung und Erhaltung der Schiffbauindustrie zukommt. Dabei darf er weitere Faktoren unterhalb der nationalen Ebene bei der Entwicklung der Unternehmen nicht verdecken; dazu zählen etwa die regionale Einbettung der Unternehmen, die sichtbare Hand einzelner Direktoren und die Position der Gewerkschaften. Insbesondere „die Frage nach nationalen Stilen versus Branchenspezifika" stellt nach Paul Erker eine zentrale Leitfrage unternehmenshistorischer Arbeiten dar.[56] Erst das Zusammenspiel der einzelnen Ebenen – etwa der regionalen, nationalen und supranationalen – beziehungsweise der Branchen-

51 Arend Lijphart: „The Comparable-Cases Strategy in Comparative Research", in: Comparative Political Studies 8/2 (1975), S. 158–177.

52 Thomas Welskopp: „Unternehmenskulturen im internationalen Vergleich – oder integrale Unternehmensgeschichte in typisierender Absicht?", in: Hartmut Berghoff/Jakob Vogel (Hg.): Wirtschaftsgeschichte als Kulturgeschichte. Dimensionen eines Perspektivenwechsels, Frankfurt am Main/New York 2004, S. 265–294, hier S. 288.

53 Charles Tilly: Big Structures, Large Processes, Huge Comparisons, New York 1984.

54 Welskopp: „Unternehmenskulturen", S. 279.

55 Ebd., S. 282 (Hervorh. i. Orig.).

56 Paul Erker: „Aufbruch zu neuen Paradigmen. Unternehmensgeschichte zwischen sozialgeschichtlicher und betriebswirtschaftlicher Erweiterung", in: Archiv für Sozialgeschichte 37 (1997), S. 321–365, hier S. 327.

spezifika produziert die historischen Variationen zwischen den beiden Werften in Hinblick auf die Rolle des Staates.

Die differenzierte Verschränkung der verschiedenen Ebenen ist der entscheidende Vorzug der vergleichenden Unternehmensgeschichte. Sie macht die mikroökonomische Perspektive der Unternehmen als Grundeinheiten der Analyse weit über die Subdisziplin hinaus relevant. Unternehmen werden zu Brenngläsern für gesellschaftliche Transformationsprozesse. Unternehmen sind selbst fragile, mit multiplen gesellschaftlichen Kontexten verflochtene Institutionen im Wandel, die in der Lage sind, sozialhistorisch relevante Fragestellungen aufzuwerfen; die Unternehmensgeschichte tritt als Gesellschaftsgeschichte auf.[57] Insofern können Unternehmen sogar dazu beitragen, das übermächtige Bild einer neoliberalen Revolution in Ostmitteleuropa nach 1989 zu kippen.

Politökonomische Variationen

Die Vergleichsperspektive umfasst neben der Unternehmensebene auch die Branchen- und die Staatsebene sowie die Wechselwirkungen zwischen den einzelnen Ebenen. Die Erweiterung des Analysespektrums um die „Einbettung der Unternehmen in den makroökonomischen und gesellschaftlichen Kontext"[58] macht die vergleichende Unternehmensgeschichte prinzipiell für den „Varieties-of-Capitalism"-Ansatz anschlussfähig. Das Charakteristikum dieses Ansatzes besteht darin, die makro- und die mikroökonomische Ebene miteinander in Beziehung zu setzen: „[T]his is a firm-centered political economy that regards companies as the crucial actors in a capitalist economy".[59]

Wenngleich die Vertreterinnen und Vertreter dieses Ansatzes in Ostmitteleuropa die spätsozialistischen Wirtschaftsregime keiner expliziten Analyse unterziehen, so betonen sie doch die konstitutive Kraft des sozialistischen Erbes.[60] Hier gilt es festzuhalten, dass die beiden Werften zu Beginn des Untersuchungszeitraums in zwei in der Wirtschaftsgeschichte meist voneinander getrennten Spielarten des Sozialismus verortet sind: im Selbstverwaltungssozialismus und im Staatssozialismus. Die Unternehmensperspektive bietet die Gelegenheit, das

57 Hartmut Berghoff: Zwischen Kleinstadt und Weltmarkt. Hohner und die Harmonika 1857–1961. Unternehmensgeschichte als Gesellschaftsgeschichte, Paderborn 2006.

58 Thomas Welskopp: „Unternehmenskulturen", S. 287 f.

59 Peter A. Hall/David Soskice: „Introduction", in: dies. (Hg.): Varieties of Capitalism. The Institutional Foundations of Comparative Advantage, Oxford 2001, S. 1–68, hier S. 6.

60 Dorothee Bohle/Béla Greskovits: Capitalist Diversity on Europe's Periphery, Ithaca/London 2012, S. 4.

scharfe, oft ideologisch verstärkte Schisma zwischen den beiden politökonomischen Regimen zu hinterfragen. Trotz der im empirischen Teil registrierten Varianz in vielen Aspekten, zeigen die Fallstudien in anderen Punkten überraschende Ähnlichkeiten, etwa in den weichen Budgetbeschränkungen oder den porösen Grenzen zwischen Unternehmen und ihrer lokalen Umwelt.[61]

Für die Phase des Postsozialismus identifizieren Dorothee Bohle und Béla Greskovits in den beiden Ländern Polen und Kroatien eine übereinstimmende Spielart des Kapitalismus: ein „embedded neoliberal regime".[62] In dieser Variante ist der Anteil der Kompensationszahlungen am Bruttoinlandsprodukt überproportional ausgeprägt. Kompensationen bezeichnen in diesem Ansatz die Aufwendung finanzieller Mittel, um die Kosten der Transformation zu lindern: „[C]ompensation is a common denominator for widely varying types of state intervention ranging from sheltering inherited domestic and new transnational industries by tariffs, subsidies, and special regulations to social welfare policies".[63]

Die mikroanalytische Unternehmensperspektive ergänzt diesen Generalisierungsversuch in zwei wesentlichen Bereichen. Zum einen konkretisiert sie branchenspezifische Unterschiede, die bereits der hybride Begriff des „eingebettet neoliberalen Regimes" andeutet. Während der Neoliberalismus die Textilindustrie Kroatiens und Polens schon in den 1990er-Jahren mit voller Wucht traf, fielen die Kompensationszahlungen an den Schiffbau deutlich höher aus.[64] Die hier angenommene Unternehmensperspektive spezifiziert das Konzept, indem sie innerhalb einer neoliberalen Hegemonie eine gleichzeitig existierende kleine Teilmenge Gleicherer unter Gleichen beschreibt, die nicht nach denselben Spielregeln spielt. Zum anderen verdichtet sie die politökonomische Beschreibung, indem sie anhand von Indikatoren wie Eigentümerstruktur, Corporate Governance sowie Subventionsregime zusätzliche Variationen herausarbeitet.

Die für die Länder mit „eingebettet neoliberalen Regimen" – im Unterschied zu den neoliberalen Regimen – charakteristische Kompensationsbereitschaft trifft laut der Politökonomin Aleksandra Sznajder Lee in Ostmitteleuropa auf heterogene Staatskapazitäten. In ihrer Studie zur Restrukturierung sozialistischer Behemoths aus der Stahlindustrie stellt sie fest:

61 Vgl. Uvalić: Investment, S. 57–65.

62 Bohle/Greskovits: Capitalist Diversity.

63 Ebd., S. 29.

64 Siehe zu branchespezifischen Unterschieden im ostmitteleuropäischen Kapitalismus Béla Greskovits: „Leading Sectors and the Variety of Capitalism in Eastern Europe", in: John Pickles (Hg.): State and Society in Post-Socialist Economies, Basingstoke 2008, S. 19–46.

> „[R]elatively high state capacity is a double-edged sword. Although institutional strength and sophistication can be employed to discipline firms into engaging in market-oriented behavior, it may also enable political actors to shield enterprises from market pressures and promote political and personal preferences that are potentially inefficient.“[65]

Wenngleich Sznajder Lee mit der Wahl ihrer Schlüsselvariable sehr wohl in der Lage ist, Paradoxien und Ambivalenzen der Restrukturierung von Großunternehmen aufzuzeigen, gelingt es erst mit einem Fokus auf den Organisationswandel sowohl aufseiten des Staates als auch aufseiten des Unternehmens, die historische Transformation der Produktionsregime entsprechend zu beschreiben.

Die folgenden Fragen helfen dabei, die singulären Unternehmensgeschichten der beiden Werften Gdynia und Uljanik in die nationalen Produktionsregime einzubetten, die Fälle zu vergleichen und Variationen im Verhältnis zu staatlichen Akteuren herauszuarbeiten: Wie äußern sich die Pfadabhängigkeiten der unterschiedlichen Varianten des Sozialismus hinsichtlich der Organisation der staatlichen Kontrolle und der Verhandlungskonstellationen zwischen Unternehmen und staatlichen Akteuren? Die starke Tradition der Branchenministerien in Polen lässt hier signifikante Unterschiede zum kroatischen Fall erwarten. Wie divergieren die Entwicklungen des Public Corporate Governance innerhalb der staatlichen Portfolios in Polen und Kroatien aufgrund dieser Pfadabhängigkeit? Unterscheiden sich die Ansätze der beiden Länder als zwei unterschiedliche „varieties of helping capitalism“[66]? Gelang es den staatlichen Akteuren, eine kohärente Industrie- und Schiffbaupolitik zu implementieren? Als Differenzierungsmerkmal könnten sich hier die häufigen Regierungswechsel in der Dritten Polnischen Republik, die einen programmatischen Wirbel auslösten, im Gegensatz zur zehnjährigen Regierungsphase der konservativen HDZ[67]-Partei in Kroatien herausstellen. Wie verändert der zeitlich um neun Jahre versetzte kroatische Beitritt zur Europäischen Union die Vorzeichen einer erfolgreichen Integration der Werft Uljanik in den gemeinsamen Binnenmarkt? Hier könnte vermutet werden, dass sowohl die Europäische Union als auch die kroatische Regierung ihre Lehren aus dem Fiasko um die Werft Gdynia zogen.

65 Aleksandra Sznajder Lee: Transnational Capitalism in East Central Europe's Heavy Industry. From Flagship Enterprises to Subsidiaries, Ann Arbor 2016, S. 2.

66 Beat Weber/Stefan W. Schmitz: „Varieties of Helping Capitalism. Politico-Economic Determinants of Bank Rescue Packages in the EU during the Recent Crisis“, in: Socio-Economic Review 9 (2011), Nr. 4, S. 639–669.

67 Kroatisch: *Hrvatska Demokratska Zajednica.*

Die Schiffbauindustrie: Merkmale zwischen Deindustrialisierung und Subventionierung

Die ausgeprägte Aktivität staatlicher Akteure auf der kommunalen und nationalen Ebene macht den Schiffbau zu einer idealen Fallstudie zum sozialistischen Erbe der Schwerindustrie und den daraus hervorgehenden Pfadabhängigkeiten. In den sozialistischen Volkswirtschaften brachte die Möglichkeit, auf dem Schiffsmarkt Devisen zu generieren, eine bemerkenswerte Verhandlungsmacht für die Unternehmen mit sich. Zudem gehörten die Werften zu den größten Arbeitgebern der jeweiligen Kommune und waren regional wie überregional von enormer Bedeutung. Die Unternehmen der Schiffbauindustrie hatten sich einen Privilegiertenstatus geschaffen, den sie in die Marktwirtschaft übertragen wollten.

Nach 1989 war kaum ein sozialistisches Großunternehmen in der Lage, selbstständig eine Restrukturierung durchzuführen. Diese Unfähigkeit machte die Wahl eines Partners notwendig. Zur Auswahl standen entweder ein ausländischer Investor oder doch der Staat. Während Branchen wie die Stahl- oder Automobilindustrie sich für ausländische Direktinvestitionen öffneten,[68] optierten die Unternehmen der Schiffbauindustrie für den Staat. Diese Wahl ist kein Zufall und nicht nur davon abhängig, dass Investoren kein großes Interesse an den Schiffswerften zeigten. Bedingt durch die Nähe zur Militärindustrie ist der Schiffbau traditionell eng mit dem Staat verflochten und zeichnet sich durch eine Reserviertheit gegenüber ausländischen Direktinvestitionen aus. Die Unternehmen waren seit Langem unprofitabel und überdimensioniert; noch dazu machten einige Besonderheiten der Schiffbauproduktion sie schwer reformierbar. Fließbänder haben nie wirklich Einzug in die Schiffswerften gehalten, denn der Bau der überwältigenden Unikate war und ist kaum zu modularisieren: „Their specificity and small number virtually precluded mass production, not only increasing production costs but also complicating streamlining individual steps in the work process."[69] Die Bemerkung aus einer Broschüre der Bremer Vulkan AG aus den 1960er-Jahren war in den Werften Ost- und Mitteleuropas auch zum Millennium noch nicht obsolet: „Als Ganzes gesehen ist das Schiff noch immer Beispiel

---

68 Vgl. Petr Pavlínek: A Successful Transformation? Restructuring of the Czech Automobile Industry, Heidelberg 2008; Sznajder Lee: Transnational Capitalism; Trappmann: Fallen Heroes.

69 Raquel Varela/Hugh Murphy/Marcel van der Linden: „Introduction", in: dies. (Hg.): Shipbuilding and Ship Repair Workers around the World. Case Studies 1950 – 2010, Amsterdam 2017, S. 15 – 43, hier S. 16.

für eine Riesenhandarbeit".[70] Zusätzlich bedingen die langen Produktionszyklen ein hohes Risiko für Banken, was die Schiffbauindustrie im branchenübergreifenden Vergleich generell relativ abhängig von öffentlichen Finanzierungsangeboten macht.

Die Werft Gdynia bzw. Werft Pariser Kommune

Im Jahr 1922 gründeten im Norden des gerade aus der Taufe gehobenen Hafens acht private Aktionäre die Werft Gdynia. Sie entstand damit zeitgleich mit dem Kriegs- und Handelshafen sowie den modernistischen Ensembles, die Gdynia bis zum heutigen Tag prägen.[71] Obwohl die Werft in das politische Projekt zur Erschließung des polnischen Zugangs zur Ostsee eingebettet war, blieb sie als private Unternehmung von größeren staatlichen Förderungen zunächst ausgeschlossen. So gelang es in der Zwischenkriegszeit nicht, die Werft, die zu diesem Zeitpunkt nicht mehr als einen Zusammenschluss kleiner Werkstätten darstellte, wesentlich auszubauen und dem Einfluss der größeren, 22 Kilometer südlich gelegenen Danziger Werft und Eisenbahnwerkstätten AG in der Freien Stadt Danzig zu entziehen. Die Beschäftigung blieb in der Zwischenkriegszeit durchwegs niedrig – unter 200 Personen. Erst nach der Beschlagnahmung der Werft durch die Nationalsozialisten 1940 und ihrer Übergabe an die Deutsche Werke Kiel AG nahm die Belegschaft sprunghaft zu – auf bis zu 7.000 Beschäftigte.[72]

Im Jahr 1945 wurde die im Krieg größtenteils zerstörte Werft als Teil der Vereinigung Polnischer Werften[73] mit Sitz in Warschau verstaatlicht. Ebenso wie die Vereinigung unterstand auch die 1950 gegründete Zentrale Verwaltung der Schiffbauindustrie[74] dem Industrieministerium. Im Zuge einer Reorganisierung der Branche erhielt die Werft in Gdynia als eine der großen polnischen Werften eine eigene Rechtspersönlichkeit als Staatsunternehmen. Die Verwaltung beauftragte die nunmehr formal selbstständige Werft mit der Realisierung eines 1949 mit der Sowjetunion abgeschlossenen langjährigen Vertrags über 35 Stückgut-

---

70 Zitiert nach Christian Ebhardt: „‚Als Ganzes gesehen ist das Schiff noch immer Beispiel für eine Riesenhandarbeit'. Produktionssysteme und der Körper des Werftarbeiters während der 1970er Jahre", in: Body Politics – Zeitschrift für Körpergeschichte 9 (2018), S. 201–227.

71 Vgl. Andrzej Szczerski/Karolina Kolenda: The City is Born. Modernism in Gdynia between the Wars, Gdynia 2014.

72 Siehe Tomasz Czayka: Stocznia im. Komuny Paryskiej w Gdyni w latach 1922–1972, Gdynia 1973.

73 Polnisch: *Zjednoczenie Stoczni Polskich.*

74 Polnisch: *Centralny Zarząd Przemysłu Okrętowego.*

frachter.[75] Weder die Verwaltung noch die Werft handelten solche Verträge selbst aus; diese Aufgabe oblag Centromor, einer 1950 gegründeten Organisation, die für den Außenhandel der Volksrepublik Polen zuständig war. Der Vertrag mit der Sowjetunion beruhte auf einer Abmachung des Rates für gegenseitige Wirtschaftshilfe, die für die polnische Wirtschaft eine Spezialisierung im Bereich Schiffbau vorsah.[76] Im Jahr 1958 beschloss der Ministerrat der Volksrepublik die Umwandlung der Zentralen Verwaltung der Schiffbauindustrie in eine Vereinigung der Schiffbauindustrie (Zjednoczenie)[77], die im Zuge eines Dezentralisierungsschubs des Parteisekretärs Władysław Gomułka ihren Hauptsitz in die Stadt Danzig verlegte.[78]

Die Modernisierung der Werft Pariser Kommune, wie die Werft seit 1950 hieß, begann erst Anfang der 1960er-Jahre mit dem Bau des ersten Trockendocks. In den nächsten Dekaden wuchs die Belegschaft auf über 10.000 Personen und die Produktionswerte vervielfachten sich. Der Fünfjahresplan für den Zeitraum 1971 bis 1975 sah weitreichende Investitionen im Bereich der Schiffbauindustrie vor. Im Jahr 1976 eröffnete die Werft Pariser Kommune schließlich ein zweites Trockendock mit einer Tragfähigkeit von 400.000 Tonnen. Aufbauend auf das größte Dock der polnischen Schiffbauindustrie spezialisierte sich die Werft im Folgenden auf den Bau von Massenfrachtschiffen. Dazu kamen ab den 1980er-Jahren Tank- und etwas später Containerschiffe.[79]

Die konzentrierte Belegschaft und gut verankerte oppositionelle Netzwerke machten die Werft Pariser Kommune immer wieder zu einem Austragungsort politischer Konflikte. Am 17. Dezember 1970, dem „schwarzen Donnerstag“, kamen bei Auseinandersetzungen mit dem Militär zehn Beschäftigte auf ihrem Weg in die Werft ums Leben.[80] Zehn Jahre später schloss sich ein Komitee der Werft Pariser Kommune dem Streik der Freien Gewerkschaften der Küste[81] in der Werft Gdańska an. Solidarność-Aktivistinnen und -Aktivisten des ganzen Landes wählten Andrzej Kołodziej, einen Mitarbeiter der Werft Gdynia, zum Vizepräsi-

75 Czayka: Stocznia, S. 23.

76 Siehe Jozef Wilczynski: Technology in Comecon. Acceleration of Technological Progress through Economic Planning and the Market, London 1974.

77 Polnisch: *Zjednoczenie Przemysłu Okrętowego.*

78 John D. Harbron: Communist Ships and Shipping, London 1962.

79 Jan Dudziak/Henryk Spigarski: Polski Przemysł Okrętowy 1945 – 2000, Gdańsk 2000, S. 100 – 119.

80 Indem die soziale Bewegung Solidarność die Errichtung eines Denkmals in ihre Streikpostulate aufnahm, erhielt der „schwarze Donnerstag“ 1980 erinnerungspolitische Bedeutung. Das Monument für die gefallenen Werftarbeiter wurde im Dezember 1980 vor der Lenin-Werft in Danzig enthüllt.

81 Polnisch: *Wolne Związki Zawodowe Wybrzeża.*

denten des überbetrieblichen Streikkomitees, das jene 21 Postulate formulierte, mit denen die Solidarność die Verhandlungen mit der Regierung aufnahm.[82] Die von der Regierung gemeinsam mit der Solidarność ausgehandelte Wirtschaftsreform brachte der Werft, wie auch allen anderen Unternehmen, eine größere Selbstständigkeit. Im Zuge der Reformen der 1980er-Jahre ersetzte die Regierung die Vereinigung der Schiffbauindustrie durch den Verband der Unternehmen der Schiffbauindustrie (Zrzeszenie)[83]. Das seit 1976 für die Werften zuständige Ministerium für Landwirtschafts- und Schwermaschinenindustrie[84] übergab die Aufsicht dem neu gegründeten Ministerium für Stahl- und Maschinenbauindustrie[85].

Im Jahr 1991 stellte der Generaldirektor mit Zustimmung des Beschäftigtenrates einen Antrag auf Umwandlung der Werft in eine Aktiengesellschaft; einziger Aktionär war zu diesem Zeitpunkt das Ministerium für Eigentumsumwandlungen[86]. Gleichzeitig mit der Kommerzialisierung kehrte die Werft zu ihrem Namen aus der Zwischenkriegszeit zurück: Werft Gdynia. Im Jahr 1995 begann die Veräußerung der Aktien an private Investoren. Während des kurzen, privaten Interregnums konzentrierte sich die Werft Gdynia auf die Nische der RoRo-Schiffe und übernahm die insolvente Werft Gdańska. Nach einem Ansuchen auf einen Staatskredit im Jahr 2002 übernahmen staatliche Aktionäre – allen voran die Agentur für Industrieentwicklung[87] – wieder die Kontrolle über die Werftengruppe. Die Zahl der Beschäftigten der Werft Gdynia war zwischen 1989 und 2003 von rund 6.000 auf 1.245 gesunken.[88]

Im Jahr 2005 begann die Europäische Kommission ihre Untersuchung der Beihilfen des neuen Mitgliedstaates an die Werft Gdynia. Nach sich lang hinziehenden Verhandlungen forderte die Kommission 2008 schließlich die Rückzahlung der geleisteten Subventionen. Ein Jahr später verabschiedete die Regierung ein Werftensondergesetz, welches die Abwicklung der Werft Gdynia regelte. Im Anschluss berief die Regierung einen Konkursverwalter, um die Vermögensmasse der Werft zu verkaufen.[89]

82 Vgl. Stanisław Flis/Arkadiusz Kazański: Sierpień 1980 roku w Gdyni, Warszawa 2010.

83 Polnisch: *Zrzeszenie Przedsiębiorstw Przemysłu Okrętowego.*

84 Polnisch: *Ministerstwo Przemysłu Maszyn Ciężkich i Rolniczych.*

85 Polnisch: *Ministerstwo Przemysłu Hutnictwa i Przemysłu Maszynowego.*

86 Polnisch: *Ministerstwo Przekształceń Własnościowych.*

87 Polnisch: *Agencja Rozwoju Przemysłu.*

88 Sprawozdanie finansowe za rok obrotowy zakończony 31 grudnia 2003 r., APG, 130/272.

89 *Ustawa o postępowaniu kompensacyjnym w podmiotach o szczególnym znaczeniu dla polskiego przemysłu stoczniowego* idF vom 19.12.2008, in: Dz.U. (2008), 2016/592.

Die Werft Uljanik

Die Geschichte der istrischen Werft Uljanik ist von zahlreichen Regimewechseln geprägt. Im Jahr 1856 gründete die österreichische Kriegsmarine in Pula die Werft „k.k. Seearsenal Pola". Bis zum Ersten Weltkrieg baute die Werft insgesamt 56 Schiffe mit einer Tragfähigkeit von 58.872 Tonnen.[90] Nach dem Ersten Weltkrieg gehörte die Halbinsel Istrien zum Königreich Italien und die Werft gelangte in den Besitz Triestiner Geschäftsleute, die diese in „Cantiere naval Scoglio Olivi" umbenannten und als Reparaturwerft nutzten. Im Jahr 1943 bombardierte die deutsche Wehrmacht die Werft und okkupierte sie anschließend. 70 % der Anlagen und 30 % der Maschinen der istrischen Werften wurden während des Krieges zerstört.[91] Nachdem die Alliierten Pula für zwei Jahre verwaltet hatten, wurde die Stadt 1947 in die Sozialistische Föderative Republik Jugoslawien eingegliedert. Der erste Fünfjahresplan sah einen raschen Wiederaufbau der Werft Uljanik vor. Einer der ersten Aufträge war die Renovierung der späteren Staatsyacht Titos „Galeb" im Jahr 1952.

Im staatssozialistischen Jugoslawien fungierte die Werft als Teil der dem Verteidigungsministerium unterstellten Zentralen Verwaltung des Schiffbaus[92] mit Sitz in Belgrad. Als 1948 Jugoslawien mit der Sowjetunion brach und im Anschluss Bemühungen unternahm, einen selbstverwalteten Sozialismus zu entwickeln, gehörte Uljanik zu den Pilotprojekten, in denen sich erste Arbeiterräte gründeten. Die Verfassung von 1963 vergrößerte schließlich die finanzielle Selbstständigkeit des Unternehmens. Den nächsten Schritt in der Entwicklung der jugoslawischen Selbstverwaltung bildete die Teilung des Unternehmens in sechs unabhängige Grundorganisationen der assoziierten Arbeit in den 1970er-Jahren. Ab diesem Zeitpunkt spezialisierte sich die Werft im Segment der Tankschiffe, die mit einer eigenen Technik aus zwei Teilen zusammengeschweißt wurden. Mit dem Bau von Mehrzweckschiffen und später Chemikalientankern versuchte das Unternehmen auf den Ölpreisschock zu reagieren. In den 1980er-Jahren beschäftigte Uljanik mehr als 8.000 Personen.[93]

Im Jahr 1991 – in demselben Jahr, in dem die Republik Kroatien ihre Unabhängigkeit erklärte und der „Heimatkrieg" ausbrach – stellte der Arbeiterrat Uljaniks einen Antrag auf Umwandlung der komplexen Organisation der assoziierten Arbeit in eine Aktiengesellschaft. Staatliche Akteure wie der Kroatische

90 Josip Iskra: Uljanik, Pula 1986, S. 14.
91 Ebd., S. 19.
92 Serbokroatisch: *Centralna uprava brodogradnje.*
93 Ders.: Uljanik.

Entwicklungsfonds[94] und der Fonds der Pensions- und Invalidenversicherung[95] verwalteten die Mehrheit der Aktien. Im Jahr 1995 konnte Uljanik den drohenden Konkurs nur durch staatliche Beihilfen abwenden. Im Zuge der darauffolgenden Sanierungen sank die Anzahl der Beschäftigten bis 2003 auf rund 3.300 Personen.

Der Schiffbau war eines der Schlüsselthemen in den 2005 beginnenden Beitrittsverhandlungen Kroatiens mit der Europäischen Union (EU). Der Staatenverbund forderte von Kroatien eine umfassende Restrukturierung der durch Subventionen am Leben gehaltenen kroatischen Schiffbauindustrie. Die Verantwortlichen in Uljanik entschieden sich für ein Privatisierungsmodell basierend auf einem Aktienprogramm für die Beschäftigten. Der größte Aktionär, der Kroatische Privatisierungsfonds, verkaufte 2012 seine Aktien an die Beschäftigten. Die Privatisierung war auch eine Bedingung für die Übernahme der Werft 3. Maj im hundert Kilometer entfernten Rijeka. Im Jahr 2017 verzeichnete die Gruppe Uljanik einen Rekordverlust. Trotz Staatsgarantien verlief die Suche nach einem strategischen Investor erfolglos. Seit 2019 befinden sich sowohl die Holding Uljanik als auch die Werft in Konkurs.

Die lange Geschichte der beiden Werften macht eine zeitliche Fokussierung notwendig. Dennoch sollte der Untersuchungszeitraum auf keinen Fall politische Zäsuren – die Parlamentswahlen von 1989 in Polen und die Unabhängigkeitserklärung Kroatiens 1991 – reproduzieren, sondern sich aus den Dynamiken auf der Unternehmensebene ableiten. In einem wirtschaftspolitischen Zusammenhang hat z. B. der Osteuropahistoriker Joachim von Puttkamer auf die Notwendigkeit eines verlängerten Untersuchungszeitraums, der die Entstehung neuer Pfade im Spätsozialismus berücksichtigt, hingewiesen.[96] Als Anfangspunkt suchte ich nach Momenten organisationaler Unsicherheit, als das klassische Verhältnis der Unternehmen zu den staatlichen Akteuren zu bröckeln begann. Eine Presseanalyse der Branchenzeitschrift *Głos Stoczniowca* lieferte Argumente, um der polnischen Wirtschaftsreform von 1981 in Hinblick auf den Status der Unternehmen in der Volkswirtschaft und die Beziehung zwischen staatlichen Akteuren und Unternehmen Zäsurcharakter zuzuschreiben. Im Fall der Werft Uljanik stellten die Verwaltungsreformen der 1970er-Jahre einen ähnlichen Einschnitt mit Auswirkungen auf die Organisation der Unternehmen dar.

Bisweilen scheinen sich Untersuchungszeiträume geradezu aufzudrängen. Die Abwicklung der Werft Gdynia im Jahr 2009 ist ein solcher Fall. Zwar halte ich

---

94 Kroatisch: *Hrvatski fond za razvoj.*

95 Kroatisch: *Fond mirovinskog i invalidskog osiguranja.*

96 Puttkamer: „Abschied".

an diesem Schlusspunkt für die polnische Fallstudie fest, allerdings wuchs im Laufe des Projektes ein Bewusstsein dafür, dass diese Begrenzung auf zahlreichen Prämissen beruht, die zu reflektieren sind. Zum einen thematisiert der so zugeschnittene Untersuchungszeitraum nicht das Fortbestehen während der Abwicklung. Sogar die Schiffproduktion konnte unter der Aufsicht des Insolvenzverwalters eine Zeit lang fortgesetzt werden. Eine Interviewpartnerin war beispielsweise bis Ende des Jahres 2017 bei der Werft Gdynia AG angestellt. Dass Werften in Liquidation durchaus wieder in Betrieb genommen werden können, zeigt auch der Fall der Werft Gdańska zwischen 1988 und 1990. Der gewählte Untersuchungszeitraum lässt zum anderen das Nachleben der Vermögensmasse – der Docks und des Portalkrans – außer Acht. Das private Schiffbauunternehmen Crist, das große Teile der Anlagen der ehemaligen Werft Gdynia erworben hatte, war wenige Jahre später selbst auf staatliche Beihilfen angewiesen und prolongierte damit das Schicksal seines Vorgängers. In Anbetracht meines Forschungsgegenstandes wiegt vielleicht die Reproduktion der Beanspruchung eines Identitätskerns durch den Schiffbau am schwersten. Während der vermeintliche Unternehmenskern 2009 abgewickelt wurde, haben andere produktionsfremde und rechtzeitig ausgelagerte Unternehmensteile das Ende des Untersuchungszeitraums unbeschadet überstanden. Diese Nachleben werden nicht systematisch untersucht, aber zumindest schlaglichthaft am Ende einzelner Kapitel angeschnitten.

Im Fall der Uljanik Group bot sich zu Projektbeginn die Privatisierung der Werft 2012/13 als Zäsur des Verhältnisses zwischen den staatlichen Akteuren und der Werft an. Schon zu Beginn meiner Feldforschungen holte mich die Gegenwart ein. Als sich die aktuelle Entwicklung ab 2017 – Verluste, Staatsgarantien und Konkurs – in Anbetracht der Forschungsfragen dieser Arbeit als höchst relevant herausstellte, entschied ich mich dazu, den Untersuchungszeitraum bis in die Gegenwart auszudehnen. Im Fall der Werft Uljanik endet der Untersuchungszeitraum daher erst mit der Einleitung des Konkursverfahrens im Jahr 2019; zehn Jahre nach dem der Werft Gdynia; und in beiden Fällen fast genau ein halbes Jahrzehnt nach dem Beitritt des Landes zur Europäischen Union.

Forschungsdaten

Die beiden ausgewählten Fälle sind jeweils als „eingebettete Fallstudien“[97] angelegt, die durch eine Mehrebenenanalyse der Unternehmen, der Branche und der staatlichen Akteure sowie deren Wechselspiel charakterisiert sind. Die Fallstudien beruhen auf einer Methodentriangulation bestehend aus 1) einer Dokumentenanalyse, 2) einer Presseanalyse und 3) leitfadengestützten Interviews.[98]

1) Dokumentenanalyse

Die Auswertung von Unternehmensbeständen ist in zeithistorischen Projekten meist ein Wunschtraum. Die besondere sozialistische Gesetzgebung zur Archivierung von Unterlagen,[99] informelle Kontakte im Fall der Werft Uljanik sowie der „glückliche“ Umstand der Abwicklung der Werft Gdynia, der die Aktenübergabe an das Staatliche Archiv Danzig beschleunigte, boten die einmalige Gelegenheit einer Dokumentenanalyse als primäre Erhebungsmethode.[100] Darüber hinaus konnte ich auf offizielle Revisionsberichte zurückgreifen, die mitunter als Korrektur zu den Unternehmenskommunikaten fungieren. Entsprechend einer Dokumententriangulation stützt sich die Analyse auf die folgenden Dokumente:

---

97 Robert K. Yin: Case Study Research. Design and Methods, Thousand Oaks 2009.
98 Die Forschungsdaten wurden im Rahmen des von der Deutschen Forschungsgemeinschaft (DFG) und des Fonds zur wissenschaftlichen Forschung (FWF) geförderten Projektes „Transformations from Below: Shipyards and Labor Relations in the Uljanik (Croatia) and Gdynia (Poland) Shipyards since the 1980s“ unter der Leitung von Ulf Brunnbauer und Philipp Ther erhoben.
99 *Ustawa o narodowym zasobie archiwalnym i archiwach* idF vom 14.7.1983, in: Dz.U. (1983), 38/173; *Zakon o zaštiti arhivske građe i arhivima* idF vom 20.6.1978, in: Narodne Novine (1978), 25/371.
100 Neben den Unternehmensbeständen sind auch die Bestände des polnischen Ministeriums für Staatsvermögen (1996–2017), das über weite Strecken als Eigentümer der Werft Gdynia fungierte, von höchster Relevanz für meine Forschungsfrage. Mit der Auflösung des Ministeriums im Jahr 2017 übernahm das Archiv neuer Akten in Warschau die Bestände. Leider waren sie bis zum Zeitpunkt des Abschlusses des Forschungsprojektes noch nicht erschlossen.
Aus Kroatien standen mir von staatlicher Ebene für die Zeit nach 1991 zumindest Dokumente aus dem Archiv des einstigen Kroatischen Privatsierungsfonds zur Verfügung, die mir das Zentrum für Restrukturierung und Verkauf dankenswerterweise als Digitalisate anbot.

Dokumentenanalyse		
	Gdynia	**Uljanik**
Unternehmen	**Staatsarchiv in Danzig (Archiwum Państwowe w Gdańsku; APG) 130:** Restrukturierungspläne Berichte über die Verwendung öffentlicher Zuwendungen Haustarifverträge Finanzberichte Protokolle der Aktionärsversammlungen Berichte des Aufsichtsrats Protokolle und Beschlüsse des Vorstands Materialien für die Vorstandssitzungen Beschlüsse des Aufsichtsrats Geschäftsordnungen Briefe des Vorstands Protokolle der Sitzungen der Betriebsorganisation der Partei Statuten	**Unternehmensarchiv Uljanik Group (Arhiv brodogradilišta Uljanik; ABU):** Protokolle der Sitzungen des Vorstands Protokolle der Sitzungen der Vollversammlung Berichte zur Sanierung Protokolle des Arbeiterrates Beschlüsse des Arbeiterrates Statuten Selbstverwaltungsabkommen Organigramme
Branche	**APG 1091:** Briefe des Direktors des *Zjednoczenie* Organigramme Statuten **APG 2371:** Korrespondenz des Rates des *Zrzeszenie* Protokolle und Beschlüsse der Sitzungen des Verbandsrates Jahresberichte der Mitgliedsorganisationen des Verbands Entwicklungsprogramme Wirtschaftliche Analysen Materialien zu Sessionen der Ökonomen der Schiffbauindustrie	

Fortsetzung

Dokumentenanalyse		
	Gdynia	**Uljanik**
Staat	**Archiv Neuer Akten in Warschau (Archiwum Akt Nowych w Warszawie; AAN) 1786:** Anordnungen des Industrieministers Ökonomische Analysen **AAN 1757:** Protokolle der Sitzungen des *Ministeriums für Stahl- und Maschinenbauindustrie* Organisatorische Anordnungen **AAN 290:** Korrespondenzen des Ministerrates **AAN 2420:** Protokolle der Vorstandssitzungen des *Fonds für Strukturelle Veränderungen*[101] Materialien für die Vorstandssitzungen **Archiv der Agentur für Industrieentwicklung (Archiwum Agencja Rozwoju Przemysłu; AARP):** Restrukturierungspläne	**Kroatisches Staatsarchiv (Hrvatski Državni Arhiv; HDA) 280:** Beschlüsse der Kroatischen Wirtschaftskammer[102] Protokolle des *Sabor* Ökonomische Berichte **HDA 1691:** Sitzungsprokolle der *Selbstverwalteten Interessengemeinschaft*[103] Lizenzverträge **Archiv des Zentrums für Restrukturierung und Verkauf (Arhiv Centar za restrukturiranje i prodaju; ACERP):** Strategiepläne Verzeichnisse der Vermögenswerte

Tabelle 1: Übersicht über die analysierten Dokumente

101 Polnisch: *Fundusz Zmian Strukturalnych.*

102 Serbokroatisch: *Privredna komora Hrvatske.*

103 Serbokroatisch: *Samoupravna interesna zajednica.*

2) Presseanalyse

Pressematerialien haben einen hohen heuristischen Wert für die Untersuchung des Verhältnisses eines Unternehmens zu seiner gesellschaftlichen Umwelt. Um alle drei Ebenen zu berücksichtigen, wurden Betriebs-, Branchen- und Fachzeitungen sowie die regionale und nationale Presse durchgesehen.[104] Folgende Publikationen wurden genutzt:

Presseanalyse		
	Gdynia	**Uljanik**
Betrieb	*Panorama stoczni* (1989 – 1990) *Głos stoczni Gdynia S.A.* (1995 – 1997) *Cała naprzód* (1991 – 1994)	*Uljanik* (1974 – 1990) *Mali Informator* (1990 – 1999)
Branche	*Budownictwo Okrętowe i Gospodarka Morska* (1990 – 2005) *Głos Stoczniowca* (1976 – 1996)	*Brodogradnja* (1980 – 2012) *Brodograditelj* (1972 – 1978)
Regional/ National	*Dziennik Bałtycki* (ab 1980) *Głos Wybrzeża* (1990 – 2009) *Dziennik Bałtycki* (bis 2009) *Gazeta Wyborcza* (1990 – 2009) *Rzeczpospolita* (1990 – 2009)	*Glas Istre* (1970 – 2012) *Poslovni Dnevnik* (2004 – 2019)

Tabelle 2: Übersicht über die analysierten Pressematerialien

104 Für die Werft Gdynia konnte ich auf eine Pressesammlung zurückgreifen, die Angestellte der Werft für eigene Zwecke erstellt hatten.

3) Interviews

Für die Fallstudie über die Werft Gdynia konnte ich auf dreizehn und im Fall der Werft Uljanik zehn[105] semistrukturierte, problemzentrierte Interviews mit Personen an der Schnittstelle zwischen den Unternehmen und ihrer staatlichen Umwelt zurückgreifen.[106] Die Auswahl der Befragten erfolgte auf Basis der vorangegangenen Dokumenten- und Presseanalyse. Generell brachten die Gesprächspartnerinnen und -partner ihre persönliche Expertise aus unterschiedlichen Positionen innerhalb des organisationalen Feldes ein. Diese Gespräche halfen einerseits aus den Archiven unterrepräsentierte Wissensbestände zu erschließen und andererseits die Interpretation komplexer Prozesse aus spezifischen Akteursperspektiven zu rekonstruieren. Ein Leitfaden, in den mein angeeignetes Vorwissen einging, strukturierte die Interviews. Auch während der Interviews nutzte ich meine thematische Vorkenntnis, um die Erläuterungen der Respondentinnen und Respondenten nachzuvollziehen und gezielt Nachfragen zu stellen. Auf diese Weise „arbeitet der Interviewer schon an der Interpretation der subjektiven Sichtweise der befragten Individuen und spitzt die Kommunikation immer präziser auf das Forschungsproblem zu".[107] Im Einzelnen wurden folgende Interviews geführt:

105 Im Fall der Werft Uljanik bedingte die angespannte Lage ab 2018 ein hohes Misstrauen der für ein Interview angefragten Personen. So war es etwa nicht möglich, leitende Angestellte und ehemalige Direktoren für ein Gespräch zu gewinnen.

106 Hinsichtlich der Wahrnehmung der Unternehmenstransformation durch Beschäftigte konnte ich zusätzlich auf Interviews zurückgreifen, die meine Kollegen Andrew Hodges, Piotr Filipkowski und Stefano Petrungaro im Rahmen des Projekts „Transformations from Below" geführt haben.

107 Andreas Witzel: „Das problemzentrierte Interview", in: Qualitative Social Research 1 (2000), Nr. 1, http://www.qualitative-research.net/index.php/fqs/article/view/1132/2519, zuletzt geprüft am 4.12.2019.

Interviews		
	Gdynia	**Uljanik**
Unter-nehmen	Beschäftigte (GD-W-2, GD-W-3, GD-W-4) Mitglieder der Werftleitung (GD-M-1, GD-M-2) Vertreterinnen und Vertreter der Gewerkschaften (GD-T-1, GD-T-2, GD-T-3)	Beschäftigte (UL-W-1, UL-W-2) Vertreterinnen und Vertreter der Gewerkschaften (UL-T-1, UL-T-2, UL-T-3)
Branche	Vertreterinnen und Vertreter des Verbands des *Forum Okrętowe* (GD-I-1, GD-I-2)	Angehörige der *Fakultät für Maschinen- und Schiffbau*[108] (UL-I-1, UL-I-2) Vertreterinnen und Vertreter der *Kroatischer Schiffbau-Jadranbrod AG* (UL-I-3)
Staat	Vertreterinnen und Vertreter des *Ministeriums für Staatsvermögen* (GD-S-1) Vertreterinnen und Vertreter der Agentur für Industrieentwicklung (GD-S-2) Angestellte einer Wohnbaugenossenschaft (GD-S-3)	Vertreterinnen und Vertreter des *Ministeriums für Wirtschaft, Unternehmertum und Handwerk* (UL-S-2) Vertreterinnen und Vertreter des *Kroatischen Privatisierungsfonds* (UL-S-1)

Tabelle 3: Übersicht über die analysierten Interviews

Die Auswertung der historischen Forschungsdaten mithilfe der Analysesoftware MAXQDA wiederholte das „induktiv-deduktive Wechselverhältnis“[109], das schon die Interviewtechnik prägte. Gemäß der Grounded Theory wurden die gesammelten Dokumente wie auch die Transkriptionen der Interviews kodiert und rekodiert, bis eine gegenstandsbegründete, typisierende Modellbildung möglich war.[110] Der Vorteil dieses Verfahrens besteht in der Dialektik von Deskriptivität und Konzeptualisierung.

***

Wieso überlebten unrentable Unternehmen eine spätsozialistische Wirtschaftsreform, die auf dem Prinzip der Selbstfinanzierung basierte, und eine systemische Transformation, die mit der Einführung einer auf neoliberalen Prämissen beruhenden Marktwirtschaft einherging? Diese Leitfrage lässt sich in fünf Unterfragen aufteilen, die dieses Buch strukturieren.

108 Kroatisch: *Fakultet strojarstva i brodogradnje.*

109 Ders.: „Interview“.

110 Vgl. Anselm L. Strauss/Juliet Corbin: Basics of Qualitative Research, Newbury Park 1990.

Im Anschluss an die Einleitung widmet sich das erste Kapitel der Frage, wie sich die staatliche Subventionspolitik gegenüber den Werften entwickelte. Bemühungen, die staatlichen Subventionen zu deckeln, lassen sich sowohl auf die eingeschränkten Mittel der staatlichen Akteure, die in beiden Fällen den gesamten Untersuchungszeitraum prägten, als auch auf die fortschreitende Integration in supranationale, stark regulative Wirtschaftskontexte zurückführen. Die im ersten Kapitel aufgelisteten Subventionen erforderten eine verstärkte Aufsicht und Kontrolle durch staatliche Akteure. Im zweiten Kapitel wird diese Aufsicht genauer bestimmt: Wie entwickelte sich die staatliche Eigentümerpolitik gegenüber den Werften? Sowohl ideologische als auch strukturelle Rahmenbedingungen erschwerten vor und nach 1991 eine effiziente Verwaltung des staatlichen Portfolios und eine konsequente Umsetzung einer Public Corporate Governance. Im dritten Kapitel steht die Rolle des staatlichen Eigentümers bei den permanenten Restrukturierungen der Werften im Mittelpunkt der Analyse. Wie beeinflusste die Geberbereitschaft des Staates, aber auch seine Instabilität die Organisationsform sowie die technologische Entwicklung der Unternehmen? In diesem Kapitel wird der Begriff der Legitimität als Orientierungshilfe für den stockenden Organisationswandel beider Werften eingeführt. Im vierten Kapitel wird das bisher implizite Konzept der Legitimität ausgebreitet: Wie gelang es den Unternehmen unter gesellschaftlichen und politischen Umwälzungen, staatliche Ressourcen zu legitimieren? Auch die Verhandlungsmacht der beiden Werften Gdynia und Uljanik, die die Grundlage für ihre Alimentierung bot, wird in die Untersuchung einbezogen. Im fünften Kapitel werden bereits erste Fäden der vorigen Kapitel zusammengeführt. Das hohe Subventionsaufkommen und die erfolgreiche Langzeitlegitimation führten zu Verflechtungen zwischen den beiden Unternehmen und der kommunalen und staatlichen Umwelt abseits von Eigentumsstrukturen. An diese Einsicht schließt sich die für dieses letzte Kapitel zentrale Frage an, wie die so konstruierte Öffentlichkeit der Werften ihre Abwicklung derart lange verhinderte.

Der problemorientierte Aufbau des Buches soll helfen, den analytischen Mehrwert der einzelnen Kapitel herauszudestillieren. Um eine hohe Vergleichbarkeit der beiden Fälle zu gewährleisten, wurden die Kapitel jeweils chronologisch in zwei Hälften geteilt, die wiederum in die beiden Fallstudien gegliedert sind. Jedes Kapitel besteht damit aus vier Unterkapiteln, deren Beitrag in Hinblick auf die Leitfrage nach dem unwahrscheinlichen Überleben unrentabler Unternehmen am Ende jeweils in einem Zwischenfazit zusammengefasst wird.

1 Illiquide Unternehmen – die Verlierer eines globalen Subventionswettlaufs

Unternehmen, die öffentliche Gelder erhalten, stehen unter Generalverdacht und damit besonderer Beobachtung durch die Öffentlichkeit. Das musste auch ein Gewerkschaftsfunktionär erfahren, der kurz vor der Abwicklung der Werft Gdynia im Jahr 2009 versuchte, den polnischen Medien den Subventionsbegriff zu erklären:

> „Wir haben lange einen Kampf mit den Medien geführt. Ohne Fragen zu stellen oder irgendeine Ahnung zu haben, informierten Journalisten die Öffentlichkeit darüber, in welcher Höhe die Werften subventioniert worden wären: So und so viele Subvention hätten sie bekommen! Ich aber spreche von Garantien. Sie [die Journalistinnen und Journalisten; P. W.] verwechseln das mit Subventionen und kommen zu einer Rechnung, derzufolge jeder Pole, vom Säugling bis zum Rentner, zwei Millionen oder so etwas jährlich zum Betrieb der Werften beisteuerte.“ (GD-T-1)

Den hier angesprochenen abweichenden Auffassungen liegt die Unterbestimmtheit des Begriffs „Subvention“ zugrunde. Wissenschaftliche Subventionsberichte unterscheiden etwa den „Subventionskern“ von „Transfers mit Subventionscharakter“[1] oder arbeiten mit einem „erweiterten Subventionsbegriff“, der auch „Subventionsäquivalente“ berücksichtigt.[2] Den kleinsten gemeinsamen Nenner bilden Finanzhilfen, die die Staatsausgaben erhöhen, und Steuervergünstigungen, die das Steueraufkommen vermindern. Beide Teilmengen bilden einen Kern des Subventionsbegriffes, der eine breite Grauzone zurücklässt. Indem ich einen Subventionsbegriff verwende, der sich aus den jeweiligen Unternehmensgeschichten ergibt, kann ich diese Randzonen berücksichtigen und verliere mich nicht in umständlichen Definitionsfragen. Mit einer induktiven Verwendung des Begriffs gelingt es mir, Verschränkungen zwischen Unternehmen und staatlichen Akteuren herauszuarbeiten.

Angesichts des sich ankündigenden Strukturwandels entwickelten sich Subventionen östlich wie westlich des Eisernen Vorhangs zu einem Kernbereich der Industriepolitik. Mit ihrer Hilfe wollten Politikerinnen und Politiker unren-

1 Bernd Fritzsche: Subventionen. Probleme der Abgrenzung und Erfassung – eine Gemeinschaftspublikation der an der Strukturberichterstattung beteiligten Institute, München 1988.

2 Claus-Friedrich Laaser/Astrid Rosenschon: Subventionen in Deutschland in den Jahren 2000 bis 2011/2012. Der Kieler Subventionsbericht, Kiel 2013.

https://doi.org/10.1515/9783110736007-004

table Unternehmen aus politischen Erwägungen am Leben erhalten. Die Zugänge zu diesem Politikfeld unterschieden sich je nach Region und historischer Periode. Zu den Variationen ist allerdings wenig bekannt, denn die Subventionspolitik ist ein historisch kaum untersuchtes Feld.[3] In diesem Kapitel werden die Subventionsregime Polens und Jugoslawiens in der Folge des Einbruchs des Schiffbaumarktes in den 1970er-Jahren und ihre anschließende Transformation anhand der beiden Werften Gdynia und Uljanik untersucht. Die zentrale Frage lautet: Mit welchen Mitteln hielten staatliche Akteure die beiden unrentablen Unternehmen am Leben und wie veränderte sich die Palette der angewandten Instrumente?

1.1 Die Werft Uljanik als Hungerkünstler

So schwer die Schiffbauindustrie auch sein mag, sie hat doch eine besonders empfindliche Sensorik für globale Veränderungen. Feinfühlig reagiert sie auf Schwankungen des Ölpreises und Verschiebungen maritimer Transportrouten und „überreagiert auf fast manisch-depressive Art auf Wirtschaftszyklen".[4] Bisweilen können Störungen der Konjunktur positive Auswirkungen auf die Branche haben. So befeuerte etwa die erneute Schließung des Suezkanals im Zuge des Sechstagekrieges 1967 die Dimensionen der neu in Auftrag gegebenen Schiffe. Die Blockade des Kanals verlängerte die Transportwege und machte noch größere Frachtschiffe profitabel.

Auch die kroatische Werft Uljanik wollte an der damit ausgelösten globalen Hochkonjunktur für die Schiffindustrie teilhaben. „Wir bauen Schiffe, wie sie der Markt will", legte der Generaldirektor Karlo Bilić seine Devise dar.[5] Um den neuen Marktanforderungen gerecht zu werden, baute die Werft die Slipanlagen auf der Insel gegenüber dem antiken Augustus-Tempel aus und profilierte sich mit einer Technik, bei der zwei Rumpfhälften unter Wasser zusammengeschweißt werden. Im Jahr 1974 stellte Uljanik drei Tanker für skandinavische Reedereien mit einer Tragfähigkeit von insgesamt 776.560 Tonnen fertig und erreichte damit einen bis zum Konkurs gültigen Produktionshöchststand. Zum ersten Mal produzierte die kroatische Werft Mammutschiffe mit einer Tragfähigkeit von mehr als 85.000 Tonnen. Die hochgesteckten Erwartungen der Schiffbauer – „Große Schiffe –

3 Ralf Ahrens: „Sectoral Subsidies in West German Industrial Policy. Programmatic Objectives and Pragmatic Applications from the 1960s to the 1980s", in: Jahrbuch für Wirtschaftsgeschichte/ Economic History Yearbook 58 (2017), Nr. 1, S. 59 – 82.

4 Stråth: Politics, S. 7.

5 David M. Fistrović: „‚Uljanik' se vraća gradnji manjih brodova? Nestaje era ‚mamuta'", in: Glas Istre vom 19.1.1975, S. 5.

großer Gewinn"[6] – wurden allerdings schon bald enttäuscht. Auch in diesem Jahr verbuchte das Unternehmen einen Verlust und setzte damit eine verheerende Serie der späten 1960er-Jahre fort, die durch Liquiditätsprobleme und einen Streik gekennzeichnet war.[7] Ein Journalist fasste die Situation in der Unternehmenszeitung *Vjesnik Uljanika* zusammen: „Das größte Problem der Finanzgeschäfte der letzten Jahre war das Problem der mehr oder weniger kontinuierlichen Illiquidität, und wir erwarten, dass wir auch dieses Jahr mit demselben Problem kämpfen werden."[8]

Der Politikwissenschaftler Besnik Pula bezeichnete die 1970er-Jahre als „die einschneidende Transformationsdekade für sozialistische Volkswirtschaften".[9] Allen voran Jugoslawien öffneten sich die sozialistischen Länder für den globalen Markt. Während bis dahin jugoslawische Reedereien und die sowjetische Außenhandelsorganisation Sudoimport die Verkaufsportfolios Uljaniks dominiert hatten, bekam die Werft nun die Zähne des freien Wettbewerbs zu spüren. Mit dem Eintritt in das Segment der hart umkämpften Mammutschiffe war Uljanik in eine chronische Illiquiditätsspirale geschlittert. Die Ausrichtung auf internationale Reedereien und den globalen Markt stärkte das Ansehen der Werft als jugoslawischer Devisenbringer. Gleichzeitig aber machte die Globalisierung die Werft verwundbar, denn Störungen der Globalwirtschaft hinterließen prompt Dellen auf dem Schiffbaumarkt. Die langen Produktionszyklen im Schiffbau verstärkten die sektoralen Auswirkungen von solchen Krisen.

Der Ölpreisschock von 1973, die Wiederöffnung des Suezkanals ein Jahr später und die Erschließung neuer Ölfelder in der Nähe industrieller Zentren in der Nordsee, in Indonesien und Algerien hatten den Schiffbaumarkt in der zweiten Hälfte der 1970er-Jahre in sich zusammenbrechen lassen.[10] Der Dollarkurs stürzte ab und der Stahlpreis zog an. Während 1971 in allen Werften der Welt in Summe Schiffe mit mehr als 66 Mio. dwt[11] geordert wurden, waren es 1978 nur noch rund 22 Mio. dwt.[12] Die Rezession hatte andere Länder härter als Jugoslawien getroffen.

---

6 Ebd.

7 Igor Stanić: „Jedan od najtežih dana u Uljaniku. Štrajk u brodogradilištu Uljanik 1967. godine", in: Problemi sjevernog Jadrana 15 (2016), S. 73 – 94.

8 Emilo Vlačić: „S pozitivnim rezultatom zaključujemo 1975", in: Vjesnik Uljanika vom 1.1.1976, S. 3.

9 Besnik Pula: Globalization under and after Socialism. The Evolution of Transnational Capital in Central and Eastern Europe, Stanford, CA 2018, S. 66.

10 Stråth: Politics, S. 3.

11 Die Tragfähigkeit eines Schiffes in Tonnen wird in dwt (Englisch: *deadweight*) gemessen.

12 Hugh Murphy/Stig Tenold: „Appendix 1. The Effects of the Oil Price Shocks on Shipbuilding in the 1970s", in: Raquel Varela/Hugh Murphy/Marcel van der Linden (Hg.): Shipbuilding and Ship Repair Workers around the World. Case Studies 1950 – 2010, Amsterdam 2017, S. 665 – 681.

Nicht zuletzt aufgrund der verheerenden Auftragslage bei den britischen, deutschen und schwedischen Werften konnte Jugoslawien seine Marktposition im internationalen Vergleich sogar ausbauen. 1978 besetzte Jugoslawien 2,9 % der globalen Schiffbauproduktion und lag damit in den Rankings der Lloyd's List auf dem dritten Platz hinter Japan und Südkorea.

In ganz Europa setzten die Regierungen auf Subventionen, um den Einbruch des Marktes zu kompensieren und die befürchteten sozialen Folgen zu lindern.[13] Die britische Regierung umgarnte die Reedereien mit dem sogenannten „home credit scheme".[14] Die Europäische Wirtschaftsgemeinschaft versuchte, durch ein Abwrackprogramm und weitere Anreize für Neubauten mit hohen Umweltauflagen die Konjunktur wieder anzuregen.[15] Auch in Jugoslawien führte die Krise des Schiffbaus zu protektionistischen Maßnahmen und damit zu einer temporären Rücknahme des neu eingeleiteten Globalisierungsprojekts. Symptomatisch in dieser Hinsicht ist der erste Beschluss des Arbeiterrates nach der Neukonstitution des Geschäftsverbands Jadranbrod:

> „Die Mitglieder des neuen Arbeiterrates beschlossen, die zuständigen Behörden und die Republikbehörden dringend zu ersuchen, endlich das genaue Datum festzulegen, an dem sie [die heimischen Werften; P. W.] systematisch Schiffe für ihre Flotte bauen dürfen, während in der Zwischenzeit jeder Import von Schiffen verboten wird."[16]

Die Arbeiterinnen und Arbeiter der Werften entschieden sich bewusst dafür, in dieser Krisensituation staatliche Akteure ins Boot zu holen. Dem Arbeiterrat Jadranbrods lag ein protektionistischer Lösungsansatz näher als etwa Produktivitätserhöhungen und damit verbundene Rationalisierungen oder gar Kontraktionen, wie sie zur gleichen Zeit in westeuropäischen Werften stattfanden.[17]

Der globale Subventionswettlauf zwang die Sozialistische Republik Kroatien zum Handeln. Das von den jugoslawischen Arbeitsorganisationen der Schifffahrt und den Werften unterzeichnete Piraner Selbstverwaltungsabkommen vom 23. Juni 1976 war eine Art Konjunkturprogramm, mithilfe dessen die Vertragspartner den Einbruch des globalen Schiffbaus durch den Ausbau der heimischen

---

13 Warlouzet: „Collapse".

14 W. Max Corden/Gerhard Fels: Public Assistance to Industry. Protection and Subsidies in Britain and Germany, London 1976, S. 146.

15 Johanna Wolf: Assurances of Friendship. Transnationale Wege von Metallgewerkschaftern in der Schiffbauindustrie, 1950–1980, Göttingen 2018, S. 272–277.

16 Darko Kojić: „Kriza narudžba sputava brodogradnju. Konstituranjem radničkog zaokružena prva etapa transformacije Jadranbroda", in: Brodograditelj vom 17.7.1975, S. 3.

17 Stråth: Politics.

Flotte mit 62 Schiffen aufzufangen suchten.[18] Die Republik sollte mit einem Zuschuss in Höhe von 29 % des Vertragspreises die Preisdifferenz zwischen Weltmarktpreisen und heimischen Preisen wettmachen.[19]

Regierung und Management räumten der Produktion den Vorrang gegenüber dem Profit ein. Uljanik reagierte auf die gesunkene Nachfrage nach Öltankern mit der Erweiterung der Produktportfolios um Ölförderplattformen. Die Werft sollte flexibler werden.[20] Die jugoslawischen Werften wandten sich wieder verstärkt den von der Krise weniger gebeutelten Kunden aus den Staaten des Rates für gegenseitige Wirtschaftshilfe zu und forderten eine Gleichstellung von Exporten nach Osteuropa mit denen in den Westen.[21] Der Exekutivrat der Republik Kroatien beschloss ein „sowjetisches Programm", das die Auslieferung von 40 Schiffen in die UdSSR im Wert von 1 Mrd. USD vorsah.[22] Intensivierte Exporttätigkeiten in die weniger rentablen blockfreien Staaten und Barter-Handel in Form von Schifflieferungen für brasilianischen Kaffee oder panamaische Bananen schufen fürs Erste Abhilfe, um die Produktionskapazitäten auszulasten.[23] „Wir bauen Schiffe, die keinen Gewinn abwerfen",[24] gab der Generaldirektor Karlo Bilić zu.

Der kroatische Sabor, der schon an der Initiierung und dem Monitoring des Selbstverwaltungsabkommens zwischen jugoslawischen Reedereien und Schiffswerften maßgeblich beteiligt gewesen war, rief im Jahr 1978 die „Plattform zur Lösung der Probleme des Schiffbaus und der Schifffahrt" ins Leben. Dabei handelte es sich um eine Arbeitsgruppe bestehend aus dem republikanischen Sekretariat für Energie, Industrie und Handwerk, dem republikanischen Sekretariat für Verkehr und Seewesen sowie Jadranbrod, die den Exekutivrat des Sabor beraten sollte. Noch im selben Jahr verabschiedete der Kroatische Sabor einen Gesetzesvorschlag der Plattform.[25] Die Kroatische Republik war angehalten, die Organisationssteuer und Beiträge zum „Föderationsfonds für Kredite für eine schnelle Entwicklung wirt-

18 Informacija o sadašnjem stanju problematike gradnje brodova u domaćim brodogradilištima, 24.3.1977, S. 1, HDA, 280/88.

19 Bis dahin bezuschusste die Republik den Schiffbau für die heimische Flotte mit ungefähr 11 % des Verkaufspreises. Samoupvrani sporazum o realizaciji plana izgradnje i uvoza brodova u SR Hrvatskoj u razdoblju 1981–1985. godine, 28.12.1981, S. 6, HDA, 280/263.

20 Informacija o problemima u poslovanju brodogradnje, September 1983, S. 7, HDA, 280/263.

21 Die Gleichstellung der Exporte in die Länder des Rats für gegenseitige Wirtschaftshilfe und westliche Länder würde die Rückerstattung von Zoll- und anderen Abgaben beinhalten.

22 Informacija o problemima u poslovanju brodogradnje, September 1983, S. 2, HDA, 280/263.

23 Zahtjev za odobrenje uvoza i prodaje kave po osnovi izvoza 2 broda u Brazil, 13.2.1978, S. 1, HDA, 280/141; Brodgradilišta „Split" – Split i „Uljanik" – Pula ..., 12.9.1980, S. 1, HDA, 280/206.

24 O. A.: „Kriza na svjetskom tržištu", in: Uljanik vom 29.09.1979.

25 Zakon o načinu podmirenja obveza Republike u 1979. i 1980. godini preuzetih Platformom za rješenje problema brodogradnje i brodarstva idF vom 29.4.1978, in: Narodne Novine (1978), 17/142.

schaftlich nicht ausreichend entwickelter Republiken und Provinzen“ zurückzuerstatten. Das Gesetz verpflichtete die Stadt Pula, 15 Mio. YUD Kompensationszahlungen an Uljanik zu entrichten. Zudem legte die Plattform den Kommunen nahe, den Werften die Kommunalsteuer zu erlassen.[26]

	1980	1981	1982	1983	1985	1986	1987	1988
Schiffslieferungen	2	7	8	7	5	6	5	5
Bruttoraumzahl (tausend dwt)	49	128	90	198	89	193	94	93
Beschäftigtenzahl	6.529	6.644	6.824	6.835	7.492	8.012	7.977	7.993
	1989	**1990**	**1991**	**1992**	**1993**	**1994**	**1995**	**1996**
Schiffslieferungen	6	5	5	2	2	2	2	4
Bruttoraumzahl (tausend dwt)	104	147	130	50	37	54	110	164
Beschäftigtenzahl	8.124	7.986	6.758	6.332	5.455	5.039	4.724	4.724
	1997	**1998**	**1999**	**2000**	**2001**	**2002**	**2003**	**2004**
Schiffslieferungen	1	4	4	5	4	5	7	11
Bruttoraumzahl (tausend dwt)	44	182	65	59	106	144	230	406
Beschäftigtenzahl	3.300	3.317	3.316	3.337	3.425	3.341	3.031	2.858
	2005	**2006**	**2007**	**2008**	**2009**	**2010**	**2012**	
Schiffslieferungen	10	12	10	9	4	5	10	
Bruttoraumzahl (tausend dwt)	353	233	261	217	114	82	189	
Beschäftigtenzahl	2.783	2.798	2.761	2.808	2.796	2.780	2.631	

Tabelle 4: Entwicklung ausgewählter Leistungsindikatoren der Werft Uljanik zwischen 1980 und 2012
Quelle: Eigene Berechnungen mit aggregierten Daten aus der Referenzliste der Uljanik Group und anderen Quellen aus ABU.

Trotz der vielfältigen Maßnahmen verbesserte sich die wirtschaftliche Lage der Werft auch in den 1980er-Jahren nicht und die Liquiditätsengpässe blieben ein dringliches Problem. Im Jahr 1981 sperrten die Geschäftsbanken der Werft die Unternehmenskonten; die Auslandsschulden erreichten 22 Mio. USD. Ulf Brunnbauer sieht den Grund für die Unternehmenskrise in den Dumpingpreisen der neuen Aufträge: „[A]ll these ships had been contracted during the depth of the

26 Informacija u vezi realizacije obveza općina preuzetih Platformom za rješenje problema brodogradnje i brodarstva u 1982. godini, 18.2.1983, S. 2, HDA, 280/250.

shipbuilding depression when shipyards had accepted almost any price."[27] Im Folgejahr verschärfte die Unzuverlässigkeit liberianischer und sudanesischer Reedereien die Situation zusätzlich. Kurzfristig konnte die Dinar-Liquidität durch eine Finanzspritze der Republik über 280 Mio. YUD und weiche Kredite der Rijekaer Bank und der Istrischen Bank wiederhergestellt werden.[28] Im Jahr 1984 kam es dann erneut zu Produktionsausfällen und schließlich Lieferverzögerungen, weil Uljanik die Devisen fehlten, um Vorprodukte aus Westeuropa zu importieren.

Ein weiteres Problem stellten die steigenden Kreditzinsen dar. Wenn sich in den 1980er-Jahren überhaupt Geschäftsbanken fanden, die bereit waren, das hohe Risiko eines Schiffbauprojektes zu tragen, verlangten sie zwischen 50 und 100 % Zinsen. Abhilfe sollte die 1979 eigens gegründete Bank JUBMES[29] leisten. JUBMES-Exportkredite konnten bis zu 80 % des Vertragspreises decken. Während der Wirtschaftskrise waren die festen, inflationsunbereinigten Zinssätze dieser Kredite äußerst vorteilhaft. Den Berechnungen des Wirtschaftshistorikers Michael Palairet zufolge liegt die so erzielte Subventionshöhe für die jugoslawischen Werften bei 70 Mio. USD.[30] Diese Kreditierungspraxis ist ein Beispiel der selektiven Subventionierung und der immer weniger stringenten jugoslawischen Wirtschaftspolitik, in der jedes Problem gleichzeitig seine eigene Lösung hervorbrachte;[31] keine Arbeitsorganisation wusste im Januar, welches Instrument sie im Dezember retten würde. Der Soziologe Carl-Ulrik Schierup weist darauf hin, dass in dieser Phase der jugoslawischen Selbstverwaltung die Marktkriterien zur Bewertung des Unternehmenserfolges zunehmend an Bedeutung verloren.[32]

Die durch Kredite des JUBMES künstlich hoch gehaltene Exportrate konnte die Liquidität der Arbeitsorganisationen nicht langfristig verbessern. Im Rahmen einer Veranstaltung zum 130. Jubiläum der Werft bedauerte der Generaldirektor Karlo Radolović:

---

27 Brunnbauer: Building Ships, S. 33.

28 Poslovodni odbor SOUR-a Uljanik: „Što je utjecalo na rezultate poslovanja u 1981. godini", in: Uljanik vom 17.3.1982, S. 1.

29 Serbokroatisch: *Jugoslovenska banka za međunarodnu ekonomsku saradnju.*

30 Michael Palairet: „Croatian Shipbuilding in Crisis. 1979–1995", in: Goić Srećko (Hg.): Enterprise in Transition. Proceedings. Fourth International Conference on Enterprise in Transition, Split-Hvar 2001, S. 758–816, hier S. 785.

31 Shirley J. Gedeon: „Monetary Disequilibrium and Bank Reform Proposals in Yugoslavia. Paternalism and the Economy", in: Soviet Studies 39 (1987), Nr. 2, S. 281–291.

32 Carl-Ulrik Schierup: Migration, Socialism and the International Division of Labour. The Yugoslavian Experience, Aldershot 1990, S. 234.

> „In den vergangenen fünf Jahren haben wir 80 % unserer Kapazität oder 540 Mio. USD exportiert und einen Nettozufluss von 320 Mio. USD generiert. In diesem Jubiläumsjahr haben wir einen Rekord von 200 Mio. USD erzielt. Leider berücksichtigen Einkommens-, Liquiditäts- und andere Leistungsindikatoren dieses Ergebnis nicht."[33]

Trotz einer hochtourigen Produktion und eines hohen Deviseneinkommens waren die Arbeitsorganisationen Uljaniks kaum überlebensfähig. Der Direktor verschwieg in seiner Stellungnahme allerdings die Entwicklung des jugoslawischen Exports. Hier hatte der Schiffbau 1984 seine absolute Mehrheit gegenüber anderen Exportwaren eingebüßt und stagnierte bei knapp 20 %; Zubehörartikel[34] hatten die Branche mittlerweile deutlich überflügelt.[35]

Im Jahr 1987 verschlechterte sich die wirtschaftliche Lage der Werft dramatisch. Der seit 1986 fallende Dollarwert führte angesichts des stabil bleibenden Imports von Vorprodukten aus westeuropäischen Ländern zu einem Rückgang der Netto-Deviseneinnahmen. Die Regierung fror die Exportförderungen ein, und kriselnde Banken zogen sich ganz aus dem risikoreichen Schiffbaugeschäft zurück. Die Banken waren es auch, die ein rettendes Selbstverwaltungsabkommen sabotierten.[36] Zum ersten Mal wurde für die Beteiligten sogar die Liquidation der Arbeitsorganisationen vorstellbar. Nach Verlusten in Höhe von 31 Mrd. YUD in der ersten Jahreshälfte sperrten die Banken am 13. September die Unternehmenskonten. Nur die Devisenschulden wuchsen unbeeindruckt weiter; Altzinsen in Höhe von 5 Mrd. Dinar, die bis Jahresende auf 8 Mrd. Dinar anwachsen sollten, harrten der Abzahlung. Vermehrte Lieferengpässe waren die unvermeidliche Folge.

Wie bereits 1981 machte die kroatische Regierung nicht von ihrem Recht auf die Abwicklung unrentabler Unternehmen Gebrauch.[37] Mithilfe der Jugoslawischen Nationalbank, der Rijekaer Bank und der Istrischen Bank gelang es ihr, die Unternehmenskonten wieder freizuschalten; fast 8.000 Beschäftigte erhielten endlich ihren ausstehenden Lohn. Schulden, die weder der eigene Reservefonds deckte noch andere Grundorganisationen gemäß der Selbstverwaltungsvereinbarung als „Solidaritätsbeiträge" übernahmen, tilgte die Republik Kroatien mithilfe eines Sanierungskredits aus den Mitteln ihres Reservefonds.

---

33 O. A.: „Proslavili smo 130 godina", in: Uljanik vom 1.11.1987, S. 13.

34 Serbokroatisch: *serijska i individualna oprema.*

35 Inicijativa za zaključivanje dogovora o usmerjevanju dijela kreditnog potencijala banaka Jugoslavenskoj banci..., 13.8.1987, S. 6, HDA, 280/373.

36 Informacija o problemima u poslovanju brodogradnje s prijedlozima rješenja, 11.5.1987, S. 2, HDA, 280/366.

37 *Zakon o sanaciji i prestanku organizacija udruženog rada*, in: Sl. list SFRJ (1980), 41.

Ein Blick auf die globalen Konjunkturwerte des Schiffbaus zeigt zwar eine deutliche Korrelation zur Liquidität Uljaniks; einige negative Abweichungen deuten aber auf weitere strukturbedingte Schwächen im jugoslawischen Unternehmenssektor hin. Uljanik war bei Weitem nicht das einzige Unternehmen, das chronisch um Liquidität rang.

> „In 1961, 1967, and again between 1969 and 1972, numerous enterprises, many of national importance, defaulted on outstanding bills, overdue bank loans, tax obligations and even wage payments, and a series of multiple defaults brought anywhere from 10 % to 30 % of the enterprise sector to the brink of bankruptcy."[38]

Für die Ökonomin Laura D'Andrea Tyson lagen die institutionellen Gründe für die grassierende Zahlungsunfähigkeit der jugoslawischen Arbeitsorganisationen im Verhalten der Regierung. Im Ansinnen, Konkurse zu verhindern, hatte sie sich im Zweifelsfall stets dafür entschieden, den Unternehmenssektor mit Steuererleichterungen und Staats- oder Republiksbürgschaften abzufedern und mit weiteren Bankkrediten aufzupumpen. Solange der Konkurs politisch nicht gewollt war, weil Kommunen und Republiken selbst für die Ansprüche der Gläubiger hätten aufkommen und noch dazu die nachfolgende Arbeitslosigkeit hätten schultern müssen, verlor eine Insolvenz jegliche abschreckende Wirkung. Die Folge war eine „freiwillige Illiquidität", wie es der Direktor der Jugoslawischen Nationalbank ausdrückte.[39] Tyson sah im jugoslawischen Selbstverwaltungssozialismus ein System der Risikoentlastung der Beschäftigten durch die staatlichen Akteure; diese agierten als „ultimate risk-takers"[40]. Zu einer ähnlichen Schlussfolgerung kommt der Sozialhistoriker Troch:

> „[A]s the municipality and not the individual enterprise was the main-risk-taker for capital and labour investments, the political barriers for bankruptcy were enormous and local authorities resorted to a variety of alternative measures to stabilize loss-making enterprises".[41]

Die hier dargestellte Subventionsgeschichte der Werft Uljanik mag auf den ersten Blick im Vergleich mit den Strategien anderer Schiffbaunationen nicht außergewöhnlich wirken. Finanzspritzen oder sogar Verstaatlichungen wie in Großbritannien und Schweden waren eher die Regel als die Ausnahme. Reflexartig rea-

---

38 Laura D'Andrea Tyson: „Liquidity Crises in the Yugoslav Economy. An Alternative to Bankruptcy?", in: Soviet Studies 29 (1977), Nr. 2, S. 284–295, hier S. 284.

39 Dimitrije Dimitrijević: Osnovni putevi rešavanja nelikvidnosti privrednih organizacija, Niš 1971.

40 Tyson: „Liquidity Crises", S. 289.

41 Troch: „Tensions".

gierten auch Länder wie die Bundesrepublik Deutschland auf den Abschwung mit protektionistischen Maßnahmen.[42] Im ersten Moment erschienen Verstaatlichung und Schuldentilgungen als probates Mittel, um den Abschwung natürlicher Kontratjew-Zyklen zu durchtauchen.[43] Viele Länder griffen auf Hilfeleistungen in Form von Staatsaufträgen oder Vorzugskrediten für Reedereien zurück.[44] Die ersten defensiven Investitionen ließen die Werften in Westeuropa für einen Moment aufatmen. Mit der Zeit wurden die Mittel subtiler und reformgerichteter. Ziel war nun eine nachhaltige Restrukturierung der gesamten Branche. Mit nicht weniger beträchtlichen Summen finanzierten die Regierungen technologische Investitionen oder leisteten Restrukturierungshilfe. Laut dem Wirtschaftshistoriker Ivan Berend pendelte sich ab Mitte der 1980er-Jahre das Subventionsniveau westeuropäischer Staaten auf ein Vorkrisenniveau ein.[45]

Die Unterschiede zwischen westeuropäischen und jugoslawischen Werften im Umgang mit der Konjunkturkrise sind signifikant. In den 1980er-Jahren rechnete die kroatische Regierung noch immer mit einer Rückkehr zum Stand vor der Ölpreiskrise. Ihre Subventionspolitik war nicht vorausschauend. Sie war auf Reproduktionshilfen beschränkt, die nicht an entsprechende Restrukturierungen gekoppelt waren. Hinzu kam ein mangelndes Durchsetzungsvermögen der Republik hinsichtlich der Selbstverwaltungsvereinbarungen, was sich Ende der 1970er-Jahre immer deutlicher offenbarte. Für die kroatischen Werften ergab sich aus der industriepolitischen Schwäche der Republik ein globaler Wettbewerbsnachteil. Im Sabor beschwerten sich die Delegierten über die „subventionierten Preise und Dumping“ westeuropäischer Anbieter, durch welche sie „auf dem Weltmarkt nicht mithalten“ könnten. Anders als andere Länder hätte „Jugoslawien bisher keine Maßnahmen ergriffen, um die Folgen der Dekonjunktur zu lösen“.[46]

Die Maßnahmen vieler Industriestaaten verdrängten Jugoslawien, das dem Wettbewerbswettlauf nicht standhalten konnte, immer weiter vom globalen Markt. Trotz der mangelnden Konkurrenzfähigkeit im globalen Subventionsrennen war es gerade der jugoslawische Nachzügler, der in seiner Beständigkeit einzigartig ist. Während in Nordeuropa das Desaster dank staatlicher Rettungs-

---

42 Johanna Wolf: Assurances.

43 Stråth: Politics, S. 19.

44 Warlouzet: „Collapse“.

45 Ivan Berend: The Economic History of Twentieth-Century Europe, Cambridge, 2006, S. 284–285.

46 Bilješka, 22.5.1979, S. 7, HDA, 280/174.

schirme zu einer sozial abgefederten „managed contraction“ [47] abgeschwächt wurde, überschritt die Beschäftigung der Werft Uljanik 1986 die 8.000er-Marke und erreichte erst 1989 ihren Zenit. Die chronische Liquiditätskrise Uljaniks und die Rezession der ganzen Branche führten weder zu einem Abbau von Beschäftigten noch zu einer Downsizing-Strategie oder anderen Begleitmaßnahmen. Die reaktivierten Geschäftsbeziehungen zur Sowjetunion und die Priorisierung der Beschäftigung basierend auf Dumpingverträgen als Globalisierungskorrektiv stellten die Grundlage für eine antikonjunkturelle, gleichsam autistische Entwicklung der Werft Uljanik dar.

1.2 Weiche Grenzen der Werft Pariser Kommune

Am 30. Oktober 1976 eröffnete die Werft Pariser Kommune in Gdynia ihr neues Trockendock. Dieses zweite Trockendock mit einer Länge von 380 Metern, 70 Meter Breite und 8 Meter Tiefe und der dazugehörige Portalkran mit einer Traglast von 900 Tonnen legte den Grundstein für den Bau von Massengutfrachtern und Supertankern in Polen. Das für 913 Mio. PLN errichtete Dock war das größte Investitionsprojekt im Schiffbau, das im Fünfjahresplan der Volksrepublik für den Zeitraum 1971 bis 1975 vorgesehen war. So lange und unflexibel wie die planwirtschaftlichen Investitionszyklen waren, bargen sie ein großes Risiko. Der Fünfjahresplan setzte während einer goldenen Ära des Schiffbaus ein, in der Mammutschiffe große Margen versprachen. In dem Jahr aber, als das erste Schiff, ein Gastanker, das Trockendock in Richtung seiner amerikanischen Reederei verließ, war der globale Markt nicht nur gesättigt, sondern gerade eingebrochen und lag bei weniger als 40 % der Gesamtproduktion von 1971.

Das Staatsunternehmen bilanzierte 1978 zum ersten Mal einen Verlust von fast 500 Mio. PLN, für den die Branchenvereinigung aufkommen musste.[48] Die üblichen staatlichen Zuschüsse zum Ausgleich der Rentabilität des Verkaufs[49] hatten in diesem Jahr nicht ausgereicht.[50] Eine Liste der in diesem Jahr produ-

---

47 Bo Stråth: The Politics of De-Industrialisation. The Contraction of the West European Shipbuilding Industry, London 1987.

48 Analiza działalności 1978, März 1979, S. 13, APG, 130/2358.

49 Polnisch: *dopłaty wyrownujące rentowność sprzedaży.*

50 Die Zuschüsse zum Ausgleich der Rentabilität des Verkaufs wurden der Werft für Auslandsverträge gewährt. Die Devisen behielt Centromor ein und zahlte der Werft im Gegenzug einen vorab verabredeten Betrag in PLN aus. Laut Jerzy Doerffer bildete diese Praxis die Grundlage für den „Mythos von der nicht effektiven Schiffbauindustrie“. Ders.: Życie i Pasje. Wspomnienia, Bd. 4, Gdańsk 2008, S. 216.

zierten Schiffe zeigt, dass die Selbstkosten jedes einzelnen Schiffes höher lagen als der Verkaufspreis.[51] Das lag auch an dem hohen Anteil an Prototypen, der die Folge einer schlechten Verhandlungsführung der Außenhandelsorganisation Centromor war. Der Wertverlust des Dollars um 14 % zwischen 1976 und 1980 heizte die Krise zusätzlich an. Nachdem die Werft auch 1979 die Zielvorgaben verfehlte, entließ der Minister für Landwirtschafts- und Schwermaschinenindustrie den Direktor der Werft Pariser Kommune. Die personelle Konsequenz stellte aber eine völlig unzureichende Reaktion auf die strukturellen Probleme des Unternehmens dar. Der Wirtschaftshistoriker Grala betont, dass die Volksrepublik Polen unter dem Ersten Sekretär Edward Gierek nicht auf eine Krise vorbereitet gewesen war und keine Instrumente zur Verfügung hatte, um gegenzusteuern.[52] Eine keynesianische Industriepolitik war den staatssozialistischen wie übrigens auch den Selbstverwaltungsökonomien fremd. Anders als in vielen westeuropäischen Ländern waren Subventionen Teil eines komplexen Transaktionsautomatismus zwischen Unternehmen und Staat, nicht aber Teil einer gelenkten Strukturpolitik.

	1977	1978	1980	1981	1982	1983	1984	1985	1986
Schiffslieferungen	12	8	9	4	4	4	4	2	5
Bruttoraumzahl (tausend dwt)	234	398	144	132	89	318	190	42	271
Beschäftigtenzahl	12.737	12.620	10.198	10.055	9.227	9.061	8.839	8.593	8.651

	1987	1988	1991	1992	1994	1995	1996	1997	1998
Schiffslieferungen	6	6	10	7	6	7	10	9	11
Bruttoraumzahl (tausend dwt)	212	46	97	169	430	174	367	239	320
Beschäftigtenzahl	8.374	7.636	5.948	6.489	7.008	7.730	8.074	7.852	8.204

Tabelle 5: Entwicklung ausgewählter Leistungsindikatoren der Werft Pariser Kommune (Gdynia) zwischen 1977 und 1998
Quelle: Eigene Berechnungen mit aggregierten Daten aus der Referenzliste der Stocznia Gdynia und anderen Quellen aus APG 130.

51 Analiza działalności stoczni za 1978 rok, März 1979, S. 13, APG, 130/2358.
52 Grala: Reformy.

Probleme im Management und der Produktion gab es also schon vor dem „Karneval der Solidarność“[53]. Die vorhandenen Mängel potenzierten sich infolge eines am 15. August 1980 – einen Tag nach dem Streik in der Werft Gdańska – ausgerufenen Streiks und resultierten in weiteren Lieferverzögerungen. Am 25. September konstatierte der Direktor eine Verspätung von 1.157.000 Arbeitsstunden.[54] Am Jahresende wies die Pariser Kommune unter allen Werften die höchste negative Abweichung vom Fünfjahresplan auf.[55] Im Jahr 1983 verlor die Werft endgültig ihre Kreditwürdigkeit.[56]

Ein Ergebnis der August- und Septemberabkommen[57] zwischen Regierung und Solidarność war die Berufung einer Kommission für Wirtschaftsreformen.[58] Das im Kompromiss mit der Gewerkschaftsbewegung verfasste Gesetz über Staatsunternehmen[59] reduzierte den Staat und seine Ministerien formal auf die Rolle von „Gründungsorganen“. War eine solche Gründung einmal erfolgt, stellte ein staatliches Unternehmen „ein unabhängiges, selbstverwaltetes und selbstfinanziertes Unternehmen mit eigener Rechtspersönlichkeit“ dar. Was aber verstand der Gesetzgeber hier unter Selbstfinanzierung? Das zweite neue Gesetz zur Finanzwirtschaft staatlicher Unternehmen[60] bestimmte den Gewinn grundsätzlich als ein positiver Saldo zwischen Umsatz und den beiden Passiva Selbstkosten und Umsatzkosten. Damit war es aber noch nicht getan. Um den Gewinn endgültig festzustellen, musste das Ergebnis im ersten Schritt um objektbasierte Förderungen[61] ergänzt und um die Umsatzsteuer vermindert sowie im zweiten Schritt um Zuschüsse zur Ausgleichung der Rentabilität bei Außenhandelstätigkeiten

---

53 Der „Karneval der Solidarność“ bezeichnet die Zeit zwischen August 1980 und dem 13. Dezember 1981, als die Gewerkschaftsbewegung einen legalen Status genoss und großen Einfluss auf die Politik ausübte.

54 Mirosław Kubacki, „Jakie są szanse ‚Komuny‘?“, in: Głos Stoczniowca vom 26.9.1980, S. 10.

55 Tadeusz Daszyński: „Rozmowa z dyrektorem generalnym ZPO mgr. inż. Mieczysławem Tokarzem“, in: Głos Stoczniowca vom 2.1.1981, S. 4.

56 Janusz Wikowski: „Jednością silni“, in: Głos Stoczniowca vom 11.12.1983, S. 1.

57 Die Augustabkommen wurden in den beiden Werften Warski in Stettin und Lenin in Danzig, die Septemberabkommen im Kohlebergwerk Manifest Lipcowy im oberschlesischen Jastrzębie-Zdrój und dem Stahlwerk Katowice abgeschlossen.

58 Polnisch: *Komisja ds. Reformy Gospodarczej.*

59 *Ustawa o przedsiębiorstwach państwowych* idF vom 25.8.1981, in: Dz.U. (1981), 24/122. Der ursprünglich von den Vertreterinnen und Vertretern der Solidarność geforderte und nicht zufällig nach jugoslawischer Selbstverwaltung klingende Begriff „gesellschaftliches Unternehmen“ (Polnisch: *przedsiębiorstwo społeczne*) konnte sich nicht durchsetzen.

60 *Ustawa o gospodarce finansowej przedsiębiorstw państwowych* idF vom 31.1.1989, in: Dz.U. (1989), 3/10.

61 Polnisch: *dotacje przedmiotowe.*

oder um subjektbasierte Förderungen korrigiert werden.[62] Da im Zuge der Reform die Steuerlast gleichzeitig massiv anwuchs, die Zuschüsse in den ersten Jahren der Reform sogar anstiegen[63] und die Regierung zusätzlich ein System von Steuererleichterungen und Regierungsaufträgen einführte, blieben die Geschäftsergebnisse dieser Zeit „völlig abstrakt".[64] Die vage Formulierung der Subventionsbedingung als „Herstellung eines gesellschaftlich wichtigen Produkts" im Regierungsprogramm „Richtungen der Wirtschaftsreform"[65] diente den Ministerien wiederholt als Schlupfloch. Diese institutionalisierte Kontingenz ließ den politischen Akteuren einen großen Spielraum.

Die industriepolitische Praxis der 1980er-Jahre war so intransparent, dass ähnlich der jugoslawischen Ad-hoc-Industriepolitik „kein Staatsunternehmen wusste, nach welchem Steuersystem es im nächsten Jahr funktionieren würde".[66] Der Rahmen für wirtschaftliches Handeln war höchst unverlässlich geworden. Der Vorsitzende des Beschäftigtenrates der Werft Pariser Kommune erklärte die Schwierigkeiten, die sich aus der Unsicherheit der regulativen Funktion des Staates ergaben:

> „Sie [die neuen Vorschriften; P. W.] erreichen die Werften sehr spät – wir haben den Zentralen Jahresplan irgendwann im Januar erhalten, dabei arbeiten wir doch schon seit dem 1. Januar. Ein Unternehmen muss wissen, mit welchen Preisen zu rechnen ist, wie die Kosten zu berechnen sind, was rentabel ist, was Gewinne bringt. Bis heute, und es ist bereits Anfang März, können wir diese Fragen nicht beantworten."[67]

Notgedrungen entsprach die tägliche Praxis der Pariser Kommune dem, was Brunnbauer für den Fall der Werft Uljanik als „muddling through" bezeichnete.[68]

Neben der Gründung waren die Staatsorgane auch für die Liquidation der Unternehmen in ihrem Zuständigkeitsbereich verantwortlich. Die Anforderung der Selbstfinanzierung der Unternehmen hatte es notwendig gemacht, in das Gesetz über die Staatsunternehmen ein Kapitel zur Liquidation von Unternehmen mit aufzunehmen. Falls die Bilanzen negativ ausfielen, war der Direktor demzufolge verpflichtet, den Beschäftigtenrat, die Finanzbank und das Gründungsorgan zu informieren. Im Anschluss lag es im Ermessen des Gründungsorgans und des Finanzministeriums, einen kommissarischen Vorstand zu bestellen. Wenn keine

62 Polnisch: *dotacje podmiotowe.*
63 Grala: Reformy, S. 251.
64 Ebd., S. 241.
65 Polnisch: *Kierunki reformy gospodarczej.*
66 Ebd., S. 249.
67 M. Kertyczak: „Czy państwo dopłaca do stoczni", in: Głos Stoczniowca vom 26.3.1989, S. 1.
68 Brunnbauer: Building Ships, S. 4.

Besserung eintrat, konnte das Gründungsorgan nach sechs aufeinanderfolgenden, verlustreichen Monaten eine Liquidation anordnen. Aller scheinbaren Härte zum Trotz schuf die Regierung gleichzeitig Instrumente, um Geschäftsergebnisse weiterhin zu schönen, wenngleich selektiver: durch Operationsprogramme, Staatsaufträge und die Kontrolle über den Ex- und Import.[69] Nachdem die Europäische Wirtschaftsgemeinschaft protektionistische Maßnahmen wie Zölle und Beschränkungen eingeführt hatte, dienten Staatsaufträge auch dem Zweck, den Wegfall des globalen Marktes durch den Binnenmarkt zu kompensieren. Ein Beispiel dafür stellt der Vertrag über den Bau von 32 Schiffen für die größte polnische Reederei Polskie Linie Oceaniczne aus dem Jahr 1982 dar.[70]

Insgesamt häuften sich in den 1980er-Jahren die Probleme der Werft im operativen Geschäft. Zwischen 1984 und 1986 beanstandete ein Bericht des Obersten Rechnungshofs mehrmonatige Verspätungen bei Schiffslieferungen. Verantwortlich dafür war auch die Inflation, die den Einkaufspreis für Vorprodukte aus westlichen Ländern verdreifacht hatte.[71] Der Versuch, einen Fuß in die Tür des Passagierschiffssegments zu bekommen – das von vielen europäischen Werften in den 1980er-Jahren als Alternative zu den nach Asien abwandernden Massenfrachtschiffen gesehen wurde –, legte die Schwächen der Werft und ihres Umfelds offen. Schon der erste Anlauf überstrapazierte die Werft und ihr Lieferantennetzwerk. Die Stena Germanica erreichte die schwedische Reederei mit einer fünfjährigen Verspätung. Zu instabil waren die Logistik und die Kooperationsbeziehungen, als dass die Werft imstande gewesen wäre, die Vertragstermine für Passagierschiffe, die eine enorm aufwendige Ausstattung erforderten, einzuhalten. Die Strafzahlungen aus fünf Schiffsverträgen für Reedereien aus marktwirtschaftlichen Ländern beliefen sich auf 17 Mio. USD und übertrafen damit den gesamten Exportwert von 1985.[72] Trotz diverser Steuererleichterungen und Privilegien deckten die Einnahmen nicht einmal die laufenden Verbindlichkeiten der Werft.[73] Diese lagen bei 4 Mrd. PLN und die Kreditschulden bei 31 Mrd. PLN. Hinzu kamen Strafzahlungen an die Nationalbank für längst überfällige Zinsen, die sich

69 Grala: Reformy, S. 190 – 210.

70 Mirosław Kubacki: „32 statki dla PLO zbuduje Komuna", in: Głos Stoczniowca vom 9.1.1983, S. 3.

71 Sarah Graber-Majchrzak: „The Gdańsk Shipyard. Production Regime and Workers' Conflicts in the 1970s and 1980s in the People's Republic of Poland", in: Raquel Varela/Hugh Murphy/Marcel van der Linden (Hg.): Shipbuilding and Ship Repair Workers around the World. Case Studies 1950 – 2010, Amsterdam 2017, S. 365 – 396.

72 Wystąpienie pokontrolne, 10.7.1986, S. 3, ANIK, PCM-41008 – 9 – 86.

73 Ebd., S. 1.

täglich auf knapp 4 Mio. PLN summierten und, nach Einschätzung des Obersten Rechnungshofes, „unmöglich zurückbezahlt werden können".[74]

Der Ministerrat setzte Mittel frei, um die Werft am Leben zu erhalten. Der Beschluss zur finanziellen Hilfe für Produktionswerften[75] hatte die gängige Palette um weitere Hilfsinstrumente in Kombination mit einem Sanierungsplan erweitert. Dazu zählten Vorzüge bei der Abschreibung, Bankkredite zu Vorzugskonditionen und Zuschüsse zu Verträgen mit ausländischen Reedereien. Obwohl der von der Werft vorgelegte Restrukturierungsplan nach Einschätzung der Bank unzureichend war, überzeugte das zuständige Ministerium für Stahl- und Maschinenbauindustrie die Bank – formal seit dem Bankengesetz von 1982 unabhängig – weitere Kredite an die Werft zu bewilligen. Damit entsprach die Zuführung von Kapital den von János Kornai beschriebenen „weichen Krediten": „Soft credit is used to assist firms in great and chronic financial trouble, without real hope of repayment of the debt."[76] Nicht etwa die Zinshöhe charakterisierte die Weichheit der Kredite, sondern die mangelnde Sanktionierung bei Nichteinhaltung in Form von Insolvenz, Verkauf oder einer erzwungenen Fusion. Weiche Kredite waren nicht die einzigen Elemente weicher Budgetgrenzen, die im Fall der Werft Pariser Kommune eingesetzt wurden.[77]

Die Unfähigkeit der spätsozialistischen Regierungen, die Unternehmen davon zu überzeugen, dass sie es diesmal wirklich ernst meinten, hinterließ Spuren im verwöhnten Verhalten der Sorgenkinder. Die Unternehmen büßten ihre Sensoren für Marktpreise, Zinsen und Devisenkurse ein.[78] Kornai beschreibt die Folge als eine Art Autismus, der das Effizienzstreben der Unternehmen einschränkt: „The attention of the firm's leaders is distracted from the shop floor and from the market to the offices of the bureaucracy where they may apply for help in case of financial trouble."[79]

Ein dynamisches Verständnis, demzufolge weiche beziehungsweise harte Budgetgrenzen keine Dichotomie, sondern ein Kontinuum bilden, öffnet den Blick auf spürbare Verschiebungen bereits vor der vermeintlichen Zäsur von 1989.

---

74 Ebd., S. 2.

75 Uchwała Nr 42/84 Rady Ministrów z dnia 19 marca 1984 r. w sprawie udzielenia pomocy finansowej stoczniom produkcyjnym dla poprawy ich gospodarki oraz zapewnienia realizacji zadań gospodarczych w latach 1984–1985, AAN, 1757/2–136.

76 János Kornai: „The Soft Budget Constraint", in: Kyklos 39 (1986), Nr. 1, S. 3–30, hier S. 6.

77 Der ungarische Ökonom Kornai nennt in seinem Aufsatz, der aus der Zeit des wirtschaftlichen Umbruchs der 1980er-Jahre stammt, weitere Manifestationen wie weiche und kostendeckende Subventionen, weiche und verhandelbare Steuern und weiche und bürokratisch festgelegte Preise. Ebd., passim.

78 Ebd., S. 9.

79 Ebd., S. 10.

Der Fall der Werft Pariser Kommune zeigt, dass wesentliche Elemente der weichen Budgetgrenzen während der Reform bestehen blieben und die Liquidation als letzte Konsequenz zu dieser Zeit keine ernsthafte Gefahr darstellte. Die Werft konnte sich in den 1980er-Jahren weiterhin auf eine Deckung der überschüssigen Kosten verlassen, aber die Rahmenbedingungen waren äußerst unzuverlässig geworden.

Gegen Ende der Dekade dichteten die Reformregierungen die weichen Budgetgrenzen schrittweise ab. Als die Schmerzgrenze der Werften überschritten war, schrien die Patienten auf. Beispielsweise als die Nationalbank im Jahr 1987 ihre Kreditfreizügigkeit einschränkte und künftig die Kreditverträge einer genauen Überprüfung unterziehen wollte.[80] Klagen seitens der Werften gab es auch, als der Staat sich aus seiner Koordinierungsrolle zurückzog und die Zulieferunternehmen begannen, ihre Produkte selbstständig im Ausland zu verkaufen.[81] Zum landesweiten Eklat kam es aber erst 1988, als der neue Premierminister Mieczysław Rakowski die Liquidation der Lenin-Werft in Danzig anordnete und damit Sanktionen für ihre Unrentabilität in die Tat umsetzte.

Gegenüber dem Generaldirektor der Werft Gdańska rechtfertigte der Industrieminister Mieczysław Wilczek – der erste waschechte Unternehmer in den Regierungsreihen der Polnischen Vereinigten Arbeiterpartei – sein Vorgehen:

> „Wenn die Stilllegung der Hälfte der Schiffbauindustrie eine Voraussetzung für die Umstrukturierung der gesamten Wirtschaft ist, dann muss dies getan werden. [...] Es geht nicht an, dass eine ganze Industrie im Namen irgendwelcher ausgedachten Ideen verschont wird. Wir müssten 100 Mrd. PLN pro Jahr an die Werften zuschießen. Dieses Geld haben wir nicht."[82]

Die sichtbare Hand des Staates klopfte sich hier zum ersten Mal selbst auf die Finger. In diesem Fall gefiel das den Mitgliedern der Solidarność aber gar nicht. Sie ließen keinen Zweifel daran, dass sie diesen Rechtsvorgang nicht als konsequente Umsetzung ihrer eigenen Postulate aus dem Jahr 1980, sondern als Politikum bewerteten.

---

80 Ireneusz Kubiczek, „Jak kredytować stocznie?", in: Głos Stoczniowca vom 2.10.1988, S. 1, 8.

81 Zdzisław Waganiak, „Nowe oblicze Komuny", in: Głos Stoczniowca vom 22.1.1989, S. 1, 8.

82 O. A.: Rozmowa kuluarowa o funkcjonowaniu stoczni w *Polsce*. https://ninateka.pl/film/rozmowa-kuluarowa-o-funkcjonowaniu-stoczni-w-polsce, zuletzt geprüft am 7.10.2020.

1.3 Totgeglaubte leben länger oder das Ausbleiben einer Schocktherapie für die Werft Gdynia

Mit seiner ersten Amtshandlung machte 1989 der Industrieminister Tadeusz Syryjczyk aus dem Kabinett von Tadeusz Mazowieckis die Liquidation der Werft Gdańska, die wirtschaftlich betrachtet ebenso gut die der Werft in Gdynia hätte sein können, rückgängig. Symbolpolitik behielt auch nach der politischen Wende die Oberhand über ein ökonomisches Rentabilitätskalkül. Das Ausbleiben neuer Vertragsabschlüsse während der einjährigen Liquidation sollte sich als Glücksfall für die durch die Gewerkschaftsbewegung Solidarność legendär gewordene Werft erweisen. Nachdem der sowjetische Sudoimport alle seine Aufträge an die polnische Schiffbauindustrie storniert hatte, standen die übrigen Werften mit großen Verlusten und sogar lieferbereiten Schiffen da, die keine Reederei abholen wollte. Auch auf nationaler Ebene kam es zu Rückschlägen. Die Regierung widerrief ihre Zusage zu zwanzigprozentigen Exportzulagen für die von der Außenhandelsorganisation Centormor ausverhandelten Verträge im prestigeträchtigen vormaligen zweiten Zahlungsbereich, der die martwirtschaftlichen Länder mit konvertiblen Währungen umfasste.[83]

In Gdynia hatte die spätsozialistische Auftragsflaute einen ganz anderen Grund. Ende der 1980er-Jahre sticht ein weißer Fleck in den Auftragsbüchern ins Auge. Lediglich zwei Schiffsrümpfe für eine holländische Reederei 1988, im Jahr darauf keine einzige Fertigung und nur zwei kleine holländische Trawler im Jahr 1990 waren in Auftrag gegeben worden. Der Grund dafür lag in einem Regierungsbeschluss aus dem Jahr 1987, der die Werft dazu anhielt, keine Aufträge mehr anzunehmen, solange der Joint-Venture-Vertrag mit dem norwegischen Konzern Kværner nicht in trockenen Tüchern wäre. Der polnische Schiffbauingenieur Jerzy Doerffer berichtet, die Werft habe in diesen Jahren insgesamt 69 Angebote Centromors ausgeschlagen.[84] Zur gleichen Zeit hatte der norwegische Konzern das Gerücht verbreitet, die Werft sei bankrott, um den Preis zu drücken (GD-M-2). Das endgültige Angebot lag nur noch bei 4,9 Mio. USD. Der bleibende Schaden war enorm, als der Industrieminister das symbolische Angebot ablehnte

83 *Uchwała w sprawie uznania niektórych uchwał Rady Ministrów ogłoszonych w Monitorze Polskim za nieobowiązujące* idF vom 30.5.1990, in: Monitor Polski (1990), 84/181. In der Polnischen Volksrepublik umfasste der zweite Zahlungsbereich marktwirtschaftliche Staaten mit konvertierbaren Währungen wie dem Dollar.

84 Doerffer: Życie i Pasje.

und der norwegische Anlagenbauer sich letztendlich für den Kauf der Warnowwerft von der Treuhandanstalt entschied.[85]

Die Auftragsbücher waren beinahe leer und die wenigen Aufträge, über die die Werft Gdynia verfügte, defizitär. Ungedeckte Fixkosten, rapide steigende Preise für Rohmaterialien, Vorprodukte und Dienstleistungen, explodierende Zinsraten und der „Popiwek“, eine Strafsteuer für überdurchschnittlich ansteigende Löhne,[86] ließen die Schulden der Werft gegenüber dem Staat, Banken und Zulieferern bis 1994 auf 5 Brd. PLN anwachsen.[87] Damit war die finanzielle Ausgangslage der Werft in Gdynia die schlechteste in der ganzen polnischen Schiffbauindustrie; der Schuldenstand war doppelt so hoch wie der der Werft in Danzig.[88] Ein Schiffbauexperte kommentierte:

> „Auf der einen Seite präsentiert sich die ‚Kommune‘ als beste polnische Werft; auf der anderen als die schlechteste. Die beste, weil ihre Produktionskapazität zu den besten fünf Werften Europas zählt; die schlechteste, weil auf sie die Hälfte des riesigen Schuldenberges der polnischen Schiffbauindustrie fällt.“[89]

Nach erfolglosen Versuchen, die unrentablen Verträge mit den westlichen Reedereien zu annulieren, gelang es dem Vorstandsvorsitzenden Henryk Ogryczak schließlich, neue Aufträge zu lukrieren, um die alten gegenzufinanzieren.[90] Das

85 Der Kværner-Konzern investierte in den Jahren 1993–1995 knapp 400 Mio. USD in die Modernisierung der Warnowwerft. Für die Restrukturierung der Werft in Warnemünde hatte Kværner zwischen 1992 und 1995 allerdings mehr als 1 Mrd. DEM Subventionen erhalten. Deutsche Medien kolportierten, der Mutterkonzern hätte einen Teil der Subventionen dazu verwendet, andere Firmen der Holding damit zu unterstützen.

86 *Ustawa o opodatkowaniu wzrostu wynagrodzeń w 1990 r.* idF vom 27.12.1989, in: Dz.U. (1989), 74/438.

87 Marek Grzybowski: „Stocznia Gdynia SA. Ugoda na długi“, in: Głos Wybrzeża vom 17.3.1994, S. 18

88 Jarosław Mykowski: „Ministerstwa proponują restrukturyzację. Nowa era dla stoczni?“, in: Głos Wybrzeża vom 27.10.1991, S. 1.

89 Przemysław Kuciewicz: „‚Komuna‘ przeciw III Rzeczypospolitej?“, 1991, APG, 130/2555.

90 Zu den neuen Aufträgen gehörten auch Schiffe für die im Nachwendedeutschland verbreiteten Kommanditgesellschaften. Diese Schiffsprojekte fungierten als „schwimmendes Sparbuch“, dessen Rendite die standardisierte Tonnagesteuer übersteigen sollte. Nach dem Bau sollten die Schiffe gegen vorab vereinbarte Chartereinnahmen einer Reederei überlassen werden. Uwe Ritzer: „Dubiose Schiffsfonds. Mit vollen Segeln in die Pleite“, in: Süddeutsche Zeitung vom 6.12.2015, https://www.sueddeutsche.de/wirtschaft/geldanlage-dubiose-schiffsfonds-mit-vollen-segeln-in-die-pleite-1.2767642, zuletzt geprüft am 14.2.2020. Viele solcher Investitionsprojekte entstanden in Kooperation mit polnischen Werften. Die ersten Schiffe für Kommanditgesellschaften lieferte die Werft Gdynia 1995. Bis zur Liquidation des Unternehmens 2009 sollte ihre Zahl auf insgesamt 89 Schiffe steigen. Während Investoren die Werften selbst als Spekulationsobjekt scheuten, brachten erste von der Werft selbst ausverhandelte Schiff war der Massengutfrachter Gerard der französischen Reederei Louis Dreyfus.

Die Umwandlung der Rechtsform in eine Aktiengesellschaft in staatlicher Hand bildete einen weiteren entscheidenden Schritt zur Überlebenssicherung, ermöglichte doch die neue Rechtsform eine Umschuldung basierend auf dem kürzlich verabschiedeten Gesetz zur finanziellen Restrukturierung[91]. Nach mühsamen Verhandlungen überredete Ogryczak den Finanzminister, die Pomorski Bank Kredytowy und die Bank Handlowy SA. 1992 zu einer Gläubigerbeteiligung, im Zuge derer die Schulden in Aktien umgewandelt wurden. Die staatlichen Akteure beteiligten sich gemäß der neuen Unternehmensform an der Erhöhung des Grundkapitals und unterstützten das operative Geschäft mit Bürgschaften für Bankkredite. Die Rechtsform einer Aktiengesellschaft determinierte somit von Beginn an die Subventionsmodi. Subventionsäquivalente wie Aktienbesitz an unverkäuflichen Unternehmen und Bürgschaften für marktwirtschaftlich nicht haltbare Projekte hatten die sozialistischen Automatismen zum Ausgleich des Defizits verdrängt. Die Veränderung der Organisationsform hatte also weniger die Eigentumsstruktur als vielmehr die Modi der Interventionen rekonfiguriert.

Im Jahr 1996 verzeichnete das Unternehmen 115 Mio. PLN Verlust und einige ehemalige Gläubiger waren bemüht, ihre Aktien abzustoßen. Die Polnische Entwicklungsbank[92] erklärte sich bereit, ihre Aktien aufzukaufen und nutzte bald die neue Eigentümerkonstellation, um Janusz Szlanta auf den Posten des Aufsichtsratsvorsitzenden zu hieven. Als der Aufsichtsrat ihn wenig später zum Vorstandsvorsitzenden wählte, gründete der gut vernetzte einstige Berater der Agentur für Industrieentwicklung ohne Kenntnis des staatlichen Mehrheitsaktionärs den Werfteninvestitionsfonds, der einen Anteil von 39 % der Unternehmensaktien für ein Fünftel des nominellen Werts von der Bank übernahm.[93] Auf sein Drängen hin überließ das Ministerium für Staatsvermögen[94] den Beschäftigten 12 % der Unternehmensaktien, womit der Werfteninvestitionsfonds den Staat als größten Aktionär ablöste.

In dieser Zeit war es nicht mehr die sichtbare Hand des Staates, sondern die eines Managers, die das Geschäft der Werft bestimmte. Im ersten Jahr nach seiner

---

diese Schiffe den Unternehmen indirekt Kapital privater und nur beschränkt haftender Anleger ein.

91 *Ustawa o restrukturyzacji finansowej przedsiębiorstw i banków oraz o zmianie niektórych ustaw* idF vom 3.2.1993, in: Dz.U. (1993), 18/82.

92 Polnisch: *Polski Bank Rozwoju.*

93 Jacek Tittenbrun: Z deszczu pod rynnę. Meandry polskiej prywatyzacji, Bd. 2, Poznań 2007, S. 275.

94 Polnisch: *Ministerium Skarbu Państwa.*

Amtsübernahme verpasste er der Werft ein „Programm zur Steigerung der Konkurrenzfähigkeit", dessen Ziel es war, die Produktivität zu steigern und die Produktionszyklen zu kürzen.[95] Tatsächlich gelang es, die Bauzeiten bei Serienproduktionen auf bis zu acht Monate zu reduzieren. Danach machte sich der Vorstand an die Überarbeitung des Produktionsportfolios. Das Unternehmen spezialisierte sich nunmehr neben Containerschiffen und Massengutfrachtern auf Autotransporter für bis zu 6.000 Autos. Zwischen 1997 und 2001 erwirtschaftete die Werft damit einen teils beträchtlichen Gewinn.

Die durch schwarze Zahlen, die Unabhängigkeit von staatlichen Subventionen, die Rückkehr zu einer Gross-Tonnage im Ausmaß der 1970er-Jahre (über 300.000 Tonnen) und die Aufstockung der Belegschaft auf über 8.000 ausgelöste Euphorie wurde von einem Sturm getrübt, der im Dezember 1999 über die Ostsee fegte und den Portalkran über dem Trockendeck zum Einsturz brachte. Für den aufwendigen Neubau schloss die Werft einen Vertrag mit dem finnischen Maschinenbauer Konecranes über 300 Mio. PLN ab. Der neue Kran, der 2002 fertiggestellt wurde, hatte eine Tragekapazität von 1.000 Tonnen.

Hatte es bei der Amtsübernahme Szlantas seitens der Regierung noch geheißen, die Werft in Stettin solle die Werft in Gdynia übernehmen, war es dem Fonds gelungen, den Deal wieder aufzuschnüren und sogar – gemeinsam mit der Gesellschaft EVIP – die inzwischen insolvent gegangene Werft Gdańska für lediglich 100 Mio. PLN zu erwerben. In einem Brief an die dem Kauf skeptisch gegenüberstehende Belegschaft der Werft Gdańska beschwor der Vorstand der Werft Gdynia die einmalige Chance einer solchen Übernahme:

> „Das Interesse der Werft Gdynia SA an einem Kauf des Unternehmens Werft Gdańska SA in Konkurs ist begründet mit dem Ziel, das personelle und technische Potenzial der beiden Werften zu bündeln, um die Chancen, die uns die Wirtschaftskrise im fernen Osten und die Veränderungen in der Schiffbauindustrie in Westeuropa bieten, zu nutzen. Wir wollen eine Schiffbauholding schaffen, deren Umsatz eine Milliarde Dollar und zwanzig Schiffe jährlich übersteigt. Die Komplementarität der Produktionspotenziale beider Werften gibt uns die Chance, in der Dreistadt-Region die größte Schiffbaugruppe Europas aufzubauen, die mit den koreanischen und japanischen Werften konkurrieren kann."[96]

---

95 Informacja o wynikach kontroli sprawowania przez Skarb Państwa nadzoru nad działalnością Stoczni Gdynia S.A., 19.1.2000, S. 20, ANIK, 6/2000/I1999/002/DSP.

96 Zitiert nach Doerffer: Życie i Pasje, S. 490. Tatsächlich war das Potenzial einer Zusammenlegung der beiden Werften groß. Die Werft Gdynia verfügte über das größte Trockendock und auf der Danziger Insel Ostrów stand die mit einer Grundfläche von 6,5 Hektar größte, als K1 bekannte Produktionshalle Polens. Während es in der Werft Gdynia notwendig war, den Stahl im Zuge seiner Verarbeitung zu Baublöcken aufwendig zwischen den einzelnen Hallen zu transportieren, konzentrierte sich die Vorfertigung dort in einer einzigen Halle. Die gesamte Produktion der Werft in Danzig sollte auf der Insel Ostrów kumuliert und das Areal südwestlich der Insel als städtisches

Größe ist aber nicht gleichbedeutend mit Rentabilität. Da der Großteil der Aufträge weiterhin defizitär war, endete das private Interregnum, in dem sich der Staat mit der Rolle als Minderheiteneigentümer begnügte, noch bevor dieser Plan Früchte tragen konnte. Im Juni 2002 zahlten die Werften den Beschäftigten ihre Löhne zunächst in Raten aus, ab Dezember mit mehrmonatiger Verspätung. Die Arbeitswoche wurde – bedingt durch Lieferengpässe – auf drei Tage verkürzt. Zu Jahresende erfuhr die Öffentlichkeit, dass die Gruppe im Jahr 2002 452 Mio. PLN Verlust geschrieben hatte. Im Folgejahr waren es schon 1.990 Mio. PLN. Janusz Szlanta forderte staatliche Bürgschaften, doch der regierende Bund der Demokratischen Linken (SLD) zögerte. Wenn schon Risiko, dann wollte sich der Staat diesmal im Gegenzug Einfluss sichern.

Der Werft blieb , wie schon der Werft Szczecińska vor ihr, nichts anderes übrig als einen Antrag auf Restrukturierung, basierend auf dem neuen Gesetz zur öffentlichen Hilfe für Unternehmen von besonderer Bedeutung für den Arbeitsmarkt, an den Vorsitzenden der staatlichen Agentur für Industrieentwicklung[97] zu stellen. Der Schuldennachlass war allerdings nicht mehr als eine palliative Maßnahme. Auf die im Restrukturierungsplan vorgesehene nachhaltigere Rekapitalisierung musste sich die Gruppe bis 2004 gedulden; noch dazu zahlte die Regierung lediglich 80 Mio. PLN der versprochenen Summe aus. Wie von der postkommunistischen SLD-Partei verlangt, führte die Rekapitalisierung zu einer Aktienumverteilung. Das Ministerium für Staatsvermögen hielt nun beinahe die Hälfte der Unternehmensaktien, die noch dazu Vorzugscharakter besaßen. Janusz Szlanta flog aus dem Vorstand und landete auf der Anklagebank; er stand unter dem Verdacht der Veruntreuung. Gerade die liberalen Medien reagierten entrüstet auf die sogenannte Renationalisierung, die ihnen wie ein Rückschritt in den Sozialismus erschien.[98]

Der nunmehr größte Aktionär, die Agentur für Industrieentwicklung, erarbeitete 2004 einen Plan zur Konsolidierung der polnischen Schiffbauindustrie. Der Plan sah ein Konsortium bestehend aus den Reedereien Ray Shipping und der Mediterranean Shipping Company, der norwegischen Holding Aker ASA und der staatlichen Agentur für Industrieentwicklung mit jeweils 25 % der Aktien plus einer für die Agentur vor. Das Konsortium sollte an der Spitze einer polnischen Schiffbauholding stehen, die die drei in der Krise befindlichen Werften und das

---

Investitionsprojekt „Młode Miasto“ zum Verkauf vorbereitet werden. Auf dem ehemaligen Werftengelände entsteht seither ein Geschäftsviertel mit modernen Bürogebäuden.

97 Polnisch: *Agencja Rozwoju Przemysłu.*

98 Sławomir Sowula: „Jeszcze w tym roku kontrola dla agencji“, in: Gazeta Wyborcza vom 20.11. 2003, S. 7; Sławomir Sowula: „Jak do stoczni wróciło państwo“, in: Gazeta Wyborcza vom 16.12. 2002, S. 28.

ebenfalls angeschlagene und staatlich subventionierte Maschinenbauunternehmen H. Cegielski umfasste. Das große Dock in Gdynia und die Produktionshallen in Danzig, die Slipanlagen für den Bau kleiner Schiffe in Stettin, die Schiffsmotoren aus Posen – die Holding sollte die Vorzüge der einzelnen Anlagen bündeln und mit den Reedereien als Eigentümer ein nachhaltiges Kundennetzwerk aufbauen.

Mit den Parlamentswahlen 2005, in denen die Partei Prawo i Sprawiedliwość (PiS) die relative Mehrheit erhielt, landete der Plan bei den Akten. Die nationalkonservative Partei wollte von einer Konsolidierung der Branche nichts wissen. Sie bestellte einen Anwalt und zugleich parteitreue Abgeordnete als Vorstandsvorsitzenden und erklärte in ihrer „Strategie für den Schiffbausektor" die Trennung der beiden Werften Gdynia und Gdańsk zum primären Ziel.[99] Tatsächlich konnte von einer Strategie nicht die Rede sein. Vielmehr stellte das Dokument ein Bekenntnis zur Aufrechterhaltung des Subventionslevels dar, komme was wolle.

Die Regierung war zu diesem Zeitpunkt aber nicht mehr uneingeschränkter Herr im eigenen Haus. Gemeinsam mit neun anderen Staaten war Polen 2004 der Europäischen Union beigetreten. Zwar hatten die Verhandlerinnen und Verhandler den Schiffbau besprochen, doch die Europäische Kommission hatte die hinausgezögerte Restrukturierung der Branche nicht als notwendige Bedingung für den Beitritt identifiziert. Vielleicht hatte sie den Handlungsbedarf, der sich aus den unterschiedlichen subventionspolitischen Traditionen in Form von „varieties of helping capitalism"[100] ergab, unterschätzt. Polen, wie andere ostmitteleuropäische Regierungen auch, hatte nach 1989 zu Beihilfen in Form von Interventionen in die Eigentumsstruktur der Unternehmen und zu voraussetzungslosen Schuldentilgungen tendiert. Die Europäische Kommission reagierte zumindest mit einer Justierung ihrer Beihilfenpolitik auf die Integration postsozialistischer Staaten mit abweichenden Subventionsregimen und hohen Subventionsraten.[101] Das Ziel des State Aid Actions Plan war: „[L]ess and better targeted state aid".[102]

---

99 Die PiS-Partei entsprach damit den Forderungen der Beschäftigten der Werft Gdańska. Die Trennung der beiden Werften wurde am 27. Juli 2006 vollzogen.

100 Weber/Schmitz: „Varieties".

101 Siehe dazu Hussein Kassim/Bruce Lyons: „The New Political Economy of EU State Aid Policy", in: Journal of Industry, Competition and Trade 13 (2013), Nr. 1, S. 1–21.

102 Jens Hölscher/Nicole Nulsch/Johannes Stephan: „State Aid in the New EU Member States", in: Journal of Common Market Studies 55 (2017), Nr. 4, S. 779 – 797, hier S. 783; Fiona Wishlade: „EU State Aid Control", in: Clarke Roger/Eleanor Morgen (Hg.): New Developments in UK and EU Competition Policy, Cheltenham 2006, S. 232–261, hier S. 233.

Im bürokratischen Verständnis bezeichnete eine Beihilfe eine selektive Zuwendung durch einen öffentlichen Akteur, die den Handel innerhalb der Europäischen Gemeinschaft beziehungsweise Union tangiert.[103] Grundsätzlich stellte bis 2004 der Vertrag zur Gründung der Europäischen Gemeinschaft die rechtliche Basis für den Umgang mit Beihilfen dar. Dort hieß es:

> „Soweit in den Verträgen nicht etwas anderes bestimmt ist, sind staatliche oder aus staatlichen Mitteln gewährte Beihilfen gleich welcher Art, die durch die Begünstigung bestimmter Unternehmen oder Produktionszweige den Wettbewerb verfälschen oder zu verfälschen drohen, mit dem Binnenmarkt unvereinbar, soweit sie den Handel zwischen Mitgliedstaaten beeinträchtigen."[104]

Auch die 2004 beschlossenen Leitlinien für staatliche Beihilfen zur Rettung von Unternehmen in Schwierigkeiten erlaubten Subventionen nur in Ausnahmefällen.[105] Die Leitlinien hoben hervor, dass das „Ausscheiden leistungsschwacher Unternehmen ein normaler Vorgang am Markt" sei. Folgerichtig hieß es: „Es darf nicht zur Regel werden, dass ein Unternehmen, das in Schwierigkeiten geraten ist, vom Staat gerettet wird."

Die Europäische Kommission lehnte Reproduktionsbeihilfen, wie sie bis dato im polnischen Schiffbau üblich waren, ab. Dafür sahen die Leitlinien zwei Arten von Beihilfen vor: die Rettungsbeihilfe und die Restrukturierungsbeihilfe. Die Rettungsbeihilfe soll zur zeitweiligen Erhaltung eines Unternehmens beitragen. In Ausnahmefällen konnten hierfür Darlehensbürgschaften und Darlehen mit dem europäischen Recht vereinbar sein. Sie mussten allerdings aus „akuten sozialen Gründen gerechtfertigt sein und dürfen keine unverhältnismäßig gravierenden Ausstrahlungseffekte in anderen Mitgliedstaaten haben". Die Restrukturierungsbeihilfe konnte eingesetzt werden, wenn „die Beihilfen strengen Anforderungen genügen und die Kommission die Gewissheit hat, dass etwaige Wettbewerbsverzerrungen durch die mit der Weiterführung des Unternehmens verbundenen Vorteile aufgewogen werden". Diese Beihilfe konnte eine breite Palette an Instrumenten umfassen – auch Schuldenerlasse und Bürgschaften zu Vorzugskonditionen.

Der strenge Wortlaut der Gesetzestexte darf nicht darüber hinwegtäuschen, dass das Beihilfenwerk der Europäischen Kommission ein politisches Instrument

---

103 Agnieszka Jasińska: Pomoc państwowa udzielona polskim stoczniom w świetle prawa Unii europejskiej, Warszawa 2012.

104 *Vertrag zur Gründung der Europäischen Gemeinschaft* idF vom 2.10.1997, Art. 107.

105 Leitlinien der Gemeinschaft für staatliche Beihilfen zur Rettung und Umstrukturierung von Unternehmen in Schwierigkeiten vom idF 1.10.2004, in: Amtsblatt der Europäischen Union (ABl) (2004) C 244/02.

war, um bestimmte Ziele zu erreichen. Die Unschärfe des Vertrags zur Gründung der Europäischen Gemeinschaft und auch die Leitlinien aus dem Jahr 2004 ließen durchaus einen politischen Spielraum zu. So konnten, falls notwendig, einzelne Subventionsinstrumente legalisiert werden. Ein Beispiel einer solchen politischen Handlungsfähigkeit war die Verordnung zur Einführung befristeter Schutzmaßnahmen für den Schiffbau,[106] die einen Schutzmechanismus in Form von Zuschüssen definierte. Ausgehend von einem Streit mit Südkorea in der Welthandelsorganisation ermöglichte die Verordnung Subventionen für Aufträge im direkten Wettbewerb mit südkoreanischen Anbietern. Das polnische Gesetz über Zuschüsse zum Bau einiger Schifftypen[107] aus dem Jahr 2005 stellte die Umsetzung dieser Verordnung in polnischem Recht dar.

Trotz des politischen Ermessensspielraums lehnte die Kommission den Versuch, den letzten Restrukturierungsplan, den das polnische Ministerium für Staatsvermögen 2008 gemeinsam mit dem strategischen Investor Industrieunion Donbas vorgelegt hatte, als Restrukturierungsbeihilfe zu qualifizieren, ab. Der Restrukturierungsplan sah eine Neuverhandlung bestehender Verträge, eine Konzentration des Produktionsportfolios auf Containerschiffe, Autoschiffe und LPG-Tanker, das Outsourcing in kleinere Gesellschaften und die Reduktion der Belegschaft auf 4.530 Beschäftigte vor. Zudem waren der Ausbau der Vorproduktionshallen und der Aufbau eines Kooperationsnetzwerkes geplant. Dafür veranschlagte er aber erneut Staatshilfen und einen Schuldenerlass. Außerdem kritisierte die Kommission die wenig stichhaltigen Prognosen und Restrukturierungsmaßnahmen.[108] Es erschien der Kommission also nicht glaubwürdig, dass der vorgelegte Plan zu einer langfristigen Rentabilität des Unternehmens führen würde.

In ihrem Abschlussbericht widersprach die Kommission der Darstellung der polnischen Regierung, die Beihilfen seien vor dem Beitritt Polens zur Europäischen Union geleistet worden.[109] Sie stimmte auch der Argumentation nicht zu, die Beihilfe stehe auf dem europäischen Markt in keiner Konkurrenz, da das Produktionsportfolio der Werft innerhalb Europas singulär sei. Die Kommission räumte zwar ein, dass die Werft zum gegebenen Zeitpunkt der einzige nennenswerte Produzent von Autotransportern in Europa gewesen sei, allerdings würden andere Werften durch die Beihilfe davon abgehalten, in dieses Segment einzu-

---

106 Verordnung des Rates zur Einführung befristeter Schutzmaßnahmen für den Schiffbau idF vom 11.3.2004, in: ABl (2004) 502/EG.

107 *Ustawa o dopłatach do umów na budowę niektórych typów statków morskich* idF vom 3.3.2005, in: Dz.U. (2005), 48/448.

108 Jasińska: Pomoc państwowa.

109 Ebd.

steigen. Zudem hätte die Werft auch noch andere Schiffe wie etwa LGP-Gastanker produziert. Sie erklärte weiter, dass die Beihilfe nicht als Rettungsbeihilfe klassifiziert werden könnte, da sie über einen Zeitraum von mehr als sechs Monaten geleistet worden sei.

In ihrem Bericht zählte die Kommission für den Zeitraum vom 1. Mai 2004 bis zum 30. Juni 2007 fünf Bürgschaften für den Bau von Schiffen, vier Schuldenerlasse in Höhe von mehr als 30 Mio. PLN, eine Kapitalzufuhr in Höhe von 40 Mio. PLN und Darlehen in Höhe von 65 Mio. PLN auf. Insgesamt waren im September 2007 noch immer Schulden in Höhe von 423 Mio. PLN bei öffentlichen Akteuren offen. Es kam, wie es kommen musste. Am 6. November 2008 lehnte die Europäische Kommission den Restrukturierungsplan ab und verpflichtete die Werft zur Rückzahlung von:

- der Differenz der Zinsen, die die Werft für staatliche Kredite zahlte, zu den Zinsen, die die Werft auf dem Markt hätte bezahlen müssen,
- der Differenz der Zinsen, die die Werft dank staatlicher Bürgschaften zahlte, zu den Zinsen, die sie auf dem freien Markt hätte bezahlen müssen,
- den erlassenen Schulden und der Nachzahlung der Zinsen für verspätet abbezahlte Schulden,
- den Kapitalzufuhren.

Nachdem das Unternehmen seit 2002 jährlich gewaltige Verluste von bis zu 300 Mio. PLN verzeichnet hatte, war die Werft nicht imstande, die Rückzahlungen, die die EU forderte, zu leisten. Die Regierung sah sich am 5. Dezember 2008 gezwungen, das Werftenspezialgesetz[110] zu verabschieden. Es beinhaltete die Abwicklung der Werften in Gdynia und Stettin, den Verkauf ihrer Vermögensmase und ein Sozialpaket für die Mitarbeiterinnen und Mitarbeiter. Ähnlich reproduktiv wie die unternehmenserhaltenden Subventionen zuvor gestaltete sich auch das mit Gewerkschafterinnen und Gewerkschaftern vor Ort ausgehandelte Sozialpaket. Statt Umschulungsprogramme sah es vor allem Abfindungen vor, deren Höhe abhängig von den Dienstjahren war und zwischen 20.000 und 60.000 PLN lag. Kurioserweise war es nun nicht länger die Arbeit selbst, von der die Beschäftigten von staatlichen Subventionen profitierten, sondern die Kompensationen für ihren Wegfall.

Das Postludium dieser Unternehmensgeschichte und der dazugehörigen Anlagen zeigt, dass Subventionen nicht nur postsozialistische Unternehmen in mehr-

110 *Ustawa o postępowaniu kompensacyjnym w podmiotach o szczególnym znaczeniu dla polskiego przemysłu stoczniowego* idF vom 19.12.2008, in: Dz.U. (2008), 233/1569.

heitlich staatlichem Eigentum betreffen. Gleich nach dem Beginn des Konkursverfahrens parzellierte der Verwalter die Sachanlagen der Werft Gdynia SA. Vielen lokalen und nationalen Politikerinnen und Politikern, die sich noch immer für das Schicksal der Werft interessierten, war daran gelegen, die Produktionsmittel so zu zerstückeln, dass auch künftig eine Schiffsproduktion möglich blieb. Crist, ein kleines privates Schiffbauunternehmen aus Danzig, bekundete zunächst nur Interesse an einigen Produktionshallen, wie zum Beispiel der K1. Nur dank eines Kredits der staatlichen Agentur für Industrieentwicklung war es dem Danziger Unternehmen dann möglich, die in der Auktion geforderten 175 Mio. PLN für das gesamte Areal aufzubringen. Wenige Jahre später beteiligte sich der Schiffbaufonds der staatlichen Agentur mit 35 % am vormals als privat bejubelten neuen Betreiber des Produktionskerns des Geländes. Nicht nur die Eigentumsstruktur deutet eine Kontinuität der privat-staatlichen Partnerschaft an. Als dasselbe mehrheitlich private Schiffbauunternehmen 2011 Verluste schrieb, erhielt es einen Kredit von derselben Agentur. Im Unterschied zu denen, die staatliche Akteure an die Werft Gdynia vergeben hatten, war dieser Kredit jedoch frühzeitig mit der Europäischen Union abgestimmt worden. Davon profitierten indirekt auch einige Schiffbauerinnen und -bauer, die Crist übernommen hatte. Andere hatten längst bei Werften in Deutschland, Frankreich oder Skandinavien angeheuert.

1.4 Sanierungsfall Uljanik

Am 25. Juni 1991 erklärte Kroatien seine Unabhängigkeit. Schon einige Monate zuvor war es zu ersten Gefechten zwischen der kroatischen Armee und den Truppen der selbstausgerufenen Republik Serbische Krajina an den Plitvicer Seen gekommen. Pula liegt auf der istrischen Halbinsel im Adriatischen Meer und damit in sicherer Entfernung von den Kriegshandlungen. Doch auch die Werft Uljanik, wie alle anderen auf den Export angewiesene Unternehmen, blieb von den Folgen nicht verschont; kriegsbedingt galt Kroatien unter Investoren und Banken als Risikoland.

Dabei waren die Voraussetzungen für die Schiffbauindustrie nicht schlecht gewesen. Die weltweite Handelsflotte, die größtenteils in den 1960er- und 1970er-Jahren gebaut worden war, musste Anfang der 1990er-Jahre ausgetauscht werden. Zudem waren die Reedereien nach der Umweltkatastrophe, die der Öltanker Exxon Valdez vor Alaska verursacht hatte, gezwungen, ihre Schiffe an neue internationale Standards anzupassen. „Zu unserem großen Unglück kam es nach zwanzig Jahren Krise ausgerechnet zu Markovićs Zeiten und zur Zeit der Aggression gegen Kroatien zu einer Konjunktur, von der wir nur kurz profitieren konnten. Danach erhielten wir keine Aufträge mehr“, klagte 1992 der langjährige Vorstandsvorsitzende von Uljanik, Karlo Radolović. „Wir haben sieben Schiffe verkauft, zwei stehen vor der Überlieferung, aber wir haben keinen einzigen Auftrag erhalten."[111] Der Bankensektor war nicht imstande, Kredite zu vergeben und der junge Staat Kroatien nicht bereit, Bürgschaften zu übernehmen. Im Februar 1993 wurde die Arbeit auf der Werft knapp und das Unternehmen ordnete Kurzarbeit an, während sich andere europäische Werften endlich wieder über volle Auftragsbücher freuten.

Die kriegsbedingte Zurückhaltung der Kunden war nicht der einzige Faktor, der die Rentabilität des Unternehmens in den frühen 1990er-Jahren schwächte. Die in Kapitel 5 detailliert beschriebenen Unklarheiten über das eigentliche Unternehmensziel verschärften die Situation zusätzlich. Nicht allein die Produktion deklassierte die Rentablilität in einer Rangliste der Ziele. Der gemeinsam mit dem Unternehmensberater Price & Waterhouse entworfene Strategieplan für die Jahre 1991 bis 1996 hielt fest: „Bisher waren Beschäftigung und soziale Sicherheit unser höchstes Ziel und Rentabilität stand nur an zweiter Stelle."[112]

Im Berichtsteil listeten die Autorinnen und Autoren in einer plakativen Tabelle Stärken und Schwächen der Werft auf. Positive Merkmale wie „Erfahrung", „guter Ruf", „Standort" und „die Regierung will die Werften erhalten" standen einer viel längeren Liste an Kritikpunkten gegenüber. Es fehle an klaren Zielen, Arbeitsdisziplin, Qualitätskontrolle, tragfähigen Kundenbeziehungen und Erfahrung im Umgang mit Finanzen. Das Bildungsniveau und die Produktivität seien niedrig, die Technologie veraltet und die Bauzeiten lang. Das klang nach einem umfangreichen Reformbedarf. Der Plan sah vor, die Produktivität zu erhöhen, die Bauzeiten zu verkürzen, Beschäftigung abzubauen sowie Vertrieb und Marketing zu professionalisieren. Im Jahr 1991 gelang es der Werft, das Containerschiff Oranje in einer Rekordzeit von 16 Wochen fertigzustellen und erste Aufträge von italienischen Reedereien zu lukrieren.[113] Seit langem erhielt sie auch wieder einen Serienauftrag einer russischen Reederei.

Solange das institutionelle Umfeld der Werft nicht wettbewerbsfähig war, waren alle Mühen, die Werft zu restrukturieren, vergeblich. Das jugoslawische Modell der Exportförderung war im Laufe der 1980er-Jahre zum Erliegen gekommen. Uljanik vermisste schmerzlich eine Organisation, die staatliche Ex-

111 Branko Ryšlavy: „Hrvatska brodogradnja danas, Razgovor s Karlom Radolovićem, predsjednikom Uljanika", in: Brodogradnja 40 (1992), Nr. 3–4, S. 103–110, hier S. 105.

112 Uljanik Brodogradilište Strateški Plan 1991–1996, Mai 1991, S. 2, ACERP, Elaborat Uljanik 3229238.

113 Marko Radošević: „Od kobilice do porinuća za samo 16 tjedna", in: Glas Istre vom 25.3.1991, S. 5.

portgarantien erteilte und eine Bank, die Kredite für den Export anbot.[114] Zu den wesentlichen Nachteilen, denen sich die kroatische Werft zu Beginn der 1990er-Jahre im internationalen Vergleich ausgesetzt sah, gehörte auch die niedrige Subventionsrate. In der Europäischen Wirtschaftsunion wurde das maximal zulässige Subventionsäquivalent im Jahr 1991 zwar gesenkt, stand aber noch bei 13 %.[115] Die europäischen Schiffbaunationen waren prinzipiell daran interessiert, den globalen Subventionswettlauf zu entschärfen. Sie bemühten sich um ein OECD-Abkommen,[116] das insbesondere die asiatischen Akteure – konkret das „Japanese model of state/industry co-competition“[117] und das „planned shipbuilding programme“[118] der südkoreanischen Regierung – regulieren sollte. Bis heute ist dieses Abkommen allerdings nicht in Kraft getreten. Die kroatische Regierung konnte in diesem verzerrten Wettbewerb nicht mithalten. Zwar war der staatliche Kroatische Entwicklungsfonds seit 1992 mit 45 % größter Aktienbesitzer des Unternehmens, allein ihm fehlten die finanziellen Mittel für eine Unterstützung, die über Rettungsringe hinausging.

Verdammt zum selbsterhaltenden Wirtschaften in widrigen Verhältnissen ließ der Crash nicht lange auf sich warten. Die Nettoverluste wurden von Jahr zu Jahr größer. Im Jahr 1995 betrug der Geschäftsverlust schon 746 Mio. HRK und damit 75 % des Grundkapitals. Zunächst mussten die Beschäftigten auf ihre Gesundheitsversicherung verzichten, da das Unternehmen keine Sozialversicherungsbeiträge abführte. Dann erfolgte eine Auszahlung der Löhne in Raten; es dauerte nicht lange und die Produktion stand still. 703 Werftenbeschäftigte wurden be-

114 Branko Ryšlavy: „Hrvatska brodogradnja danas. Razgovor s Karlom Radolovićem, predsjednikom Uljanika“, in: Brodogradnja 40 (1992), Nr. 3–4, S. 103–110. Die jugoslawische Bank JUBMES finanzierte seit der Amtszeit des Ministerpräsidenten Branko Mikulić keine Exporte mehr. Das bundesrepublikanische Modell der Hermesbürgschaft als Exportversicherung galt deshalb vielen Beteiligten als Vorbild. J. Vukušić: „Besplatne dionice vratile bi samoupravljanje“, in: Glas Istre vom 25.2.1992,

115 Das Subventionsäquivalent für Betriebsbeihilfen war prozentual von der Vertragshöhe abhängig. Die jährliche Bemessung richtete sich nach dem Marktnachteil europäischer Werften gegenüber ihren asiatischen Konkurrenten.

116 Agreement Respecting Normal Competitive Conditions in the Commercial Shipbuilding and Repair Industry, https://www.oecd.org/sti/ind/agreementrespectingnormalcompetitiveconditionsinthecommercialshipbuildingandrepairindustry.html, zuletzt geprüft am 1.4.2020.

117 Christian von Hirschhausen/Jürgen Bitzer: The Globalization of Industry and Innovation in Eastern Europe. From Post-Socialist Restructuring to International Competitiveness, Cheltenham 2000, S. 14.

118 Wonchul Shin: „The Evolution of Labour Relations in the South Korean Shipbuilding Industry. A Case Study of Hanjin Heavy Industries, 1950–2014“, in: Raquel Varela/Hugh Murphy/Marcel van der Linden (Hg.): Shipbuilding and Ship Repair Workers around the World. Case Studies 1950–2010, Amsterdam 2017, S. 615–636, hier S. 617.

urlaubt. Am 19. Oktober entschied die Regierung, die fünf großen kroatischen Werften in das gerade erst verabschiedete Sanierungsgesetz[119] mit aufzunehmen. Einem Restrukturierungsplan des Beratungsunternehmens Rödl & Partner folgend sanierte der staatliche Kroatische Fonds für Privatisierung[120] die Branche in zwei Etappen bis 1999.

Das Jahr 1995 stellte in zweierlei Hinsicht eine Stunde null dar. Erstens konnte die Werft Uljanik nach dem Friedensabkommen von Erdut zwischen der Republik Kroatien und dem damaligen serbischen De-facto-Regime Ostkroatiens wieder neue Aufträge lukrieren. Zweitens beinhaltete die erste Phase der Sanierung eine an den Gläubigervergleich der Werft Gdynia erinnernde „Finanzsanierung", im Zuge derer Ansprüche der Gläubiger eingefroren und mit Ende der Sanierung 1999 in Aktien umgewandelt wurden. Der verschuldeten Werft wurden ihre Beiträge zu den Renten- und Krankenversicherungen erlassen.[121] „Der Staat hat die Schulden der Schiffbauindustrie übernommen und auf Null gesetzt, damit die Werften gleichberechtigt auf dem internationalen Wettbewerb starten können", fasste der Premierminister Zlatko Mateša die Leistungen seiner Schiffbaupolitik zusammen.[122] Auf die „Finanzsanierung" folgte die „Personalsanierung", zu deren Zweck das Finanzministerium 36 Mio. HRK für ein Sozialprogramm für die vom Stellenabbau betroffenen Beschäftigten aller fünf Werften bereitstellte.[123] Die Reduktion der Beschäftigtenzahl war eine Forderung der Gläubiger gewesen, von der sie ihre Zustimmung zum Sanierungsplan abhängig gemacht hatten.[124] Die Beschäftigtenzahl der Werft Uljanik sank 1999 auf 1.845 Personen, in der Gruppe Uljanik auf 3.316.

Am 30. November 1999 hielt Uljanik die erste Aktionärshauptversammlung seit fünf Jahren ab. Der für die Zeit der Sanierung suspendierte Vorstandsvorsitzende des Unternehmens schlüpfte wieder in seine alte Rolle und der Aufsichtsrat wurde reaktiviert. Um dem Unternehmen den Weg zu ebnen, tilgten im Jahr 2000 die staatlichen Akteure noch einmal sämtliche Altlasten. Die Staatliche Agentur

---

119 *Zakon o sanaciji određenih poduzeća* idF vom 23.10.1995, in: Narodne Novine (1995), 56.

120 Kroatisch: *Hrvatski fond za privatizaciju.*

121 Nevenka Horvat: „Čuvalo. Menadžerske plaće u 3. Maju se itekako prevelike", in: Glas Istre vom 20.11.1996, S. 25.

122 Nikola Jelić: „U Uljaniku, 3.Maju i Kreljavici višak 1.694 radnika", in: Glas Istre vom 7.2.1997, S. 3.

123 Nevenka Horvat: „Na račune brodogradilišta uplaćeno više od 36 milijuna kuna za realizaciju druge faze socijalnog programa. U prioritetu i 50 Trećemajaca otpuštenih prije šest mjeseci", in: Glas Istre vom 22.5.1997, S. 6.

124 Milan Čuvalo: „Program restrukturiranja hrvatske brodograđevne industrije", in: Brodogradnja 1 (1995), S. 204–214.

zur Sanierung der Banken übernahm die Verbindlichkeiten gegenüber privaten Banken und das Unternehmen wurde von den Arbeitgeberbeiträgen zur Sozialversicherung für das Jahr 2000 befreit. Das Finanzministerium erließ der Werft die überfälligen Kreditraten und das Wirtschaftsministerium die Schulden.[125] Zudem genehmigte der liberale Wirtschaftsminister Goranko Fižulić Bürgschaften für den Bau von sechs Schiffen für die drei Reedereien Sussex Shipping Ltd. Lugano, United Shipping Services und Atlantica Navigazione in Höhe von 170 Mio. USD und unterstützte den Bau dreier Schiffe mit Subventionen in Höhe von 10 % des Verkaufspreises.[126] Im Jahr 2003 erhielt das Unternehmen eine weitere Bürgschaft des Staates für den Bau eines RoRo-Schiffes für die Grimaldi Lines. Mit dieser Hilfe konnte Uljanik den Preis des italienischen Werftenkonzerns Fincantieri unterbieten.

Postsozialistisches Schuldenmanagement[127] genügte angesichts der internationalen Konkurrenz in einer gesättigten Marktsituation nicht mehr. Die HDZ-Regierung versuchte das reproduktive Subventionsregime mit einer technologischen Modernisierung zu durchbrechen. Die Steigerung der Produktivität durch eine Intensivierung des Blockbaus und die Einführung eines Computer Aided Designs war bereits im ursprünglichen Sanierungsplan der Werft Uljanik angelegt gewesen, wurde damals aber aufgeschoben.[128] Im ersten Jahr der technologischen Modernisierung finanzierte die Werft aus öffentlichen Mitteln unter anderem eine 9 Mio. HRK teure Plasmaschneidemaschine der Marke Omnimat. Insgesamt machten die Investitionen in Uljanik in der ersten Phase 136 Mio. HRK aus. Die zweite Phase umfasste den Zeitraum von 2002 bis 2005, in dem die nunmehr sozialdemokratische Regierung 60 Mio. EUR in die drei größten kroatischen Werften investierte.[129] Insgesamt betrugen die Kosten für den Rollenwechsel der Regierungen vom Restaurator zum Modernisierer bis zum Jahr 2003 503 Mio. HRK.[130] Lediglich der Abschluss der Automatisierung auf der Insel wurde nicht

---

125 Želimir Sladojev: „Strategija razvoja brodogradnje u Republici Hrvatskoj“, in: Brodogradnja 48 (2000), S. 287–299, hier S. 298.

126 Hina: „Za izgradnju 11 brodova 300 milijuna dolara“, in: Glas Istre vom 24.3.2000, S. 25.

127 Siehe dazu Stark: „Recombinant Property“.

128 Milan Čuvalo: „Program restrukturiranja hrvatske brodograđevne industrije“, in: Brodogradnja 1 (1995), S. 204–214.

129 Ana Perić Hadžić/Tea Karačić: „Restrukturiranje hrvatske brodogradnje u kontekstu pristupanja Europskoj Uniji“, in: Pomorski zbornik 47–48 (2013), S. 124.

130 M. Vermezović: „Iako saniran, kronični gubitaš Uljanik još uvijek na državnim jaslama“, in: Glas Istre vom 2.11.2000, S. 5.

mit staatlichen, sondern mit Mitteln der Europäischen Bank für Wiederaufbau und Entwicklung finanziert.[131]

Die Sanierung und die staatlichen Investitionen hatten einen kurzzeitigen Geschäftserfolg zur Folge. Während im Fall der Werft Gdynia ein privater Unternehmer von der staatlichen Räumungsarbeit profitierte, fungierte in Pula die Sanierung nicht als Vorbote einer Privatisierung. Im Jahr 2000 erwirtschaftete das Unternehmen zum ersten Mal seit den 1980er-Jahren einen Gewinn in Höhe von 93 Mio. HRK – eine positive Ausnahme unter den kroatischen Werften. Die Produktion erreichte wieder die Marke von 200.000 dwt, im Spitzenjahr 2004 sogar über 400.000 dwt; Outputwerte, die an die Vorrezessionszeit erinnerten. Uljanik profitierte auch von der globalen Auftragslage, die sich seit der Jahrtausendwende kontinuierlich verbessert hatte – wenngleich die europäischen Werften am wenigsten von dieser Konjunktur profitierten.[132] Während andere kroatische Werften, insbesondere Victor Lenac, noch immer um Liquidität rangen und die Beschäftigten auf ihre Löhne warteten, sahen die beiden Gewerkschaften in Uljanik sogar Spielraum für Lohnerhöhungen.

Die Hochkonjunktur währte jedoch nicht lange. Zwischen 2002 und 2008 fiel der Wert des Dollars um 25 %. Im gleichen Zeitraum verdoppelte sich der Stahlpreis. Die ab dem Jahr 2004 spürbare Folge war, dass bereits unterschriebene Verträge nur noch mit Verlusten finalisiert werden konnten. In der Hoffnung auf bessere Zeiten genehmigte die Regierung weitere Bürgschaften in Höhe von 230 Mio. HRK für die Schiffbauindustrie. „Sie sind der Beweis, dass diese Regierung dem kroatischen Schiffbau viel Unterstützung bietet", erklärte Premierminister Ivo Sanader von der HDZ-Partei. Der hohe Stahlpreis und die wachsende Konkurrenz aus China vertrieben Uljanik endgültig aus dem Segment kostengünstiger Tanker, in dem sich die Werft in den letzten Dekaden spezialisiert hatte.[133] Wie schon in Gdynia sah der Vorstand der Werft Uljanik eine Chance in Geschäftsfeldern mit komplexeren und technologisch anspruchsvolleren Schiffen mit einer höheren Wertschöpfung, etwa Passagierschiffen. Der Öltanker Ioannis I für eine zyprische Reederei mit einer Länge von 182,9 Meter und 45.999 dwt im Jahr 2006 sollte der letzte seiner Art sein.

---

131 Gordana Jezdić: „Uljanik se vraća na Kaspijsko more. Interview", in: Glas Istre vom 23.4. 2003, S. 4–5.

132 Thorsten Ludwig/Jochen Tholen: Schiffbau in Europa, Düsseldorf 2008.

133 Ab 2003 entwickelte sich die chinesische Schiffbauindustrie mit ihrer Spezialisierung auf Standardtanker rasant und übernahm 2010 die globale Führung nach Gross-Tonnage. Varela/ Murphy/van der Linden: „Introduction", S. 21.

Die Privatisierung, die eine unternehmensinterne Arbeitsgruppe bereits 1993 vorzubereiten begonnen hatte,[134] schien nach der Sanierung für den staatlichen Eigentümer und den Vorstand zunächst vom Tisch: „Eine Werft zu privatisieren, um eine Budgetlücke zu füllen, das wäre, wie wenn man ein Stück Land, das einen nährt, verkauft, um ein Wochenende in Monte Carlo zu verbringen."[135] Stattdessen verfolge Uljanik eine andere Strategie: „In Uljanik privatisieren wir an unseren Rändern: Hydraulik, Sonderfertigung, Elektronik."[136] Angesichts der 2005 beginnenden Beitrittsverhandlungen mit der Europäischen Union bekam die Forderung nach einer Privatisierung jedoch eine neue Dringlichkeit und der Schiffbau entwickelte sich zu einem der Schlüsselthemen in den Verhandlungen.

Die Europäische Kommission hatte ihre Lehren aus dem gleichzeitig stattfindenden Beihilfeverfahren um die Werft Gdynia gezogen und war wild entschloßen, dieses Mal die Restrukturierung der Schiffbaubranche vor dem Beitritt durchzusetzen. Die kroatische Regierung verabschiedete noch im selben Jahr ein Gesetz, das die „Genehmigung, die Kontrolle und Rückerstattung staatlicher Beihilfen zur Umsetzung der international eingegangenen Verpflichtungen der Republik Kroatien aus dem Stabilisierungs- und Assoziierungsabkommen zwischen der Republik Kroatien und der Europäischen Union" regelte. Dieses Gesetz, das von der Europäischen Union die Definition von Beihilfe übernahm,[137] konvergierte vorzeitig geltendes EU- und kroatisches Recht, um keine weiteren Präzedenzfälle zu schaffen. Im Jahr 2006 genehmigte die Agentur für Wettbewerbsschutz Staatsbürgschaften für die kroatischen Schiffswerften Brodosplit, Brodotrogir, 3. Maj und Kraljevica in Höhe von 4,2 Mrd. HRK.[138] Damit hatten alle kroatischen Werften mit Ausnahme Uljaniks die europäischen Leitlinien zur Rettung und Umstrukturierung von Unternehmen in Schwierigkeiten für sich ausgeschöpft. In diesem Jahr lag der Anteil des Schiffbaues am gesamten Subventionsaufkommen Kroatiens bei 43 %[139] – ein Wert, der keinen Zweifel an dem nationalen Ausmaß des Fiaskos lässt.

---

134 Zaključci sa 8/93. sjednice Poslovnog savjeta održane dana 1.3.1993, 2.3.1993, S. 3, ABU, Zapisnici Poslovnog savjeta Uljanik d.d. 1993.

135 Zdenko Barišić/Slavica Maršić: „Dok je mora bit će i brodova. Karlo Radolović ponovno predsjednik Uljanika olagani ali stalni pomaci naviše", in: Brodogradnja 48 (2000), S. 11–15, hier S. 14.

136 Ebd.

137 *Zakon o državnim potporama* idF vom 22.11.2005, in: Narodne Novine (2005), 140.

138 Bedingt durch die strengen Auflagen der Europäischen Kommission sollte das Instrument der Staatsbürgschaften ab 2008 eine primäre Rolle in der staatlichen Industriepolitik einnehmen. Mit dem Beitritt zur Europäischen Union im Jahr 2013 reduzierten sich die direkten Interventionen endgültig auf Staatsgarantien, die bis zu 80 % eines Schiffprojektes umfassen durften.

139 Perić Hadžić/Karačić: „Restrukturiranje", S. 126.

Nach zähen Verhandlungen mit der Europäischen Kommission verkündete der Wirtschaftsminister Damir Polančec am 21. Mai 2008 trotz der Einwände der Werftenvorstände und Gewerkschaften die Privatisierung der Werften Uljanik, Kraljevica, Brodotrogir und Brodosplit.[140] Die Pläne sorgten gerade in Pula für Unverständnis. Tatsächlich gelang es dem kroatischen Verhandlungsteam mit dem Hinweis auf Abschlüsse in den Jahren 2008 und 2009 in Höhe von 45 Mio. HRK und 23 Mio. HRK, nachträglich einen Sonderstatus für Uljanik durchzusetzen. Im Gegensatz zu den anderen kroatischen Werften unterlag Uljanik keinem von der EU-Kommission beaufsichtigten Restrukturierungsprogramm. Dadurch hatte das Unternehmen freie Hand, ein Privatisierungsmodell zu entwickeln. Der Premierminister der Partei Socijaldemokratska Partija Hrvatske (SDP) Zoran Milanović begrüßte diese Entscheidung. „Das ist die einzig wirklich rentable und erfolgreiche Werft in staatlicher Hand im kroatischen Teil des Adriatischen Meeres, und mit der Privatisierung soll sie in das Eigentum der Arbeiter und des Managements übergehen."[141]

Im März 2012 begann der Aktienverkauf an Beschäftigte sowie Rentnerinnen und Rentner.[142] Jede und jeder konnte bis zu 5.000 Aktien zu einem Stückpreis von 51 HRK erwerben; für langjährige Mitarbeiterinnen und Mitarbeiter gab es Rabatte. Auf diese Weise erhoffte sich der Vorstand einen Erlös von 30 Mio. HRK. Nach der Verkaufsphase hielten staatliche Akteure noch immer 24 % der Unternehmensaktien. Bei der Hauptversammlung im August leitete der Vorstand die zweite Phase der Privatisierung ein: eine Rekapitalisierung durch nichtstaatliche Investoren zur Erhöhung des Grundkapitals. Durch den Verkauf von 1 Mio. Aktien konnte das Grundkapital des Unternehmens um 100 Mio. HRK auf 302 Mio. HRK erhöht werden. Mit Abschluss der Privatisierung waren die Beschäftigten mit einem Mal zur größten Aktionärsgruppe der Werft geworden. „Die Arbeiter haben das Eigentum übernommen", titelte die wichtigste istrische Zeitung und gemahnte damit an Zeiten der jugoslawischen Arbeiterselbstverwaltung. Aus einem anderen Grund bezeichnete der Vorstandsvorsitzende von Uljanik, Gianni Rossanda, den 26. April 2013 als „historischen Tag": „Zum ersten Mal seit dem Ende des Zweiten Weltkrieges" habe eine Hauptversammlung „in privaten Händen" stattgefun-

140 Ebd., S. 127.

141 Jagoda Marić: „Uljaniku privatizaciju radničkim dioničarstvom i dokapitalizacijom", in: Glas Istre vom 23.3.2012, S. 5.

142 Die Privatierungsmethode des Employee Share Ownership Plans spielte eine wichtige Rolle in der kroatischen Eigentumstransformation nach 1991.

den.[143] Das staatliche Interregnum, das mit der Eigentumsumwandlung im Anschluss an den Selbstverwaltungssozialismus begonnen hatte, war beendet. Die EU-Kommission hatte die Privatisierung auch zur Bedingung für einen Kauf der Werft des 3. Maj in Rijeka, der letzten staatlichen Werft Kroatiens, gemacht. Im Juni 2013 übernahm Uljanik 83 % der Unternehmensaktien der zweiten großen Werft in Nordkroatien. Die Beschäftigtenzahl der Gruppe wuchs damit auf über 4.000. Dieser Expansionskurs erinnert an den Kauf der Werft Gdańska durch Gdynia fünfzehn Jahre zuvor.

Mit einem Geschäftsverlust von 1,8 Mrd. HRK für das Jahr 2017 und kurzfristigen Verbindlichkeiten von 3,6 Mrd. HRK – das entspricht mehr als dem doppelten Umlaufvermögen – musste Uljanik 2018 dann erneut eine Staatsbürgschaft beim Ministerium für Wirtschaft, Unternehmen und Handwerk beantragen. Am 11. Januar genehmigte das Finanzministerium eine Bürgschaft über 96 Mio. EUR, die zur Konsolidierung und zur Aufrechterhaltung der Liquidität beitragen sollte. Auch die frühzeitig eingeschaltete Europäische Kommission legte kein Veto ein. In einer Pressemitteilung begründete die Kommissarin Margrethe Vestager ihre Entscheidung folgendermaßen:

> „The Croatian State guarantee will help the Uljanik shipyard to continue operating and maintain 1.800 jobs, while they work out a sound restructuring strategy to ensure its future. We approved it today. The restructuring plan must return the company to long-term viability without continued public support, to preserve jobs in Istria on a sustainable basis."[144]

Im Gegensatz zur Werft Gdynia, eine Dekade früher, profitierte Uljanik von der revidierten Beihilfepolitik der Europäischen Union. Der von der Kommissarin Neelie Kroes 2005 initiierte State Aid Action Plan hatte eine Anpassung des Beihilfegesetzes an die Bedürfnisse der Mitgliedstaaten eingeleitet. Das Beihilfenregelwerk hatte sich bis 2018 zu einer Beihilfenpolitik entwickelt, die auch regionsspezifische Auswirkungen berücksichtigen konnte.[145] Die Neuorientierung gewährte Uljanik ein zweites, drittes oder vielleicht schon viertes Leben. Als die staatlichen Akteure und die Werft diese ungenutzt ließen, konzentrierte sich die Wut der Beschäftigten auf den Vorstand – ungleich geringer als im Fall Gdynia fiel dafür der Groll gegenüber den „Bürokraten" in Brüssel aus.

---

143 Hina: „Na čelu nove Uprave Uljanika Gianni Rossanda", in: Novi List vom 26.4.2013, http://www.novilist.hr/Vijesti/Gospodarstvo/Na-celu-nove-Uprave-Uljanika-Gianni-Rossanda, zuletzt geprüft am 20.3.2020.

144 Europäische Kommission: „State aid. Commission clears rescue aid for Croatian shipbuilder Uljanik", 22.1.2018, https://ec.europa.eu/commission/presscorner/detail/en/IP_18_391, zuletzt geprüft am 10.12.2019.

145 Kassim/Lyons: „The New Political Economy".

1.5 Zwischenfazit

Seit dem Einbruch des globalen Schiffbaumarkts der 1970er-Jahre bemühte sich die Werft Uljanik darum, sich in einer Liquiditätsspirale über Wasser zu halten. Das vorliegende Kapitel zeigt, dass die in Jugoslawien lancierten externalisierenden Ursachendiagnosen zu kurz greifen. Sie übersehen das Muster hinter der Liquiditätsschwäche jugoslawischer Unternehmen. Der Risikotransfer von den Unternehmen an die staatlichen Akteure ergänzt konjunkturelle Ursachen um einen endogenen Faktor, der als „freiwillige Illiquidität" bezeichnet werden kann. Illiquidität und Produktion standen sich nicht als Gegensätze gegenüber, sondern entwickelten eine korrelative Dynamik. Je höher die Produktionswerte, desto niedriger der Liquiditätsgrad und umgekehrt. Die Werft erwies sich in dieser Dialektik als eine Art schiffeproduzierender Hungerkünstler. Einen weiteren Faktor für die Illiquidität Uljaniks bildete das Unvermögen des jugoslawischen Staates und der kroatischen Teilrepublik, ein belastbares institutionelles Umfeld aufzubauen, um sein industriepolitisches Programm durchzusetzen.

Ähnlich hart traf die globale Krise die Werft Pariser Kommune. Da in der Volksrepublik Polen die Rettungsschirme bereits einen Moment früher gespannt wurden, kam es jedoch gar nicht erst zu einer Liquiditätskrise. Dafür sorgten weiche Budgetgrenzen. Steuererleichterungen und subjektbasierte Förderungen schirmten die Unternehmen gegen die globale Rezession ab. Die Werft Pariser Kommune unterlief das Prinzip der Selbstfinanzierung der Wirtschaftsreform von 1981. Bis auf Weiteres funktionierte die Werft nicht nach der Maxime Profite zu maximieren, sondern bei stabiler Produktion Verluste zu minimieren. Während der Fall Uljanik zeigt, wie Illiquidität und Produktion miteinander korrelieren, steht die Werft in Gdynia für die gleichermaßen bemerkenswerte negative Korrelation von Produktion und Rentabilität.

Beiden Regierungen gelang es nicht, Kontingenz und Selektivität ihrer Rettungsmechanismen zu überwinden. Im Gegenteil, die Subventionsregime können als situativ typisiert werden. Angesichts der Situation der jugoslawischen Schiffbauindustrie Ende der 1970er-Jahre äußerten sich Delegierte des kroatischen Sabor: „Bei uns werden immer Ad-hoc-Lösungen gesucht mit der ständigen Gefahr, dass das Problem bestehen bleibt oder nicht gelöst wird"[146] und von Polen heißt es in den 1980er- Jahren, dass „[k]ein Staatsunternehmen wusste, nach welchem Steuersystem es im nächsten Jahr funktionieren würde".[147] Offensichtlich waren Wirtschaftsordnungen wie die sozialistischen, die Krisen eigentlich

146 Bilješka, 22.5.1979, S. 3, HDA, 280/174.
147 Grala: Reformy, S. 249.

nicht einplanten, nicht imstande, ein effizientes keynesianisches Konjunkturpaket auf den Weg zu bringen.

Der globale Subventionswettlauf nach den Ölpreisschocks brachte die Werften Ostmitteleuropas unter Druck. In der Angst, den Kürzeren zu ziehen, entrüsteten sie sich über „subventionierte Preise und Dumping" der asiatischen, aber auch europäischen Anbieter in einer Hochsubventionsbranche, durch welche die heimischen Werften „auf dem Weltmarkt nicht mithalten" könnten. Hier kann ein unerwartetes Eintreten beider Länder für den globalen Markt ausgemacht werden – ähnlich dem von Johanna Bockman analysierten Beitrag sozialistischer Staaten zum Aufstieg des Neoliberalismus.[148] Während westeuropäische Regierungen viel Geld in die Hand nahmen, plädierten die sozialistischen Staaten auf der internationalen Ebene für den globalen Abbau von Subventionen und kritisierten die Verzerrung des Wettbewerbes.

Unter dem Druck der Subventionen in anderen Ländern testeten beide Regierungen im Spätsozialismus protektionistische Maßnahmen, um die Auftragslage der Werften zu sichern. Die Unternehmensziele hoher Produktions- und Beschäftigungswerte waren der Rentabilität der Verträge übergeordnet. Darin besteht ein wesentlicher Unterschied zum Krisenverhalten der „managed contraction"[149] in den Werften westeuropäischer Staaten. Dort setzte in den 1980er-Jahren ein kontrolliertes, aber nicht umkehrbares Schrumpfen der Schiffbaubranche ein. Industriepolitikerinnen und Industriepolitiker nutzten Investitionen dazu, einen Strukturwandel einzuleiten. Ein proaktives, produktivitätsgetriebenes Subventionsregime, das den Grundstein für die spätere Beihilfenpolitik der Europäischen Union legte, zeichnete sich ab. Im Gegensatz dazu fungierten Subventionen in spätsozialistischen Ländern als retroaktive Reproduktionsbeihilfen, die den Verlust der Werften absobierten.[150] Die Regierungen Jugoslawiens und Polens beglichen die Defizite ihrer ressourcenverbrennenden Behemoths, ohne im Gegenzug Reformen einzufordern.

Die 1989 beschleunigten Wirtschaftsreformen in Ostmitteleuropa waren Nachwellen eines gesamteuropäischen Strukturbruches, der durch die sozialistischen Subventionsregime verzögert ins Rollen kam. Im Fall der Schiffbaubranche wirkten dieselben Subventionsregime auch noch nach der politischen Systemwende als Wellenbrecher. Die eigentliche Zäsur kam erst mit dem Beitritt zur Europäischen Union. Der Konvergenzprozess war gleichbedeutend mit einem

148 Johanna Bockman: Markets in the Name of Socialism. The Left-Wing Origins of Neoliberalism, Stanford, CA 2011.

149 Stråth: Politics.

150 János Kornai: The Socialist System. The Political Economy of Communism, Oxford 1992.

Aufeinanderprallen zweier divergierender „varieties of helping capitalism"[151]. Es waren diese Divergenz und der legalistische Zugang der Wettbewerbshüter der Europäischen Union, die zur Liquidation der Werft Gdynia im Jahr 2009 führten. Fünf Jahre später konnte die Werft Uljanik zunächst von einer durch diesen Präzedenzfall revidierten Beihilfepolitik profitieren – doch auch sie schaffte es nicht, das europäische Modell der Konkurrenzfähigkeit als langfristiges Kriterium für Staatshilfen zu erfüllen.

151 Weber/Schmitz: „Varieties".

2 Fragmentierter Staat – das Spannungsverhältnis zwischen Kontrolle und Eigentum

„Woher rührt das gesellschaftliche und wirtschaftliche Fiasko unseres Landes?“[1] In dem eben erst gegründeten Informationsbulletin der Solidarność in der Werft Pariser Kommune rechnete Ende des Jahres 1980 ein Arbeiter der Abteilung Ausrüstung mit den „Funktionsträgern“[2] ab. Sie seien für die nicht erfüllten Pläne, die minderwertigen Produkte, die hohe Fluktuation, die nicht durchschlagenden Reformen, die unrentablen Verträge, die hohe Inflation, die Verschuldung, die verdeckte Arbeitslosigkeit und schlussendlich für die nicht abgeschlossenen Investitionsprojekte verantwortlich. Eine Vielzahl von Akteuren vermengt sich in der Rede von den „Funktionsträgern“ zu einem vagen und schwer lokalisierbaren Sündenbock. Eine Reihe von Akteuren konnte sich angesprochen fühlen: von den Abteilungsleitern, den Direktoren und dem Generaldirektor, die den Produktionsprozess auf der Betriebsebene kontrollierten, über die Verantwortlichen der Branchenvereinigung bis hin zu dem für Schiffbau zuständigen Minister und den Wirtschaftspolitikern.

Die vielfältigen Referenzmöglichkeiten des Begriffs „Funktionsträger“ gehen auf den sozialistischen Eigentumsbegriff zurück. Im klassischen Staatssozialismus fungierte der Staat als Einheitseigentümer eines breit aufgestellten Vermögensportfolios. Die Verteilung der Handlungs- und Verfügungsrechte erfolgte innerhalb des staatlichen „Einheitsfonds“.[3] Katherine Verdery erläutert die rechtliche Konstruktion des sozialistischen Eigentumsbegriffs: „Through granting administrative rights, the party-state retained its claim to supreme ownership, but exercised that ownership by granting use and administrative rights downward to lower-level entities.“[4] Die vertikale Verschiebung der Eigentümerrechte verband Akteure unterschiedlicher Ebenen mit dem einzelnen Unternehmen.

Der eingangs zitierte Rundumschlag des Gewerkschafters hinsichtlich der „Funktionsträger“ unterschlägt, dass es sich bei diesen um ein Bündel von Akteuren handelte, die zwar alle miteinander in Beziehung standen, aber nicht notwendigerweise an einem Strang zogen. Selbst im klassischen Staatssozialis-

1 Krzysztof Borski: „Kadra kierownicza“, in: Biuletyn Informacyjny vom 6.2.1981, S. 3.

2 Polnisch: *kadra kierownicza.*

3 Katherine Verdery: „The Property Regime of Socialism“, in: Conservation & Society 2 (2004), Nr. 1, S. 189–198, hier S. 192.

4 Ebd., S. 193.

https://doi.org/10.1515/9783110736007-005

mus war der Staat kein einheitlicher, kohärenter Akteur, sondern bildete eine Konfiguration aus mehreren Organisationen mit überlappenden Verantwortungsbereichen.[5] Der Staat war mehr als nur die Regierung oder die Partei.[6] Im Laufe der spätsozialistischen Reformen nahm die Relevanz einer akteurszentrierten Analyse des Staates zu. Der Bruch mit der planwirtschaftlichen Vertikale bewirkte eine zunehmende Fragmentierung des Staates.

„Not recognizing that the state is always in" – das sei laut Scranton und Fridenson eine der Fallen, in die Historikerinnen und Historiker der Unternehmensgeschichte tappen können.[7] In jeder Unternehmensgeschichte läuft – meist im Hintergrund – auch eine Organisationsgeschichte des Staates mit.[8] Sie umfasst die Transformation der Ansprüche und Selbstbeschränkungen staatlicher Akteure gegenüber der Unternehmenssphäre. Im folgenden Kapitel identifiziere ich die relevanten Akteure der staatlichen Umwelt der beiden Werften Pariser Kommune und Uljanik und untersuche den Wandel ihrer Rollenzuweisung und -umsetzung ab den 1970er-Jahren. Wie kohärent und zielführend waren die postsozialistischen Reformen des Staates? Die Perspektive der Werften zeigt ein Vakuum, das der Staat hinterließ, nachdem er sich in den spätsozialistischen Jahren aus der Lenkungsfunktion in den Unternehmen zurückgezogen hatte. Einseitig auf die Privatisierung fixiert, behandelten die Regierungen die Eigentümerpolitik gegenüber den in den 1990er-Jahren wieder verstaatlichten Unternehmen stiefmütterlich. Ich präsentiere in diesem Kapitel also die notgedrungene und widersprüchliche Entwicklung einer Eigentümerkontrolle im Schatten des Sozialismus, die Transformation der Eigentümerfunktion in den Varianten des Sozialismus zu Varianten des Kapitalismus.

2.1 Gründungsvater und Aufsichtsperson – der aufgeschobene Rückzug des polnischen Staates nach 1981

Nicht nur oppositionelle Akteure – wie in dem eingangs zitierten Artikel –, sondern auch die 1981 eingesetzte Kommission zur Ausarbeitung der polnischen Wirtschaftsreform verbreitete eine begriffliche Unschärfe hinsichtlich des „Zen-

---

5 John L. Campbell/Leon N. Lindberg: „Property Rights and the Organization of Economic Activity by the State", in: American Sociological Review 55 (1990), Nr. 5, S. 634–647, hier S. 637.

6 Siehe dazu Alfred C. Stepan: State and Society, Princeton 1978; Maciej Tymiński: PZPR i przedsiębiorstwo: Nadzór partyjny nad zakładami przemysłowymi 1956–1970, Warszawa 2001.

7 Scranton/Fridenson: Reimagining Business History, S. 16.

8 Bucheli/Kim: „State".

trums". In den Grundsätzen der Wirtschaftsreform[9] hieß es, „Zentral- und Lokalorgane" sollten das Recht haben, Staatsunternehmen zu gründen, zusammenzulegen oder zu liquidieren. Ob damit der Sejm als gesetzgebendes Organ, die zuständigen Ministerien oder doch die mit der Koordinierung betrauten Branchenvereinigungen gemeint waren – die genaue Identität der erwähnten staatlichen Akteure bleibt im Dunkeln. Für die Autoren des Programms hatte es Priorität, eine für alle tragbare Formulierung der Unabhängigkeit der Unternehmen und des Beschäftigtenrates zu finden. Klar wird aus den Hinweisen auf einen völligen „Umbau der Organisationsstrukturen des Administrationsapparates" und „der Organisationsstrukturen der Wirtschaft auf der Ebene der Vereinigungen und Kombinate"[10] jedenfalls, dass in einer Zentralverwaltungswirtschaft jede Unternehmenstransformation eine wechselseitig abhängige Kotransformation auf der Ebene des Zentrums begleitete.

Schon vor der 1981 beginnenden Wirtschaftsreform hatten die Parteisekretäre Władysław Gomułka und Edward Gierek versucht, die sozialistische Wirtschaft zu dezentralisieren und marktsozialistische Elemente zu implementieren.[11] Die Vereinigung der Schiffbauindustrie verlegte 1966 auf Zuruf Gomułkas ihren Hauptsitz von Warschau nach Danzig. Keine der vorangegangenen Reformen war allerdings konsequent und umfassend genug, um das zentralistische Modell sozialistischen Wirtschaftens hinter sich zu lassen. Nicht nur makroökonomische, sondern auch eine Vielzahl mikroökonomischer Entscheidungen wie Produktionsvorgaben, die Zuteilung von Produktionsmitteln und die Vorgabe von Verkaufspreisen lagen noch immer in den Händen staatlicher Akteure.[12]

Unter dem Ersten Sekretär Edward Gierek war die zentralistische Wirtschaftsordnung der polnischen Volksrepublik noch vierstufig organisiert gewesen; zwischen dem Ausschuss für Wirtschaftliches Planen[13] und dem produktiven Unternehmen lagen zwei administrative Vermittlungsinstanzen: das Ministerium und die Branchenvereinigung. Diese Planungsvertikale geriet im Jahr 1980 in

---

9 Polnisch: *Podstawowe założenia reformy gospodarczej.*

10 Komisja do Spraw Reformy Gospodarczej: Podstawowe założenia reformy gospodarczej. Projekt, Warszawa 1981.

11 Dezentralisierungsinitiativen gab es seit der Reform nach dem Streik in dem Maschinenbauunternehmen H. Cegielski im Juni 1956 in der Volksrepublik Polen immer wieder. Im Zuge der ersten dieser Reformen erlaubte die Regierung unter Władysław Gomułka die Gründung von Arbeiterräten in den Unternehmen und transferierte damit Kompetenzen der Direktion an die Beschäftigten. Siehe Włodzimierz Brus: Ogólne problemy funkcjonowania gospodarki socjalistycznej, Warszawa 1961.

12 Vgl. Maciej Bałtowski: Gospodarka socjalistyczna w Polsce. Geneza – rozwój – upadek, Warszawa 2009, S. 312.

13 Polnisch: *Komitet Planowania Gospodarczego.*

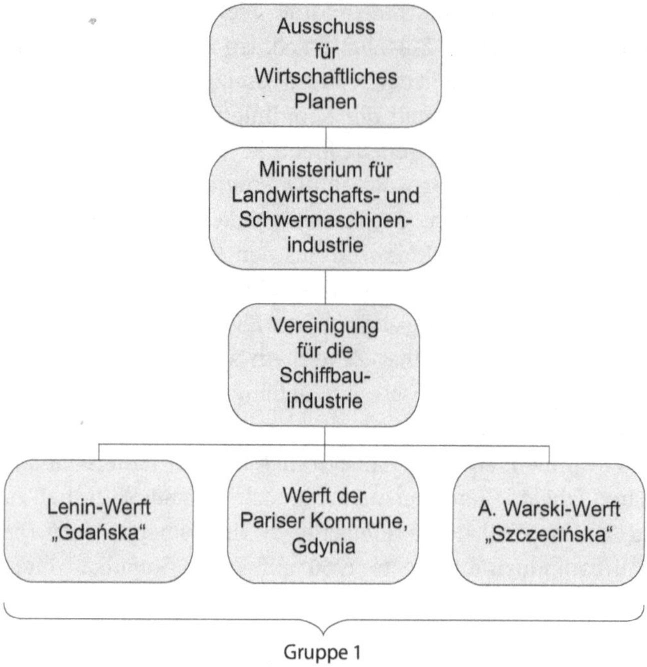

Organigramm 1: Vertikale Organisation der polnischen Schiffbauindustrie zwischen 1976 und 1981
Quelle: Eigene Darstellung basierend auf aggregierten Daten aus APG 1091

Verruf. Die Branchenzeitschrift des Schiffbaus *Głos Stoczniowca* erklärte in eigenen Sonderbeilagen im Jahr 1982 die Kernbegriffe der Reform. Dort findet sich auch eine Grafik mit dem Titel „Zwei Ebenen des Planens"[14], die die Veränderung deutlich markierte. Die Felder „Ministerium" und „Branchenvereinigung" waren durchgestrichen. Übrig blieb einzig ein direkter Pfeil – „Planungsprozess" betitelt –, der vom Planungsausschuss direkt zum Unternehmen führte. Obschon die Verhängung des Kriegszustandes am 13. Dezember 1981 die Umsetzung dieses Einschnitts abwandte, verdeutlicht die zitierte Grafik die prekäre Lage der Vermittlerorganisationen in dieser Zeit. Im Folgenden steht die mit der Wirtschaftsreform einsetzende widersprüchliche Transformation der beiden durchgestrichenen Felder im Mittelpunkt der Analyse.

14 Taduesz Baumberger: „Przemysł okrętowy w reformie gospodarczej", in: Głos Stoczniowca vom 20.6.1982, S. 7.

Zunächst zu den Ministerien: Im klassischen Modell von Kornai waren sie die wesentliche Entscheidungsinstanz der Planwirtschaften.[15] Sie vermittelten Informationen zwischen der Planungs- und Produktionsebene. Ihre wichtigste Machtressource bestand demnach in der Informationskontrolle und der Möglichkeit, Entscheidungen zu treffen, bevor Informationen an die unteren Ebenen durchsickerten.[16] Im Zeitraum von 1976 bis 1981 waren die Werften dem Ministerium für Landwirtschafts- und Schwermaschinenindustrie unterstellt.[17] Seine gesetzmäßigen Aufgaben bestanden in der Erarbeitung langfristiger Pläne, der Steuerung des Warenexports, der technischen und organisatorischen Entwicklung und der Kooperation mit dem Ausland.[18] Neben der Rolle als Transmissionsriemen war die Aufsichtsfunktion zentral für das Ministerium. Die Abteilung Produktion und Kooperation[19] war mit der Aufsicht der Branchenvereinigung der Schiffbauindustrie betraut. Sie kontrollierte die Einhaltung der Quartals-, Monats- und Produktionspläne der Vereinigung.

Die spätsozialistischen Reformen, die dieses klassische Modell zersetzten, unterzogen den Staat – seine Akteure und das Verhältnis zwischen ihnen – einer Transformation. Die Organisationssoziologen Carroll, Goodstein und Gyenes beschreiben das Reformsystem der 1980er-Jahre am Beispiel Ungarns: „It is now less centralized and its constituent parts are more likely to act inconsistently and with self-interest."[20] Diese Transformation brachte die hoheitliche Position der Ministerien ins Wanken. Die ersten beiden und am selben Tag verabschiedeten polnischen Gesetze zur Wirtschaftsreform – das Gesetz über die Staatsunternehmen[21] und das Gesetz über Selbstverwaltung der Belegschaft eines Staats-

15 Kornai: Socialist System; David Granick: Enterprise Guidance in Eastern Europe, Princeton, NJ 1975.

16 Peter Murrell: The Nature of Socialist Economies. Lessons from Eastern European Foreign Trade, Princeton, NJ 1990.

17 „Seltsam, oder nicht?", fragte mich ein Interviewpartner, der einst als Betriebssoziologe einer Werft gearbeitet hatte. In der Tat verwundert es, dass die staatliche Administration der produktivsten Schiffbaunation im Rat für gegenseitige Wirtschaftshilfe der Branche kein eigenes Ministerium widmete. Anders in der Sowjetunion, die selbst kein wichtiger Handelsschiffproduzent, sondern Importeur war. Dort gab es von 1946 bis 1991 fast durchgehend ein Ministerium der Schiffbauindustrie (Russisch: *Министерство судостроительной промышленности СССР*). Der Vorteil der polnischen Variante lag darin, dass Produktionsketten auf diese Weise leichter zu überschauen und zu verwalten waren.

18 *Rozporządzenie Rady Ministerów w sprawie szczegółowego zakresu działania Ministra Przemysłu Maszyn Ciężkich i Rolniczych* idF vom 31.3.1976, in: Dz.U. (1976), 14/86.

19 Polnisch: *Departament Produkcji i Kooperacji.*

20 Carroll/Goodstein/Gyenes: „Organizations", S. 236.

21 *Ustawa o przedsiębiorstwach państwowych* idF vom 25.9.1981, in: Dz.U. (1981), 24/122.

unternehmens[22] – sind Ausdruck der Faszination der Solidarność für die jugoslawische Selbstverwaltung. Sie rearrangierten die Unternehmen als „unabhängige, selbstverwaltete und selbstfinanzierte Wirtschaftseinheiten mit eigener Rechtspersönlichkeit". Das Ministerium fand in diesen Gesetzestexten kaum mehr Erwähnung und wurde – wie im vorhergehenden Kapital erwähnt – auf die Rolle eines „Gründungsorgans" reduziert. Es repräsentierte damit lediglich die Genese des Unternehmens anstelle seiner Kontrolle und Aufsicht.[23] Gemäß dieser „radikalen Selbstbeschränkung der Eigentümerfunktion des Staates"[24] war es nunmehr Aufgabe des „Zentrums", einen allgemeinen Plan auszuarbeiten, den Mindestlohn festzulegen und Wirtschaftspolitik qua Steuerpolitik zu betreiben. Seine Hauptaufgabe bestand also darin, den institutionellen Rahmen zu schaffen, in dem die Unternehmen agierten. Die Unternehmen hingegen erlangten formal weitgehende Autonomie hinsichtlich der Lohn-, Investitions- und Handelspolitik.

Die Transformation war aber nicht so radikal, wie es auf den ersten Blick scheint. Im Zuge seiner Neuordnung beschloss der Ministerrat die Gründung von sechs, für unterschiedliche Industriezweige verantwortliche Ministerien,[25] darunter auch das für die Schiffbauindustrie zuständige Ministerium für Stahl- und Maschinenbauindustrie. Ein Unterstaatssekretär, der zuvor als Vizeminister des Ministeriums für Landwirtschafts- und Schwermaschinenindustrie gedient hatte, übernahm die Aufsicht über den Schiffbau. Obwohl die „Grundsätze der Wirtschaftsreform" lediglich eine rahmenbildende und beaufsichtigende Funktion für die Ministerien vorgesehen hatten, gelang es den Reformern nicht, sie ganz aus dem Planungsstrahl zwischen Plan und Unternehmen herauszuhalten. Noch immer erfüllte das Ministerium für Stahl und Maschinenbauindustrie eine Rolle als Transmissionsriemen, die darin bestand, den Industriezweigen eine „Handlungsrichtung [...] gemäß dem gesellschaftlichen und wirtschaftlichen Bedarf und gemäß der Politik des Staates" vorzugeben.[26] Zwar war das gesetzliche Aufgabenspektrum des neuen Ministeriums auf dem Papier deutlich dünner: Progno-

---

22 *Ustawa o samorządzie załogi przedsiębiorstwa państwowego* idF vom 25.9.1981, in: Dz.U. (1981), 24/123.

23 Peter Wegenschimmel: „Was ist ein Unternehmen – und wenn ja wie viele? Eine Organisationsgeschichte unternehmerischer Grenzverschiebungen", in: Arbeits- und Industriesoziologische Studien 1 (2018), S. 25–37.

24 Kozarzewski: Polityka, S. 59.

25 Insgesamt gab es 1982 die beeindruckende Anzahl von 23 Ministerien. Allein diese Zahl suggeriert laut Grala ein hohes Maß an staatlichem Interventionismus. Ders.: Reformy, S. 143.

26 *Ustawa o utworzeniu urzędu Ministra Hutnictwa i Przemysłu Maszynowego* idF vom 3.7.1981, in: Dz.U. (1981), 17/78.

stizierung, Beurteilung, Koordinierung und Mitarbeit in den betriebswirtschaftlichen Systemen,[27] aber Grala weist auf eine Kluft zwischen den Rechtsnormen und der Praxis hin.[28] Tatsächlich konnte sich das Ministerium im Zuge der Wirtschaftsreform zusätzliche Kompetenzen sichern, etwa die Zuteilung von Produktionsaufgaben und die Verteilung von Rohstoffen, Vorprodukten und Devisen. Der polnische Historiker argumentiert, dass die Position der Ministerien aufgrund ihrer relativen Stabilität seit Beginn der Amtszeit Edward Giereks 1970 sogar gestärkt und lediglich ihr Haftungsbereich eingeschränkt worden sei: „Maximale Macht gegenüber ganzen Industriezweigen bei minimaler Verantwortung."[29]

Die Staatshilfen, die 1984 an die polnischen Werften ausgezahlt wurden, hatten den Preis einer Verschiebung der Machtverhältnisse. Sie bewirkten einen Ausbau der Aufsichtsfunktion des Ministeriums für Stahl- und Maschinenbauindustrie. Das Ministerium installierte in den sechs großen Werften Aufsichtsräte,[30] die es mit Vertretern des Ministeriums, der Planungskommission, der Nationalbank, der Finanzkammer, der Wojewodschaften, der Wissenschaftlich-Technischen Organisation, der gesellschaftlichen Organisationen und des Polnischen Komitees für Normalisierung besetzte.[31] Das satzungsmäßige Ziel der Aufsichtsräte bestand darin,

> „im Namen des Ministers für Stahl- und Maschinenbauindustrie die wirtschaftliche Tätigkeit des Unternehmens hinsichtlich der Deckung der gesellschaftlichen Bedürfnisse an den vom Unternehmen hergestellten Waren und die Einhaltung des gesellschaftlich-wirtschaftlichen Nationalplans und der Linie der staatlichen Politik zu beaufsichtigen".[32]

Die Beschäftigtenräte der drei großen Werften Pariser Kommune, Lenin und Warski kritisierten, die staatliche Aufsicht sei mit der gesetzlichen Unabhängigkeit der Unternehmen nicht vereinbar. Doch die Gründung der Aufsichtsräte konnten sie nicht verhindern. Den Vorsitz im Aufsichtsrat der Werft Pariser Kommune übernahm der Vizedirektor der Abteilung für Maschinenindustrie des zuständigen Ministeriums. Zum ersten Mal wurde die Autonomie des Unternehmens in einen direkten Zusammenhang mit dem Geschäftsergebnis gestellt.

---

27 *Ustawa o utworzeniu urzędu Ministra Hutnictwa i Przemysłu Maszynowego* idF vom 3.7.1981, in: Dz.U. (1981), 17/78.
28 Grala: Reformy, S. 151.
29 Ebd.
30 Zarządzenie nr 14/org/84 Ministra Hutnictwa i Przemysłu Maszynowego, 14.5.1984, AAN, 1757/2–136.
31 Regulamin rady nadzorczej, 1984, AAN, 1757/2–136.
32 Regulamin działania rad nadzorczych, 14.5.1984, S. 2, AAN, 1757/2–136.

Ende des Jahres 1985 trat der ideologische Hardliner Wojciech Jaruzelski, der wenige Jahre zuvor die Wirtschaftsreform durch die Einführung des Kriegszustands ausgebremst hatte, als Ministerpräsident zurück. Seine Funktion übernahm der Ökonom Zbigniew Messner, der die zweite Etappe der Wirtschaftsreform vorantreiben sollte. Sein vom Sejm anerkanntes „Realisierungsprogramm der zweiten Etappe der Wirtschaftsreform“[33] sah einen Ausbau der Selbstverwaltungsorgane und das Ende staatlicher Interventionen vor.[34]

Auch der Umbau des „Zentrums“ war Teil von Messners Reformprogramm. Im Jahr 1987 löste ein als Querschnittsministerium konzipiertes Industrieministerium die auf ausgewählte Industriezweige spezialisierten Ministerien ab. Endlich wurde die Liquidation der beaufsichtigenden Industrieministerien Realität. Anstelle der Aufsicht von Unternehmen standen nun die Industriepolitik und die „Förderung des Unternehmertums“[35] im Vordergrund. Die Ersetzung von Aufsicht durch „Unternehmertum“ ermöglichte zum ersten Mal die Gleichbehandlung staatlicher, genossenschaftlicher und privater Unternehmen.[36] Die Folge der Konsolidierung der Industrieministerien war der Verlust vieler Aufsichtskompetenzen, aber auch von Fachwissen.[37]

Im Jahr 1987 gründete die Regierung Messner den Fonds für Strukturwandel in der Industrie, der die Restrukturierung[38] der staatlichen Industrie vorantreiben sollte. Dieser vergab Darlehen auf der Grundlage genauer Analysen des Entwicklungspotenzials; ab dem Jahr 1990 sollte er mit dem Aufbau eines Aktienportfolios für den Staat beginnen. Hier trieben bereits die Sprosse, die die spätere Wirtschafts- und Industriepolitik prägten. Die Freilegung eines neuen Entwicklungspfades in der letzten Phase der Volksrepublik bestätigt den Begriff der „langen“ Transformation.[39] Zum einen wurden Teilkompetenzen der Branchenministerien in die

---

33 Polnisch: *Program realizacyjny II etapu reformy gospodarczej.*

34 Uchwała Sejmu Polskiej Rzeczypospolitej Ludowej w sprawie programu realizacyjnego drugiego etapu reformy gospodarczej oraz działalności samorządu załóg przedsiębiorstw państwowych, in: Monitor Polski (1988), 5/42.

35 Der Begriff des Unternehmertums (Polnisch: *przedsiębiorczość*), der in dem Gesetz zur Gründung des Industrieministeriums den Begriff des Unternehmens (Polnisch: *przedsiębiorstwo*) größtenteils ersetzte, war ein Modebegriff der späten 1980er-Jahre und der zweiten Etappe der Wirtschaftsreform.

36 *Ustawa o utworzeniu urzędu Ministra Przemysłu* idF vom 23.10.1987, in: Dz.U. (1987), 33/172.

37 Vgl. Maria Vagliasindi: Governance Arrangements for State Owned Enterprises, Washington 2008.

38 Der Begriff der Restrukturierung, der die gesamte polnische Transformationsperiode begleitete, war ein Produkt der spätsozialistischen Wirtschaftsreformen. Er tauchte zum ersten Mal in offiziellen Dokumenten der frühen 1980er-Jahre auf und wurde ab 1987 zu einem Modewort.

39 Puttkamer: „Abschied“.

Hände von „Agenturen zur makroökonomischen Regulierung“[40] gelegt, die nun mit dem Industrieministerium ihre Kompetenzen ausverhandeln mussten. Die zunehmende Fragmentierung der Eigentümerkontrolle führte zu Dopplungen von Kompetenzen, überschneidenden Verantwortungsbereichen und Inkohärenzen.[41] Zum anderen legte die Gründung des Fonds die Basis für den Staat als Aktionär – eine Rolle, die der Staat in den 1990er-Jahren kultivieren sollte.

Hinter dem zweiten durchgestrichenen Feld der eingangs zitierten Grafik verbirgt sich die Branchenvereinigung, die eine ähnlich widersprüchliche Transformation durchlief. Im klassischen Modell vermittelte sie Informationen zwischen dem Ministerium und den Unternehmen. Ihr oblag es, „die Planauflagen in beide Richtungen nochmals zu konkretisieren, zu verhandeln und durchzusetzen“.[42] Im ersten Reformentwurf von 1981 sollte die Vereinigung vollständig aus der hierarchischen Planungsvertikale herausgenommen werden. Die „Grundsätze der Wirtschaftsreform“ sahen lediglich die Möglichkeit einer Neukonstitution als freiwilliger Interessenverband vor. Der kürzlich neu gegründete Beschäftigtenrat sollte die Kontrollfunktion der Branchenvereinigung in die Betriebe hinein verschieben.

Das hinsichtlich der Branchenorganisation radikale Reformmodell löste insbesondere in der Schiffbauindustrie schon bald Bedenken aus. Im Zuge einer brancheninternen Debatte verwies Jerzy Doerffer, Leiter des Instituts für Schiffstechnologie und Schiffbauorganisation der Danziger Universität, auf Best Practices vernetzter Werften in den hoch entwickelten Industriestaaten: Auch dort sei der Beitritt freiwillig,

> „aber die Freiwilligkeit besteht nur auf dem Papier. Wir können es sogar noch schärfer formulieren. In vielen Fällen herrscht ein wirtschaftlicher Zwang. Falls eine bestimmte Werft nicht Mitglied eines Verbands oder einer Vereinigung würde, wäre sie automatisch von Informationen und der Obhut mächtiger Vereinigungen abgeschnitten, und das ist in der Realität gleichbedeutend damit, sich von der technologischen Spitze zu verabschieden. Sie hört auf konkurrenzfähig zu sein.“[43]

---

40 David Bartlett: „Democracy, Institutional Change, and Stabilisation Policy in Hungary“, in: Europe-Asia Studies 48 (1996), Nr. 1, S. 47–83, hier S. 48.
41 Carroll/Goodstein/Gyenes: „Organizations“.
42 Ulrike Schulz/Thomas Welskopp: „Wieviel kapitalistisches Unternehmen steckte in den Betrieben des real existierenden Sozialismus. Konzeptionelle Überlegungen und ein Fallbeispiel“, in: Jahrbuch für Wirtschaftsgeschichte 58 (2017), Nr. 2, S. 331–366, hier S. 350.
43 Janusz Wikowski: „Wspólnie czy w pojedynkę?“, in: Głos Stoczniowca vom 4.9.1981, S. 10.

Für Doerffer war die völlige Autarkie der Unternehmen der Schiffbauindustrie illusorisch und keineswegs im Interesse der Unternehmen. Ein zweiter Nachteil, neben der informativen Abkapselung, gründete in den Wertschöpfungsketten zwischen den einzelnen Unternehmen. Die Planwirtschaft hatte das Entstehen von vertrauensvollen Netzwerkstrukturen zwischen den Unternehmen unterbunden. Mit dem Wegfall der Branchenkoordination drohten deshalb zeitraubende und friktionsreiche Verhandlungen mit den Zulieferern wie zum Beispiel dem Turbinenproduzenten H. Cegielski in Posen. Nur mit der lauten Stimme einer Branchenvertretung und kollektiver Verhandlungsmacht könnten die Werften die Zulieferer daran hindern, ihre Produkte für eine höhere Rendite im Ausland zu vertreiben. Die politisch motivierte Unabhängigkeit würde die polnischen Werften nach Doerffers Einschätzung wirtschaftlich teuer zu stehen kommen.

Die Argumentation stieß beim Ministerrat auf offene Ohren. Seine Mitglieder waren der Überzeugung, dass eine Dezentralisierung keinen Selbstzweck darstellen dürfe. Zwar beschloss er am 30. November 1981 die Abschaffung der Branchenvereinigungen und damit auch der Vereinigung der Schiffbauindustrie (Zjednoczenie). Stattdessen richtete die Regierung nach der Verhängung des Kriegsrechtes neben einer Reihe von freiwilligen Neugründungen 44 obligatorische Verbände ein, bei denen die Mitgliedschaft nicht wie zu Beginn der Reform gedacht freiwillig, sondern für eine Übergangsfrist von fünf Jahren verpflichtend war; unter ihnen befand sich auch der Verband der Unternehmen der Schiffbauindustrie (Zrzeszenie).[44] Laut der Exekutivkommission sei die Gründung eines obligatorischen Verbands aufgrund des technisch-wirtschaftlich sowie logistisch komplexen Charakters der Schiffbauindustrie und deren Bedeutung für die Volkswirtschaft unerlässlich.[45] Ein Journalist der Branchenzeitung fasste die neue Organisation mit den folgenden Worten zusammen: „Der Verband ist eine institutionelle Form der Kommunikation und Kooperation von Unternehmen, die im Eigeninteresse und damit aus berechtigten wirtschaftlichen Motiven einen Teil ihrer Rechte an den Verband als Kollektiv abgeben."[46] Bestärkt durch das Eigeninteresse der Unternehmen seien die „inneren Beziehungen stärker als in der Zentralverwaltungswirtschaft",[47] davon zeigte sich der neue Direktor des Verbands der Unternehmen der Schiffbauindustrie überzeugt.

44 Neben den sechs Werften umfasste das Zrzeszenie noch 21 Zulieferunternehmen und drei Forschungseinrichtungen, die alle in den nördlichen Wojewodschaften Polens angesiedelt waren.
45 Tadeusz Bamberger: „Przemysł okrętowy w reformie gospodarczej", in: Głos Stoczniowca vom 4.7.1982, S. 8.
46 Ebd.
47 Ders.: „Ile? Komu? Za co? Dyskusja o płacach", in: Głos Stoczniowca vom 5.9.1982, S. 3.

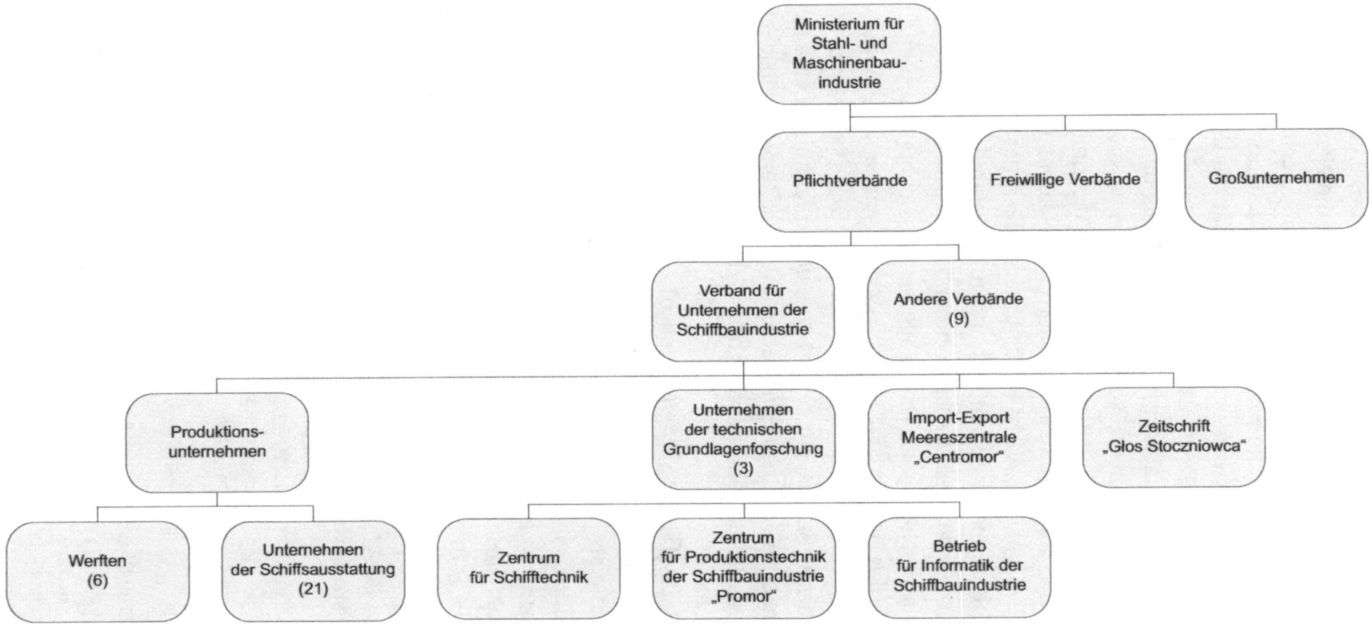

Organigramm 2: Die Organisation der polnischen Schiffbauindustrie nach der Wirtschaftsreform zwischen 1981 und 1987
Quelle: Eigene Darstellung basierend auf aggregierten Daten aus APG 2371

Während der Direktor die vermeintlich demokratische Basis und den Hilfscharakter des Verbands hervorhob – „guter Wille und die Bereitschaft der Zusammenarbeit“[48] –, hatte das Zrzeszenie, ähnlich der Vorgängerorganisation, weiterhin einen großen Einfluss auf die Vergabe der defizitären Rohstoffe, Waren und Devisen und war damit ein unverzichtbarer Kontakt für die Unternehmen. Grala geht sogar so weit zu sagen: „Es unterliegt keinem Zweifel, dass der Prozess der Liquidation der Branchenvereinigungen, der eine Demonopolisierung und Restrukturierung der Wirtschaft einleiten sollte, eine Fiktion darstellte.“[49]

Trotz der bewahrten Machtressourcen war die Einheit der Branche mit der Wirtschaftsreform brüchig und legitimationsbedürftig geworden. Die Fünfjahresfrist der Pflichtmitgliedschaft im Verband für Unternehmen der Schiffbauindustrie konnte die fragile Brancheneinheit nicht langfristig stabilisieren. Als ab 1987 immer mehr Unternehmen den Branchenverband verließen, versuchte ihn der Direktor mit Reformvorschlägen zu retten, die bis zur Neuorganisation als Konzern reichten.[50] Als der Verbandsrat im Juni 1988 zusammentraf, standen neben diesem Vorschlag eine Vielzahl weiterer Konzepte zur Diskussion: die Kontinuität in Form eines Verbands, ein zentral gesteuertes Kombinat, eine Gemeinschaft ähnlich dem einst existierenden Branchenverband, eine Gesellschaft und eine Holding, die allerdings bisher kein Vorbild in der polnischen Wirtschaft hatte.

Die Organisation der polnischen Werftenindustrie stagnierte. Nachdem die Unternehmen 1989 keinen Konsens über die Reorganisation der Branche finden konnten, blieb zunächst eine „organisationale und institutionelle Lücke“[51] zurück. Selbst die Solidarność, die bisher immer auf die Unabhängigkeit der Unternehmen gepocht hatte, zweifelte mittlerweile an der Zweckmäßigkeit der Autarkie der Unternehmen der Schiffbauindustrie. Der bereits erwähnte Ingenieur und spätere Gründer des Forum Okrętowe (Forum), Jerzy Doerffer, erinnert sich:

> „Das völlige Fehlen jeglicher Koordination zwischen den einzelnen Werften führte zu einem enormen Chaos bei den gemeinsamen organisatorischen Aktivitäten dieser Branche. Jeder Direktor setzte eigene Maßnahmen, die oft den Aktionen der Bruderwerften völlig widersprachen. Daraus ergab sich die Notwendigkeit einer Koordinierungsstelle, die Maßnahmen in Form gemeinsam formulierter Postulate gegenüber den Behörden ergreifen konnte.“[52]

48 O. A.: „Plany są realne“, in: Głos Stoczniowca vom 4.1.1987, S. 4.
49 Grala: Reformy, S. 151.
50 O. A.: „Plany są realne“, in: Głos Stoczniowca vom 4.1.1987, S. 4.
51 Janusz Wikowski: „Nic o nas – bez nas“, in: Głos Stoczniowca vom 18.2.1990, S. 7.
52 Doerffer: Życie i Pasje, S. 211.

Damit die Anliegen der Werften nicht ganz unter den Tisch fielen, bildete eine Gruppe von Schiffbauexperten ein Beratergremium, um dem Vizeminister für Transport und Meereswirtschaft der ersten postkommunistischen Regierung beratend zur Seite zu stehen. Nach ersten Konflikten mit dem Minister Tadeusz Syryjczyk wurde die Notwendigkeit „der Gründung einer vom Ministerium unabhängigen Körperschaft" evident.[53]

Im Jahr 1991 gründeten die Direktoren das Forum als freiwilligen und noch relativ losen, aus den drei Gruppen Produktionswerften, Reparaturwerften und Kooperationsunternehmen bestehenden Verein. Doerffer geht in seinen Memoiren auf die Schwierigkeiten bei der Bewerbung der neuen Organisation ein: „Es mangelte an Verständnis für die Rolle des Forums. Es wurde befürchtet, dass eine neue Organisation geschaffen würde, die der Branchenvereinigung nachempfunden wäre und jede Bewegung des Managements der einzelnen Werften kontrollieren würde."[54]

> Nach gescheiterten Versuchen, das Forum als „Association" oder Branchenkammer zu institutionalisieren, wurde 1993 ein Statut als Arbeitgeberorganisation verabschiedet. Zu den satzungsmäßigen Aufgaben des Forums gehörten unter anderem die Pflege eines positiven Images der Branche, die Lobbyarbeit in nationalen und internationalen Organisationen, die Unterstützung der Zusammenarbeit zwischen den Mitgliedern und die Mitbestimmung in der relevanten Gesetzgebung.[55]

Die Forderungen der Wirtschaftsreform aus den Jahren 1980/81 schienen endlich eingelöst. Die Mitgliedschaft im Forum war freiwillig, basierte nicht mehr auf staatlicher Eigentümerkontrolle und hatte jedwede Form der Aufsicht abgeschüttelt. Die Organisationsform eines Arbeitgeberverbands passte in die neue marktwirtschaftliche Umgebung. Das Forum stellte sein Expertenwissen für die Restrukturierung der Branchen und ihrer einzelnen Unternehmen zur Verfügung. Mit seinen politischen Kontakten und der Lobbyfunktion war das Forum aber auch imstande, auf postsozialistische Pfadabhängigkeiten zu reagieren. In dieser Tradition stand die Rolle als Partner in der polnischen Sozialpartnerschaft, die der „Pakt über Staatsunternehmen im Zuge der Eigentumsumwandlung"[56] im Jahr 1993 begründete. Während in Polen diese Rolle neu war und sie einen vermeint-

---

53 Ebd., S. 211.

54 Ebd., S. 223.

55 Uchwała Zwyczajnego Walnego Zgromadzenia Członków Statut Związku Pracodawców FORUM OKRĘTOWE (21.3.2019), http://www.forumokretowe.org.pl/files/statut-zp-forum-okretowe.pdf, zuletzt geprüft am 1.2.2020.

56 Pakt o przedsiębiorstwie państwowym w trakcie przekształcania, http://www.dialog.gov.pl/dialog-krajowy/porozumienia-spoleczne-w-polsce, zuletzt geprüft am 12.1.2020.

lichen Endpunkt der Transformation der Branchenorganisation darstellte, bildete sie in Jugoslawien den Ausgangspunkt; hier war Sozialpartnerschaft von jeher ein konstitutiver Bestandteil der jeweiligen Organisationen der jugoslawischen Wirtschaftsordnung.

2.2 Koordinator und Buchhalter – die jugoslawische Transformation vor der Transformation

Für Wissenschaftlerinnen und Wissenschaftler der Industriesoziologie aus Planwirtschaften wie der Volksrepublik Polen stellte die sichtbare Hand des Staates ein selbstverständliches Element jeder Untersuchung dar.[57] Nicht so in der jugoslawischen Industriesoziologie, in der die Propagierung der Selbstverwaltung zu einer Blindheit, fast schon Tabuisierung staatlicher Interventionen auf der Unternehmensebene führte. Die klassischen Studien dieser Subdisziplin untersuchten meist die Einführung und den Ausbau der Arbeiterselbstverwaltung vor dem Hintergrund einer fortschreitenden De-Etatisierung im ideologischen Kontext des absterbenden Staates.[58] Dabei sei in Jugoslawien laut Edvard Kardelj, dem Hauptideologen der jugoslawischen Arbeiterselbstverwaltung, lediglich der Zwangscharakter des Staates abgestorben; man sei aber „nie der Illusion verfallen, dass die Rolle des Staates und der Staatsgewalt ein nachrangiges und unwesentliches Element des politischen Systems wäre".[59] Neuere unternehmensgeschichtliche Arbeiten zu Jugoslawien haben den Selbstverwaltungsfetisch abgelegt. Sie weisen auf die Kontinuität politischer Interventionen als „political

57 Franciszek Krzykała: Wprowadzenie do socjologii socjalistycznego przedsiębiorstwa przemysłowego, Warszawa 1975; Jolanta Kulpińska: „Pozaprodukcyjne funkcje przedsiębiorstwa przemysłowego", in: Jan Lenart (Hg.): Przedsiębiorstwo w polskim systemie społeczno-ekonomicznym, Państwowe Wydawnictwo Ekonomiczne 1967, S. 458–479; Adam Mrozowicki: „Sociology of Work in Poland", in: Paul Stewart/Jean-Pierre Durand/Maria-Magdalena Richea (Hg.): The Palgrave Handbook of the Sociology of Work in Europe, Cham 2019, S. 253–285; Tadeusz Szczurkiewicz: Socjologia przemysłu. Wykłady dla słuchaczy studium podyplomowego, Poznań 1966.

58 Wolfgang Höpken: Sozialismus und Pluralismus in Jugoslawien. Entwicklung und Demokratiepotential des Selbstverwaltungssystems, München 1984; Rus: „Influence Structure"; Wolfgang Soergel: Arbeiterselbstverwaltung oder Managersozialismus. Eine empirische Untersuchung in jugoslawischen Industriebetrieben, München 1979; Sharon Zukin: „Yugoslavia. Development and Persistence of the State", in: Neil Harding (Hg.): The State in Socialist Society, London, Basingstoke 1984, S. 249–276; Županov: Sociologija.

59 Edvard Kardelj: Pravci razvoja političkog sistema socjialističkog samoupravljanja, Beograd 1977, S. 161.

paternalism“[60] hin und stellen mit dem fallstudiengestützten Nachweis des unternehmensgeschichtlichen Grundprinzips „the state is always in“[61] die Singularität der jugoslawischen Wirtschaftsordnung infrage.

Der Zehnte Parteikongress des Bundes der Kommunisten 1974 bemühte sich um eine Neubestimmung des jugoslawischen Staates zwischen den Rollen eines Unternehmerstaates und eines Reguliererstaates. Wenngleich die danach verabschiedete Verfassung jedwede „Rückkehr zum Etatismus“ zurückwies, so war sie dem Präsidenten der Bundesversammlung zufolge doch Ausdruck einer „Überwindung der Autarkie und Anarchie der Warenproduktion“.[62] Die Reorganisation der staatlichen Seite war einerseits eine politische Antwort auf den Kroatischen Frühling von 1971 und marxistische Tendenzen der Praxis-Gruppe;[63] andererseits zielte die Reform darauf ab, einem orientierungslos gewordenen Marktsozialismus zu Zeiten einer globalen Rezession eine neue Richtung zu geben. Mit der Wirtschaftsreform der 1970er-Jahre wollte die Föderation, der von diversen Gruppierungen Zerfall attestiert oder gewünscht wurde, Handlungsfähigkeit demonstrieren.[64] „From the top“ geplant, diente sie selbst als Beleg für die breit und tief verankerte Macht des Staates.

Die von den Gewerkschaften vorgeschlagenen „Arbeiter“-Verfassungsergänzungen XX-LXII aus dem Jahr 1971 sahen eine Zerteilung der Unternehmen in kleine „Grundorganisationen der assoziierten Arbeit“ (OOUR) vor. Legitimiert als Ausweitung der Selbstverwaltung sollte die Unternehmenstransformation auch die Macht der Direktoren beschneiden und den in betrieblichen Organisationen organisierten Bund der Kommunisten stärken.[65] Der Politökonom Carl-Ulrik Schierup beschreibt das Ergebnis der Verfassungsreform als „Re-Bürokratisierung“ des Wirtschaftssystems.[66] Für die staatlichen Akteure brachte der erhöhte Koordinierungsbedarf indirekte Einflussmöglichkeiten in den Betrieben mit sich. Eine solche Interventionsform waren Selbstverwaltungsabkommen und Gesellschaftsverträge, die Akteure verschiedener Sektoren miteinander verknüpften.

---

60 Troch: „Tensions“.

61 Scranton/Fridenson: Reimagining Business History, S. 16–22.

62 Sekretariat für den Informationsdienst der Bundesversammlung: Verfassung der Sozialistischen Föderativen Republik Jugoslawien, Beograd 1974, S. 21 f.

63 Die Mitglieder der Praxis-Gruppe waren durch ihre Kritik am formalistischen Charakter vieler selbstverwalteter Institutionen in Konflikt mit dem Bund der Kommunisten geraten. Siehe James H. Satterwhite: Varieties of Marxist Humanism. Philosophical Revision in Postwar Eastern Europe, Pittsburgh 1992.

64 Sabrina Petra Ramet: The Three Yugoslavias. State-Building and Legitimation 1918–2005, Bloomington 2006.

65 Harold Lydall: Yugoslav Socialism. Theory and Practice, Oxford 1984.

66 Schierup: Migration, S. 231.

Mithilfe solcher Abkommen behielt sich die Regierung vor, die Beziehungen zwischen den Unternehmen zu steuern und die Einhaltung des Bottom-up verhandelten Plans sicherzustellen.[67] Der erste Gesellschaftsvertrag, an dem Uljanik beteiligt war, betraf die Gründung eines Wirtschaftsfonds für Kredite und Exporte und wurde von der Wirtschaftskammer der Sozialistischen Republik Kroatien, der Republikkammer der Gewerkschaft und dem Exekutivorgan des Sabor unterzeichnet.[68] Die Verfassung von 1974 hatte die Koordinierungskompetenzen staatlicher Akteure nachhaltig ausgedehnt.

Eine zweite wesentliche Folge der Verwaltungsreform war die Föderalisierung der Wirtschaft.[69] Die kroatische Republik nutzte den Schiffbau als Showcase, um die neu gewonnenen Kompetenzen zu demonstrieren. In der Folge entwickelte sich der Schiffbau immer mehr zu einer kroatischen Industrie, deren Belange auf föderaler Ebene eben die Teilrepublik vertrat. Im Jahr 1976 initiierte und unterzeichnete das höchste politische Organ der Sozialistischen Republik Kroatien, der Exekutivrat des Sabor, ein Selbstverwaltungsabkommen mit den jugoslawischen Reedereien[70] und den Schiffswerften. Akteure wie das republikanische Sekretariat für Energie, Industrie und Handwerk und das republikanische Sekretariat für Verkehr und Seewesen waren in Kooperation mit der kroatischen Wirtschaftskammer mit der Überwachung des Abkommens betraut.[71] Im Jahr 1978 berief der Kroatische Sabor die „Plattform zur Lösung der Probleme des Schiffbaus und der Schifffahrt" ins Leben. Es handelte sich um eine Arbeitsgruppe des republikanischen Sekretariats für Energie, Industrie und Handwerk, des republikanischen Sekretariats für Verkehr und Seewesen und Jadranbrods, die Vorschläge für den Exekutivrat des Sabor vorbereiten sollte.

In Kapitel 1 habe ich gezeigt, wie sich Anfang der 1980er-Jahre immer mehr Elemente des „visible hand systems"[72] durchsetzten. Trotz Austeritätsauflagen des

---

67 Harold Lydall: Yugoslavia in Crisis, Oxford 1989.

68 Darko Kojić: „Samoupravni fond za kreditiranje izvoz. Stara ambalaža – novi sadržaj", in: Brodograditelj vom 6.4.1972, S. 5.

69 Siehe Steven L. Burg: Conflict and Cohesion in Socialist Yugoslavia. Political Decision Making since 1966, Princeton, NJ 1983.

70 Auch die Arbeitsorganisationen, die in Jugolinija assoziiert waren, waren Mitunterzeichner des Selbstverwaltungsvertrags.

71 Informacija o realizaciji Dogovora o osnovama Društvenog plana Jugoslavije za razvoj strojogradnje i brodogradnje od 1976. do 1980. godine, Mai 1978, S. 16, HDA, 280/145.

72 Das „visible hand system" charakterisiert die jugoslawische Wirtschaftsordnung nach dem Zerwürfnis zwischen Tito und Stalin im Jahr 1948. Es umfasst die Übergangsphase von einer Plan- in eine Selbstverwaltungswirtschaft mit weitgehenden Einflüssen staatlicher Akteure im Bereich Koordination und Planung. Siehe dazu Avner Ben-Ner/Egon Neuberger: „The Feasibility of

Internationalen Währungsfonds nahmen gerade in defizitären und/oder prioritären Branchen staatliche Einflussnahmen zu. Verantwortlich dafür waren die Auflagen von Sanierungskrediten, mit Hilfe derer die Regierungen die Unternehmen am Leben erhielten. Die kroatische Regierung konnte mit einem Kredit der Rijekaer und Istrischen Bank sowie der Jugoslawischen Nationalbank gerade noch die Insolvenz Uljaniks abwenden. Das 1980 erlassene Gesetz zur Sanierung und Liquidation[73] verpflichtete die betroffenen Grundorganisationen, der Republikregierung einen Sanierungsplan vorzulegen und dessen Einhaltung vierteljährlich von einer gesellschaftlichen Buchhaltungsstelle[74] prüfen zu lassen.[75]

Wenngleich die verordneten Sanierungsmaßnahmen meist leger ausfielen, so stehen sie doch für ein neues Abhängigkeitsverhältnis, das auf Ressourcenabhängigkeit basierte und mit Einbußen der für jugoslawische Arbeitsorganisationen (OR) charakteristischen Autonomiemerkmale einherging. Sobald die finanzielle Stabilität einer Arbeitsorganisation nicht mehr gesichert war, gewannen staatliche Akteure Kontrollrechte und fochten die Autonomie der Unternehmen, auf die die jugoslawische Politik jahrzehntelang stolz gewesen war, an. „Ohne Geld keine Autonomie", fasste der Direktor Uljaniks Karlo Radolović das Spannungsverhältnis, in dem sich die Unternehmen befanden, zusammen.[76] Uljanik stand damit vor demselben Dilemma wie die Werft Pariser Kommune in der Zeit nach der Wirtschaftsreform von 1981.

Die politische Umbruchszeit nach 1989 hat keineswegs ein Exklusivrecht auf den Begriff der Transformation. Wenn in den Zeitschriften *Brodogradnja* oder *Brodograditelj* in den 1970er-Jahren von „Transformation" die Rede war, bezog sich der Begriff meist auf die Branchenebene. In Bezug auf das für den Schiffbau verantwortliche Jadranbrod bezeichnete der aus der strukturalistischen Grammatik stammende Begriff einen qualitativen Organisationswandel, der die Organisation in ihrem Kern veränderte.[77] Die Folge der Transformation der Wirt-

Planned Market Systems. The Yugoslav Visible Hand and Negotiated Planning", in: Journal of Comparative Economics 14 (1990), Nr. 4, S. 768 – 790.

73 *Zakon o sanaciji i prestanku organizacija udruženog rada*, in: Sl. list SFRJ (1980), 41.

74 Serbokroatisch: *Služba društvenog knjigovodstva*.

75 Ulrike Schult: Zwischen Stechuhr und Selbstverwaltung. Eine Mikrogeschichte sozialer Konflikte in der jugoslawischen Fahrzeugindustrie 1965 – 1985, Münster 2017. Die Einführung des Berichtswesens und der optimierte Informationsstand der staatlichen Akteure legten im Spätsozialismus den Grundstein für eine Verwissenschaftlichung der staatlichen Industriepolitik.

76 Croatian Shipbuilding Today: „Interview with Mr. Karlo Radolović, President of Uljanik", in: Brodogradnja 40 (1992), Nr. 3 – 4, S. 104 – 105, hier S. 104.

77 Organisationstheoretikerinnen und -theoretiker bezeichneten vergleichbare Transformationen als „radikalen organisationalen Wandel" beziehungsweise „Wandel zweiter Ordnung". Während der Wandel erster Ordnung zwar Anpassungen in Unternehmensstrukturen und

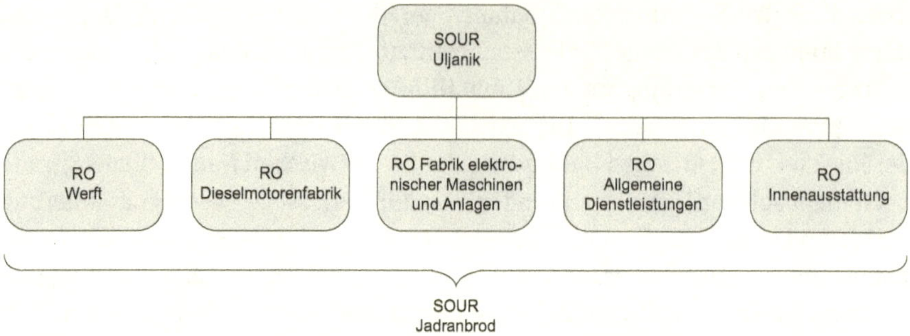

Organigramm 3: Die Organisation der komplexen Organisation der assoziierten Arbeit Uljanik in fünf Arbeitsorganisationen und einen Arbeitsverband im Jahr 1974
Quelle: Eigene Darstellung basierend u. a. auf Drago Kojić: „Druga mladost Jadranbroda", in: Brodograditelj vom 24.4.1975, S. 5.

schaftsorganisationen war in dem jugoslawischen Down-top-Ansatz eine Transformation der administrativen Akteure. Die fortschreitende Desintegration auf der Mikroebene machte eine stärkere Koordinierung auf der Branchenebene unerlässlich. Die Reorganisation Jadranbrods kann deshalb als Kotransformation zur Unternehmenstransformation begriffen werden.

Jadranbrod war bereits 1964 gegründet und 1968 in ein assoziiertes Unternehmen, das sich aus den sechs großen Schiffswerften des Landes zusammensetzte, umgewandelt worden. Es erfüllte eine wichtige Scharnierrolle bei Vertragsabschlüssen mit ausländischen Reedereien, der Beschaffung von Stahl, der Kreditpolitik des Landes und in den Beziehungen der Schiffbaubranche zum Bankensektor. Seit 1972 diskutierten die politischen Akteure verschiedene Varianten einer Transformation der Branche. Die Prämisse dafür sollte die Assoziation der Grundorganisationen in Jadranbrod und nicht wie früher die der Unternehmen bilden. Die Wahl fiel auf eine Gruppenstruktur, die es den einzelnen Grundorganisationen ermöglichte, sich ihrer jeweiligen Produktionsgruppe an-

-praktiken impliziert, lässt er die Unternehmensidentität unangetastet. Siehe Royston Greenwood/C. R. Hinings: „Understanding Radical Organizational Change. Bringing Together the Old and the New Institutionalism", in: Academy of Management Review 21 (1996), Nr. 4, S. 1022–1054; Jean M. Bartunek/Michael K. Moch: „First-Order, Second-Order, and Third-Order Change and Organization Development Interventions. A Cognitive Approach", in: The Journal of Applied Behavioral Science 23 (1987), Nr. 4, S. 483–500. Eine Transformation verändert das Unternehmen in seinem Kern: „[they; P.W.] take organizations outside their familiar domains and alter bases of power". William H. Starbuck: „Organizations as Action Generators", in: American Sociological Review 48 (1983), Nr. 1, S. 91–102, hier S. 99.

zuschließen. Tatsächlich stimmten am 1. März 1975 die Beschäftigten der Arbeitsorganisationen Uljaniks in einem Plebiszit mit 3.578 Stimmen bei 18 Gegenstimmen und 851 Enthaltungen für eine Assoziierung in Jadranbrod.[78] Die fünf Arbeitsorganisationen Uljaniks gehörten nunmehr unterschiedlichen Sektionen an: Schiffbau, Dieselmotore und Innenausstattung. Jadranbrod bestand nunmehr aus 24 Arbeitsorganisationen mit insgesamt rund 25.000 Beschäftigten.[79]

Neben der Organisationsstruktur veränderte sich auch die Funktion Jadranbrods. Es sollte jene Aufgaben erfüllen oder wenigstens koordinieren, welche die atomisierten Grundorganisationen schwerlich allein bewerkstelligen konnten: Entwicklung und Forschung, Standardisierung, internationales Marketing, Koordinierung zwischen den Werften, Vergleichsanalysen und Bildung.[80] Zu den neu definierten Zielen zählte der Präsident des Geschäftsausschusses der Sektion Schiffbau:[81]

- die Harmonisierung der Produktionsprogramme der Grundorganisationen und Arbeitsorganisationen,
- die Beseitigung der Konkurrenz zwischen ihnen,
- die Begrenzung partikularistischer Interessen,
- die fortschreitende Spezialisierung der Organisationen und eine optimierte Arbeitsteilung,
- die Rationalisierung der Verwendung personeller und materieller Ressourcen,
- die Erleichterung des Zugangs zu finanziellen Mitteln,
- den Ausbau der Solidarität,
- den Ausbau der Kooperation in Bereichen wie Marktforschung,
- den Ausbau der Kooperation im Bereich der Produktion,
- die Reduktion der Kosten durch Standardisierung,
- die Integration weiterer Grundorganisationen,
- die Verringerung des Imports und
- die Stimulation der Selbstverwaltung.

Die Übertragung dieser Tätigkeiten der einzelnen Grundorganisationen auf die Branchenebene stellte eine Korrektur marktsozialistischer Auswüchse wie eines

---

78 I. Šnidarišić: „Radnici ‚Uljanika' plebiscitarno za udruženje u ‚Jadranbrod'. Izraz velikog povjerenja i solidarnosti", in: Brodograditelj vom 13.3.1975, S. 2.

79 Darko Kojić: „Novi, Jugoslavenski ‚Jadranbrod'. Potpisan samoupravni sporazum kim se bjedinujuje cjelokupna jugoslavenska pomorska i riječna brodogradnja", in: Brodograditelj vom 27.3.1975, S. 17.

80 O. A., „Prilog raspravi o daljnjem razvoju integracije brodograđevine industrije. ‚Jadranbrod' na amandmanskim osnovama", in: Brodograditelj vom 7.12.1972, S. 4.

81 K. Šipura: „Savjetovanja o zavarivanju u ‚Jadranbrodu'", in: Brodograditelj vom 5.6.1975, S. 4.

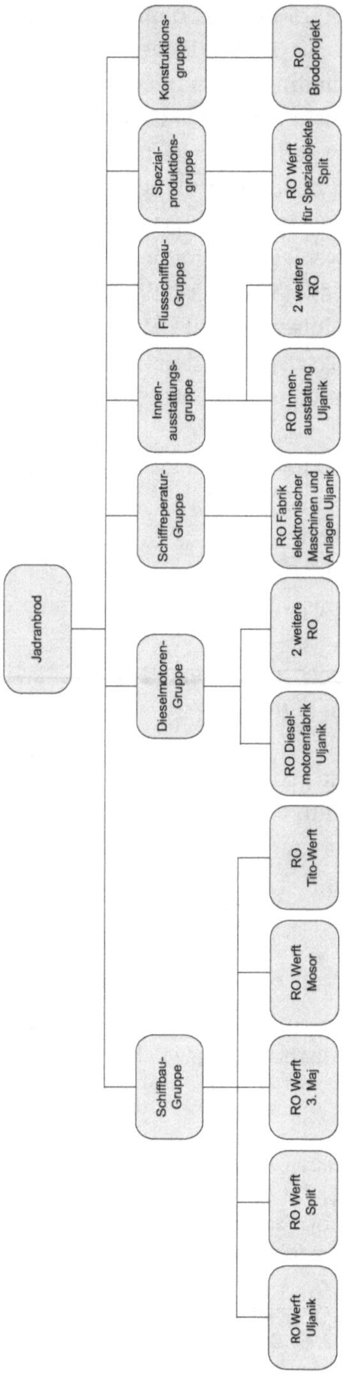

Organigramm 4: Vertikale Organisation der komplexen Organisationen der assoziierten Arbeit in Jadranbrod nach 1974
Quelle: Eigene Darstellung basierend auf Drago Kojić: „Druga mladost Jadranbroda", in: Brodograditelj vom 24.4.1975, S. 5.

grassierenden Betriebsegoismus dar. Politische Akteure nahmen das Heft in die Hand, während der Spielraum der Direktoren und der Unternehmen mit der Reform spürbar geschrumpft war.

Im Jahr 1976 musste Jadranbrod erneut seine Organisationsform anpassen – diesmal an das Gesetz zur assoziierten Arbeit und die neue Realität nach dem Einbruch des globalen Schiffmarktes. Die politischen Reformer gaben dem Modell der atomisierten Grundorganisationen die Schuld, dass sich die jugoslawischen Werften nicht in der neuen Marktsituation zurechtfinden konnten. Investitionen wären durch die Einziehung einer Grenze zwischen den Unternehmensteilen blockiert worden, die komplexe Struktur der vielen Arbeitsorganisationen habe die Organisation träge gemacht und es sei nicht gelungen, den grassierenden Partikularismus aufzubrechen.[82] Das Ziel war die Erhöhung der Konkurrenzfähigkeit, eine höhere Auslastung der Kapazitäten, politische Lobbyarbeit zur Weiterentwicklung der Schiffbauindustrie und eine optimierte Kooperation in den Bereichen Verkauf, Finanzierung und Forschung.[83] Neu war, dass Jadranbrod auch ein wesentliche Rolle in der Planung der beteiligten Organisationen spielen sollte. Um diese Aufgaben umzusetzen, sollten wieder die Gesamtorganisationen wie Uljanik und nicht länger die einzelnen Arbeitsorganisationen die Arbeit Jadranbrods bestimmen. Die Reorganisation machte damit – wenngleich sich Jadranbrod jetzt als Geschäftsverband[84] bezeichnete – die Reform des Vorjahres rückgängig.

Die ausgedehnte Koordinierung und Aufsicht seitens des Staates bei Beibehaltung des ideologischen Rahmens führten zu Inkohärenzen. In einem Interview aus dem Jahr 1986 kritisierte Karlo Radolović die Rollenverteilung, die sich im Schiffbau etabliert hatte. Ihn störten einerseits die noch immer schwache Position der komplexen Organisation der assoziierten Arbeit gegenüber kleineren Arbeitsorganisationen und andererseits die Konstruktion Jadranbrods gegenüber den Werften als „starres System“, das den Werften immer weniger Spielraum lasse.[85] Vor allem kritisierte der Generaldirektor aber die Ambivalenz der Rolle des Staates in den 1980er-Jahren. Dieser übernehme zwar eine immer stärker ausgeprägte Aufsichtsfunktion, sei aber aufgrund der Auflagen des Internationalen Währungsfonds nicht mehr bereit, die finanzielle Verantwortung zu übernehmen.

---

82 O. A.: „Potvrda ciljeva dosadašnje organizacije ‚Jadranbroda'“, in: Brodograditelj vom 18.10. 1978, S. 1.

83 O. A.: „Nacrt samoupravnog sporazuma o udruživanju brodograđevne industrije u poslovnu zajednicu Jadranbrod“, in: Brodograditelj vom 18.10.1978, S. 3.

84 Serbokroatisch: *Poslovna zajednica.*

85 Miodrag Sajatvić: „Prenosimo: Karlo Radolović“, in: Brodogradnja 34 (1986), Nr. 3, S. 178–180, hier S. 180.

> „Ich habe dann dem Präsidenten des Exekutivrates gesagt, dass ich absolut dafür [starre, große Systeme; P. W.] bin, allerdings müsste dann auch die Verantwortung für das persönliche Einkommen nach Zagreb abwandern. Und wenn Leute nicht bezahlt werden und sie beschließen zu streiken, dann sollen sie nach Zagreb gehen, und nicht zu mir."[86]

Das spätsozialistische Spannungsverhältnis zwischen Kontrolle und Verantwortung hatte dem Generaldirektor zufolge eine Schieflage erreicht. Um wieder Balance in das Verhältnis zu bringen, stand unversehens das Organisationsmodell eines verstaatlichten Unternehmens im Raum, in dem Aufsicht und Haftung zusammenfielen. Etwa zur gleichen Zeit brach er auch mit einem anderen Tabu. Offen begann der Generaldirektor ein Ministerium für Maritimes zu fordern – obschon das sowjetische Ministerialprinzip als vom jugoslawischen Selbstverwaltungssozialismus überwunden galt.[87] Die Anspielungen auf das staatssozialistische Modell verdeutlichen, wie angeschlagen die Organisationsformen der jugoslawischen Selbstverwaltungswirtschaft zum Zeitpunkt der späten 1980er-Jahre waren und wie viel dem Direktor an einer Neuverhandlung und Klärung der Kompetenzen zwischen Werft, der Branchenebene und dem Staat gelegen war. Die permanente Transformation der politischen und wirtschaftlichen Akteure hatte zu einer Vagheit der Grenzen zwischen Staat und Unternehmen und einer Unverlässlichkeit der Zuständigkeiten geführt, die nicht länger tragbar waren.

2.3 Gläubiger und Bürge – die Rekonfiguration des kroatischen Akteursfelds

Im Juli 1990 präsentierte der jugoslawische Bundesexekutivrat unter der Leitung Ante Markovićs die Grundpfeiler seines Restrukturierungs- und Stabilisierungsplans. Der Plan mit einer von der Regierung gesteuerten Privatisierungsagentur und einem Republikanischen Entwicklungsfonds hatte den Grundstein für eine staatlich gelenkte Privatisierung legen sollen, im Zuge derer die Regierung sich ausgewählte Branchen aneignen könnte. So weit kam es allerdings nicht. Immerhin zwei der von Ivo Bićanić beschriebenen Merkmale der kroatischen Privatisierung gehen auf diesen Plan zurück: ein „extensiver staatlich-kontrollierter Sektor" und eine „Quasi-Privatisierung", in der die Aktien der umgewandelten Unternehmen dem Staat zufielen.[88]

---

86 Ebd.

87 Ebd.

88 Ivo Bićanić: „Privatization in Croatia", in: East European Politics and Societies 7 (1993), Nr. 3, S. 422–439, hier S. 424.

Obwohl Kroatien mittlerweile seine Unabhängigkeit erklärt hatte, hielt es an dem jugoslawischen Pfad einer staatsgetriebenen Privatisierung fest. Das 1991 von der HDZ-Regierung verabschiedete Gesetzespaket bestätigte die Rolle der Agentur für Restrukturierung und Entwicklung, definierte das „nationale Interesse der Kroatischen Republik" im Zuge der Eigentumsumwandlung[89] und legte den Rahmen für die staatlichen, in jugoslawischer Tradition „öffentlich"[90] genannten, Unternehmen fest. Gegen Ende desselben Jahres schlug die Holding Uljanik diesen Weg ein und stellte einen Antrag zur Neugründung als Aktiengesellschaft. Ihren Antrag und einen entsprechenden Restrukturierungsplan adressierte sie an die staatliche Agentur für Restrukturierung und Entwicklung, die letztlich über die Bewilligung entschied und in der Folge die Umsetzung beaufsichtigte.[91]

Die nicht definierten Eigentumsrechte der selbstverwalteten Unternehmen waren eine juristische Herausforderung für die Wirtschaftspolitik nach 1991.[92] Anders als in den kapitalistischen Marktwirtschaften war das gesellschaftliche Eigentum nicht als Beziehung zwischen Person und Sache, sondern als Beziehung zwischen Personen konzipiert.[93] Indem die formale Eigentümerposition leer blieb, sollte das gesellschaftliche Eigentum sicherstellen, dass alle Bürgerinnen und Bürger die „Früchte ihrer Arbeit ernten" könnten.[94] Mit der Umwandlung in Aktiengesellschaften entwickelte der Begriff des Eigentums eine neue Dynamik, deren Richtung wesentlich von einer künftigen Präzisierung abhing. Die diplomatisch in der Schwebe gehaltene Kategorie „Eigentum" geriet damit zum Kampffeld unterschiedlicher Akteure und Interessen. Für Suhomlinova stellt die jugoslawische Ausverhandlung der Eigentumsrechte keine Ausnahme unter den postsozialistischen Staaten dar: „The rules of property serve as an arena for delineating the boundaries of authority between different parts of the state and between the state and organizations."[95] Die vom Arbeiterrat mitbeantragte und von staatlichen Akteuren umgesetzte Kommerzialisierung berücksichtigte den

89 Uredba o načinu zaštite interesa Republike Hrvatske u postupku pretvorbe društvenog vlasništva u druge oblike vlasništva idF vom 24.10.1990, in: Narodne Novine (1990), 43/811.

90 Serbokroatisch: *društveni*.

91 Zeitgenössische Kritikerinnen und Kritiker wiesen auf den problematischen, weil völlig undemokratischen, intransparenten und bürokratischen Charakter der Agentur hin: Vgl. Damir Grubiša: „Political Corruption in Transitional Croatia. The Pecularities of a Model", in: Politička misao XLII (2005), Nr. 5, S. 55–74; Bićanić: „Privatization in Croatia".

92 Siehe dazu Peter Dobias/Ahhmet Mehić/Angelika Rohmann: Marktwirtschaftliche Transformation in Kroatien, Berlin 2000.

93 Miroljub Labus: Društvena ili Grupna Svojina, Beograd 1987.

94 Edvard Kardelj: Self-Management and the Political System, Beograd 1980, S. 131.

95 Suhomlinova: „Property Rules", S. 1444.

identitätsstiftenden Gehalt des Eigentums nicht;[96] stattdessen trug sie der formalen Eigentümerposition Rechnung, indem sie Eigentumsrechte in Aktien zerlegte. Da die Mehrheit der Aktien staatlichen Akteuren zufiel, bezeichnet Marko Grdešić die Eigentumsumwandlung der jugoslawischen Unternehmen als „De-facto-Verstaatlichung".[97]

Die mit den Aktien verbundenen Eigentumsrechte übertrug die Regierung dem Entwicklungsfonds, der ähnlich mächtig und frei von jeder Rechenschaftspflicht war wie sein Vorgänger, die Agentur für Restrukturierung und Entwicklung. Der Fonds übernahm 45 % der Aktien Uljaniks.[98] Der nicht strategisch, sondern gesetzlich zum größten Anteilseigner gewordene Entwicklungsfonds füllte formal die Eigentümerposition aus; gleichzeitig war er nur als unsichtbarer Nichteigentümer konzipiert und hatte kein Entwicklungskonzept für das Unternehmen.[99] Die Formalisierung des Eigentumsverhältnisses hatte die Leerstelle auf der Eigentümerposition zu diesem Zeitpunkt nicht vollwertig gefüllt. Seine gesetzliche Aufgabe hatte der Fonds nicht in der Eigentümerkontrolle, sondern in der „Finanzierung oder Kofinanzierung des Restrukturierungsprogramms".[100]

Die einseitige Ausrichtung des Eigentümers änderte sich auch mit dem Kroatischen Privatisierungsfonds nicht, der im Jahr 1992 das staatliche Portfolio übernahm. Er sah sich vor der kniffligen Aufgabe, diejenigen Unternehmen, die auf der Privatisierungsliste standen und dennoch aus irgendwelchen Gründen noch nicht privatisiert worden waren, zu kontrollieren. Die Verflechtungen zwischen Regierung und dem Fonds waren von Anfang an eng. Wie schon beim Vorgänger, dem Entwicklungsfonds, nominierte die Regierung die Mitglieder des Vorstands. Beispielsweise wurde der erste Vorstandsvorsitzende, ein HDZ-Mitglied, anschließend als Privatisierungsminister eingesetzt.

---

96 Siehe Anna Calori/Kathrin Jurkat: „‚I'm Both a Worker and a Shareholder.' Workers' Narratives and Property Transformations in Postsocialist Bosnia-Herzegovina and Serbia", in: Südosteuropa 65 (2018), Nr. 4, S. 654–678.

97 Marko Grdešić: „Exceptionalism and Its Limits. The Legacy of Self-Management in the Former Yugoslavia", in: Stephen Crowley (Hg.): Working Through the Past. Labor and Authoritarian Legacies in Comparative Perspective, Ithaca/New York 2015, S. 103–121, hier S. 108. Der Arbeiterrat wurde aufgelöst und durch einen Aufsichtsrat mit Kontrollrechten, aber ohne Mitbestimmung ersetzt.

98 11 % der Aktien übernahm der Fonds der Arbeiterrenten- und Arbeitsunfähigkeitsversicherung und 4 % der Fonds der Bauernrenten- und Arbeitsunfähigkeitsversicherung. Ratko Radošević: „‚Kontrolni paket'. Cilj privatnih dioničara", in: Glas Istre vom 22.9.1992, S. 5.

99 Miroslav Gregurek: „Stupanj i učinci privatizacije u Hrvatskoj", in: Ekonomski Pregled 52 (2001), Nr. 1–2, S. 155–188.

100 *Zakon o Agenciji Republike Hrvatske za restrukturiranje i razvoj*, in: Narodne Novine (1991), 29/834.

In den 1990er-Jahren war die Eigentümerkontrolle an staatliche Fonds wie den Kroatischen Privatisierungsfonds und wenige öffentliche Unternehmen ausgelagert. Anstelle von Ministerien, die keine Tradition im jugoslawischen Selbstverwaltungssozialismus hatten, bestimmten Fonds als „agencies of macroeconomic regulation" die staatliche Eigentümerpolitik.[101] Zwar war die Regierung 1990 Karlo Radolovićs Wunsch nachgekommen, ein Ministerium für Maritimes zu gründen; doch der neue Minister, ein parteiloser Professor für Internationales Recht und enger Berater des Präsidenten Franjo Tuđman, betonte in einem Interview die Arbeitsteilung zwischen Fonds und Ressort: „Die Regierung will nicht Werfteneigentümer werden."[102] Eigentum und Industriepolitik waren in zwei unterschiedlichen Organisationen angesiedelt und kaum miteinander verschränkt.

Als Anfang der 1990er-Jahre offensichtlich wurde, dass die Investitionsbereitschaft des Kroatischen Privatisierungsfonds nicht ausreichte, um den Problemen der Schiffbauindustrie beizukommen, war wieder die Politik am Zug. Ihre Sache blieb das typisch postsozialistische Schuldenmanagement.[103] Im Jahr 1995 beschloss der Sabor die Sanierung der fünf großen Werften und ernannte den Schiffbauberater des Wirtschaftsministers zum Sanierungskoordinator, der als Vertreter des Wirtschaftsministeriums im Gläubigerrat die Sanierung beaufsichtigte.[104]

Indem die Aktien gemischt wurden, tarierte die Finanzsanierung auch die Machtverhältnisse der einzelnen staatlichen Akteure neu aus. Die Handlungsrechte des Vorstandsvorsitzenden von Uljanik blieben dabei auf der Strecke; gemeinam mit dem übrigen Vorstand war er vom Gläubigerrat entmachtet worden. Karlo Radolović beklagte sich, er sei schlecht informiert und verkomme immer mehr zu einem „Diener" des Staates;[105] betriebswirtschaftliche Entscheidungen waren auf die Staatsebene abgewandert. Entsprechend titelte die Zeitung *Glas Istre:* „Über das Schicksal Uljaniks ohne Uljanik".[106]

101 Ekiert: „State", S. 312.

102 D. Kojić: „Brodogradnja – izvozni adut", in: Glas Istre vom 19.3.1992, S. 2.

103 Stark: „Recombinant Property".

104 *Odluka o sanaciji određenih poduzeća* idF vom 23.10.1995, in: Narodne Novine (1995), 85/1384. Nachdem 1993 das Ministerium für Maritimes und Schiffbau unter Protest der Werften und Gewerkschaften aufgelöst worden war, hatte das Wirtschaftsministerium einen Berater für Schiffbau berufen.

105 O. A.: „Radolović: „„Ili ćemo biti informirani ili ćemo biti poslušnici'", in: Glas Istre vom 4.10.1997, S. 5.

106 Ratko Radošević: „O sudbini Uljanika bez Uljanika", in: Glas Istre vom 10.4.1998, S. 6.

Wenngleich die Sanierung zu einer temporären Entmachtung des Vorstands geführt hatte, so lässt sich doch an der Spitze des Unternehmens eine bemerkenswerte Kontinuität feststellen. Zwischen 1979 und 2019 bekleideten lediglich drei Personen das Amt des Direktors. Das lässt den Schluss zu, dass dieser Posten auch nach der Verstaatlichung weniger parteipolitisiert war als in Polen. Die Regierung, die keine Kompetenzen im Bereich der Unternehmensführung beanspruchte, verließ sich auf das Know-How erfahrener Direktoren.

Zur Beaufsichtigung bedurfte die Regierung eines kompetenten externen Partners. Hier bot sich der mittlerweile unabhängige Wirtschaftsverband Jadranbrod an. Jadranbrod hatte sich seit dem Niedergang der Selbstverwaltungswirtschaft stark verändert. Im Jahr 1991 hatte sich der Branchenverband Jadranbrod in drei Aktiengesellschaften aufgespalten: Jadranbrod-Kroatische Schiffbaugesellschaft, Jadranbrod-Engineering, Market, Consulting und Jadranbrod-Kommerz.[107] Der Vorstandsvorsitzende von Uljanik Karlo Radolović erklärte die postsozialistische Organisation Jadranbrods in ihrer Rolle als Vertretung der Schiffbauindustrie:

> „Das ist nicht das Ex-Jadranbrod mit hunderten Angestellten und riesigen Ambitionen und Ideen, sondern ein anderes Jadranbrod mit nur ein paar Mitarbeitern. Es bietet einen Rahmen, in dem der kroatische Schiffbau diskutiert wird, in dem Partner zusammenkommen. Es ist in der Tat ein Rahmen, in dem wir in gewisser Weise unsere Politik gegenüber dem Staat absprechen. [...] Auf der anderen Seite ist dies ein Raum, in dem wir unsere gemeinsamen Unternehmungen besprechen. [...] Es ist also ein wenig wie unser Parlament, unsere Kammer.“[108]

Dieser korporatistisch angelegte Arbeitgeberverband wurde 1997 mit der staatlich kontrollierten Aktiengesellschaft Kroatischer Schiffbau fusioniert und damit vom Staat instrumentalisiert. Von der Rolle, die die Politik Kroatischer Schiffbau-Jadranbrod zudachte, wird später noch einmal die Rede sein.

Die in kapitalistischen Ländern übliche Eigentumskontrolle in Aktiengesellschaften ist in den Aufsichtsräten institutionalisiert. Im Falle von staatlichem Kapital bieten sie ein Aufsichtsinstrument, das den Informationsfluss zu den staatlichen Eigentümern gewährleistet. Weitgehend unbekannt ist, dass diese Institution der spätsozialistischen Selbstverwaltung – und wie wir gesehen haben auch dem reformierten polnischen Staatssozialismus – keineswegs fremd war.

107 Zaključci sa 25/91. sjednice PO-a, 24.6.1991, S. 2, ABU, Zapisnici Poslovnog savjeta Uljanik d.d. 1991.

108 Branko Ryšlavy: „Hrvatska brodogradnja danas. Razgovor s Karlom Radolovićem, predsjednikom Uljanika“, in: Brodogradnja 40 (1992), Nr. 3–4, S. 103–110, hier S. 107.

Uljanik hatte bereits 1990 Aufsichtsräte als interne Kontrolle durch die Beschäftigten berufen. Nach der Umwandlung öffnete sich diese Einrichtung für externe Akteure. Die Hauptversammlung wählte einen Pulaner Anwalt zum ersten Vorsitzenden des Aufsichtsrates; auch die istrische Wirtschaftskammer nominierte einen Vertreter.

Zur Politisierung dieses Organs kam es erst mit der bereits erwähnten Sanierung des Unternehmens Mitte der 1990er. Der Direktor der Versicherungsgesellschaft Croatia Osiguranje gab den Vorsitz an einen Vertreter des Kroatischen Privatisierungsfonds ab, der ihn durchgehend bis zur Privatisierung 2012 innehatte. Ein beispielhafter Blick auf die Besetzung des Aufsichtsrats im Jahr 2009 zeigt den politischen Charakter des Organs: Das fünfköpfige Gremium umfasste einen Vertreter des Kroatischen Privatisierungsfonds, zwei Vertreter des Wirtschaftsministeriums, einen Vertreter der Kroatischen Anstalt für Rentenversicherung und zuletzt einen Vertreter der Kleinaktionäre.

Die politische Besetzung des Aufsichtsrats soll nicht über einen gravierenden Defekt der postsozialistischen Eigentümerpolitik hinwegtäuschen: die Vernachlässigung der Eigentumskontrolle gegenüber der Privatisierung. Die staatlichen Akteure nutzten ihre Dominanz im Aufsichtsrat nicht, um ihre Eigentümerrechte geltend zu machen, sondern um in ihm Verantwortung zu diffundieren. Die Position des Aufsichtsrats gegenüber dem Vorstand war schwach und diente nicht dazu, die Haftung, die die Anteilseigner übernahmen, in Einfluss zu übersetzen.

Eine weitere Herausforderung der staatlichen Eigentümerpolitik war die schon in der Selbstverwaltung anzutreffende Fragmentierung der staatlichen Wirtschaftspolitik. Die sozialdemokratische Regierung wollte als erste mit dem zerstreuten Aktienportfolio und dem heterogenen staatlichen Akteursfeld aufräumen. Die Novellierung des Privatisierungsgesetzes von 2000[109] fasste Aktien des Kroatischen Privatisierungsfonds, der Staatsagentur zur Sicherung der Spareinlagen und Bankensanierung, der kroatischen Anstalt für Rentenversicherung, der Kroatischen Anstalt für Krankenversicherung und öffentlicher Unternehmen (u. a. Kroatischer Schiffbau-Jadranbrod) zu einem „staatlichen Portfolio" zusammen.[110] Der Versuch zur Bildung und Vereinheitlichung eines staatlichen Ak-

---

109 *Zakon o izmjenama i dopunama zakona o privatizaciji* idF vom 13. 7. 2000, in: Narodne Novine (2000), 73/1585.

110 Im selben Jahr schloss der Privatisierungsfonds Verträge mit anderen Unternehmen wie dem Versicherungsanbieter Croatia Osiguranje oder dem Postunternehmen Hrvatska Pošta zur kollektiven Verwaltung der Aktien ab. Centar za mirovne studije: *Kratki pregled upravljanja državnom imovinom 1990 – 2016* (2016), www.cms.hr/system/article_document/doc/288/Kratki_pregled_upravljanja_drzavnom_imovinom_Mihaela_Grubisic_Seba_PINS_II.pdf_Seba_PINS_II.pdf/RK=2/RS=DBGXT5G6cbgEllLtLsM.BYNIPUQ-, zuletzt geprüft am 19. 12. 2019.

tienportfolios sollte die Eigentümerrolle stärken und dem Staat strategische Interventionen ermöglichen.

Damit gelang es der sozialdemokratischen Regierung aber nicht, die grundsätzlichen Probleme ihrer Eigentümerpolitik zu beseitigen. Angesichts der fortschreitenden Integration Kroatiens in überstaatliche Wirtschaftskontexte[111] entwickelte sich die schwach ausgeprägte Corporate Governance gegenüber den staatlichen Unternehmen mehr und mehr zur politischen Achillesferse. Solange die Ziele der staatlichen Eigentumskontrolle unterbestimmt waren, blieb der Staat ein schwacher Eigentümer. Aus dem Portfolio des Kroatischen Privatisierungsfonds war weder ersichtlich, welche Unternehmen für eine Privatisierung vorgesehen waren, noch, welche aus strategischen Gründen in staatlicher Hand verbleiben sollten. Zudem waren die Entscheidungen der staatlichen Eigentümer häufig intransparent und die Kontrolle in den Aufsichtsräten unprofessionell.[112]

Der Einfluss der Verhandlungen mit der Europäischen Union machte sich schon bald im staatlichen Aktienportfolio bemerkbar. Im Jahr 2010 ersetzte die HDZ-Regierung den Privatisierungsfonds durch die Agentur für Staatliches Vermögen[113] und begann das Portfolio weiter auszudünnen. Die kroatischen Werften können als Opfer dieser Initiative betrachtet werden. Gemäß den Beitrittsauflagen der Europäischen Union leitete die Regierung die Privatisierung der kroatischen Werften in Form einer Umstrukturierung als „Unternehmen in Schwierigkeiten“[114] ein. Kroatischer Schiffbau-Jadranbrod beaufsichtigte diesen Prozess.

Wie schon im Zuge der Sanierung in den 1990er-Jahren führte die verschärfte Aufsicht zu einem Verlust der Autonomie der Werft. Ihr drohte der Entzug der Selbstbestimmung über die Modalitäten der eigenen Privatisierung. Nur weil Uljanik seit 2008 wieder Gewinne verzeichnete, rückte die Agentur für Wettbe-

---

111 Zum einen trat Kroatien am 30. November 2000 der Welthandelsorganisation bei. In der Folge des Beitritts fielen die Zölle auf Schiffimporte. Zum anderen beantragte Kroatien 2003 die Vollmitgliedschaft in der Europäischen Union und musste sich deshalb konzessionsbereit zeigen. Bereits das 2001 unterzeichnete Stabilisierungs- und Assoziierungsabkommen sah eine Anwendung von Beihilfen gemäß dem europäischen Recht vor. *Stabilisierungs- und Assoziierungsabkommen mit Kroatien* idF vom 17.8.2011, in: ABI (2001) C 232/184, Artikel 70. Die Einhaltung der Wettbewerbsregeln und damit die Umstrukturierung der Stahl- und der Schiffbauindustrie waren Schlüsselthemen in den Beitrittsverhandlungen. 2002 trat der Verband Kroatischer Schiffbau-Jadranbrod der Community of European Shipbuilding Associations (CESA) als Interessensvertretung des kroatischen Schiffbaus bei.

112 Vgl. OECD: Guidelines on Corporate Governance of State-Owned Enterprises 2005.

113 *Zakon o upravljanju državnom imovinom* idF vom 17.12.2010, in: Narodne Novine (2010), 145/3669.

114 Leitlinien der Gemeinschaft für staatliche Beihilfen zur Rettung und Umstrukturierung von Unternehmen in Schwierigkeiten idF vom 1.10.2004, in: ABI (2004) C 244/02.

werbsschutz von der Kategorie „Unternehmen in Schwierigkeiten" ab. Am ersten Arbeitstag des Jahres 2011 besuchte die Premierministerin Jadranka Kosor die Stadt Pula, um dem Vorstand zu gratulieren: „Uljanik ist die erste kroatische Werft, die die Europäische Kommission nicht länger als Werft in Schwierigkeiten bewertet. Dies ist eine große Sache, nicht nur für Pula und Istrien, sondern auch für ganz Kroatien und für alle Beschäftigten." Es sei an der Zeit „im Leben der pulanischen Werft eine neue Seite zu öffnen".[115]

Was die Premierministerin hier feierte, war in gewisser Weise die Abkopplung der Werft Uljanik vom Staat beziehungsweise die Rückgabe der Eigentumsrechte an das Unternehmen. Als Abgesang veröffentlichte die sozialdemokratische Regierung unter Zoran Milanović 2013 die „Strategie für die Verwaltung und Veräußerung von Eigentum der Republik Kroatien".[116] Zum ersten Mal nahm eine kroatische Regierung eine Differenzierung des Aktienportfolios in strategische und privatisierbare Unternehmen vor. Keine einzige Werft schaffte es mehr auf die der Strategie beigefügte Liste der Unternehmen von „strategischem und besonderem Interesse für die Republik Kroatien"; lediglich der Verband Kroatischer Schiffbau-Jadranbrod vertrat die Schiffbauindustrie. Das neu gegründete Zentrum für Restrukturierung und Verkauf[117] verwaltete Aktien von Unternehmen, die nicht von strategischem Interesse waren und privatisiert werden konnten: darunter nur noch 8 % der Aktien von Uljanik.[118]

Mit der Privatisierung der Werft in den Jahren 2012/13 zogen sich die staatlichen Akteure aus dem Aufsichtsrat zurück. Das Organ erlebte eine erfrischende Entpolitisierung und Professionalisierung. Den Vorsitz übernahm ein Vertreter einer Bank, dazu kamen zwei Gewerkschaftsvertreter und eine Wirtschaftsexpertin. Unter diesen Umständen änderte sich auch der Auftrag von Kroatischer Schiffbau-Jadranbrod. Im Namen des Wirtschaftsministeriums begutachtete der Verband die Anträge der Werften auf Staatsbürgschaften für ihre Schiffprojekte. Danach betrieb Kroatischer Schiffbau-Jadranbrod ein Monitoring der Projekte, für die der Staat das Risiko übernommen hatte (UL-S-2) und sollte damit die Haftung der staatlichen Akteure kontrollieren.

---

115 O. A.: „Uprava smatra da Uljanik ne smije biti u planu restrukturiranja", in: Poslovni dnevnik vom 24.4.2009, S. 2.

116 Strategija upravljanja i raspolaganja imovinom u vlasništvu Republik Hrvatske za razdoblje od 2013. do 2017. idF vom 18.7.2013, in: Narodne Novine (2013), 94/2121.

117 Kroatisch: *Centar za restrukturiranje i prodaju.*

118 Ein effizientes Monitoring der Geschäftstätigkeit der teilstaatlichen Unternehmen wurde erst 2014 eingeführt. Anto Bajo/Marko Primorac: *Major Public Enterprises in Croatia* (2015), http://www.ciriec.uliege.be/wp-content/uploads/2015/12/WP15-09.pdf, zuletzt geprüft am 14.2.2020.

Die extensive Anwendung von Staatsbürgschaften in den Folgejahren zeigt, dass Kroatien in Europa gelernt hatte, dass es auch außerhalb von Eigentumsverhältnissen Wege und Mittel zur Unterstützung von Schlüsselindustrien gibt. Obwohl die staatlichen Akteure mit der Privatisierung ihre Eigentumskontrolle eingebüßt hatten, sicherten sie sich im Zuge der Unternehmenskrise ab 2017 entscheidende Verfügungsrechte. Ein Bürgschaftsvertrag, der Uljanik aus ihrem Finanzloch helfen sollte, verbriefte dem Wirtschaftsministerium ein Vetorecht für den ausgeschriebenen Restrukturierungsplan, den Investoren zur Übernahme Uljaniks vorlegen mussten (UL-S-2). Damit verdeutlicht die Geschichte Uljaniks nach 1991 einmal mehr, dass keine Krisenentscheidung ganz allein vom Management – also unabhängig von staatlichen Akteuren – getroffen wird und Entscheidungsautonomie und finanzielle Unabhängigkeit in einem schwer aufzulösenden Spannungsverhältnis stehen. So auch im Fall der Werft Gdynia, für den die Medien genüsslich eine religiöse Phrase ironisch variierten: Hast Du Not, geh zum Staat.[119]

2.4 Nichteigentümer und Karussellbetreiber – die lange Zentrumsreform Polens

Im Jahr 1991 akzeptierte Janusz Lewandowski, seines Zeichens Minister für Eigentumsumwandlungen und Schlüsselfigur der ersten großen Privatisierungswelle, den Antrag der Werft Pariser Kommune auf Kommerzialisierung. Mit einem Schlag wurde aus dem einstigen Staatsunternehmen eine Aktiengesellschaft. Die sogenannte Kommerzialisierung gilt als eines von insgesamt vier Privatisierungsmodellen, die die aus der Gewerkschaftsbewegung Solidarność hervorgegangenen Reformregierungen nach 1989 einführten.[120] Während die anderen drei Modelle tatsächlich einen Eigentümerwechsel vollzogen, handelt es sich bei der Kommerzialisierung eigentlich nur um einen Wandel der Rechtsform; die Gesamtheit der Aktien lag weiterhin in den Händen des Staates. Angesichts der in den 1980er-Jahren erworbenen Mitbestimmungsrechte der Beschäftigtenräte beschreiben Michał Federowicz und Anthony Levinas die Kommerzialisierung sogar

119 Die Phrase lautet im Original: „Hast Du Not, geh zu Gott". O. A.: „Jak trwoga, to do państwa", in: Rzeczpospolita vom 29.08.2003, https://wiadomosci.wp.pl/jak-trwoga-to-do-panstwa-6037168287830657a, zuletzt geprüft am 5.4.2020.

120 Michał Federowicz/Wiesława Kozek/Witold Morawski: Stosunki przemysłowe w Polsce. Studium czterech przypadków, Warszawa 1995.

als „Verstaatlichung".[121] Im Unterschied zur sozialistischen Gesetzgebung über Staatsunternehmen stärkte das noch aus der Zwischenkriegszeit stammende Handelsgesetzbuch[122] die Entscheidungsautonomie des Managements, wenngleich die Hauptversammlung und der Aufsichtsrat als Gegengewichte fungierten. Das Ministerium für Eigentumsumwandlungen, das den Staat in den umgewandelten Aktiengesellschaften vertrat, besetzte den Aufsichtsrat mit Expertinnen und Experten – meist einer Juristin oder einem Juristen, einer Ökonomin oder einem Ökonomen beziehungsweise Branchenangehörige. Zu diesem Zweck führte das Ministerium eine Datenbank mit Namen staatlich geprüfter Personen, die infrage kamen.[123]

Das Privatisierungsgesetz[124] interpretierte die Kommerzialisierung als Vorstufe zur Privatisierung: „Die Aktien des Staatsvermögens sollen innerhalb von zwei Jahren nach Eintragung der Gesellschaft in das Handelsregister zugänglich gemacht werden."[125] Als sich das Ministerium nicht an diese Frist hielt, entpuppten sich die Akteure der Privatisierung immer mehr als Akteure einer Verstaatlichung.[126] Aus dieser stillschweigend vollzogenen Selbsttransformation ergab sich allerdings ein Problem. Die polnische Politik sah lediglich die Privatisierung der Unternehmen vor und nicht deren Kontrolle. Im Bereich der Eigentümerkontrolle hatte die Planwirtschaft eine Lücke hinterlassen. Anders als zur Privatisierung gab es keinen öffentlichen Diskurs zu der Frage, wie die Regierung mit ihren Eigentumsrechten an den Unternehmen umgehen sollte. Die Regierung unter Premierminister Tadeusz Mazowiecki war noch davon ausgegangen, das Problem würde sich durch Privatisierung von selbst lösen und „behandelte die Frage der Unternehmensaufsicht stiefmütterlich".[127]

Durch die Bündelung der Eigentumsrechte an sämtlichen Unternehmen in einem Ministerium im Jahr 1990 hatte sich das Modell der Eigentumskontrolle verändert. Das neue Modell brach mit der sozialistischen Tradition der Industrieministerien, in der die Branchenministerien fachliche Kompetenz und Aufsicht verbanden. In ihrer Arbeit zur Transformation der polnischen Meereswirt-

121 Michał Federowicz/Anthony Levinas: „Poland. Councils under Communism and Neoliberalism", in: Joel Rogers/Wolfgang Streeck (Hg.): Works Councils. Consultation, Representation, and Cooperation in Industrial Relations, Chicago 1995, S. 283–312, hier S. 300.

122 *Rozporządzenie Prezydenta Rzeczypospolitej Kodeks handlowy* idF vom 27.6.1934, in: Dz.U. (1934), 57/502.

123 Kozarzewski: Polityka, S. 185.

124 *Ustawa o prywatyzacji przedsiębiorstw państwowych* idF vom 13.7.1990, in: Dz.U. (1990), 51/298.

125 Ebd.

126 Stark: „Recombinant Property", S. 1001.

127 Kozarzewski: Polityka, S. 183.

schaft konstatiert Małgorzata Kamola-Cieślik: „Die Übernahme der Aufsicht durch das Ministerium für Eigentumsumwandlungen ging auf Kosten der Branchenministerien wie dem Ministerium für Transport und Meereswirtschaft oder dem Ministerium für Industrie, die ihren Einfluss auf die Unternehmen einbüßten."[128] Im „zentralistischen Modell" waren die Unternehmen der Schiffbauindustrie gegenüber dem neuen Eigentümer formal vielen anderen gleichgestellt,[129] wodurch sie Lobbymöglichkeiten und Privilegien verloren. Zwar waren sie von einer strengen fachlichen Kontrolle befreit, allerdings verfügte das neue Ministerium damit auch über keinerlei „Ressortwissen", das es konstruktiv in die Unternehmensrestrukturierung hätte einbringen können.[130]

Mehrere Forschende zur Transformation haben festgestellt, dass sich in den postsozialistischen Ländern der 1990er-Jahre weniger das Erbe eines starken Staates als Problem erwies, sondern vielmehr die Schwäche dieses Staates.[131] Der Politikwissenschaftler Ekiert schreibt: „[C]ommunism left behind not a powerful bureaucratic Leviathan but a weak and inefficient state."[132] Diese Beobachtung gilt nicht nur für die politische Sphäre, sondern genauso gut für die Unternehmensebene, wo der Staat als Eigentümer ohne Vision, Know-How und letzten Endes Kapital auftrat. Die Zurückhaltung des Staates lag vor allem an einer Art ideologischer Selbstbegrenzung.[133] Aufgrund der eindimensionalen Ausrichtung auf die Privatisierung gab es vonseiten des Eigentümers kein Interesse, mikroökonomische Prozesse zu beeinflussen. Das Ministerium für Eigentumsumwandlungen[134] verhielt sich wie eine Art „Nichteigentümer".[135] Einzig im geradezu

---

128 Małgorzata Kamola-Cieślik: Polityka przekształceń własnościowych przedsiębiorstw państwowych gospodarki morskiej w okresie transformacji systemowej w Polsce, Szczecin 2013, S. 94.

129 OECD: Guidelines 2005.

130 Vagliasindi: Governance Arrangements.

131 Valerie Bunce: Subversive Institutions. The Design and the Destruction of Socialism and the State, Cambridge 1999; Grzymala-Busse/Jones Luong: „Reconceptualizing the State".

132 Grzegorz Ekiert: „The State after State Socialism. Poland in Comparative Perspective", in: Thazha V. Paul/Gilford John Ikenberry/John A. Hall (Hg.): The Nation-State in Question, Princeton, NJ 2003, S. 291–320; Peter B. Evans: Embedded Autonomy. States and Industrial Transformation, Princeton, NJ 1995, S. 291.

133 Der Begriff der „Selbstbegrenzung" wurde in Anlehnung an Jadwiga Staniszkis Analyse der selbstbegrenzten Revolution der Solidarność gewählt. Dies.: Poland's Self-Limiting Revolution, Princeton 1984.

134 Polnisch: *Ministerstwo Przekształceń Własnościowych.*

135 Andrzej Kensbok zufolge hatte die Leerstelle auf der Eigentümerposition fatale Folgen für das Unternehmen: „Oft fehlten ihnen [den staatlichern Eigentümern; P. W.] eine strategische Vision, Handlungsautonomie und Entschlossenheit, die sich aus dem Gefühl des Eigentums ergeben." Ders.: „Państwowe koło zamachowe", in: Rzeczy wspólne 21 (2015), Nr. 3, S. 172–185, hier S. 176.

„masochistischen" Bereich des Schuldenmanagements erwiesen sich die staatlichen Akteure als handlungsfähig.[136]

Der bisherige Name war Programm: Das Ministerium für Eigentumsumwandlungen war bestenfalls für die Privatisierung, aber nicht für die Eigentumskontrolle eines großen Heeres an Unternehmen ausgestattet. Der Bund der Demokratischen Linken (SLD) nahm das Problem des Modus Vivendi im Umgang mit den staatlichen Aktiengesellschaften 1996 zum Anlass für die sogenannte Zentrumsreform. Sie löste das Ministerium auf und ersetzte es durch das Ministerium für Staatsvermögen[137]. In ihm fielen Privatisierungs- und Kontrollkompetenzen in einer Organisation zusammen. Anders als das Ministerium für Eigentumsumwandlungen,[138] das nur eine beurteilende Funktion im Privatisierungsprozess erfüllt hatte, integrierte das neue Ministerium die „Verwaltung des Staatsvermögens" in sein Profil und hatte die „Verteidigung der Interessen des Staates" zum Ziel.[139] Laut Rechtsgrundlage umfasste der Tätigkeitsbereich des Ministeriums für Staatsvermögen unter anderem: die „Ausübung der Eigentumsrechte des Staatsvermögens, insbesondere [...] im Bereich der Rechte aus Aktien, die sich im Besitz des Staatsvermögens befinden, einschließlich der aus ihnen resultierenden Persönlichkeitsrechte" und die „Kontrolle der Ausübung von Eigentumsrechten des Staatsvermögens durch staatliche Organisationen".

Anders als der Nichteigentümer Ministerium für Eigentumsumwandlungen sollte das neu gegründete Ministerium tatsächlich von den Eigentumsrechten des Staatsvermögens Gebrauch machen und sogar sicherstellen, dass dies auch andere staatliche Aktionäre täten. Das zentrale Instrument zur Umsetzung der neuen Eigentümerpolitik war der Aufsichtsrat. Die Transformation des staatlichen Zugangs spiegelte sich im Aufsichtsrat der Werft Gdynia wider. Zwar sollte der Aufsichtsrat dem Statut des Jahres 1995 zufolge eine „permanente Aufsicht über die Geschäfte des Unternehmens ausüben",[140] doch seine Kompetenzen waren stark eingeschränkt. Sie umfassten die Prüfung der Bilanzen und Geschäftsbe-

---

136 Stark: „Recombinant Property". Der Sozialdialog kompensierte teilweise die fehlende Eigentumskontrolle. Im Jahr 1993 verabschiedete die Regierung unter dem Druck der wachsenden Unzufriedenheit mit den Wirtschaftsreformen den „Pakt über Staatsunternehmen im Zuge der Eigentumsumwandlung", der eine stärkere Beteiligung der Belegschaften, Gewerkschaften und Arbeitgeber in makro- und zum Teil mikroökonomische Entscheidungen garantieren sollte.

137 Polnisch: *Ministerstwo Skarbu Państwa*.

138 *Ustawa o utworzeniu urzędu Ministra Przekształceń Własnościowych* idF vom 13.7.1990, in: Dz.U. (1990), 51/299.

139 *Ustawa o zasadach wykonywania uprawnień przysługujących Skarbowi Państwa* idF vom 8.8.1996, in: Dz.U. (1996), 106/493.

140 Statut Stocznia Gdynia Spółka Akcyjna, 24.8.1995, S. 5, APG, 130/2995.

richte des Vorstands, die Festlegung der Gehälter der Vorstandsmitglieder und die Beurteilung von Projekten, die das Aktienkapital des Unternehmens überschritten.[141] Im Jahr der Zentrumsreform regte der staatliche Mehrheitseigentümer eine Novellierung des Unternehmensstatus an. Das neue Statut stärkte das Vetorecht des Aufsichtsrats und räumte ihm mehr Möglichkeiten ein, die Entscheidungen des Vorstands in Investitionsangelegenheiten oder zum Kauf beziehungsweise Verkauf von Unternehmensteilen anzufechten.[142] Sollte ein Manager nun auf die Idee kommen, den sozialistischen Betriebsholismus von Arbeiterhotel bis Krankenhaus über Bord werfen zu wollen, brauchte er die Zustimmung des Aufsichtsrates.

Der Aufsichtsrat bestand zu dieser Zeit vor allem aus Apparatschiks. Die Besetzung des Aufsichtsrats mit loyalen Mitgliedern war eine Begleiterscheinung der Zentrumsreform. Sie führte zwar zur Konsolidierung der Macht des Ministeriums für Staatsvermögen, trug aber nicht zur Weiterentwicklung einer Public Corporate Governance bei. Ganz im Gegenteil, immer öfter missachteten die Vertreterinnen und Vertreter des Ministeriums für Staatsvermögen die Datenbank mit geprüften Aufsichtsratsmitgliedern und die Intransparenz der Entscheidungen zur Bestellung der Aufsichtsratsmitglieder nahm zu.[143]

Diese neue Praxis machte den Aufsichtsrat der Werft Gdynia zur Arena politischer Auseinandersetzungen. Ab 1997 rangen zwei Konfliktparteien um ihren Einfluss: das Ministerium für Staatsvermögen und der private, von einem Manager „mit radikalen [neoliberalen; P. W.] Ansichten“[144] namens Janusz Szlanta geleitete Werfteninvestitionsfonds. Durch eine schlechte Kommunikation schwächte das Ministerium seine Position. Das Ministerium reagierte auf Anfragen ihrer Repräsentantinnen oder Repräsentanten nicht und wenn, dann erst mit Verspätung; die Mitglieder des Aufsichtsrats wiederum vernachlässigten die Informationsübermittlung.[145] Die Folge war eine Isolierung der Position des Ministeriums für Staatsvermögen. Diese Schwächung wirkte sich umgehend negativ aus, als der neue Vorstand, gleichzeitig größter Aktionär, seinen riskanten Konfrontationskurs gegenüber dem Ministerium verschärfte. Der Vorstand der Werft Gdynia ignorierte seine Informationspflicht und weigerte sich beharrlich, Entscheidungen der Hauptversammlung umzusetzen. Zudem machte er durch Eingriffe in das

141 Ebd.

142 Statut Stocznia Gdynia Spółka Akcyjna, 24.6.1997, S. 5, APG, 130/2995.

143 Kozarzewski: Polityka, S. 188 – 190.

144 Tittenbrun: Z deszczu pod rynnę, S. 275.

145 Informacja o wynikach kontroli sprawowania przez Skarb Państwa nadzoru nad działalnością Stoczni Gdynia S.A., ANIK, 6&2000/I1999/002/DSP

Unternehmensstatut die Stärkung der Rechte des Aufsichtsrats wieder rückgängig.[146]

Mit dem Antrag der Werft Gdynia auf eine staatlich kontrollierte Sanierung 2002 verschoben sich die Machtverhältnisse zugunsten des Ministeriums für Staatsvermögen, das inzwischen – nach dem Regierungswechsel von 2001 – ein Politiker der postkommunistischen SLD-Partei übernommen hatte. Auf seinen Druck hin setzte der Aufsichtsrat Janusz Szlanta, der jede Einmischung seitens des Staates kategorisch abgelehnt hatte, ab. Durch eine Rekapitalisierung sicherte sich das Ministerium für Staatsvermögen 45 % der Unternehmensaktien und konnte die Einführung einer goldenen Aktie in das Unternehmensstatut durchsetzen. Die goldene Aktie ist ein in vielen staatskapitalistischen Staaten verbreitetes Instrument, das in einem heterogenen Aktionariat den staatlichen Akteuren besondere Rechte einräumt.[147] Maciej Bałtowski und Piotr Kozarzewski beschreiben die sich durch die Privilegierung ergebende starke Position des Ministeriums in mikroökonomischen Fragen wie folgt: „The state de facto determines their development strategies, it is also the state that decides every year on the amount of the dividend these companies will pay out."[148] Zu den nicht formalisierten Rechten der Regierung gehörte auch die Wahl des Postens des Vorstandsvorsitzenden. Mit jeder Parlamentswahl drehte sich in den Unternehmen in staatlicher Hand das sogenannte Ämterkarussell weiter. Sowohl Vorstände als auch Aufsichtsräte übersetzten politische Interessen auf die Unternehmensebene.

Nach der erneuten Verstaatlichung übernahm im Namen des Wirtschaftsministeriums und des größten Aktionärs, des Ministeriums für Staatsvermögen, die Agentur für Industrieentwicklung die Aufsicht über die Restrukturierung der Werft. Diese gab sich nicht länger mit einem postsozialistischen Schuldenmanagement im Sinne Starks zufrieden.[149] Ein Direktor der Agentur erklärte: „Es ist keine Kunst, nur finanziell umzustrukturieren; wir müssen wissen, welchen Weg wir gehen wollen." (GD-S-2) Diese Agentur war 1991 mit dem Vermögen des Fonds für Strukturwandel in der Industrie gegründet worden. Ihr erster Direktor Arka-

146 Najwyższa Izba Kontroli – Delegatura w Gdańsku, przeprowadziła kontrolę funkcjonowania Stoczni Gdynia SA ..., 10.11.1995, ANIK, D-41033-3-95.

147 Siehe dazu Aldo Musacchio/Sérgio G. Lazzarini: „Leviathan in Business. Varieties of State Capitalism and Their Implications for Economic Performance", in: SSRN Electronic Journal (2012).

148 Maciej Bałtowski/Piotr Kozarzewski: „Formal and Real Ownership Structure of the Polish Economy. State-Owned Versus State-Controlled Enterprises", in: Post-Communist Economies 28 (2016), Nr. 3, S. 405–419, hier S. 411. Die Kontrollsituation ähnelte damit Unternehmen wie dem Mineralölkonzern PKN Orlen, dem Bergbauunternehmen KGHM PM oder dem Energiekonzern Tauron. In diesen Unternehmen hielt der Staat eine Minderheitsbeteiligung und verfügte dennoch über weitreichende Kontrollrechte.

149 Stark: „Recombinant Property".

diusz Krężeł hatte seine Karriere als Ingenieur in einem oberschlesischen Bergwerk begonnen. 1990 wählte die Regierung um Taduesz Mazowiecki den jungen und energischen Reformer in den Aufsichtsrat einer staatlichen Aktiengesellschaft, die die Transformation der polnischen Kohleindustrie koordinieren sollte. Bald darauf übernahm er die Agentur für Industrieentwicklung, deren Einfluss er im Laufe der Jahre stetig ausbaute. Seine lange Amtszeit – im Gegensatz zum Ämterkarussell in den Ministerien und zahlreichen vom Staat dominierten Unternehmen – belegt den apolitischen Charakter der Organisation:

> „Minister [Andrzej] Lipko[150] und der spätere Ministerpräsident [Janusz] Steinhoff sagten bei meiner Ernennung: ‚Sie dürfen keiner Partei angehören, da die Agentur aufgrund ihrer Natur völlig apolitisch sein muss.' Sie ist ein Instrument. Sie ist ein Umstrukturierungssoldat, der leider manchmal zu den Menschen gehen und sagen muss: ‚Wir eröffnen das Insolvenzverfahren, wir revitalisieren diese Anlage mit einer Wirtschaftszone, locken Investoren an, bauen den Arbeitsmarkt auf' und so weiter. Aber sie darf nicht mit irgendeiner politischen Option in Verbindung gebracht werden, weil sonst natürlich Konflikte entstehen." (GD-S-2)

Idealerweise sollte die Arbeit der Agentur nicht politisch gefärbt sein; der Fall der Schiffbauindustrie zeigt, wie eng sie trotzdem mit den Ministerien zusammenarbeitete. Ein paar Wochen nach der Verstaatlichung der Werft Gdynia rief der Wirtschaftsminister der SLD eine Arbeitsgruppe zur Restrukturierung der Schiffbauindustrie ins Leben. An den im Finanzministerium abgehaltenen Krisensitzungen nahmen, neben den Direktoren der Werften, der Wirtschaftsminister, der für die Restrukturierung der Branche verantwortlich war, der Minister für Staatsvermögen als größter Aktionär, der Minister für Arbeit und Sozialpolitik, der für etwaige Sozialpakete zuständig wäre, und eben der Direktor der Agentur für Industrieentwicklung teil. Gemeinsam erarbeitete das Gremium einen Werftenmasterplan mit einer Holding unter der Beteiligung der Agentur für Industrieentwicklung.

Schlussendlich fiel der Konsolidierungsplan dem Regierungswechsel von 2005 zum Opfer. Die Partei PiS hatte in ihrem Wahlkampf die Aufdröselung der Werftenindustrie und individuelle Restrukturierungen versprochen. Trotzdem wurde 2005 die geplante Holding Korporacja Polskie Stocznie (KPS) gegründet, allerdings verlor sie mit dem Scheitern des Konsolidierungsplans die ihr ursprünglich zugedachte Funktion und übernahm stattdessen die undankbare Rolle eines weiteren staatlichen und von der Agentur für Industrieentwicklung kontrollierten Aktienverwaltungsinstruments. Im Jahr 2005 übertrug der Minister für

150 Andrzej Lipko leitete in den Jahren 1991/92 das Ressort „Industrie und Handel".

Staatsvermögen der KPS Kontrollrechte an den Werften, wodurch sich die Eigentumskontrolle nur weiter dezentralisierte.

Die KPS verfehlte ihr Ziel, sowohl die Branche als auch die Unternehmensaufsicht zu konsolidieren. Sie litt am ursprünglichen Dilemma der postsozialistischen Eigentümerpoltik, die mit der Renationalisierung der Werft Gdynia virulent geworden war. Abgesehen von der Privatisierung und ihrer Vorbereitung hatte die polnische Politik keine Antwort auf die Rechtfertigung für Unternehmen in staatlicher Hand gefunden. Auch die 2004 vom Ministerium veröffentlichten „Grundsätze der Eigentumsaufsicht über Unternehmen unter Beteiligung des Staatsvermögens und anderer juristischer Personen des Staates“[151] lieferten nur Versatzstücke einer staatlichen Strategie.

Ein Revisionsbericht des Obersten Rechnungshofes zur Werftengruppe Gdynia-Gdańsk durch die KPS fasste die Mängel zusammen: die staatliche Aufsicht habe nicht zur gewünschten „Erhöhung des Werts der Werften und zur Verlangsamung der fortschreitenden wirtschaftlichen Degradierung der Werften“ geführt.[152] Zudem sei es der KPS nicht gelungen, im Zuge eines Restrukturierungsprozesses ein „ordnungsgemäßes Funktionieren der Volkswirtschaft“ zu gewährleisten. Die lavierende Eigentümerpolitik der staatlichen Akteure entspreche nicht den kürzlich beschlossenen Grundsätzen der Eigentümeraufsicht. Dabei räumte der Bericht des Obersten Rechnungshofs auch ein, dass der Vorstand des KPS gar keine Möglichkeit hatte, eine eigene Aufsichtspolitik aufzubauen. Er habe selbst nicht die notwendige „Verfügungsgewalt hinsichtlich der Bestellung des Aufsichtsrats, Entscheidungen über die Zukunft der Werft oder der Erhöhung oder Senkung ihres Kapitals“.[153] Der Bericht klingt so, als müsste die KPS nach dem Scheitern des Konsolidierungsplans als Sündenbock herhalten. Weder das Ministerium für Staatsvermögen noch die Agentur für Industrieentwicklung, beide langjährige Anteilseigner der Werften, mussten je für die gescheiterte Restrukturierung politische Verantwortung übernehmen. Da gleichzeitig die Untersuchung der an die Werft Gdynia geleisteten Beihilfen durch die Europäische Kommission begonnen hatte, liegt die Annahme nahe, die KPS hätte als überflüssiges Kontrollorgan ohne neue Kompetenzen dazu beitragen sollen, den Subventionsdschungel um die Werften herum zu verdichten.

---

151 Zasady nadzoru właścicielskiego nad spółkami z udziałem Skarbu Państwa oraz innymi państwowymi osobami prawnymi, 19.10.2005, Internes Dokument des Ministerstwo Skarbu Państwa, Departament Analiz i Prognoz.

152 Wystąpienie pokontrolne 2005–2007, 8.12.2008, S. 5, ANIK, KGP/41017-1-08.

153 Ebd.

In einem Brief an den Staatsvermögens- und Wirtschaftsminister Ende Juli 2006 beschwerte sich die Kommissarin der Europäischen Union Neelie Kroes, die polnische Regierung habe seit Februar keinen Restrukturierungsplan vorgelegt und gehe jeder Konsultation mit der Europäischen Kommission aus dem Weg.[154] Die national-konservativen Regierungskoalitionen in den Jahren von 2005 bis 2006 und 2006 bis 2007 wählten offensichtlich eine Ausweichtaktik im Umgang mit dem Beihilfeverfahren zur Werft Gdynia. Da ihnen im Grunde jegliche Ingerenz supranationaler Akteure missfiel, verschlossen die Politikerinnen und Politiker der Regierungsparteien, so lange es ging, ihre Augen vor der unausweichlichen Katastrophe.

Das Ergebnis der Kommunikationsverweigerung war ein unklares Verantwortlichkeitsbild. Wer sollte die polnischen Anliegen gegenüber der Europäischen Kommission in diesem Verfahren überhaupt vertreten? Die Interventionsversuche des Präsidenten Lech Kaczyńskis im Rahmen eines persönlichen Treffens mit dem Präsidenten der Europäischen Kommission waren gescheitert. Die Opposition kritisierte die Fragmentierung in einer Situation, die einer einheitlichen Repräsentation nach außen bedurfte: „Die Werften haben ihre eigenen Vorstellungen, andere das Ministerium für Staatsvermögen und wieder andere die Agentur für Industrieentwicklung."[155]

Nach der Auflösung des von Jarosław Kaczyński geführten Kabinetts 2007 erfuhr der Umgang mit der Europäischen Kommission eine vollständige Kehrtwende. Die neu gewählte liberale Regierung übertrug Aleksander Grad, von dem die gerade zitierte Kritik stammte, die Verhandlungshoheit; damit „eine Person alle mit den Werften verbundenen Angelegenheiten, ihre Privatisierung beaufsichtigt und koordiniert".[156] Für den liberalen Politiker der Partei Platforma Obywatelska (PO) stand in den Verhandlungen mit der Europäischen Kommission die Privatisierung im Vordergrund. Die einseitige Interpretation der Rolle des Staatsvermögens erlebte hiermit ein Déjà-vu. Wie in den 1990er-Jahren konzentrierte sich die Eigentümerpolitik des Staates ganz auf die Privatisierung. Der Minister machte sich also auf die Suche nach einem strategischen Investor, der den Staat als Eigentümer ablösen und von ihm geleistete Beihilfen zurückzahlen würde. Als dieser Versuch erfolglos verlief, mussten der Minister und seine Partei eine dreifache Kritik einstecken. Die Opposition warf ihm fehlendes Verhand-

154 Witold Gadmoski: „Stoczniowe święto, a potem pogrzeb", in: Gazeta Wyborcza vom 28.8. 2006, S. 24.

155 Mikołaj Chrzan: „Państwowe tracą miliony, prywatne kwitną", in: Gazeta Wyborcza vom 15.6.2007, S. 27.

156 Renata Grochal: „Skarb trzeba odkopać", in: Gazeta Wyborcza vom 26.11.2007, S. 32.

lungsgeschick im Umgang mit der Europäischen Kommission, die lustlose Suche nach einem privaten Investor und die Vernachlässigung polnischer Interessen vor.

Der Beitritt zur Europäischen Union hatte sich damit als eine Wasserscheide für die polnische Eigentümerpolitik erwiesen. Die Werft Gdynia war allerdings nicht nur ein Bauernopfer des Beitritts Polens zur Europäischen Union, sondern auch ein Kollateralschaden der Abdichtung der Eigentümerpolitik durch die PO-Partei. Ein Jahr nach der Abwicklung der Werft Gdynia legte der Wirtschaftsrat des Premierministers Donald Tusk ein „Nationales Programm für Eigentümerkontrolle" vor, das die Konzentration auf wenige europaweit konkurrenzfähige Schlüsselindustrien vorsah.[157] Eine solche Justierung der Public Corporate Governance war zu diesem Zeitpunkt allerdings noch immer nicht konsensfähig, sodass der Gesetzentwurf abgelehnt wurde.

2.5 Zwischenfazit

„The redefinition of the relationships between the state and organizations is at the centre of the post-socialist transformations", argumentiert die Organisationstheoretikerin Suhomlinova.[158] Das reformsozialistische Spannungsverhältnis zwischen den Autonomiebedürfnissen der Unternehmen und den Kontrollansprüchen des Staates löste Verhandlungsbedarf aus. In der Volksrepublik Polen haderten die Werften mit dem Staat als Entrepreneur, der über die Planungskommission, das Ministerium sowie die Branchenvereinigung in das operative Geschäft eingriff und die Unternehmen zur Werkbank degradierte. Die polnische Wirtschaftsreform zu Beginn der 1980er-Jahre sollte den Unternehmen ein Stück ökonomische Selbstständigkeit zurückerstatten. Der Rückzug der staatlichen Akteure, insbesondere der des Ministeriums und der Branchenvereinigung, hatte jedoch unvorhergesehene Folgen, wie etwa die Desintegration der Branche, und hinterließ eine institutionelle Lücke.

Die Rolle des Staates gegenüber den Unternehmen bedurfte einer neuen Festlegung. Um die ideologisch verbrämte Eigentümerrolle neu festzulegen, waren die Regierungen des Spät-, bald Postsozialismus nicht gefestigt genug. Schließlich war der postsozialistische Staat selbst kein „kohärenter und einheit-

---

157 Das Programm „Narodowy Program Nadzoru Właścicielskiego – Nowy ład korporacyjny w spółkach Skarbu Państwa" ging in den Entwurf für das Gesetz „Ustawa o zasadach wykonywania niektórych uprawnień Skarbu Państwa" ein. Siehe http://orka.sejm.gov.pl/Biuletyn.nsf/wgskrnr6/SUP-150, zuletzt geprüft am 27.8.2020, https://wiadomosci.wp.pl/jak-trwoga-to-do-panstwa-6037168287830657a, zuletzt geprüft am 5.4.2020.

158 Suhomlinova: „Property Rules", S. 1443.

licher Akteur"; er war „weder stabil noch konsolidiert".[159] Da die staatlichen Akteure entweder zu schwach oder zu kurzsichtig waren, um das historisch gewachsene Tabu der Eigentumskontrolle anzusprechen, entwickelte sich die ungeliebte Stieftochter der Privatisierung im Schritt des Pilgertanzes: einen Schritt nach vorne und zwei zurück.

Dieser Tanzschritt tritt in der mäandernden Eigentümerpolitik Polens nach 1989 deutlich zutage. In der ersten Phase kam es zu ideologisch nicht unterfütterten Notverstaatlichungen. Der Staat mimte den Nichteigentümer. So war das zuständige Ministerium für Eigentumsumwandlung allein auf eine Privatisierung ausgelegt und nicht auf die Kontrolle der Unternehmen. Höchstens in Form eines Managements der Unternehmensschulden nahmen die staatlichen Akteure ihre Eigentümerrolle wahr. In der ersten Hälfte der 1990er-Jahre gelangten die Organisationen, die als Privatisierungsakteure gegründet worden waren, unter Zugzwang und rutschten in die unliebsame Rolle von Verstaatlichungsakteuren und – mit der Fortschreibung dieses Provisoriums – von Verwaltungsakteuren.[160] Die Zentrumsreform führte 1996 zu einer Konsolidierung der Macht des Ministeriums für Staatsvermögen in den Unternehmen, woraufhin die staatlichen Akteure vermehrt Anspruch erhoben, mikroökonomische Entscheidungen mitzubestimmen. Bei ihrer Umsetzung vergab die Regierung allerdings die Chance, der Eigentumskontrolle zu mehr Transparenz zu verhelfen. Zudem bedingte die Unbestimmtheit der Ziele der Eigentumskontrolle unweigerlich ihre Ineffizienz.

In Jugoslawien konnten die staatlichen Akteure mit der Verfassung von 1974 ihren Einfluss auf die Unternehmenssphäre durch neue Koordinierungskompetenzen ausbauen. Anstatt eine Eigentumskontrolle durchzusetzen, begnügten sich die staatlichen Akteure auch hier mit einer Schuldenkontrolle. Die Situation änderte sich mit der Verstaatlichung der Werft Uljanik 1991. Von nun an stritten sich das Schiffbauministerium und später das Wirtschaftsministerium mit dem formalen Eigentümer, dem Kroatischen Entwicklungsfonds, um ihre Zuständigkeiten.

Wie im polnischen Fall war es auch der kroatischen Regierung nicht gelungen, eine ganzheitliche Eigentümerpolitik zu entwickeln. Erst die Integration Kroatiens in überstaatliche Wirtschaftskontexte wirkte als Katalysator für den Entwurf einer Public Corporate Governance. Die Rückgabe der Eigentumsrechte vom Staat an die Werft war letztlich einer Überarbeitung der Eigentümerpolitik und des staatlichen Aktienportfolios geschuldet. Das Kapitel zeigt damit einer-

159 Grzymala-Busse/Jones Luong: „Reconceptualizing the State", S. 532.
160 Peter Wegenschimmel: „Public Enterprises in Poland. Institutionalizing a Provisional Model", in: Mirosław Geise/Jarosław Oczki/Dariusz Piotrowski (Hg.): Transformacja gospodarcza w Polsce, Bydgoszcz 2016, S. 285–292.

seits, dass die Verstaatlichung der beiden Werften nur in jenem als Postsozialismus bezeichneten Zwischenraum erfolgen konnte, in dem die Ziele staatlichen Eigentums nicht ausreichend bestimmt waren. Andererseits dokumentiert ein bis heute nicht nachlassendes Gezerre um die Eigentümerpolitik in vielen ostmitteleuropäischen Staaten, dass die rigide Beihilfenpolitik für viele neue Mitgliedstaaten eine schwer zu schluckende Pille mit fast unkontrollierbaren gesellschaftlichen Nebenwirkungen war.

3 Bewegliche Grenzen – der Organisationswandel im Windschatten des Staates

Jedes Jahr stattete der polnische Minister für Landwirtschafts- und Schwermaschinenindustrie den Werften an der Ostsee einen Besuch ab und verlieh verdienstvollen Rationalisatorinnen und Rationalisatoren Orden als „Produktionsrationalisatoren" oder – noch besser – als „verdiente Produktionsrationalisatoren". Die Bewegung der Neuerer (Deutsche Demokratische Republik), новаторы (Sowjetunion) und racjonalizatorzy (Volksrepublik Polen) bildete jenen Aspekt des sozialistischen Wettbewerbs, der sich auf die Anpassung und Optimierung des Produktionsprozesses und seiner Organisation bezog. Im Fall der Werft Pariser Kommune konnten solche Innovationen etwa das Glätten von Beplankungsblech durch erneutes Erhitzen – und damit die Produktionstechnik – oder die Ersetzung von Kingston-Ventilen durch Drosselklappen, durch welche Meerwasser in das Schiff geleitet wird, – und damit das Produkt selbst – betreffen.[1] Im Jahr 1979 reichten die Beschäftigten der Werft Pariser Kommune fast 2.000 solcher Neuerungsanträge ein.[2] Wie in den beiden genannten Fällen handelte es sich meist um kleinteilige Veränderungen, die allerdings auf der Shopfloor-Ebene sichtbare Spuren hinterlassen konnten.

Wenngleich die Anträge „von unten" kamen, ging die Initiative doch „von oben" aus. Die PZPR hielt ihre Betriebskomitees an, die Bewegung, die bereits in den 1950er-Jahren gegründet worden war, in der Belegschaft zu popularisieren und unter ihre Fittiche zu nehmen. Regelmäßig trafen sich die Mitglieder der Komitees mit den Rationalisatorinnen und Rationalisatoren, hielten sich so auf dem Laufenden und begutachteten die eingebrachten Ideen. Gleichzeitig bestand ihre Aufgabe darin, Bedarfe zu formulieren und so die Innovationsrichtung zu lenken; denn zur Umsetzung brauchte es nicht nur einen klugen Einfall, sondern auch die Übereinstimmung mit aktuellen politischen Programmen. So bestimmte letztlich die kommunistische Partei in ihren Landeskonferenzen die Implementierungswahrscheinlichkeit von Innovationen. Einen ähnlichen Einfluss auf Entscheidungsprozesse der Unternehmen zeigten die Versuche der jugoslawischen Bundesregierung, den harten Importkurs nach 1980 durch betriebsinterne Lösungen aufzufangen.

---

1 Order Sztandaru Pracy II klasy, S. 2, APG, 130/464/100.

2 Działanie na rzecz ruchu wynalazczego. Materiały na Egzekutywę KZ PZPR przy Stoczni im. Komuny Paryjskiej w Gdyni, 11.09.1989, S. 2, APG, 130/464/88.

https://doi.org/10.1515/9783110736007-006

Das Beispiel der Rationalisatorinnen und Rationalisatoren zeigt, wie selbst nano- und mikroökonomische Veränderungen in den Produktionsabläufen sozialistischer Unternehmen von der staatlichen Umwelt geprägt waren. Regierungen und andere staatliche Akteure griffen direkt und indirekt in die Organisation der Unternehmen ein.[3] Nach Carroll, Goodstein und Gyenes galt gerade in dem Kontext spät- und postsozialistischer Volkswirtschaften: „[T]he state dominates the lives of most organizations".[4] Zielvorgaben aus Fünfjahres- oder Jahresplänen sowie Strategie- und Entwicklungspläne bestimmten die Unternehmenstransformationen. Das Besondere an diesem für staatlich dominierte Ökonomien durchaus erwartbaren Umstand war, dass die staatlichen Akteure im Untersuchungszeitraum ihrerseits eine Transformation durchliefen und somit auch die staatliche Dominanz keine Konstante darstellte. Welche Rolle spielten die staatlichen Akteure und wie beeinflusste die Transformation ihres Selbstverständnisses und Zugangs den organisatorischen und technologischen Wandel der Werften?

Der in diesem Buch verfolgte Forschungsansatz konzeptualisiert Veränderungen der Organisationsform und der Technologie nicht als eindimensionale, rein effizienzgetriebene Bewegungsdynamiken. Die staatliche Umwelt stellt eine zusätzliche Dimension dar, von der Impulse für den organisationalen Wandel der beiden Werften ausgingen. Von öffentlichen Unternehmen ist bekannt, dass sie besonders empfindlich auf den von staatlichen Akteuren selbst durchlaufenen Wandel und die damit verbundenen schwankenden Erwartungen an die Unternehmen reagieren.[5] Waren die beiden Werften ähnlich empfänglich für Einflüsse aus der staatlichen Umwelt? Oder nutzten die hier untersuchten Unternehmen umgekehrt die Anpassung der Organisationsform und der Investitionsprojekte, um Legitimität gegenüber den Unterhaltszahlern aufzubauen?

Ich nehme an, dass die Abhängigkeit von staatlichen Ressourcen und der damit einhergehende Legitimitätsbedarf unrentabler Unternehmen den Einfluss staatlicher Akteure auf den Organisationswandel erhöhen. Insofern sich diese Annahme bestätigt, möchte ich die Spuren dieses Einflusses im Organisationswandel herausarbeiten. Die Folge kann einerseits die Infiltrierung der Ressourcenempfänger mit den Logiken staatlicher Akteure sein; andererseits kann eine Instabilität staatlicher Akteure in der Transformationsphase große Verwirrung

3 Zum Einfluss staatlicher Akteure generell siehe Neil Fligstein: The Transformation of Corporate Control, Cambridge/London 1990. Zum Einfluss staatlicher Akteure in sozialistischen Volkswirtschaften siehe Jone L. Pearce: Organization and Management in the Embrace of Government, London u. a. 2001.

4 Carroll/Goodstein/Gyenes: „Organizations", S. 237.

5 Peter Frumki/Joseph Galaskiewicz: „Institutional Isomorphism and Public Sector Organizations", in: Journal of Public Administration Research and Theory 14 (2004), Nr. 3, S. 283–307.

stiften und eine zielführende Restrukturierung behindern. Beide möglichen Auswirkungen der Transformationskräfte des Staates werden im Bereich der Organisationsform und der Technologie untersucht.

Um einen direkten Vergleich zwischen den Werften zu ermöglichen, ist dieses Kapitel nicht chronologisch, sondern nach inhaltlichen Gesichtspunkten strukturiert. Die ersten beiden Unterkapitel sind dem Organisationswandel, die letzten beiden den technologischen Veränderungen in den Werften Gdynia und Uljanik gewidmet.

3.1 Trägheit der Form in der polnischen Schiffbauindustrie

Bürokratisch, hierarchisch und planbar: Angelsächsische Ökonominnen und Ökonomen der 1930er-Jahre sahen in Unternehmen Fremdkörper in einem ansonsten anarchischen Markt.[6] Sie bemerkten noch nicht, dass sich zur gleichen Zeit die großen amerikanischen Unternehmen selbst immer mehr zu Kapitalmärkten en miniature entwickelten – eine Organisationsform, die der Mitbegründer der modernen Unternehmensgeschichte Alfred Chandler als M-Form (multi-divisional form) bezeichnet hat.[7] Die Aufteilung in mehrere Geschäftsbereiche, die quasi autonom wirtschafteten, war mit der Hoffnung verbunden, das Unternehmen dynamischer zu machen. Während die amerikanischen Großkonzerne bereitwillig die Marktbeziehungen internalisierten, begannen die sowjetischen Staatsunternehmen nach Ende der Neuen Ökonomischen Politik 1928 umgekehrt, die bürokratische U-Form des Staates zu imitieren.[8] Der Begriff U-Form (unitary form) stammt, ebenso wie die M-Form, aus Chandlers unternehmensgeschichtlicher Langzeituntersuchung amerikanischer Industrieunternehmen. In diesem Organisationstyp herrschen klare, funktional angeordnete und hierarchische Strukturen mit einer an die Unternehmensspitze ausgelagerten Kontrollfunktion: „The major operating and strategic decisions of the firm are formulated by the chief executive and transmitted to the managers of each functional division."[9]

6 Vgl. R. H. Coase: „The Nature of the Firm", in: Economica 4 (1937), Nr. 16, S. 386 – 405.

7 Alfred D. Chandler: Strategy and Structure. Chapter in the History of the Industrial Enterprise, Cambridge/London 1962; Oliver E. Williamson: Markets and Hierarchies. Analysis and Antitrust Implications. A Study in the Economics of Internal Organization, New York, NY 1975, S. 143.

8 Eric Maskin/Yingyi Qian/Chenggang Xu: „Incentives, Information, and Organizational Form", in: The Review of Economic Studies 67 (2000), Nr. 2, S. 359 – 378, hier S. 360.

9 Alexander Cooley: Logics of Hierarchy. The Organization of Empires, States, and Military Occupations, Ithaca, NY 2005, S. 21.

Der Beschluss des Ökonomischen Komitees des Ministerrats der Volksrepublik Polen vom 12. Oktober 1950 begründete die Zentralisierung der polnischen Wirtschaft und ihrer Unternehmen.[10] Hinsichtlich der Organisationsform der Unternehmen definierte er eine Teilung des Produktionssektors in einzelne Unternehmen und ein Managementsystem, das auf der Leitung eines alleinigen Direktors fußte.[11] Das sozialistische Unternehmen hatte in der klassischen Planwirtschaft die Form eines Daches, an dessen First der Generaldirektor thronte: „The planning, accounting, personnel, payroll, and technical control departments are the immediate responsibility of the director to whom they are directly accountable."[12] Ein Blick auf ein Organigramm der großen Schiffbauunternehmen aus dem Jahr 1971, also aus der Zeit der klassischen Planwirtschaft, zeigt die U-Form deutlich; der Generaldirektor kontrollierte sämtliche Geschäftsbereiche: Produktion, sekundäre Produktionstätigkeiten, Buchhaltung und Finanzen sowie Materialversorgung und Absatz.

Obwohl laut Chandler die U-Form für ein frühes Stadium der Unternehmen steht, hielt sich in der sozialistischen Betriebswirtschaft diese Organisationsform hartnäckig. Das starke Unternehmens- und Beschäftigungswachstum, das die Entwicklung der Werften seit den 1950er-Jahren kennzeichnete, bewirkte keine Reorganisation, sondern lediglich die Ergänzung zusätzlicher Organisationsebenen. Die Expansion verschärfte die beiden schon von Chandler diagnostizierten Schwachstellen der U-Form: eine Überhäufung der Direktoratsstelle mit alltäglichen Aufgaben und ihr Mangel an konkreten Informationen über den Produktionsprozess.[13] In den 1970er-Jahren thematisierten kommunistische Politiker diese beiden Nachteile. Sogar der sowjetische Parteisekretär Leonid Brežnev, sonst nicht bekannt für seine ökonomische Expertise, warnte 1970 vor der aus dem Mehrebenensystem resultierenden Ineffizienz:

> „Jede Ebene im Managementsystem sollte sich mit seinen eigenen Aufgaben befassen, damit die höheren Instanzen nicht mit tagesgeschäftlichen Angelegenheiten überfrachtet werden,

---

10 Uchwała w sprawie struktury organizacyjnej uspołecznionych przedsiębiorstw przemysłowych przemysłu kluczowego, centralnych zarządów przemysłu i zjednoczeń idF vom 12.5. 1950, in: Biuletyn Państwowej Komisji Planowania Gospodarczego (1950), 12/145.

11 Zdzisław Niedbała: „Rozwój form organizacyjno-prawnych przedsiębiorstw państwowych w PRL", in: Ruch Prawniczy, Ekonomiczny, Socjologiczny 3 (1974), S. 171–185, hier S. 175.

12 George R. Feiwel: The Economics of a Socialist Enterprise. A Case Study of the Polish Firm, 2. Aufl., New York u. a. 1966, S. 200.

13 Chandler: Strategy and Structure.

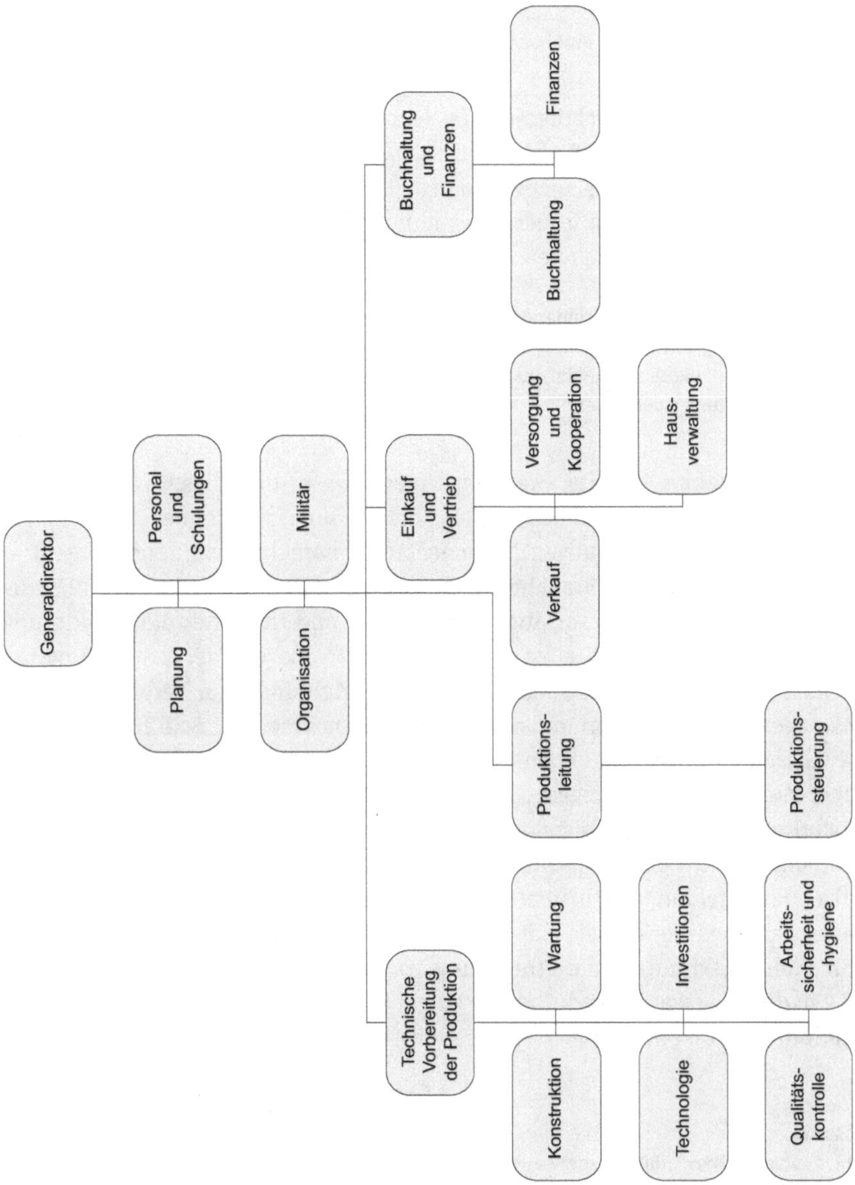

Organigramm 5: Idealtypischer struktureller Aufbau eines großen Unternehmens der Schiffbaubranche in der Volksrepublik Polen im Jahr 1971
Quelle: Pismo okólne Nr 9 Dyrektora Generalnego Zjednoczenia, 30.8.1971, S. 5, APG, 1091/4617.

die sie von ernsthaften Problemen abhalten. Die niedrigeren Instanzen könnten die in ihre Zuständigkeit fallenden Probleme operativ lösen.“[14]

Im selben Jahr, kurz nachdem der Dezemberaufstand vor den Toren der Werft Pariser Kommune niedergeschlagen worden war, eröffnete der Parteisekretär der PZPR Edward Gierek mit seiner Rede auf dem achten Plenum des Zentralkomitees die Kritik an der U-Form in der Verwaltung sowie innerhalb der Unternehmen. Bereitwillig griffen die anderen Redner seinen Impuls auf:

„Bei der Arbeit an der Optimierung des Managementsystems unserer Wirtschaft schwebt uns eine Lösung vor, die die zentrale Planung mit der Erhöhung der Selbstständigkeit der einzelnen Produktionseinheiten und einer gewissen Dezentralisierung der wirtschaftlichen Entscheidungen verbindet.“[15]

Die Gierek-Reform räumte zwar den Unternehmen, und diese wiederum den einzelnen Geschäftsbereichen, mehr Entscheidungsautonomie ein; dennoch brachte sie keine innovativen Lösungen zur unternehmensinternen Organisation hervor. Selbst die Branchenvereinigung Zjednoczenie kritisierte 1979 die weiterhin „starren Organisationsstrukturen“ und forderte die Einführung „elastischer Strukturen“, etwa Arbeitsgruppen.[16] Die von der Vereinigung der Schiffbauindustrie verabschiedeten „Branchenrichtlinien zur Verbesserung der Managementorganisation in den Industrieunternehmen der Schiffbaubranche“ wiederholten im Wesentlichen die zu Beginn der 1970er-Jahre angekündigten, aber nur halbherzig umgesetzten Organisationsreformen. Die verbindlichen Richtlinien umfassten folgende Forderungen: 1) eine Reduktion der Akteure entlang der vertikalen Entscheidungshierarchie, 2) die Möglichkeit selbstständiger Entscheidungen hinsichtlich des operativen Geschäfts auf den unteren Entscheidungsebenen (wie z. B. der Meister), 3) eine geringere Arbeitsbelastung für Führungskräfte, 4) die Einführung von autarken Produktionsabteilungen, die in der Lage waren, Endprodukte zu entwickeln und herzustellen, und 5) die Einführung von elastischen Organisationsstrukturen. Zudem verpflichteten die

14 Leonid Brežnev, „Referat sprawozdawczy KC KPZR wygłoszony przez Sekretarza Generalnego KC Tow. Leonida Breżniewa w dniu 30 maca 1971 r.“, in: Nowe Drogi 264 (1971), Nr. 5, S. 3 – 142, hier S. 59.

15 Tadeusz M. Jaroszewski: „Kierownicza rola partii w warunkach intensywnego rozwoju“, in: Nowe Drogi 262 (1971), Nr. 3, S. 107 – 122, hier S. 112.

16 Branżowe wytyczne w sprawie kierunków usprawnienia organizacji zarządzania w jednostkach organizacyjnych zaplecza naukowo-technicznego Zjednoczenia Przemysłu Okrętowego..., 29.1.1979, S. 1, APG, 1091/4917.

Richtlinien die Direktoren der Werften zur Überarbeitung des Organisationsschemas ihres Unternehmens.[17]

Die inkonsequenten Reformversuche der 1970er-Jahre hatten die Organisation der Volkswirtschaft und der Unternehmen nicht effizienter gemacht. Die meisten Zielvorgaben des Plans für die Jahre 1976–1980 wurden verfehlt. Für den Zeithistoriker Włodzimierz Borodziej erlebte zu diesem Zeitpunkt die staatssozialistische Wirtschaftsorganisation im Wettlauf der Systeme einen herben Rückschlag:

> „Rauchende Schornsteine waren keine Garantie mehr für Wachstum und Wohlstand. Polen fiel von dem stets mitgedachten westlichen Maßstab ab, obwohl der Westen unter der Stagflation litt und alles andere als beschleunigte im imaginären Wettrennen, zu dem der europäische Staatssozialismus seinerzeit angetreten war.“[18]

Der nächste Reformversuch folgte im Anschluss an die zwischen Regierung und Solidarność abgeschlossenen Augustabkommen des Jahres 1980. Die angestoßene Wirtschaftsreform veränderte die makroökonomischen Spielregeln, definierte das Preis- und Steuersystem neu und modifizierte die Rolle der Unternehmen innerhalb des Systems. Die Wirtschaftsreform beinhaltete jedoch kaum unternehmensreformerische Anordnungen; sie diktierte den Unternehmen also keine Organisationsform. Ganz im Gegenteil, als 1981 die Teilnehmerinnen und Teilnehmer eines Symposiums des Branchenverbands der Schiffbauindustrie das Schlagwort „Selbstständigkeit“ der Unternehmen diskutierten, proklamierten sie die „Organisationsselbstständigkeit“ als eines der wesentlichen Merkmale der Wirtschaftsreform. Die Organisationsselbstständigkeit „drückt sich in der Möglichkeit des Unternehmens aus, über die eigene interne Organisation, seine Organisationsstruktur, Prinzipien der Arbeitsorganisation etc. zu entscheiden“.[19]

Die Verantwortlichen machten von ihrem Recht zur organisatorischen Selbstbestimmung kaum Gebrauch. Die Adaptionen der Werft Pariser Kommune waren eher formalistischer und symbolischer Natur. So richtete das Unternehmen eine Stabsstelle für Organisation ein und schrieb weitere Prämien auf organisatorische Rationalisierungen aus. Im Rückblick erklärte ein Betriebssoziologe, der mit der Erforschung der Organisationsstruktur der Werft Pariser Kommune betraut war: „Trotz der Einführung der Grundsätze der Wirtschaftsreform seit 1982

---

17 Branżowe wytyczne w sprawie usprawnienia organizacji zarządzania w przedsiębiorstwach przemysłowych zgrupowanych w Zjednoczeniu Przemysłu Okrętowego, November 1978, S. 4, APG, 1091/4917.

18 Włodzimierz Borodziej: Geschichte Polens im 20. Jahrhundert, München 2010, S. 359.

19 Tadeusz Baumberger: „W ZPO o samodzielności przedsiębiorstwa“, in: Przegląd ekonomiki przemysłu okrętowego 1 (1981), S. 62–64, hier S. 63.

bleiben Struktur und Grundsätze praktisch unverändert.“[20] Im gleichen Jahr beklagte ein Mitglied des Betriebskomitees: „Die Wirtschaftsreform hat ihr Potenzial in der Werft nicht entfaltet; ihre Mechanismen sind innerhalb der Werft nicht bis in die unteren Führungsebenen vorgedrungen.“[21]

Lediglich in einem Punkt erwirkten das Gesetz über die Staatsunternehmen[22] und das Gesetz über die Selbstverwaltung der Belegschaft[23] die Veränderung der Organisationsstruktur der Unternehmen; angelehnt an den jugoslawischen Selbstverwaltungssozialismus übernahm ein neu gegründeter Beschäftigtenrat wesentliche Kompetenzen des Generaldirektors. Diese Dopplung der Macht, die gleichzeitig einen Kontrollmechanismus darstellte, brach die U-Form der Unternehmen allerdings nicht auf. Veränderungen in der Organisationsstruktur fielen in der neuen Machtbipolarität weiterhin in den Kompetenzbereich der Direktion und diese hatte kein Interesse an einer Veränderung, die die eigene Machtbasis infrage stellte.

Ein weiterer Grund für die organisationale Trägheit lag in der Unsicherheit der industriepolitischen Umwelt. Die inkonsequent umgesetzte und in vielen Bereichen willkürlich anmutende Reform blockierte langfristige Entscheidungen. In dieser Situation konnten von den Unternehmen keine lange geplanten Rationalisierungen erwartet werden. Stattdessen waren die Unternehmen in einem beständigen Reaktionsmodus gefangen. Sie waren hinlänglich beschäftigt damit, den institutionellen Wandel in der politischen Umwelt entsprechend zu verarbeiten. Daraus wird ersichtlich, dass die Anpassungen nicht etwa an Effizienz oder Produktivität ausgerichtet waren, sondern vor allem Konformität anstrebten.

Entegen ihrer Intention führte die Wirtschaftsreform in den Unternehmen zu einem organisationalen Reformstau. Ende der 1980er-Jahre schien die Inertia der U-Form so stark, dass ein Experte für Meereswirtschaft konstatierte: „Die klassischen Organisationsstrukturen der 1960er- und 1970er-Jahre bestehen noch immer in der Mehrheit der Unternehmen in der Meereswirtschaft fort.“[24] Selbst das Betriebskomitee der PZPR in der Werft Pariser Kommune beanstandete 1988:

> „Die sich im Laufe der Jahre herausgebildete Organisationsstruktur der Werft als ein großer, hochgradig zentralisierter Betrieb [...] mit zentraler Versorgung und Verkauf erweist sich

20 Franciszek Bosak: „Projektowanie i wdrażanie WRG w stoczni“, in: Przegląd ekonomiki przemysłu okrętowego 1 (1989), S. 48–54, hier S. 48.

21 Referat na Posiedzenie Plenarne KZ, 21.3.1988, S. 6–7, APG, 130/464/29.

22 *Ustawa o przedsiębiorstwach państwowych* idF vom 25.9.1981, in: Dz.U. (1981), 24/122.

23 *Ustawa o samorządzie załogi przedsiębiorstwa państwowego* idF vom 25.9.1981, in: Dz.U. (1981), 24/123.

24 Jan Repinski: „Wnosić dynamikę w organizację przedsiębiorstwa. Tezy do dyskusji“, in: Przegląd ekonomiki przemysłu okrętowego 2 (1988), S. 112–118, hier S. 117.

angesichts der Herausforderungen und dem Tempo, die der Werft durch die Umwelt auferlegt werden, als zu unflexibel."[25]

Ein ehemaliger Unternehmensberater, Jan Repiński, resümierte im gleichen Jahr die spätsozialistischen Unternehmenstransformationen:

„Im Rahmen von ‚klassischen Strukturen' organisieren sich Unternehmen ständig neu, um sich an externe Veränderungen anzupassen. [...] Jeder im maritimen Sektor Tätige kann unzählige Beispiele für die Verschwendung von Energieressourcen – insbesondere menschlicher – nennen, wenn große organisatorische Veränderungen eingeführt wurden, um unbedeutende Pseudoprobleme zu lösen. [...] Umstrukturierungen in der maritimen Wirtschaft sind häufig ein offensichtlich ineffizientes Verfahren, da sie ad hoc, ohne Nachdenken, Ziele, Strategie und Kriterien durchgeführt werden."[26]

Ende der 1980er-Jahre reagierte die Werft Pariser Kommune mit zwei Forschungsprojekten. Im Jahr 1988 schrieb der Generaldirektor ein Projekt zur Reorganisation aus. Das Autorenteam schlug die Auslagerung einzelner Geschäftsbereiche und den Verkauf unrentabler Teile des Anlagevermögens vor.[27] Die diskursive Vorherrschaft der den westlichen Konzernen nachempfundenen großen Wirtschaftsorgane, die Gierek in den 1970er-Jahren etabliert hatte,[28] war schon länger angezählt. Doch erst Ende der 1980er-Jahre versuchten Branchenexpertinnen und -experten, eine „Komprimierung" der wirtschaftlichen Organisationsformen voranzutreiben. Outsourcing war auch das Thema des zweiten Projektes, das das Betriebskomitee der PZPR bei der Akademie der Sozialwissenschaften in Warschau in Auftrag gab. Die Forscherinnen und Forscher empfahlen die Auslagerung des Rumpf- und Stahlbauwerks, des Schiffsreparatur- und Wartungsbetriebs und einiger Abteilungen aus dem betrieblichen Wohlfahrtsbereich.[29] Ein zweiter Punkt, den beide Forschungsprojekte einforderten, bestand in der Implementierung freier und experimenteller Organisationsformen wie etwa Arbeitsgruppen und Task Forces. Sie sollten eine größere Flexibilität ermöglichen

25 Referat na Posiedzenie Plenarne KZ, 21.3.1988, S. 7, APG, 130/464/29.

26 Jan Repinski: „Wnosić dynamikę w organizację przedsiębiorstwa. Tezy do dyskusji", in: Przegląd ekonomiki przemysłu okrętowego 2 (1988), S. 112–118, hier S. 112 f.

27 Franciszek Bosak: „Projektowanie i wdrażanie WRG w stoczni", in: Przegląd ekonomiki przemysłu okrętowego 1 (1989), S. 48–54, hier S. 49.

28 Vgl. Michał Budziński: „Wielkie organizacje gospodarcze. Próba reformy gospodarki PRL", in: Joachim Osiński/Marta Dobrzycka (Hg.): Postęp i regres. Ekonomiczno-społeczne uwarunkowania ewolucji cywilizacji, Warszawa 2017, S. 219–229.

29 Informacja dotycząca realizacji Uchwały Komitetu Zakładowego PZPR Stoczni im. Komuny Paryjskiej w Gdyni, 21.3.1988, S. 3, APG, 130/464/29.

und das leidige Problem beheben, dass es der Belegschaft an Initiative mangelte. In der Praxis ging die Infiltrierung der U-Form mit quasi-autonomen Arbeitseinheiten nur schleppend voran.[30]

Im Jahr 1991 hatte hingegen die Eigentumsumwandlung der Werft – also die Annahme der Rechtsform einer Aktiengesellschaft[31] – Priorität. Dafür galt es zunächst, den Minister für Eigentumsumwandlungen Jerzy Lewandowski davon zu überzeugen, die Werft in das Aktienportfolio des Staatsvermögens aufzunehmen. Die Rechtsumwandlung war aber nur der Anfang. Der Chef des Büros für Strategieplanung der Werft betonte, dass Eigentums- und strukturelle Veränderungen Hand in Hand gehen müssten.[32] Handlungsbedarf sah er insbesondere im Materialmanagement. Die ineffiziente Planung sowie die dezentrale Lagerung von Baumaterialien hatten in den 1980er-Jahren zu überquellenden Hallen geführt. Im Jahr 1991 begann eine Reorganisation, im Zuge derer ein Zentrales Büro für Materialverkauf und Dienstleistungen die bisherigen kleinen Abtbeilungen zusammenfasste. Die Einrichtung des neuen Büros sollte nun zu einer Rationalisierung und damit Effizienzsteigerung und gleichzeitig zur Einsparung von Mitarbeiterinnen und Mitarbeitern führen.[33] Die Eröffnung eines Werftladens und die Einführung der „Regeln für den Verkauf von überschüssigem Material, mobilem Anlagevermögen und Ausstattung“ sollten zusätzlich zum Abbau der Altlasten und zur Kapitalisierung des Anlagevermögens beitragen.[34]

Der Plan, den der Ökonom und erste Vorstandsvorsitzende der Werft Gdynia nach ihrer Umwandlung, Henryk Ogryczak, dem Ministerium für Eigentumsum-

30 Zdzisława Janowska/Stanisław Rudolf: „Poszukiwanie nowych możliwości“, in: Przegląd Organizacji 3 (1989), S. 10 – 12.

31 Die erste Aktiengesellschaft der polnischen Schiffbauindustrie wurde bereits 1983 gegründet. Generell wählten die Ministerien für dieses Experiment staatliche Unternehmen aus dem Handel. Das Ministerium für Außenhandel gründete Centromor als Aktiengesellschaft, an der auch die Werft Pariser Kommune Anteile hielt. Jarosław Mykowski: „Stocznia im. Komuny Paryskiej“, in: Głos Stoczniowca vom 21. 8. 1983, S. 33. Innerhalb der Werften waren „Polonia-Firmen“ mit ausländischem Kapital stärker verbreitet als Aktiengesellschaften. Jarosław Mykowski: „Termity w stoczniach?“, in: Głos Stoczniowca vom 28. 4. 1987, S. 4.

32 O. A.: „Rozmowa redakcyjna z Szefem Biura Planowania Strategicznego mgr inż Stefanem Szudzińskim nt przekształcenia Stoczni w Spółkę z udziałem Skarbu Państwa“, in: Cała Naprzód 2 (1991), S. 4.

33 Zarządzenia DN nr 6/91, 10. 9. 1991, S. 1, APG, 130/3051.

34 Ein Jahr zuvor hatte der Direktor der Werft Pariser Kommune eine Anleitung, die das Outsourcing von Dienstleistungen regeln sollte, veröffentlicht. Sie beruhte zum Teil noch auf Erlässen aus den 1980er-Jahren und sollte die gängige Praxis entbürokratisieren. Immer wieder finden sich in den Fachzeitschriften der 1980er-Jahre Plädoyers für eine verstärkte Anwendung von Outsourcingpraktiken. Allerdings stellten sich die Umsetzungsversuche aufgrund der rigiden Organisationsformen der Unternehmen als kompliziert dar.

wandlung vorlegte, beinhaltete weitere Komprimierungsschritte. Fünf Betriebe, die er als periphere Aktiva einstufte, sollten ausgegliedert und über eine Holding lose an die Werft gebunden werden.[35] Die zeitgemäße Vision eines Core Business hat auf den Minister für Eigentumsumwandlungen und später auch auf die Gläubiger der Werft großen Eindruck gemacht (GD-M-2). Eine solche organisationale Kontraktion schien für den Minister eine gangbare Alternative zur Abwicklung zu sein und entsprach den postulierten wirtschaftsliberalen Maximen des Balcerowicz-Plans.

Ogryczak nahm damit als erster Vorstandsvorsitzender die in Marktwirtschaften übliche Unternehmerfunktion, die die „Ziehung seiner [des Unternehmens; P. W.] Außengrenzen“[36] beinhaltet, für sich in Anspruch. Die Logik hinter seinem Grenzmanagement war keinesfalls neu, sondern eher mimetisch und stammte aus der Vorkriegszeit.[37] Dem Transaktionskostenansatz zufolge ist Grenzsetzung nichts anderes als die Frage zwischen „Make or Buy“, die möglichst kostengünstig gelöst werden muss. Die Grenze eines Unternehmens wird dort gesetzt, wo es teurer wäre, ein Produkt selbst zu produzieren, als es von einem externen Anbieter anzukaufen. Alle übrigen Unternehmensteile wurden auf den freien Markt abgestoßen. Die hierarchische Unternehmenskontrolle zog sich auf ein schmales Core Business zurück. In dieser Logik vergeudete jeder kurze Stillstand nach Einschätzung des Direktors „ungenutztes Potenzial, das veräußert werden kann.“ (GD-M-2) Ogryczak fasste seinen Standpunkt so zusammen: „Die Werft sollte in erster Linie sehr kompakt sein. Das bedeutet, dass lange Wege und Transporte keinen Mehrwert für das Produkt generieren, sondern nur zusätzliche Kosten ausmachen. Sie sollte also kompakt sein, damit alle Kosten gesenkt werden – und alles permanent genutzt wird.“ (GD-M-2)

Wenngleich die Eigentumsumwandlung und die Kontraktion erfolgreich verlaufen waren, stockte der organisationale Wandel in anderen Bereichen. Veränderungen an der Organisationsstruktur oblagen in der neuen Rechtsform noch immer dem höchsten Exekutivorgan und damit dem Vorstand, der den Generaldirektor abgelöst hatte. Seine Entscheidungshoheit im Unternehmen macht es verständlich, dass auch in den 1990er-Jahren niemand eine Aufweichung der U-Form vorantrieb. In einem anonymen Brief an die Zeitschrift *Głos Stoczniowca*

35 Zu den ausgegliederten Unternehmensteilen zählten der Betrieb für Industrie- und Reparaturdienstleistungen, das zollfreie Areal, das Fährreparaturterminal, der Betrieb für Hotel- und Wohndienstleistungen und der Technologiepark. O. A.: „Rozmowa redakcyjna z Szefem Biura Planowania Strategicznego mgr inż Stefanem Szudzińskim nt przekształcenia Stoczni w Spółkę z udziałem Skarbu Państwa“, in: Cała Naprzód 2 (1991), S. 4.

36 Schulz/Welskopp: „Unternehmen“, S. 354.

37 Coase: „Nature of the Firm“.

reklamierte ein Mitarbeiter der benachbarten Werft Gdańska offensichtliche Vermächtnisse der Planwirtschaft. Er beanstandete die „anachronistische und stark hierarchische Organisationsstruktur. Eine solche Struktur dient vor allem der Entfaltung von Bürokratie und Karrierismus und behindert den Informationsfluss." Ein besonderes Ärgernis für den besorgten Mitarbeiter war die „Zentralisierung des Managements".

> „Die in den Händen der Direktion konzentrierten Kompetenzen drängen einzelne Teile des Unternehmens in einen starren Rahmen und verhindern flexibles und rationales Verhalten. Aktuell haften die Führungskräfte für ihren Gehorsam gegenüber dem Direktor, nicht für Effizienz und Rationalität."[38]

Diese Innenansicht aus der Werft Gdańska galt ebenso gut für die Werft Gdynia. Abweichungen vom eingeschlagenen Pfad waren auch mit der Wahl eines neuen Vorstandsvorsitzenden 1994 nicht zu erwarten. In seiner Antrittsrede erklärte Stanisław Żebrowski: „Ich bin kein Anhänger sprunghafter Veränderungen; wir müssen die Werft nicht ganz neu aufbauen. Wir müssen das Gute nutzen und festigen."[39] Disruptiver Wandel sieht anders aus. Um einen solchen anzustoßen, wäre Druck seitens der Eigentümer notwendig gewesen. Doch mit dem Amtsantritt der ersten von der SLD-Partei geführten postkommunistischen Regierung war der Reformdruck auf die Unternehmen in Staatshand eher gesunken.

Die zweite postkommunistische Regierung versuchte dann aber doch, die Daumenschrauben anzuziehen. Premierminister Józef Oleksy von der SLD und Finanzminister Grzegorz Kołodko nutzten einen Werftenbesuch im November 1995 um ihren Standpunkt darzulegen. Sie würden das Geld nicht mit der Gießkanne verteilen: Nur die Werften, „die konsequent Restrukturierungsprogramme umsetzen, können unterstützt werden".[40] Diese Ankündigung stellt ein Musterbeispiel koerzitiver Isomorphie dar:[41] Durch die Abhängigkeit von den staatlichen Ressourcen war die Regierung imstande, Druck auf die Werft aufzubauen. Statt eine Privatisierung zu fordern, wie es die Post-Solidarność-Regierungen der frühen 1990er-Jahre getan hatten, forcierten sie Reformen. Der Vorstandsvorsitzende

---

38 O. A.: „Wszystko zależy od ludzi", in: Głos Stoczniowca vom 10.4.1994, S. 4.

39 Stanisław Żebrowsk, „Zarząd stoczni Gdynia S.A.. Rada Nadzorcza Stoczni Gdynia S.A. z dniem 15 maja br. wprowadziła nowy Zarząd Stoczni w zakładzie", in: Głos Stoczni Gdynia S.A. 1 (1995), S. 3.

40 Zdz.: „Nasze sprawy", in: Głos Stoczni Gdynia S.A. 6–7 (1995), S. 5.

41 Paul DiMaggio/Walter W. Powell: „The Iron Cage Revisited. Institutional Isomorphism and Collective Rationality in Organizational Fields", in: American Sociological Review 48 (1983), Nr. 2, S. 147–160.

Żebrowski folgte und stieß neben der Finanzrestrukturierung, die bereits im Gange war, eine Organisations-, Beschäftigungs-, Vermögens- und Sozialrestrukturierung an.[42]

Auch die nächste große Restrukturierung wurde von staatlichen Akteuren angestoßen. Im Jahr 2003, nach dem erneuten Wahlsieg der SLD, musste die Werft Gdynia dem Eigentümer der staatlichen Agentur für Industrieentwicklung einen Restrukturierungsplan vorlegen, um eine Finanzspritze zu erhalten, die die Liquidität der angeschlagenen Werft sicherte. Dieser Plan sah neben der finanziellen Restrukturierung, an der sich der Staat beteiligen sollte, Restrukturierungen in fünf weiteren Feldern vor, eines davon war „Organisation und das Management".[43]

An der Organisationsstruktur aus dem Jahr 2003 fällt im Vergleich zu jener aus den 1970er-Jahren auf, dass die Kontrollorgane über dem Vorstandsvorsitzenden in die Darstellung integriert wurden. Verantwortlich dafür war der im Handelskodex festgelegte Aufbau einer Aktiengesellschaft, der hier abgebildet werden sollte. Demgegenüber schloss die ältere Organisationsstruktur den Branchenverband und die Ministerien aus, da diese scheinbar als externe Akteure galten. In beiden Darstellungen umgab sich die Unternehmensleitung mit vier Beratungsstellen, doch deren Besetzung ist emblematisch. So gab es etwa in den 1970er-Jahren eine Stelle für das Militär, während der Vorstandsvorsitzende der Aktiengesellschaft es vorzog, einen Stab an Rechtsberaterinnen und -beratern um sich zu haben.

Die ideale Werft der 1970er-Jahre war in vier Divisionen gegliedert. Im Vergleich dazu war die Werft dreißig Jahre später mit neun Divisionen deutlich komplexer. Unverändert blieb jedoch das eigentliche Organisationsprinzip. Die Werft war weiterhin als eine hierarchische Linienorganisation strukturiert, in der die Entscheidungsfindung stark zentralisiert war und der Vorstandsvorsitzende über viele Ebenen bis an den einzelnen Arbeitsplatz durchregieren konnte. Unverändert war auch ihre funktionale Anordnung, die in der zweiten Ebene nach betriebswirtschaftlichen Gesichtspunkten aufgesplittet war. Dementsprechend konstatierten die Verfasser im diagnostischen Teil des Restrukturierungsplans aus dem Jahr 2003 eine „Konzentration der Koordination der Aktivitäten hinsichtlich der Aufgaben der [funktionalen; P. W.] Organisationsbereiche".[44] Daraus ergab sich für die Autoren ein hohes Maß an Bürokratie: „Die Tätigkeiten der Werft

---

42 Stanisław Żebrowski: „Polecenie Dyrektora Stoczni Gdynia S.A. w sprawie podjęcia działań dla poprawy sytuacji ekonomicznej Stoczni", in: Głos Stoczni Gdynia S.A. 7 (1996), S. 1.

43 Stocznia Gdynia S.A. Plan Restrukturyzacji, 3.6.2003, AARP.

44 Ebd., S. 85.

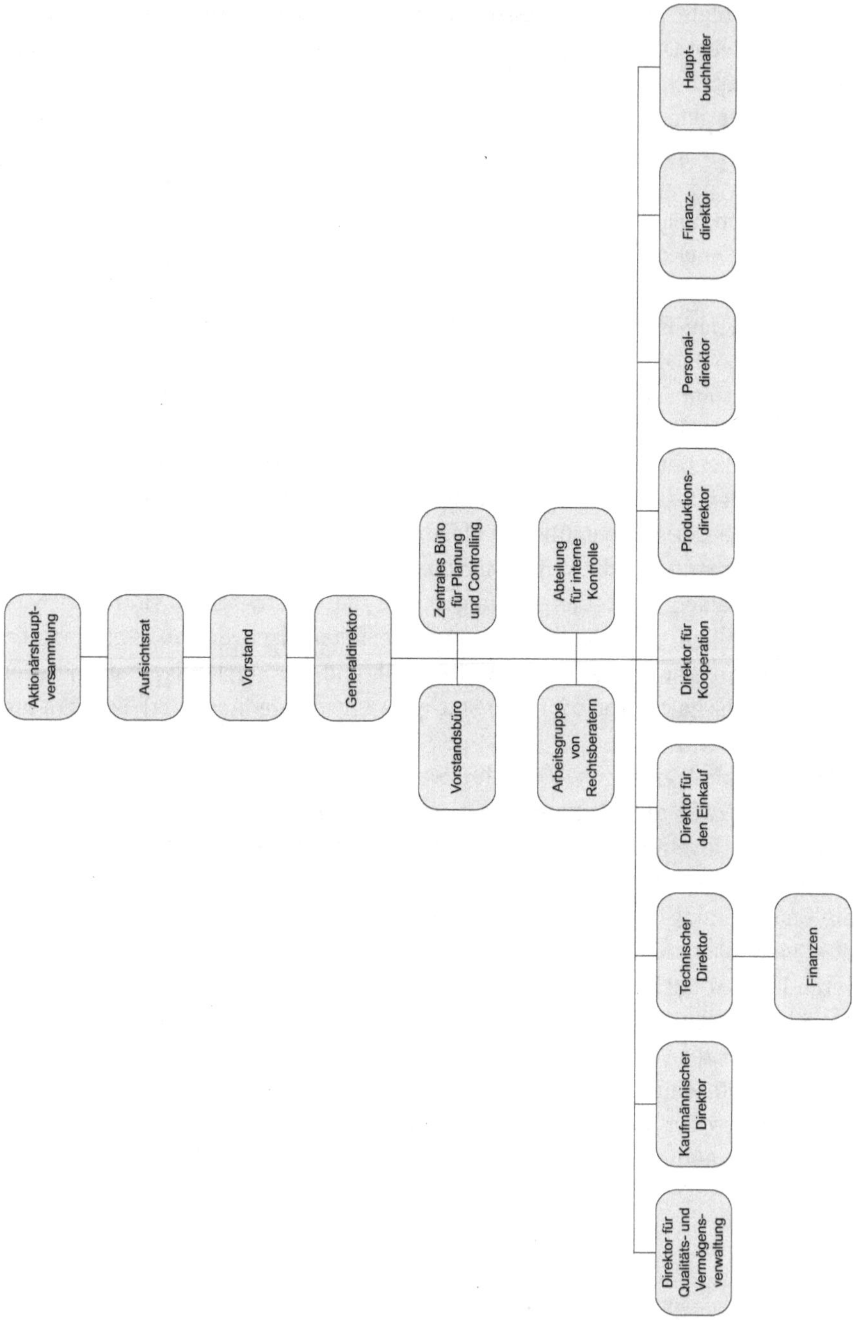

Organigramm 6: Die Organisationsstruktur der Werft Gdynia im Jahr 2003
Quelle: Stocznia Gdynia S.A. Plan Restrukturyzacji, 3. 6. 2003, Anhang 3, AARP.

werden durch eine ganze Reihe von Prozeduren abgedeckt, die durch organisatorische Grundsätze festgelegt sind."[45]

Der Plan beinhaltete mehr als nur kosmetische Korrekturen. Zum ersten Mal seit der Nachkriegszeit entwickelten Manager und Gewerkschaften gemeinsam mit Investoren statt mit staatlichen Akteuren ein Konzept für einen radikalen organisationalen Wandel. Die Autoren plädierten dafür, die Funktionalorganisation aufzugeben und sie durch eine Prozessorganisation zu ersetzen. Die Zweckmäßigkeit dieses Vorschlags liege in dem Prozesscharakter der Aufgaben, die die Werft zu bewältigen habe. „Die Aktivitäten der Werft sind eindeutig prozeduraler Natur. Ihr Rückgrat bildet der Prozess der Vertragsrealisierung."[46] Entgegen der derzeitigen Organisationsform der Werft verlaufe dieser Prozess horizontal. Die Inkongruenz würde den Verfassern des Programms zufolge besonders an den Schnittstellen zwischen den Geschäftsbereichen augenscheinlich. „Hier sind alle Inkonsistenzen, mangelnde zeitliche Koordination und Orientierung an den gleichen Zielen, Dopplungen von Tätigkeiten, permanente Anfangsphasen, Verwischung von Verantwortung, Verschwendung von Ressourcen besonders sichtbar."[47] Bei konsequenter Umsetzung all dieser Empfehlungen hätte die holistische Organisationsform der Werft vor dem Aus gestanden. Das mächtige organisationale Ungetüm der Werft hätte aufgehört zu existieren und wäre in einzelne Projekte zerfallen.

Jedoch war Mitte der 2000er-Jahre der Zeitpunkt für eine von allen Stakeholdern mitgetragene Unternehmensreform denkbar ungünstig. Bald schon geriet der radikale Wandel aufgrund des langen Streits mit der Europäischen Kommission und des darauffolgenden Abwicklungsprozesses ins Stocken. Umso erfolgreicher und konsequenter implementierte die Nachfolgefirma Crist – wenige Jahre nach der Abwicklung der Werft Gdynia – die Projektorganisation. Deren Umsetzung führte auch die vielfältigen Konsequenzen der Aufgabe der holistischen Organisation vor Augen. Mit dem neuen Geschäftsmodell wurde die heilige Kuh des Sozialismus und der Werftenbeschäftigten, der Holismus des Unternehmens und des Schiffes, geschlachtet. Ein Mitarbeiter der Firma führte dazu aus:

> „Einst hatte die Werft Gdynia praktisch alles, vom Konstruktionsbüro über Schweißer, Schleifer bis hin zur Elektroabteilung, sogar Motorenproduktion; alles, was einem nur einfällt. Sie war jedoch wirtschaftlich so unrentabel, dass sie eben so endete, wie sie endete. Man kann heutzutage nicht alles machen; wenn man kein Geld daran verdient, stirbt man. Wenn sie ein Privatunternehmen sind, dann müssen sie das berücksichtigen." (GD-I-3)

---

45 Ebd.,

46 Ebd.,

47 Ebd., S. 145.

In der Praxis bedeutete das, dass der Nachfolger der Werft Gdynia selbst kaum noch Mitarbeiterinnen und Mitarbeiter direkt beschäftigt, weil sie für ihre Projekte auf eine große Anzahl von Subunternehmen zurückgreift.

3.2 Verschiebung von Uljaniks Grenzen

Die Organisationsstruktur polnischer Unternehmen im Staatssozialismus unterschied sich nicht wesentlich von den von Chandler beschriebenen traditionellen Familienunternehmen.[48] Der Manager verfügte als Patriarch über weitreichende Handlungsrechte in alle Sparten hinein. Die Differenz zum Familienkapitalismus manifestierte sich in dem Verhältnis der Führungsebenen zur Umwelt. Mit der Schnittstellen- und Übersetzungsfunktion des Direktors, der eine Durchlässigkeit zwischen der staatlichen Umwelt und dem Unternehmensinneren gewährleistete, erfuhr diese Position in der Planwirtschaft eine Hybridisierung: der Generaldirektor war Unternehmer und Politiker zugleich.[49] Ähnlich ambivalent war die Leitungsposition in den jugoslawischen Unternehmen der 1960er-Jahre. Sie waren in der Spitze demokratisiert oder – in den Worten von Josip Županov – „öffentlich“[50]. Seine Handlungsrechte teilte sich der Generaldirektor mit dem demokratisch gewählten Arbeiterrat.[51] Trotzdem entsprach die Organisationsstruktur einer idealtypischen Werft aus dieser Zeit einer U-Form: Sie war hierarchisch strukturiert, nach Funktionen arbeitsteilig aufgebaut und wurde von der Unternehmensleitung kontrolliert.

Es ist ein historischer Ausnahmefall, dass eine Verfassung als höchster Rechtsbestand eines Staates direkt in die Unternehmensorganisation eingreift. Die jugoslawische Verfassung von 1974 brach mit der U-Form der Unternehmen und bewirkte „tiefgehende Änderungen in den sozialistischen Produktionsbeziehungen“[52]. Die U-Form, d. h. die „klassische, zentralistische Unternehmensorganisation“, wurde durch eine „neue Organisation, in der die Produktionsein-

---

48 Vgl. Chandler: Strategy and Structure.

49 Vgl. Philip Scranton: „Managing Communist Enterprises. Poland, Hungary, and Czechoslovakia, 1945–1970“, in: Enterprise & Society 19 (2018), Nr. 3, S. 492–537; Tymiński: „Managers“.

50 Županov: Sociologija, S. 212.

51 Jože Prinčič: „Direktorska funkcija v jugoslovanskem socialističnem gospodarskem sistemu“, in: Jurij Fikfak/Jože Prinčič/Jeffrey D. Turk (Hg.): Biti direktor v času socializma. Med idejami in praksami, Ljubljana 2008, S. 57–101; Sabine Rutar: „Containing Conflict and Enforcing Consent in Titoist Yugoslavia. The 1970 Dockworkers' Strike in Koper (Slovenia)“, in: European History Quarterly 45 (2015), Nr. 2, S. 275–294.

52 Sekretariat für den Informationsdienst der Bundesversammlung: Verfassung, S. 16.

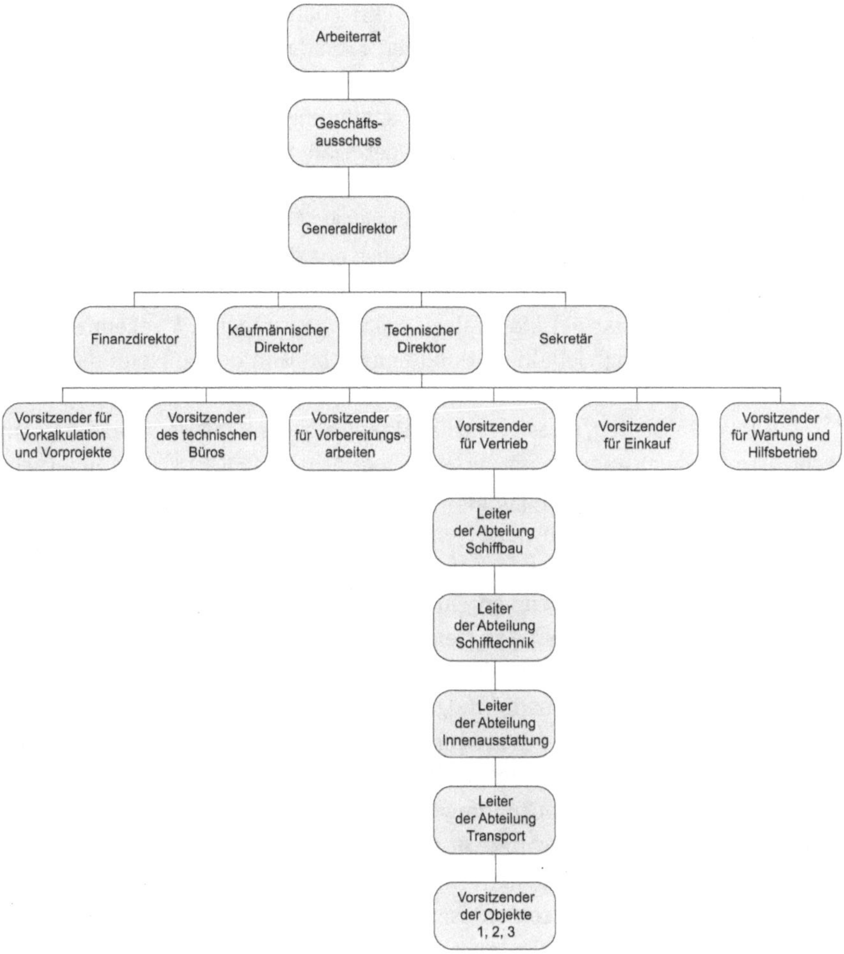

Organigramm 7: Idealtypischer struktureller Aufbau einer jugoslawischen Großwerft in den 1960er-Jahren
Quelle: Eigene Darstellung nach Jugoslavenski leksikografski zavod Miroslav Krleža (Hg.): Pomorska enciklopedija, Zagreb 1972, S. 543.

heiten eine vollständige Selbstständigkeit" genossen, ersetzt.[53] Anders als im Fall der polnischen Wirtschaftsreform der 1980er-Jahre, die die Selbstständigkeit vertikal – gegenüber dem Staat – behauptete, bezeichnete der Begriff hier die

53 Ratko Crnobri: „Uljanik. Obavljeni posao – tek priprema", in: Brodograditelj vom 9.11.1972, S. 5.

horizontale Grenze gegenüber anderen Wirtschaftsorganisationen. Die neue Verfassung verlegte die unternehmerischen Kernkompetenzen in neu zu gründende Grundorganisationen der assoziierten Arbeit. Eine solche Grundorganisation war dem Präsidenten der Bundesversammlung Mijalko Todorović zufolge „ein Unternehmen, d. h. ein selbstständiger Warenproduzent, ein wirtschaftsrechtliches Subjekt, das sich mehr oder weniger selbstständig in einem marktförmigen Waren-, Geld- und Rechtsverkehr bewegt".[54] Der Präsident definierte die Grundorganisation als „grundlegende, selbstverwaltete, sozialistische Arbeitsgemeinschaft"[55], die über die Produktionsmittel im gesellschaftlichen Eigentum verfügte. Die Folge war ein „föderales Organisationssystem",[56] gekennzeichnet durch die Übertragung vielfältiger Handlungsrechte von der Spitze in die unterschiedlichen Arbeitsbereiche hinein.

Die erste Phase der „transformacija" Uljaniks begann mit der Gründung von sechs Grundorganisationen der assoziierten Arbeit (OOUR).[57] Die unternehmensinterne Grenzziehung folgte im Wesentlichen der Aufteilung der Arbeitsbereiche der 1960er-Jahre. Die neue Verfassung präzisierte die Kriterien zur Bestimmung der richtigen Organisationseinheit und -größe nicht. Diese Vagheit ermöglichte es den Unternehmen, individuelle Grenzentscheidungen auf der Basis des Produktionsprozesses zu treffen.

Als die Mitglieder des Geschäftsrats erkannten, dass zwei dieser Grundorganisationen betriebliche Dienstleistungen umfassten, die per se nicht selbstfinanzierend sein konnten und zudem Querschnittsfunktionen darstellten, beschlossen sie die Zusammenführung in einer Arbeitsvereinigung Gemeinsamer Arbeiten. Übrig blieben die Grundorganisationen Werft, Allgemeine Dienstleistungen, Dieselmotorenfabrik und der Elektromaschinenbau. Die Frage eines Journalisten, ob Uljanik nun aus vier Unternehmen bestehe, beantwortete der Finanzdirektor mit einer Prise Sophismus: „Das ganze Konzept eines Unternehmens ist nicht geeignet, um die inneren Beziehungen Uljaniks, noch um die Be-

54 Sekretariat für den Informationsdienst der Bundesversammlung: Verfassung, S. 23 f. Eine Grundorganisation der assoziierten Arbeit konnte jede Arbeitsgruppe oder Abteilung sein, deren Leistung unabhängig von anderen Einheiten gemessen werden kann. Sie bildete damit ihr eigenes Profitcenter und war nominell befugt, Investitions- und Einstellungsentscheidungen zu treffen, Produktionsziele, Preise, Arbeitsbedingungen, Löhne und Handelspartner festzulegen sowie Allianzen mit anderen Grundorganisationen einzugehen. Lydall: Yugoslav Socialism. Der Begriff „Unternehmen" kam in dem Verfassungstext selbst übrigens nicht mehr vor.

55 Ebd., S. 23.

56 Županov: Sociologija, S. 213. Laut Županov setzte sich eine föderale Organisation „aus einer Reihe autonomer, selbsterhaltender spezialisierter Gruppen, die auf die Erreichung eines allgemeinen Organisationsziels hinarbeiten", zusammen.

57 Serbokroatisch: *Osnovna organizacija udruženog rada.*

ziehungen Uljaniks zur ganzen Welt zu beschreiben [...]. Das klassische Konzept eines Unternehmens hat eine neue Qualität erreicht."[58]

In der zweiten Phase wurde diese „neue Qualität" in Form von Assoziierungen institutionalisiert. Am 4. Oktober 1974 stimmten die Beschäftigten nach einer erfolgreichen Kampagne des Bundes der Kommunisten für eine Assoziierung der Grundorganisationen in fünf Arbeitsorganisationen (OR)[59]. Christopher J. Prout beschreibt die auf diese Weise entstandene lose Verbindung der Grundorganisationen als „Föderation".[60] Am gleichen Tag unterstützten die Beschäftigten eine Selbstverwaltungsvereinbarung, der zufolge sich die Arbeitsorganisationen zu einer komplexen Organisation der assoziierten Arbeit (SOUR)[61] verbanden: eine Föderation aus Föderationen.[62] Direkt bei der komplexen Organisation der assoziierten Arbeit angestellt waren lediglich einige Mitglieder der Geschäftsführung, die Beschäftigten der Rechtsabteilung, der Planabteilung mit vornehmlich analytischen Aufgaben, der Personalabteilung, der Buchhaltung sowie der Abteilung Allgemeine Arbeiten, der etwa die Veranstalter der Versammlungen des Arbeiterrates oder Feuerwehrmänner angehörten.[63]

Die Ziehung von Grenzen innerhalb eines Unternehmens wirft die generelle Frage auf, wie die Außengrenzen eines Unternehmens am besten festzulegen sind. Wie bereits im Fall der Werft Pariser Kommune angesprochen, hatte in den 1930er-Jahren eine Diskussion über eine möglichst effiziente Grenzziehung der Unternehmen zur Verbreitung der M-Form in US-amerikanischen Großunternehmen geführt.[64] Die Ratio dahinter wägt die Selbstkosten gegen Transaktionskosten ab.[65] In dieser Tradition bildet die Unternehmensgrenze die Trennungslinie zu einem Markt, der weder kontrollier- noch koordinierbar ist.[66] In vielerlei Hinsicht stimmt die M-Form mit der Organisationsform der selbstverwalteten Unternehmen nach dem Jahr 1974 überein. In Jugoslawien war die Trennungslinie zwischen

58 Josip Iskra: „Što zanči član 162?", in: Brodgraditelj vom 24.1.1974, S. 2.
59 Serbokroatisch: *Organizacja rada.*
60 Christopher J. Prout: Market Socialism in Yugoslavia, Oxford 1985, S. 65.
61 Serbokroatisch: *Složena organizacija udruženog rada.*
62 Ivan Šnidaršić: „Radnici ‚Uljanik' pred važnim odlukama", in: Brodgraditelj vom 12.12.1974, S. 4.
63 Im Jahr 1986 waren 477 Personen und damit 15 % der Beschäftigten direkt bei der komplexen Organisation assoziierter Arbeit Uljanik angestellt. Anton Užila: „RZZP SOUR-a. Od jednostvnih do najsloženijih poslova", in: Uljanik vom 1.1.1986, S. 16.
64 Chandler: Strategy and Structure.
65 Coase: „Nature of the Firm".
66 Filipe M. Santos/Kathleen M. Eisenhardt: „Organizational Boundaries and Theories of Organization", in: Organization Science 16 (2005), Nr. 5, S. 491–508.

Markt und Organisation unternehmensintern multipliziert worden. Meine Recherchen haben allerdings ergeben, dass Erwägungen zu Transaktionskosten in den jugoslawischen Debatten zur Aufsplittung der Unternehmen keine Rolle spielten. Die weithin als „transformacija" betitelte Unternehmensreform war legistischer Natur; sie war allein durch die Anpassung an regulative Institutionen motiviert. Da eine Transaktionskostenanalyse ausgeblieben war, überrascht es nicht, dass die Koordinierungskosten unerwartet hoch ausfielen und sich künftig als wesentlicher Trägheitsfaktor erweisen sollten.

Das Unternehmen kann als ein Konglomerat von Betrieben, die es „ökonomisch und rechtlich gewissermaßen umhüllt und wie einen individuellen Marktakteur bündelt", gefasst werden.[67] Eben diese fiktive Einheit der Betriebe hatte der Gesetzgeber aufgelöst. Die einzelnen Unternehmensteile waren füreinander zu „internen Kooperanten" geworden.[68] Solange politisch implementierte Grenzen die Grundorganisationen voneinander separierten, blieb zwischen ihnen ein unüberwindbarer Graben bestehen. Das Assoziierungswesen strebte zwar danach, die Koordinierungskosten zwischen den Grundorganisationen zu verwalten, doch es gelang nicht, Investitionen ähnlich reibungslos wie innerhalb eines Unternehmens vorzubereiten und durchzuführen. Die bis zur Unternehmenstransformation gültigen Außengrenzen des Unternehmens verloren ihre Funktion, Markt und Organisation voneinander zu trennen. Ein dichtes Transaktionsnetz, das durch ein Selbstverwaltungsabkommen formalisiert und durch Häufigkeit und Solidarität zwischen den Einheiten stabilisiert wurde, war ein schwacher Ersatz für die Steuerfähigkeit des ehemaligen Unternehmens.

Bald schon stellte sich heraus, dass die Desintegration der Unternehmensteile die Umsetzung der wirtschaftlichen Ziele Uljaniks konterkarierte. Angesichts der globalen Konjunkturkrise und der Restriktionen des Stabilisierungsprogramms von 1980 erwies sich die föderale Organisationsform als wenig schlagkräftig. Die Bürokratie wucherte.[69] Zu hoch waren die Koordinierungskosten und Kommunikationsbarrieren zwischen den Grundorganisationen.[70] Der jugoslawische Industrie- und Organisationssoziologe Veljko Rus diagnostizierte eine steigende Spannung zwischen einer wirtschaftlichen Unsicherheit, die Lenkung erforderte und einer atomisierenden Unternehmenstransformation.[71] In einer Umfrage aus

67 Schulz/Welskopp: „Unternehmen", S. 253.

68 K. Š.: „U pulskom Uljaniku. Reducira se vanjska kooperacija", in: Brodograditelj vom 26.8.1976, S. 9.

69 Schierup: Migration, S. 224–235.

70 Vlado Mandić: „Svim snagama u stabilizaciju", in: Glas Istre vom 17.10.1980, S. 5.

71 Veljko Rus: „Radna organizacija kao otvoreni sistem polazišne pretpostavke", in: Josip Obradović (Hg.): Psihologija i sociologija organizacije, Zagreb 1982, S. 365–414, hier S. 410.

dem Jahr 1982 stellten 462 Beschäftigte der „Atomisierung" der einzelnen Organisationseinheiten ein vernichtendes Urteil aus. Sie kritisierten, die sozioökonomischen Beziehungen zwischen den Grundorganisationen seien „nicht klar definiert und unwirksam koordiniert, sodass sie den Zielen der Gesamtorganisation – das Schiff als Endprodukt – nicht ausreichend untergeordnet werden können".[72] Der Mangel an Synchronisation zwischen den einzelnen Produktionsbereichen führte schließlich dazu, dass die Beschäftigten vor lauter Einzelteilen aufhörten, das Schiff als Ganzes zu sehen.[73]

In den 1980er-Jahren wuchs die Kritik an der kleinteiligen Organisationsform weiter an. Ein Schiffbauingenieur konstatierte 1982 im Betriebsmagazin: „Die umfassende Selbstorganisation der SOUR entspricht nicht den Produktions- und Technologiebedürfnissen des gemeinsamen Produkts."[74] Als besonders leidtragend erwies sich die Arbeitsorganisation Schiffbau, die einen Knotenpunkt der Produktion darstellte und dadurch besonders von anderen Arbeitsorganisationen abhängig war.[75] Für dieses Problem sollte die Reorganisation der Arbeitsorganisationen in vier „geschlossene Produktionseinheiten" – Schiffbau, Motorenbau, Elektromaschinenbau und Industrieausrüstung – Abhilfe schaffen.[76] Doch dem Generaldirektor, der hinter dieser Initiative steckte, waren die Hände gebunden. Da die auf der Verfassung von 1974 basierende Organisationsstruktur ein Palimpsest betrieblicher und politischer Erwägungen darstellte, war sie allein aus betrieblicher Perspektive äußerst reformresistent. Ihr politisch-legitimatorischer Anteil machte sie zu einem heiklen Thema, das nur unter Bezugnahme auf eben diesen Rahmen angefasst werden durfte. Diese Bezugnahme konnte im Selbstverwaltungssozialismus nur ein Referendum unter allen Beschäftigten gewährleisten. Im Jahr 1984 hatten die Beschäftigten die Integration der Produktionseinheiten noch abgelehnt. Ein Jahr später akzeptierten sie schließlich die Vorschläge des Generaldirektors und die Arbeiterräte unterzeichneten ein „Abkommen zu den Veränderungen der selbstverwalteten Organisation".[77] Auf seiner

72 Dino Bedrina/Ljiljana Vojnić: „Rezultati ispitivanja javnog mnijenja među radnicima ‚Uljanika'", in: Uljanik vom 12.7.1982, S. 15.

73 O. A.: „Pucaju zidovi koji su zaklanjali vidike", in: Glas Istre vom 18/19.10.1980, S. 5.

74 Frank Kopal: „Osnovna obilježja razvoja Brodogradilišta od 1976–1980. i ocjena sadašnjeg stanja", in: Uljanik vom 8.11.1982, S. 10.

75 Zora Jakšić: „Samoupravnu organiziranost uskladiti s proizvodnim cjelinama", in: Uljanik vom 1.6.1981, S. 4.

76 Katica Šipura: „Predstoji nam nova samoupravna organizacija", in: Uljanik vom 30.12.1980, S. 39.

77 Blaž Rocek: „Brže jačati i razvijati samoupravne socijalističke društveno-eknomske odnose", in: Uljanik vom 1.1.1985, S. 5–6, hier S. 5.

Grundlage wurden die beiden Grundorganisationen Nichtmetall und Metall mitsamt ihren Beschäftigten in die Arbeitsorganisation Schiffbau integriert.[78]

Das Beispiel aus dem Schiffbau zeigt, wie die Zentralisierung in den 1980er-Jahren im Spannungsfeld zwischen Legitimität und Rationalisierung diskutiert wurde. Da sich auch im Ein- und Verkauf die dezentrale Organisation als äußerst ineffizient erwiesen hatte, gründete Uljanik eine eigene Arbeitsorganisation „Komercijala".[79] Neben der Dezentralisierung des Ein- und Verkaufs standen auch die OOUR-basierte Planung und Forschung immer wieder in der Kritik.[80] In allen drei Bereichen erhofften sich die Befürworter einer Zentralisierung entsprechende Rationalisierungseffekte. Bei der Versammlung des Arbeiterrates der komplexen Organisation der assoziierten Arbeit Uljanik 1983 beschwor die Geschäftsführung den Arbeiterrat, eine langfristige Stärkung der Arbeitsorganisationen und der komplexen Organisation in die Wege zu leiten.[81] Der Direktor der Arbeitsorganisation für den Elektromaschinenbau appellierte gar für die Auflösung der Grundorganisationen und Arbeitsvereinigungen. Er argumentierte, die Entzerrung der Organisationsstruktur könne Skaleneffekte hinsichtlich der Investitionsmittel freisetzen und mache die Produktionsplanung besser koordinierbar.[82]

Möglich wurde die vertikale Kompetenzverschiebung um eine Stufe nach oben erst durch die Verfassungsänderung von 1988, die den Wirtschaftssubjekten mehr Freiraum bei der Wahl ihrer Organisationsstruktur einräumte, und durch das neue Unternehmensgesetz[83], das das Unternehmenskonzept wiederbrachte. Die Arbeitsorganisationen Schiffbau und Dieselmotorenfabrik machten als erste von der Möglichkeit Gebrauch, die Grundorganisationen der assoziierten Arbeit aus ihren Strukturen zu verbannen.[84]

Nachdem Uljanik die Grundorganisationen bereits abgeschafft hatte, waren die Arbeitsorganisationen die logische Einheit, die für eine Umwandlung auf der Grundlage des Unternehmensgesetzes[85] von 1988 infrage kamen. Im Jahr 1989 wandelten sich acht Arbeitsorganisationen – Schiffbau, Dieselmotorenfabrik,

78 S. Maršić: „Krećemo u reorganizaciju", in: Uljanik vom 3.5.1984, Vorwort.
79 Katica Šipura: „I kakva će biti nabava i prodaja. Kakva je bila, kakva je danas", in: Uljanik vom 15.4.1981, S. 8.
80 Franko Kopal: „Neki problemi istraživačko-ravojnog rada u ‚Uljaniku'", in: Uljanik vom 9.9. 1983, S. 22.
81 S. Maršić: „Želja je da se stvore jake radne organizacije i jak SOUR", in: Uljanik vom 1.7.1983, S. 19.
82 Ders.: „... u susret reorganizaciji TESU-a... Razgovor sa Dariom Štifanićem, direktorom TESU-a", in: Uljanik vom 1.11.1986, S. 8.
83 *Zakon o poduzećima* idF vom 29.12.1988, in: Sl. list SFRJ (1988) 77/1021.
84 Tessi Bošković-Cvek: „Bez OOUR-a bolje?", in: Uljanik vom 8.2.1989, Vorwort.
85 *Zakon o poduzećima* idF vom 29.12.1988, in: Sl. list SFRJ (1988) 77/1021.

Elektromaschinenfabrik, Industrielle Ausrüstung, die Reederei Plovidba, Komercijala, Informatik/Entwicklung/Investitionen und Allgemeine Dienstleistungen – in Gesellschaften mit beschränkter Haftung. Damit gewannen einerseits die Vorstände an Durchsetzungskraft, zum anderen machte die Gründung von Aufsichtsräten die Arbeiterräte obsolet. Diese konzentrierten sich in der Folge auf soziale Aufgaben wie die Verteilung von Wohnraum.[86] Der nächste Schritt war der Beschluss des Arbeiterrates der Holding Uljanik – bereits auf der Grundlage des kroatischen Gesetzes zur Umwandlung der gesellschaftlichen Unternehmen[87] – zur Gründung einer Aktiengesellschaft Ende 1991.[88] Mit diesem Antrag schaffte sich der Arbeiterrat endgültig ab.

Uljanik war traditionell ein äußerst komplexes und diversifiziertes Unternehmen mit vielen Geschäftsfeldern gewesen. Da sich der Vorstand bewusst war, dass ein radikaler Organisationswandel den noch immer mächtigen Tochterunternehmen schwer vermittelbar wäre, wählte er eine Organisationsform, die das Vermächtnis der jugoslawischen Selbstverwaltung am besten integrierte. Der Vorstand beantragte bei der staatlichen Agentur für Restrukturierung und Entwicklung 1992 die Umwandlung des Großunternehmens in eine Holding.[89] Diese Organisationsform, die mehrere Unternehmen bündelte, ermöglichte es, die multidivisionale Struktur jugoslawischer Unternehmen ohne große Reibungsverluste in eine kapitalistische Umwelt zu übertragen. Dafür war selbst die Veräußerung einzelner Sparten nicht zwingend notwendig. Ganz im Gegenteil, die Anzahl der Unternehmensteile konnte theoretisch beliebig aufgestockt werden, sodass der Vorstand sogar den Autonomiebestrebungen einzelner ehemaliger Grundorganisationen nachgeben konnte. Die Holding wuchs noch im selben Jahr auf 16 Unternehmen an.[90] Dank der Holdingform konnte Uljanik die Diversität bei gleichzeitiger relativer Selbstständigkeit der Unternehmen aufrechterhalten.

Die Wahl der Organisationsform in den frühen 1990er-Jahren und die fortschreitende Diversifizierung deuten auf wenig Bereitschaft hin, den Entwicklungspfad der jugoslawischen Unternehmen zu verlassen. Weniger befangen agierten hingegen die Unternehmensberater von Price & Waterhouse, die 1991 die Organisation der Werft Uljanik unter die Lupe nahmen. Sie kritisierten die „klassische, hierarchische, träge und unflexible Organisation" und rückten am Beispiel der Werft die „Make or Buy"-Entscheidung in den Mittelpunkt, um die

86 Blaž Rocek: „Uljanik u uvjetima. Privredne reforme", in: Uljanik vom 27.4.1990, S. 10.
87 *Zakon o pretvorbi društvenih poduzeća* idF vom 22.4.1991, in: Narodne Novine (1991), 19/590.
88 Blaž Rocek: „Prestrukturiranje poduzeća", in: Uljanik vom 15.11.1990, S. 8.
89 Izvjeće o poslovanju Uljanik d.d. Pula u 1992. god., 19.2.1993, S. 1, ABU, Skupština Uljanika d.d. 1992–1994.
90 S. M.: „Holding sa 16 poduzeća", in: Mali Informator vom 14.12.1992, S. 2.

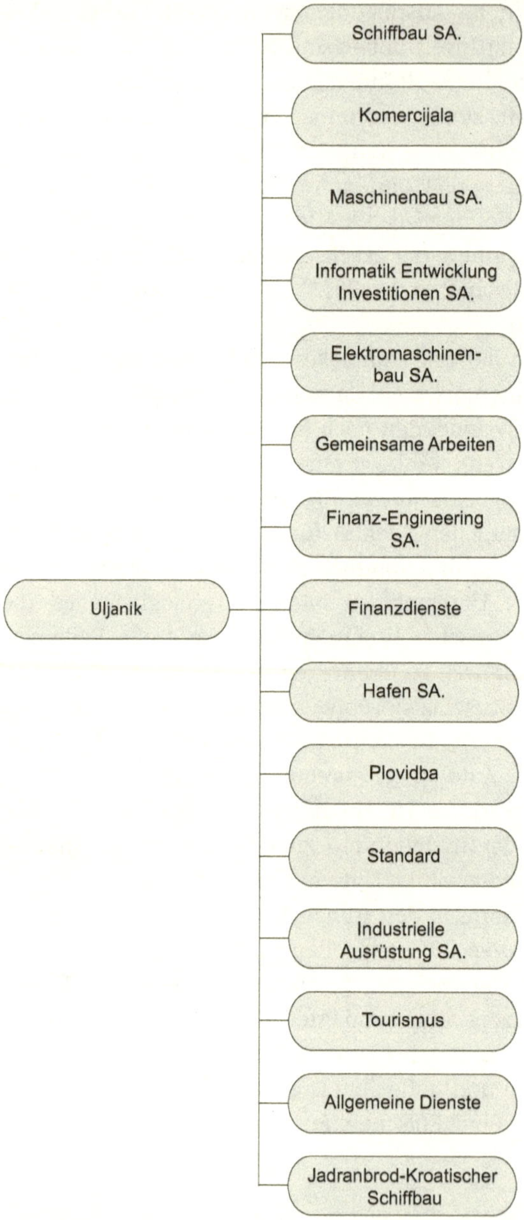

Organigramm 8: Die Organisationsstruktur der Holding Uljanik 1992
Quelle: Eigene Darstellung nach Branko Ryšlavy: „Hrvatska brodogradnja danas, Razgovor s Karlom Radolovićem, predsjednikom Uljanika", in: Brodogradnja 40 (1992), Nr. 3–4, S. 103–110, hier S. 106.

Grenzen des Unternehmens zu justieren.[91] Die Unternehmensberater forderten eine klare Unternehmensstrategie: „Was kaufen wir, was machen wir?“[92] War es wirklich zeitgemäß, dass Uljanik als eines der letzten Schiffbauunternehmen europaweit seine Motoren selbst herstellte? Allerdings war zu diesem Zeitpunkt eine kostenbasierte Abspaltung einzelner Unternehmensteile, aufgrund ihrer immer noch starken Mitbestimmungsrechte, nicht konsensfähig.

Die Vision einer Montagewerft kehrte mit der staatlich gelenkten Sanierung der Holding Uljanik wenige Jahre später zurück. Der Regierungsbeauftragte Milan Čuvalo erklärte: „Die grundlegenden Determinanten der Restrukturierung sind die Filtration der Schiffbauproduktion und ihre Organisation nach den Grundsätzen einer Montagewerft.“[93] Meinungsverschiedenheiten mit dem Arbeitsminister, der dem Vorschlag wenig abgewinnen konnte, blockierten die Umsetzung dieser Vision. Dafür arbeitete die Gesellschaft Kroatischer Schiffbau, die mit der „Durchführung einer organisationalen und technologischen Restrukturierung der Werften“ beauftragt worden war, ein „Programm zur Abspaltung von nicht schiffbaubasierten Tätigkeiten“ aus.[94] Als Vorbild hierfür dienten nicht nur die längst geschrumpften Werften Westeuropas, sondern auch die polnischen Werften in Gdynia und Stettin, in denen der Ausverkauf im Gange war. Der Gläubigerrat veräußerte die hauseigene Reederei Plovidba und den Hafen Uljanik. Kroatischer Schiffbau plante ursprünglich auch den Verkauf der Maschinenbau AG und deren Eingliederung in eine Kroatische Maschinenbau AG mit Sitz in Zagreb.[95] Dieser Ansatz dokumentiert den Zweifel der staatlichen Reformerinnen und Reformer, ob ein selbstständiges Unternehmen, ohne jede Assoziierung in einem größeren Unternehmensverband, überlebensfähig sei. Der Fall des Maschinenbaus zeigt aber auch, dass die Regierung nicht grundsätzlich die Form als Holding oder ihre Größe ablehnte, sondern lediglich ihre Multifunktionalität. Die Erosion der Multifunktionalität der Werften ist Thema des Kapitels 5.

Der langjährige Vorstandsvorsitzende von Uljanik, Karlo Radolović, war selbst Proponent einer diversifizierten Holdingform. Er sprach sich gegen eine

---

91 Uljanik Brodogradilište Strateški Plan 1991–1996, Mai 1991, S. 16, ACERP, Elaborat Uljanik 3229238/100204.

92 Ebd., S. 26.

93 O. A.: „Izdvajanje brodograđevne proizvodnje“, in: Mali Informator vom 28.6.1995, S. 2.

94 O. A.: „Program izdvajanja nebrodograđevnih djelatnosti“, in: Mali Informator vom 20.10. 1997, S. 2. Das von Kroatischer Schiffbau vorgelegte Programm basierte auf dem „Spin-Off Program for the Large Enterprises – Shipyard Holdings“, das deutsche Unternehmensberater im Auftrag des Wirtschaftsministeriums angefertigt hatten. Spin-Off Program for the Large Enterprises – Shipyard Holdings, 19.9.1997, S. 1, ABU, Materijali sa sjednica Poslovnog odbora 1997.

95 O. A.: „Prema osnivanju poduzeća ‚Hrvatska Strojogradnja‘“, in: Mali Informator vom 21.5. 1998, S. 1–2.

einseitige Konzentration auf den Schiffbau und damit das laufende Spin-off-Programm aus.[96] Vielmehr leitete er aus der Unternehmensgeschichte Maximen ab, die Uljanik weitere 150 Jahre Bestehen bescheren sollten:

> „Neben dem Schiffbau entwickelte Uljanik seit den 1950er-Jahren verschiedene Aktivitäten, darunter Elektrotechnik und Maschinenbau. Wir sollten alle Unternehmen rehabilitieren, nicht nur die Schiffbauindustrie, denn auch sie haben ihre Verträge, ihre Entwicklungsprogramme."[97]

Es war seine Vision einer multidivisionalen Holding, die sich durchgesetzt hatte, als das Sanierungsprogramm Uljanik im Jahr 2003 abgeschlossen war.

Die Organisationsform der Holding war das Erbe der selbstständigen und doch lose assoziierten Unternehmen im Selbstverwaltungssozialismus. Die Pfadabhängigkeit und der Palimpsest-Charakter der Organisation, in der immer auch politische Logiken durchschimmerten, standen einer radikalen Transformation in Richtung einer Montagewerft im Weg. Ein weiterer Aspekt, der zum Abschluss nur erwähnt werden soll, war die seit den 1990er-Jahren von den postsozialistischen Regierungen protegierte Aktienpolitik für die Beschäftigten. Für Beschlüsse zur Veränderung der Organisationsstruktur bedurfte es einer Dreiviertelmehrheit auf der Aktionärsversammlung Uljaniks. Die Beschäftigten, die nach der Privatisierung 2012 die größte Aktionärsgruppe bildeten, waren aus Solidarität weder bereit, einzelne Unternehmen abzustoßen, noch, die Holding aufzukündigen. Ein Gewerkschaftsfunktionär zeigte sich überzeugt: „Die Liquidation der Holding würde das definitive Ende des Schiffbaus in Pula bedeuten."[98] Nicht einmal im Zuge des Konkursverfahrens von 2018/19 löste sich die Holding auf; niemand verließ das untergehende Schiff. Bis zuletzt bestand die Holding aus elf Unternehmen, einschließlich der vier Produktionsfelder Schiffbau, Maschinenbau, Elektromaschinenbau und Industrielle Ausrüstung.

---

96 O. A.: „Novogodišnji intervju s predsjednikom Uljanika. O poslovanju, sanaciji, malim dioničarima, Piovidbinim dionicama, dugu prema zaposlenicima, kooperacij", in: Mali Informator vom 23.12.1998, S. 1–2.

97 O. A.: „Sačuvati razvijenu brodogradnju i ostale djelastnosti", in: Mali Informator vom 17.3. 1998, S. 1–2.

98 Milan Pavlović: „Cerovac. Likvidacija holdinga vjerojatno bi značila i definitivni kraj pulske brodogradnje", in: Glas Istre vom 27.8.2018, https://www.glasistre.hr/pula/cerovac-llikvidacija-holdinga-vjerojatno-bi-znacila-i-definitivni-kraj-pulske-brodogradnje-595937, zuletzt geprüft am 4.12.2019.

3.3 Uljaniks Lob des Improvisationsgeistes

Als der Eigentümer der schwedischen Reederei Gränges 1974 zwei Öltanker aus der Berge-Istra-Serie in Empfang nahm, war ihm seine Zufriedenheit sichtlich anzumerken: „These are in fact hand-made Rolls-Royce."[99] Wirft diese Bemerkung, die die Uljanikovci mit Stolz quittierten, nicht ein schlechtes Licht auf den technischen Stand der Werft? Die Werft Uljanik hatte es versäumt, auf die durch die Schließung des Suezkanals steigenden Größenanforderungen an Öltanker mit einer entsprechenden Modernisierung der Anlagen zu reagieren. Die vorhandenen Trockendocks waren Anfang der 1970er-Jahre zugeschüttet und nicht durch neue ersetzt worden, sodass die Werft einzig auf die zwei Slipanlagen auf der Insel angewiesen blieb. Anstatt neuer Investitionen, wie sie etwa die Werft Pariser Kommune zur selben Zeit tätigte, entwickelten die Ingenieure in Pula eine Bautechnik, die eher von Improvisationsgeist denn von einer langfristigen technologischen Investitionsbereitschaft zeugte; zwei Rumpfhälften wurden auf dem Meer in einem eigens errichteten Tunnel über den gesamten Schiffsquerschnitt zusammengeschweißt. Bis zuletzt blieb Improvisation ein Leitmotiv der Produktionsgeschichte Uljaniks und die Schiffe blieben Handarbeit.

Im vorhergehenden Unterkapitel habe ich darauf hingewiesen, dass in den 1970er-Jahren die „transformacija", also die politisch motivierte formale Reorganisation des Unternehmens, im Vordergrund stand.[100] Die technologische Modernisierung war dagegen aus dem Blick geraten. 1980 war sich der Bund der Kommunisten der „niedrigen Produktivität" der Werft sehr wohl bewusst;[101] auch die Kommentatoren schätzten den technischen Stand der Werft als „relativ gering" ein.[102] Westliche Kritikerinnen und Kritiker sahen die Gründe für das „Un-

---

99 O. A.: „Velike preobraze (1954–1975)", in: Uljanik vom 1.10.1986, S. 32. Passender, allerdings weniger schmeichelhaft, wäre der Vergleich zwischen Uljanik und Rolls Royce hinsichtlich der Finanzsituation der beiden Unternehmen in den 1960er- und 1970er-Jahren. Bedingt durch die Handarbeit, also die langen Produktionszeiten und die geringen Stückzahlen, galt das britische Traditionsunternehmen über Jahrzehnte als „underperforming firm". Sue Bowden: „Ownership Responsibilities and Corporate Governance. The Crisis at Rolls Royce, 1968–71", in: Business History 44 (2002), Nr. 3, S. 31–62, hier S. 31.

100 B. Šribar: „Proces transformacije u prvom planu", in: Brodograditelj vom 13.3.1975, S. 3.

101 Informacija o problematici SOUR BI Uljanik – Pula, September 1980, S. 39, ABU, SOUR-odbor 1983.

102 Frank Kopal: „Osnovna obilježja razvoja Brodogradilišta od 1976–1980. i ocjena sadašnjeg stanja", in: Uljanik vom 8.11.1982, S. 11.

derinvestment“ in der Selbstverwaltung.[103] Da die Belegschaft über 70 % des Unternehmenseinkommens verfügte, lag es nahe, den Beschäftigten Rent-Seeking zu unterstellen. Die dünne empirische Grundlage solcher Aussagen bildete die sich spreizende Schere zwischen Löhnen und Produktivität in den 1970er-Jahren.[104] Der Blick auf die zersplitterte Organisation eines Großunternehmens wie Uljanik, bei einer gleichzeitigen engen Verschränkung des Produktionsprozesses, lässt auf einen weiteren Faktor schließen: eine organisational bedingte technologische Inertia.

Nicht nur hatte die Transformation der Selbstverwaltung die Notwendigkeit des Wandels aus dem Fokus der verschiedenen Gremien verdrängt. Die Blockade neuer Technologien erwies sich sogar als unbeabsichtigte Folge der fortschreitenden Atomisierung. Carl-Ulrik Schierup und vor ihm Danijel Đurek verwiesen auf den Zusammenhang des „technologischen Niedergangs“ mit der Fragmentierung der Industrielandschaft Jugoslawiens.[105] Erstens waren kleine Grundorganisationen finanziell nicht dafür ausgestattet, hohe Investitionen zu stemmen. Sie neigten deshalb eher zu Improvisationen und Maßnahmen wie einer Verschärfung der Arbeitsdisziplin. Zweitens ließ die Dezentralisierung die Koordinierungskosten umfangreicher Investitionsvorhaben ansteigen, weil sie die Abstimmung mehrerer Grundorganisationen voraussetzte.[106]

Ende der 1970er-Jahre musste der Arbeiterrat der Werft Uljanik eingestehen, dass die Unternehmenstransformation entlang der Vorgaben der Verfassung keineswegs zu der erhofften Produktivitätssteigerung geführt hatte. Er beauftragte ein dänisches Beratungsunternehmen, das bereits die Transformation der skandinavischen Schiffbauindustrie begleitet hatte, die Gründe dafür herauszufinden. Der von DUE ausgearbeitete Modernisierungsplan sollte dabei helfen, die Produktion der Werft an die aktuelle Marktsituation anzupassen und sich auf kleinere, hochspezialisierte Schiffe zu konzentrieren. Der Plan sah unter anderem vor,

---

103 Eirik G. Furubotn/Svetozar Pejovich: „Property Rights and Behaviour of the Firm in a Socialist State. The Example of Yugoslavia“, in: Zeitschrift für Nationalökonomie 30 (1970), S. 431–454, hier S. 443.

104 Prout: Market Socialism, S. 225.

105 Schierup: Migration, S. 222–224; Danijel Đurek: „Tehnologija borbe za dohodak“, in: Naše Teme 25 (1981), Nr. 12, S. 1966–1971.

106 Anschauungsmaterial dafür bietet eine Beobachtung Sanja Puljar D’Alessios aus der Werft 3. Maj in Rijeka. Die Ethnologin bezeichnete die technologische Ausstattung als „materielle Manifestation der Organisation“ und bescheinigte der hundert Kilometer nordöstlich von Pula liegenden Werft, dass die kleinteilige Unternehmensstruktur mit weitreichenden Autonomierechten den Ausbau eines integrierten, den gesamten Produktionsprozess umfassenden IT-Systems unmöglich gemacht habe. Dies.: Mi gradimo brod, a brod gradi nas. Etnografija organizacije brodogradilišta 3. Maj, Zagreb 2018, S. 159.

mehr Ausrüstungsarbeiten in den Rumpfbau zu integrieren und damit auf die Insel zu verlegen, da der Ausrüstungskai das Nadelöhr der Werft Uljanik darstellte.[107] Für eine tiefgreifende Modernisierung der technologischen Ausstattung der Werft mussten allerdings zunächst die organisatorischen Voraussetzungen geschaffen werden.

Die Diskrepanz zwischen funktionaler und technologischer Anordnung des Produktionsprozesses stellte ein Hemmnis für die Implementierung neuer Technologien dar.[108] In den 1980er-Jahren gab es Vorstöße innerhalb der Werft Uljanik, um diesen Kontrast zu entschärfen. So sollte die Integration der beiden Grundorganisationen Nichtmetall und Metall in die Arbeitsorganisation Schiffbau 1984 zu einer „Homogenisierung" von Produktions- und Unternehmensgrenzen beitragen.[109] Besonders 1985 entpuppte sich als „Jahr großer Ereignisse"[110]. Zahlreiche Investitionen im Bereich Schiffbau zeugen von der entfesselnden Wirkung des Abbaus der mit dem Lineal gezogenen Grenzen innerhalb der integrierten Produktionsprozesse. Auf der Insel baute Uljanik eine Schweißerhalle und nahm einen Portalkran und zwei weitere Kräne in Betrieb. Im Arsenal wurden ebenfalls ein Portalkran und eine große Halle errichtet. Die Anzahl der Maschinen stieg 1985 auf 4.850 – sieben Mal so viel wie in der Nachkriegszeit.[111]

Der Entwicklungsplan für die Jahre zwischen 1986 und 1990 sah die „Automatisierung des Schweißens und die Modernisierung von Werkzeugen und Geräten" vor.[112] Ein weiterer Schwerpunkt lag in der Informatisierung, insbesondere in der Diffusion von Computer-Aided-Design-Technologien (CAD-Technologien). Mit der Installation des IBM 4381 Systems begann für Uljanik, angeführt von der Grundorganisation Zentrum für Datenverarbeitung, „eine neue Ära der Computerisierung".[113] Besonders viel versprach sich die Geschäftsführung von der Informatisierung der vorbereitenden Produktionsphasen, die im Schiffbau mehr Zeit als die eigentliche Produktion beanspruchten. Das große Ziel war die vollständige Integration des Projektions- und Konstruktionsprozesses und damit die Beseitigung der Gräben, die die Selbstverwaltung aufgerissen hatte.[114] Diese be-

107 O. A.: „‚Uljanikova' suradnja s danskom tvrtkom ‚DUE'", in: Mali Informator vom 11.12.1980, S. 1–4.

108 Puljar D'Alessio: Mi gradimo brod, S. 201.

109 Osnove za izradu smjernica 1986.–1990. RO TESU, S. 4, ABU, Zapisnici Poslovnog savjeta Uljanik d.d. 1984.

110 Boris Kalčić: „Godina velikih događaja", in: Uljanik vom 1.1.1986, S. 16.

111 O. A.: „Ukorak sa svijetom (1975–1986)", in: Uljanik vom 1.10.1986, S. 38.

112 Osnove za izradu smjernica 1986–1990, S. 2, ABU, Zapisnici Poslovnog savjeta Uljanik d.d. 1984.

113 Boris Kalčić: „Godina velikih događaja", in: Uljanik vom 1.1.1986, S. 16.

114 Mario Buršić: „CAD/CAM instaliran u ‚Uljaniku'", in: Uljanik vom 1.9.1985, S. 1–2, hier S. 2.

sondere Ausgangslage führte sogar dazu, dass zumindest im Bereich Informatik die Werft in Pula die polnischen Schiffbauunternehmen abhängte.

Die Arbeiterräte konnten jedoch nicht jeden Anwendungsbereich der Computer mittragen. Unter der Schirmherrschaft der Jugoslawischen Wirtschaftskammer fand 1985 in Rijeka die RAST YU'85 statt. Aus aktuellem Anlass widmeten die Arbeiterräte der Schiffbauindustrie die Konferenz dem Thema „Innovation, Technologietransfer und technologischer Fortschritt". In seinem provokanten Einführungsvortrag spannte Slavko Kulić vom Ökonomischen Institut in Zagreb einen Bogen zwischen Industrialisierung und postindustrieller Gesellschaft. Doch die Arbeiterräte ließen sich nicht für eine post-industrielle Kompaktwerft gemäß der Transformation vieler west- und nordeuropäischer Werften begeistern.[115] Die Beschäftigten und ihre Räte begrüßten die Informatisierung und CAD in ihrer integrativen Funktion, nicht allerdings in Bereichen, in denen eine Rationalisierung der Beschäftigung drohte.

Die Verfassungsreform blieb nicht der einzige politische Einschnitt, der den technologischen Wandel der Werft Uljanik beeinflusste. Die von Jadranbrod kontrollierten Importrestriktionen der 1980er-Jahre nötigten die Grundorganisationen Uljaniks zum Handeln. Der Geschäftsführer beschloss „Investitionen in die Entwicklung eigener Technologien".[116] Das Ergebnis manifestierte sich sich 1984 in einem faustgroßen Erzeugnis der Maschinenbaufabrik: ein mit Thyristoren gesteuerter Gleichrichter IRA 400, der durch Gleichspannung das Schweißen energieeffizienter gestalten sollte. Hatte die Maschinenbaufabrik bislang ähnliche Geräte stets auf der Grundlage von Lizenzen meist westeuropäischer Unternehmen nachgebaut, war Uljanik in den 1980er-Jahren gezwungen, das „auf Lizenzen aufbauende Industrieprogramm" und den Import so weit wie möglich zu drosseln.[117] Ein ähnlicher Fall war ein hochdrehender Dieselmotor der Dieselmotorenfabrik, den die Arbeitsorganisation bisher auf Grundlage einer Lizenz des französischen Herstellers SEMT Pielstick gebaut hatte.[118] Mit den Lizenzverträgen für Schiffsmotoren zwischen dem dänischen Motorproduzenten Burmeister & Wain und der Arbeitsorganisation Maschinenbau, zwischen dem schwedischen

115 Stråth: Politics.

116 O. A.: „Predsjednik PO primio novinare", in: Uljanik vom 1.1.1985, Vorwort. Entsprechend den Forderungen, Importe zurückzufahren und Exporte auszubauen, plante die Geschäftsführung sogar die Gründung eines Internationalen Instituts für den Technologietransfer in Entwicklungsländer. Über dieses in Pula anzusiedelnde Institut sollten die Innovationen der einzelnen Unternehmensteile in Entwicklungsländer verkauft werden. Radnički Savjet, zaključke, 23.10.1980, S. 4, ABU, Razni materijal i zaključci RS SOUR-a 1985.

117 Dario Štifanić: „Svjetsko tržište – naš veliki izazov", in: Uljanik vom 1.1.1985, S. 19.

118 O. A.: „TDM – iz proizvodnje brzohodnih motora", in: Uljanik vom 1.11.1986, S. 5.

Schweißtechnikhersteller ESAB und der Schweißmaschinenfabrik oder zwischen Siemens und der Elektroabteilung fiel ein entscheidender Katalysator für eine bracheninduzierte Modernisierung der Produktionssysteme weg.

Während die Lizenzverträge ein Garant für eine Produktion auf Weltmarktniveau und somit eine Legitimationsquelle gewesen waren, zeichnete sich in der zweiten Hälfte der 1980er-Jahre ein Wandel hin zur hauseigenen Produktion ab. Angesichts der Sparpolitik der 1980er-Jahre versuchten die einzelnen Grundorganisationen und die komplexe Organisation der assoziierten Arbeit die „erfinderische Arbeit" zu stimulieren.[119] Zu ihrer Verstetigung richtete Uljanik einen Expertendienst für Innovationstätigkeiten ein.[120] Der Ausbau der jugoslawischen Neuererbewegung versprach die notwendige Autarkie.

Der technische Stand der Werft litt unter der Abschottung, nicht so die Beschäftigung. Der Abbau des Importanteils der Produktion wirkte fast wie ein Konjunkturpaket und trug zur Stabilisierung der Beschäftigung im industriellen Sektor bei. In einer handelsbilanzschonenden, fast autistischen Selbstreferenzialität schanzten sich die Organisationen gegenseitig Aufträge und damit Arbeit zu. Nur so war es möglich, dass die Beschäftigtenzahlen in der komplexen Organisation Uljanik trotz der globalen Krise auf dem Schiffbaumarkt bis Ende der 1980er-Jahre weiterwuchsen.

Nach der Umwandlung Uljaniks in eine Aktiengesellschaft 1991 veranlasste die Geschäftsführung die Ausarbeitung eines Strategieplans. Die Unternehmensberater von Price & Waterhouse evaluierten in ihrer SWOT-Analyse das technologische Erbe der Selbstverwaltung. Positiv hoben die Autoren die zum Anstrich verwendete Technologie und die vor wenigen Jahren eigens dafür erbaute Halle und den beachtlichen CAD-Level hervor. Während sie das computergestützte Design lobten, bemängelten sie die Anwendung der Computer in der Fertigung. Mit „sehr schlecht" beurteilten sie die Blockbauweise und den Schnitt; mit „schlecht" die Schweißtechnik, die Vormontage des Rumpfes, die IT-Systeme und das Prozessmanagement.[121] Um die Anlagen auf der Insel zu modernisieren, versuchte die Geschäftsführung der Werft Gelder bei einem italienischen Investor zu lukrieren.[122] Nachdem dieser Versuch im letzten Moment gescheitert war, stagnierte der Technologiegrad Uljaniks bis zum Ende des Kroatienkriegs. Die Werft wartete auf den Staat.

---

119 Savan Tomašević: „Inovacijama do vlastite tehnologije", in: Uljanik vom 1.4.1985, S. 21.

120 Darinka Jakovljević: „Sve veći interes za izume", in: Uljanik vom 1.1.1986, S. 25.

121 Uljanik Brodogradilište Strateški Plan 1991–1996, Mai 1991, Prilog 4, ACERP, Elaborat Uljanik 3229238.

122 S. P.: „Brodogradilište – Modernizacija Otoka", in: Mali Informator vom 30.4.1992, S. 2.

Wie bereits im Selbstverwaltungssystem wies die Holding Probleme auf, einen integrierten Entwicklungsplan voranzutreiben. Anfang der 1990er-Jahre gab es in Uljanik zwanzig solcher Pläne auf unterschiedlichen Ebenen,[123] teils enthielten sie Überschneidungen, teils widersprachen sie sich. Resigniert vermeldete ein Kommentator des Firmenblatts *Mali Informator*, dass trotz „zwanzigjähriger Hilfe durch aus- und inländische Consultingfirmen [...] die wirtschaftlichen Rahmenbedingungen der letzten Jahre keine nennenswerten technologischen Restrukturierungen ermöglicht" hätten.[124] Nachdem viele Restrukturierungspläne versandet waren, nahm die Regierung nach Kriegsende das Heft in die Hand. Sie initiierte eine Sanierung, deren letzte Phase einen Plan zur integrierten technologischen Restrukturierung sämtlicher Sparten beinhaltete. Die technologische Aufrüstung wäre, dem Sanierungsbeauftragten der Regierung zufolge, Bedingung, um Uljanik wie „in fast allen entwickelten Industrieländern"[125] in eine reine Montagewerft umzubauen. Die Modernisierung der Produktionssysteme ging also bemerkenswerterweise nicht etwa vom Vorstand Uljaniks aus, der zu dieser Zeit gerade suspendiert war. Die treibende Kraft hinter der technologischen Restrukturierung war die HDZ-Regierung unter Zlatko Mateša.

Die technologische Erneuerung begann im Jahr 1999 mit einem Kredit des Wirtschaftsministeriums über 19 Mio. USD.[126] Die mit der Restrukturierung beauftragte staatliche Aktiengesellschaft Kroatischer Schiffbau-Jadranbrod entschied sich für ein Projekt des Maschinenbauunternehmens IMG.[127] Ziele des Anlagenumbaus waren die Rationalisierung des Produktionsprozesses, die Automatisierung, der Umweltschutz und die Ausstattung der Arbeitsplätze gemäß modernen technologischen Standards.[128] Die erste Phase zwischen den Jahren 1999 und 2006 betraf vor allem die Produktionsvorbereitung. Uljanik modernisierte den Transport von Stahlblechen aus dem Lager in die neue Vorverarbeitungslinie und weiter bis zur neuen Schnittwerkstatt. Die Werft errichtete eine mit vier magnetischen Kränen, zwei Plasmaschneidern und einer Autogenmaschine ausgestattete Werkstatt. Außerdem wurde eine Werkstatt zur Lackierung von

123 Poslovni Savjet: „Poziv za kupnju dionica", in: Mali Informator vom 29.4.1992, S. 4.

124 O. A.: „Naglasci iz izvještaja", in: Mali Informator vom 2.10.1995, S. 3.

125 Milan Čuvalo: „Uljanikove dionice su bezvrijedne", in: Glas Istre vom 18.4.1998, S. 10.

126 Državni ured za reviziju: Izvješće o obavljenoj reviziji pretvorbe i privatizacije (2004), S. 28, www.revizija.hr/izvjesca/2007/revizije-pretvorbe-i-privatizacije/795-uljanik-pula.pdf, zuletzt geprüft am 20.11.2019.

127 Das in Rostock ansässige Unternehmen war in der DDR im Bereich Planung, Projektierung, Konstruktion und Herstellung von Produktionstechnik für die Betriebe des Kombinats Schiffbau tätig. Seit 1993 war es Mitglied der Bremer Vulkan Verbund AG und begleitete u. a. Werftenrestrukturierungen in Finnland, Frankreich, Kanada und Korea.

128 Uljanik d.d.: Uljanik.

Profilen gebaut und eine automatisierte Fertigungsstraße für Paneele mit sechs Portalen für die automatische Montage und Schweißung eingerichtet.[129] Zur selben Zeit wurde die Werft flächendeckend mit Internet und Intranet ausgerüstet und der Produktionsprozess durch ein einheitliches IT-System vernetzt.[130] Der integrierte Ansatz der staatlich beaufsichtigten Restrukturierung ermöglichte also die technologische Kooperation zwischen den einzelnen Sparten, an der die selbstverwalteten Werften die längste Zeit gescheitert waren.

Die zweite Phase der technologischen Restrukturierung begann im Jahr 2002 und war der Ausweitung des Blockbaus gewidmet. Zu diesem Zweck errichtete die Werft zwei Hallen zur Vormontage von bis zu 300 Tonnen schweren Blöcken und installierte eine automatisierte Fertigungsstraße für Sektionen auf der Insel. Die Verarbeitungszeit einer Tonne Stahl konnte von 60 auf 25 Stunden und die Montagezeit derselben Menge von 45 auf 40 Stunden gekürzt werden. Stolz verkündete der Leiter der Abteilung Rumpfbau, ein Schiff befinde sich nur noch zehn Wochen auf der Helling.[131]

Die Kehrseite der technologischen Modernisierung war der geplante Abbau der Beschäftigung von aktuell 800 Arbeiterinnen und Arbeitern auf der Insel auf 450. Eine solche Rationalisierung der Beschäftigung setzte eine Doppelfunktion der Regierung voraus: die des Modernisierers und die des Protektors. Erst in der Bewegung des „Polanyischen Pendels“[132] zwischen Rationalisierung und Fürsorge konnte die Regierung etwaige Blockaden, bedingt durch die postsozialistische Verhandlungsmacht der Werften und ihrer Beschäftigten, überwinden. Im Jahr 1999 verpflichtete sich die Regierung zu einer sozialen Abfederung der im Zuge der Restrukturierung entstehenden technologischen Arbeitslosigkeit.[133]

In der Dialektik von Automatisierung und sozialer Abfederung gelangen in der postsozialistischen Phänomenologie Fortschritte. Wenige Jahre später, als die von IMG geplante dritte Restrukturierungsphase anstand, fand diese Dialektik keine Fürsprecher mehr. Das Stabilisierungs- und Assoziierungsabkommen mit der Europäischen Union von 2001 begann das finanzielle Engagement der Regierung im Schiffbau immer mehr infrage zu stellen. Die HDZ-Regierung zog sich unter dem Premierminister Ivo Sanader aus dem Finanzierungsmodell zum Bau

129 Ebd.,

130 Temelj nove informacijske infrastrukture, 9.3.2000, S. 1, ABU, Materijali sa sjednica Poslovnog odbora 2000.

131 Ratko Radošević: „Na otoku maslina brod će se izgraditi za samo 10 tjedana“, in: Glas Istre vom 4.3.2004, S. 9.

132 Ther: Ende.

133 Vlada Republike Hrvatske, Zaključak, 22.04.1999, S. 2, ABU, Materijali sa sjednica Poslovnog odbora 1999.

eines Krans mit 600 Tonnen Tragkraft an der Slipanlage Nr. 1 zurück. Dabei sollten erst durch ihn die bisher getätigten Investitionen in den Blockbau zur vollen Geltung kommen. Ähnlich wie in den 1970er-Jahren, als die Arbeiterräte sich nicht zum Bau eines Trockendocks durchringen konnten, verpasste Uljanik damit zum zweiten Mal die Chance, die Produktionskapazität deutlich zu erhöhen und somit die Werft für die nächsten Jahrzehnte konkurrenzfähig zu machen. Plötzlich auf sich allein gestellt, bevorzugte die Geschäftsführung, ganz wie mit der Entwicklung der Schweißtechnik zweier Schiffshälften in den 1970er-Jahren, eine kostengünstigere Improvisation basierend auf Ressourcen, die in der kroatischen Schiffbauindustrie bereits vorhanden waren. Schlussendlich scheiterten indes selbst die Anstrengungen, einen Kran der bankrotten Reparaturwerft Viktor Lenac in Rijeka anzukaufen.

3.4 Polnischer Kompromiss der Modernen

Am 4. Mai 1979 wurden die Beschäftigten der Werft Pariser Kommune Zeugen eines Spektakels, das die Dimensionen der Modernisierung des Produktionsprozesses zur Schau stellte. Schwertransporter bewegten einen riesigen Block mit 26 × 38 × 7 Meter Umfang vom Montageplatz bis zum neuen Trockendock. Es handelte sich um ein Heckteil am unteren Teil der Zufahrtsrampe eines Ro-Ro-Schiffes der neuen Generation der Serie B-484.[134] Im europäischen Nachkriegsschiffbau hat sich die sogenannte Blockbauweise durchgesetzt. Schiffe werden nach dem Lego-Prinzip gebaut. Zunächst werden die Stahlplatten zurechtgeschnitten; später werden sie zu Paneelen zusammengeschweißt; diese werden wiederum zu Sektionen verschweißt und mit Elektrik und Leitungen vorausgestattet. Etwa acht bis zehn solcher Sektionen bilden einen Block. Die riesigen Blocks werden ins Dock transportiert, wie an diesem 4. Mai 1979, und erst dort zu einem Schiffsrumpf zusammengesetzt.

Traditionell bildet das Trockendock das Nadelöhr einer Werft. Die Blockbauweise sollte den Druck reduzieren. In einem polnischen Schiffbauhandbuch aus den 1980er-Jahren schreiben die Autoren:

> „Der grundsätzliche Trend in der Vorfertigung zeigt in Richtung einer Montage von möglichst großen Blöcken auf der Helling oder im Dock. Das Ziel besteht darin, die Kapazität der hy-

134 O. A.: „W kilku zdaniach. Bramownica w akcji“, in: Głos Stoczniowca vom 11.5.1979, S. 12.

drotechnischen Anlagen der Werften (Docks, Hellinge), die in der Regel die Brennpunkte sind und die Produktionskapazität von Werften einschränken, zu erhöhen."[135]

Bereits 1956 hatte die Volksrepublik Polen erste Investitionen zur Einführung der Blockbauweise in der Werft Pariser Kommune getätigt.[136] Seither wurde die bislang gültige Aufteilung der Produktion in sequenzielle Produktionsphasen schrittweise abgelöst. In den 1970er-Jahren sollte ein weiteres staatliches Investitionsprogramm die Werft Pariser Kommune global wettbewerbsfähig machen. Das Investitionsniveau war deutlich höher als im Fall der Werft Uljanik. Durch den Bau eines großen Trockendocks, eines dazugehörigen Portalkrans, fünf weiterer Kräne und durch die Errichtung einer Halle zur Oberflächenvorbereitung, einer Halle zur Vorfertigung der Sektionen samt Produktionsstraße, eines Ausrüstungskais sowie Montageplätzen für Sektionen und Blöcke war es der Werft gelungen, die Dimensionen der Schiffe aufzustocken und gleichzeitig die Bauzyklen zu verkürzen.

Die Investitionsoffensive des Parteisekretärs Edward Gierek zielte darauf ab, den industriepolitischen Fokus weg von der Stahlindustrie hin zur exportstärkeren Maschinenbauindustrie zu lenken. Die gerade geschilderten Ausgaben waren Teil einer vom Fünfjahresplan der Jahre 1970 bis 1975 vorgesehenen Unternehmensmodernisierung. Modernisierung – gleich auf welcher Ebene – ist kein wertfreier Begriff. Die sozialistische Moderne stellte ein dynamisches, gesamtgesellschaftliches Konzept dar,[137] das nur mit mühseliger Übersetzungsarbeit auf die Branchen- oder Unternehmensebene übertragbar war. Greifbar wurde die sozialistische Moderne erst durch die Implementierung von Plänen und Kampagnen,[138] wobei den jeweiligen Akteuren noch immer viel Interpretationsraum in der Übertragung auf das eigene Handlungsfeld verblieb. Bestandteile der von den Unternehmen erwarteten klassischen sozialistischen Moderne waren etwa hohe Produktionswerte, Arbeitsproduktivität und in zunehmendem Maße Arbeitssi-

---

135 Jerzy Bieliński/Zdzisław Sadkowski: Ekonomika i organizacja przemysłu okrętowego, Gdańsk 1985, S. 29.

136 O. A.: „Wczoraj, dziś, jutro. Rozmowa z mgr. inż. Z. Maciejewskim Dyrektorem Stoczni im. Komuny Paryskiej", in: Głos Stoczniowca vom 7.11.1982, S. 7.

137 Vgl. Marie-Janine Calic/Dietmar Neutatz/Julia Obertreis (Hg.): The Crisis of Socialist Modernity. The Soviet Union and Yugoslavia in the 1970s, Göttingen 2011.

138 Stephan Merl: „The Soviet Economy in the 1970s. Reflections on the Relationship between Socialist Modernity, Crisis and the Administrative Command Economy", in: Marie-Janine Calic/Dietmar Neutatz/Julia Obertreis (Hg.): The Crisis of Socialist Modernity. The Soviet Union and Yugoslavia in the 1970s, Göttingen 2011, S. 28–65.

cherheit.[139] In diesem Unterkapitel argumentiere ich, dass sich die technologische Modernisierung in der Schiffbauindustrie nicht allein auf Aspekte der sozialistischen Moderne, sondern auch auf Branchenstandards und den internationalen Wettbewerb bezog. Zu nennen sind hier etwa die Empfehlungen der Association of European Shipbuilders (AES) zur Blockbauweise und Automatisierung der Produktion, die in Polen intensiv diskutiert wurden und auch umgesetzt werden sollten.[140] Wie schon in Jugoslawien bestand das Ergebnis in einem Modernitätsamalgam, das sowohl politische als auch branchenrelevante Aspekte berücksichtigte.

Nach Abschluss des Fünfjahresplans für den Zeitraum zwischen 1970 und 1975 zählten die Blockbauweise und die Automatisierung zu den Hauptbaustellen der bracheninduzierten Modernisierung. Bereits 1975 konnten die Beschäftigten mithilfe technischer Importe aus Schweden eine mechanisierte Paneelstraße in Betrieb nehmen. Damit war die Mechanisierung des Unternehmens aber längst nicht abgeschlossen. Im Jahr 1976 kündigte der Technische Direktor des Branchenverbands der Schiffbauindustrie die „Mechanisierung und Automatisierung der Hilfstätigkeiten" und „Mechanisierung der per Hand erledigten Montage und Transportarbeiten" an.[141] In den Folgejahren implementierte die Werftendirektion eine automatisierte Straße zur Oberflächenvorbereitung, in der die Stahlplatten vor der Verarbeitung gereinigt wurden, und eine durch numerische und optische Verfahren gesteuerte Präzisionsschneideanlage. Der Anteil automatisierter Schweißverfahren sollte bis 1985 kontinuierlich erhöht werden.[142]

Trotz dieser Initiativen war der Automatisierungsgrad insgesamt weiterhin ungenügend. Anfang der 1980er-Jahre wurden noch immer 70 % der Tätigkeiten im Montagebereich per Hand erledigt.[143] Auf dem X. Plenum 1982 widmeten sich die Kader des Zentralkomitees den Problemen der Schiffbauindustrie. Die Mitglieder der PZRP verständigten sich auf eine erneute Überholung des Produktionsprozesses und beauftragten das auf den Schiffbau spezialisierte Technolo-

139 Zestawienie przedsięwzięć technicznych i organizacyjnych przewidzianych do realizacji w przemyśle okrętowym w latach 1977–1980, 9.2.1977, S. 17, APG, 1091/61; Antoni Czyż: „Nowe kierunki w projektowaniu i wyposażaniu statków", in: Głos Stoczniowca vom 9.3.1979, S. 4; Die Humanisierung der Arbeit prägte ab den 1960er-Jahren die sozialistische Moderne. Adam Mrozowicki: „Socjologia pracy w Polsce. Perspektywy odbudowy subdyscypliny", in: Humanizacja Pracy 48 (2015), Nr. 1, S. 13–28.

140 Grażyna Milewska: „Wielkie problemy małej Europy", in: Przegląd ekonomiki przemysłu okrętowego 1 (1989), S. 100–107, hier S. 102.

141 Protokół z narady z dyrektorami przedsiębiorstw ZPO, 28.2.1976, S. 2, APG, 1091/1254.

142 Program modernizacji i rozwoju przemysłu okrętowego na lata 1983–1985 i do roku 1990, März 1983, S. 14, APG, 2371/13.

143 Ebd., S. 44.

giezentrum Promor mit der Ausarbeitung eines Modernisierungsprogramms. Im technologischen Abschnitt des Programms schlugen die Autoren die Automatisierung der Schneidelinie, in der Stahlplatten und Profile zugeschnitten wurden, vor. Ein weiterer Punkt bezog sich auf das Biegen der Platten und Profile. Mithilfe von Fertigungsstraßen wollten die Ingenieure eine Mechanisierung der Vorfertigung von kurvenförmigen oder doppelbödigen Sektionen sowie von Rohrleitungen und Lüftung vorantreiben.[144] Das Ziel war ein möglichst hoher Vorausrüstungsgrad der in halbautomatisierter Bauweise hergestellten Sektionen.

Die Ingenieure von Promor nahmen sich die globalen Branchentrends für ihre Modernisierungsvorschläge zum Vorbild. Weniger geläufig waren ihnen die seit Jahren bestehenden lokalen Hemmnisse bei der Implementierung neuer Technologien und Prozesse. Warum war der erhoffte Boom der Blockbauweise nach den 1970er-Jahren ausgeblieben? Die Rümpfe zweier LPG-Tanker, die zu den ersten Schiffen überhaupt gehörten, die in dem neuen Trockendock gebaut wurden, wurden noch vollständig in Sektionsbauweise produziert. Die Werft stellte lediglich Ladetanks und Aufbauten im Blockverfahren auf dem Montageplatz her.[145] Viele der Geräte blieben unbenützt oder waren reparaturbedürftig. Ein weiterer Grund bestand in den Schwierigkeiten der Volksrepublik Polen, effiziente Lieferketten zu etablieren. Durch die Verselbstständigung der Unternehmen im Rahmen der Wirtschaftsreformen der 1980er-Jahre erodierten die bestehenden, wenig effizienten Logistikstrukturen zunehmend. Gleichzeitig wurden die Schiffbauprojekte der Werft Pariser Kommune, gerade als der Zenit des europäischen Massenschiffbaus bereits überschritten war, immer ehrgeiziger. Ein Leuchtturmprojekt war der Bau der Fähre B 494 für den schwedischen Reeder Stena Line. Die Blockbauweise, bei der an vielen Abschnitten gleichzeitig gearbeitet wurde, verstärkte den Druck auf das ohnehin unzuverlässige Lieferantennetzwerk. Im Fall der sozialistischen Schiffbauindustrie erwies sich dieses Netzwerk – neben dem Trockendock – als zweites Nadelöhr, das die Blockbauweise in vielen Fällen überstrapazierte.

Auch eine Reihe von betriebsinternen Widerständen sahen die Ingenieure nicht voraus. Besonders Facharbeiterinnen und -arbeiter sowie Handwerkerinnen und Handwerker, deren Autonomie und damit auch berufliches Selbstverständnis auf einem weitgehend eigenbestimmten und „diskontinuierlichen Produktionsablauf"[146] beruhte, boykottierten die Automatisierung in den von ihnen domi-

144 Ebd., S. 46.

145 Informacja o założonym sposobie budowy jedn. B 551/1 i 2 w SD II, 25.11.1975, S. 1, APG, 130/464/68.

146 Peter Alheit/Hanna Haack: Die vergessene Autonomie der Arbeiter. Eine Studie zum frühen Scheitern der DDR am Beispiel der Neptunwerft, Berlin 2004, S. 431.

nierten Produktionsphasen. Beschäftigte aus der Elektroinstallation, Schlosserei und Spenglerei fürchteten um ihre für den Fall der Rostocker Neptunwerft beschriebenen Handlungsspielräume.[147] Sie schätzten die aus dem Produktionsprozess resultierende strukturelle Handlungsmacht im sozialistischen „Fabriksregime".[148] Auf diese Weise entstanden Inseln einer „handwerklichen Produktionsorganisation", die sich nicht von einer „bürokratischen Produktionsorganisation",[149] wie sie dem Modernisierungsprogramm des Verbands der Unternehmen der Schiffbauindustrie vorschwebte, besetzen ließen. Dementsprechend niedrig war der Automatisierungsgrad in den Ausrüstungsarbeiten.[150]

Die politischen und brancheninternen Modernisierungsprojekte konnten durchaus miteinander in Widerspruch geraten, wie der Fall der Robotik, also der programmierbaren Maschinen in der Bearbeitung und Montage von Werkstücken, zeigt. Eine Fachjournalistin konstatierte:

> „Es ist offensichtlich, warum so viele Unternehmen nach Mitarbeitern suchen. Ein menschliches Händepaar ist immer noch der billigste Produzent, unvergleichbar günstiger als die Kosten der Robotik oder Automatisierung, die deshalb bei uns noch in den Kinderschuhen stecken."[151]

Die stagnierenden und künstlich niedrig gehaltenen Löhne in den sozialistischen Volkswirtschaften führten dazu, dass sich teure Importe im Bereich der Produktionsrobotik schlicht nicht rentierten.[152] Sowohl betriebswirtschaftlich als auch politisch gab es hier kaum Anreize zur Einführung von technischen Assistenzsystemen. Besnik Pula hält in seiner Untersuchung über die Globalisierung der sozialistischen Staaten Ostmitteleuropas fest: „Socialist industry was not in the habit of replacing workers with machines, nor did it operate under the same cost considerations of capitalist technological innovation, which was all about reducing labor involvement in the production process."[153] In dieselbe Kerbe schlägt ein

147 Ebd.,
148 Michael Burawoy: The Politics of Production. Factory Regimes under Capitalism and Socialism, London 1985.
149 Siehe Arthur L. Stinchcombe: „Bureaucratic and Craft Administration of Production. A Comparative Study", in: Administrative Science Quarterly 4 (1959), Nr. 2, S. 168–189.
150 Bieliński/Sadkowski: Ekonomika, S. 131.
151 Anna Klim: „Między etosem a nakazem", in: Głos Stoczniowca vom 1.12.1985, S. 3.
152 Vgl. Phineas Baxandall: Social Rights under State Socialism? Pensions and Housing in Hungarian Welfare State Development 1994; Brandon Pepijn/Peyman Jafari/Stefan Müller (Hg.): Worlds of Labor Turned Upside Down. Revolutions and Labor Relations in Global Historical Perspective, Leiden 2020.
153 Pula: Globalization, S. 103.

Journalist der Branchenzeitschrift *Głos Stoczniowca*, der einen Vergleich im Umgang mit neuen Technologien anstellt. In den USA, in denen Arbeitskraft teurer als Maschinen sei, ersetzten technische Geräte zusehends menschliche Hände. „Und bei uns? In den Werften können wir auf Automatisierung und Robotisierung lange warten, allenfalls bekommen wir eine Etatisierung."[154]

Dabei nahmen Expertinnen und Experten der polnischen Schiffbauindustrie die Selbstrettungsversuche westeuropäischer Werften durch Automatisierung und Robotisierung durchaus wahr. Ingenieurinnen und Ingenieure diskutierten etwa auch den Vorstoß des damaligen Direktors des Zentrums Nordrhein-Westfalen für Innovation und Technik, der eine Umstellung der europäischen Schiffbauindustrie auf serielle Produktion und Computer-Integrated-Manufacturing nach dem Vorbild der Automobilbranche forderte.[155] Letztlich erreichte die Unternehmensebene allerdings nicht die ungefilterte Branchenmodernität, sondern lediglich die Innovationen, die mit den staatlichen Modernisierungsprogrammen übereinstimmten.

Anders als in der Produktionssphäre entwickelte sich nach dem Ölpreisschock in den Verwaltungen ein regelrechter Wettlauf zwischen den Werften um die zentral von Behörden zugewiesene Informationstechnik. Hemmend wirkten im Bereich der „komputeryzacja" weniger die Divergenzen zwischen unterschiedlichen Modernitätsauffassungen als vielmehr die Mangelwirtschaft und das Embargo des Koordinierungsausschusses für Ost-West-Handel. Die Werft Pariser Kommune erhielt ihren ersten Computer erst nach der Warski-Werft in Stettin und der Lenin-Werft in Danzig. Im Jahr 1976 installierte sie einen ICL-4/52 des britischen Herstellers International Computers Limited. Dieser Großrechner überwachte die Lieferungen von 80.000 Waren von 1.000 Zulieferern.[156] Computer fanden in den Bereichen Materialmanagement, Konstruktion, Buchhaltung und technische Dokumentation schnell Verbreitung und erfreuten sich einer großen Beliebtheit.

Nicht nur die Verteilung von Computern wurde zentral geregelt; die gesamte Forschung und Entwicklung waren an die Branchenebene ausgelagert. Organisationen wie das Institut für Informatik der Schiffbautechnik, das Schiffstechnologiezentrum und Promor übernahmen die Implementierung neuer Techno-

154 Marian Hensler: „O prawo do błędu", in: Głos Stoczniowca vom 13.3.1988, S. 4. Etatisierung beschreibt in diesem Fall eine in den sozialistischen Unternehmen gängige Praxis zur Feststellung und Neubewertung der einzelnen Stellen, die sich schlussendlich auf die Vergütung auswirkte.

155 Grażyna Milewska: „Wielkie problemy małej Europy", in: Przegląd ekonomiki przemysłu okrętowego 1 (1989), S. 100–107, hier S. 107.

156 O. A.: „W kilku zdaniach", in: Głos Stoczniowca vom 23.4.1976, S. 10.

logien und bestellten die IT-Versorgung der Werften.[157] Jozef Wilczynski erklärt bezüglich der technologischen Entwicklung sozialistischer Unternehmen: „Severly restricted in a variety of ways, enterprises had little scope for their own initiative."[158] Da die Unternehmen in diesem Entscheidungsprozess keine relevanten Akteure waren, spielten neue Technologien aus dem produktionsexternen Bereich kaum eine Rolle in den Gremien der Werft Pariser Kommune. Auch die Einführung der ersten Computer in den 1970er-Jahren ging nicht auf eine Initiative des Generaldirektors zurück. Impulsgeber war vielmehr der VII. Kongress der PZPR und ein in seiner Folge gefasster Beschluss der Session der Ökonomen der Schiffbauindustrie, der Maßnahmen vorgab, um die Selbstkosten der Werften zu senken.[159]

Erst mit der „Enterprization" im Zuge der Umwandlung in eine Aktiengesellschaft 1991 konnte das Unternehmen – gemeint sind der Vorstandsvorsitzende und der für die Produktion zuständige Direktor – scheinbar selbstständig über den technologischen Wandel entscheiden. Der Reformstau war groß, aber auch nach dem Wegfall des Kompromisszwanges zwischen den Modernitätsbegriffen der Branche und des Staates wollte keine Aufbruchsstimmung aufkommen. Ein Ingenieur der Werft Gdynia erklärt 1994:

> „Die Schiffbauzyklen sind immer noch zu lang und können durch eine verbesserte Arbeitsorganisation und die Konzentration auf ausgewählte Schiffe verkürzt werden, aber bestimmte Barrieren können ohne Investitionen und moderne Technik nicht durchbrochen werden."[160]

Wenngleich das Unternehmen im IT-Bereich nicht länger auf Mittlerorganisationen der Branchen- oder Ministerialebene angewiesen war, so war es jetzt die Schuldenkrise der Werft, die ihren Handlungsspielraum deutlich einschränkte. Anstatt der politischen Kompromisse bremste nunmehr ein eng geschnürtes finanzielles Korsett die überfällige technologische Restrukturierung.

Im Jahr 1994 gelang es endlich, für die Abteilung K-1 ein Plasmaschneidesystem anzuschaffen.[161] Ein Jahr später erwarb die Werft eine ökologische Mal- und Konservierungsstraße in der Abteilung K-2.[162] Für das Konstruktionsbüro

157 Dudziak/Spigarski: Polski Przemysł Okrętowy.
158 Wilczynski: Technology, S. 103.
159 O. A.: „Po XIV sesji ekonomistów przemysłu okrętowego. Mądrzej, lepiej, taniej", in: Głos Stoczniowca vom 2.7.1976, S. 8.
160 Zdzisław Waganiak: „Plazma i stół wodny", in: Głos Stoczniowca vom 14.8.1994, S. 6.
161 Ebd.,
162 Ders.: „Jak dziś budujemy statki?", in: Głos Stoczni Gdynia S.A. 3–4 (1996), S. 7.

wurden 37 Arbeitsplätze mit Alpha-Prozessoren des US-Herstellers DEC eingerichtet. Ziel dieser Investitionen war es, die Produktivität zu erhöhen. Selbst die Substitution von Arbeitskraft war nun, da sich die Branchenmodernisierung durchzusetzen schien und sich die staatlichen Akteure zurückhielten, kein Tabubruch mehr: „Schon lange war klar, dass die Maschinen Arbeitsplätze verdrängen würden. Der Schiffsrumpfbau wird dadurch präziser, die Kosten niedriger", analysierte ein Journalist der Branchenzeitung.[163]

Stimuliert durch den Wegfall des Embargos des Koordinierungsausschusses für multilaterale Ausfuhrkontrollen stieg die Produktivität der Werft Gdynia in den Jahren 1994 und 1995 sprunghaft an. Die Aufholjagd war allerdings nicht von langer Dauer. Zwar konnte die polnische Schiffbauindustrie im Zeitraum zwischen 1998 und 2004 ein paar Produktivitätspunkte gutmachen, doch noch immer betrug die Produktivität lediglich 46 % der westeuropäischen Werften.[164] In einem Restrukturierungsplan, den die Werft 2003 dem Eigentümer, der Agentur für Industrieentwicklung, vorlegte, stellten die Autorinnen und Autoren einen hohen Arbeitsinput pro Schiff und „traditionelle Montagemethoden und -geräte" als dessen Ursache fest.[165]

Die Problemanalyse war korrekt, doch dem Bericht fehlte die Schlussfolgerung. Der 195 Seiten zählende Restrukturierungsplan der staatlichen Agentur machte keinerlei Andeutungen in Richtung einer technologischen Erneuerung der Produktion. Die Ignoranz des Eigentümers hatte zwei Gründe. Zum einen war die Intervention der staatlichen Akteure im Jahr 2003 politischer Natur gewesen. Vor dem Hintergrund des politischen Charakters der Beihilfen war es nur verständlich, dass der Staat nicht als Inkubator einer technischen Erneuerung der Werft auftrat. Eine technologisch bedingte Arbeitslosigkeit in der Woiwodschaft Pommern widerspräche den politischen Motiven der Kreditierung und der anschließenden Renationalisierung der Werft. Die staatlichen Eigentümer waren vor allem an einer Verhinderung von Massenentlassungen und einer symbolischen Handreichung für die Werftbeschäftigten interessiert. Zum anderen empfand die SLD-geführte Regierung eine visionäre Restrukturierung des Produktionssystems nicht als ihre Aufgabe. Wie in Kapitel 1 beschrieben, lag ihr Handlungsfeld eher in der Restrukturierung der Schulden. Die Priorität der Regierung lag auch jetzt darin, das dringende Schuldenmanagement durchzuführen, um das Weiterbestehen der Werft zu sichern.

163 O. A.: Kwadryga, in: Głos Stoczniowca vom 10.5.1996, S. 5.
164 Stocznia Gdynia S.A. Plan Restrukturyzacji, 3.6.2003, S. 121, AARP.
165 Ebd., S. 65.

Die sozialen Folgen einer technologischen Wende der Werft Gdynia hatten die Unternehmensberaterinnen und -berater von Ernst & Young hingegen nicht zu kümmern. Sie beanstandeten in ihrem 2006 angefertigten Restrukturierungsplan die im europäischen Vergleich niedrige Produktivität der Werft und nannten die „unzureichenden Investitionen mit dem Ziel der Automatisierung des Produktionsprozesses“ als eine der Hauptursachen.[166] In der Bedarfserhebung für Investitionen bis zum Jahr 2009 war die Automatisierung der Schweißprozesse mit 3,5 Mio. EUR einer der größeren Finanzposten und umfasste 10 % der Gesamtinvestitionen. Die Automatisierung sollte zu einer Rationalisierung der Beschäftigung und zu einer Modernisierung des Produktionsprozesses gemäß den internationalen Branchenstandards beitragen.

Mit der Europäischen Kommission, die als strenge Hüterin des Wettbewerbs und gleichzeitig eines europäischen Modernitätsbegriffs auftrat, war der etablierte Kompromiss nicht länger haltbar. Im Gegensatz zu den staatlichen Akteuren in Polen klopfte die Brüsseler Bürokratie die Produktionssysteme der Werft genau auf ihren Automatisierungsgrad und den Restrukturierungsplan auf seine Modernisierungsvision ab. Die Diskrepanz der unterschiedlichen Modernitätsbegriffe, die sich in der Beurteilung der Werft durch die staatlichen Akteure und durch die Europäische Kommission offenbarte, legte den Grundstock für das folgenschwere Urteil der Europäischen Kommission zur Disqualifikation der bisher ausbezahlten Beihilfen an das Unternehmen. Die Förderprinzipien der politischen Akteure, die auf eine Erhaltung der Werft und einer möglichst großen Zahl an Arbeiterinnen und Arbeiter zielten, waren nicht mit den Kriterien der Europäischen Kommission vereinbar. Die europäische Beihilfenpolitik erklärte die Konkurrenzfähigkeit des einzelnen Unternehmens als höchstes Gut, nicht seine sozial- oder regionalpolitische Bedeutung. Hätten sich die Regierung und die Agentur für Industrieentwicklung frühzeitig entschieden, ihren technologieskeptischen Pfad zu verlassen und stattdessen in eine Kreditierung des technologischen Wandels investiert, hätte eine solche Unterstützung als Restrukturierungsbeihilfe in der europäischen Moderne Legitimität finden können. Auch wenn viele ehemalige Beschäftigte, Gewerkschafterinnen und Gewerkschafter das heute anders sehen: An sich hatte und hat die Europäische Kommission nichts gegen die Existenz einer kompakten und technisch überholten Werft an der Ostsee, solange diese nicht länger für das sozialistische Industrialisierungsparadigma, sondern für einen High-Tech-Leader im globalen Wettbewerb im Sinne der europäischen Initiative Leadership steht.

166 Stocznia Gdynia S.A. Plan Restrukturyzacji, 3.9.2006, AARP, S. 121.

3.5 Zwischenfazit

Der Unternehmenswandel der Werften Gdynia und Uljanik war ein nur mit Einschränkungen planbares Unterfangen. Die beiden Werften waren Teil des jeweiligen politischen Systems und damit ein Instrument zur Erfüllung politischer Ziele. Die politische Logik war jedoch nicht die einzige, die an den Unternehmen zerrte. Die Werften gehörten unweigerlich auch der Schiffbaubranche an und folgten damit einer brancheninternen Logik, die sich an globalen Standards orientierte. Mit diesem Kapitel schlage ich vor, die Organisationsform der Unternehmen und ihre Technologie als Palimpsest multipler Logiken zu lesen.

Im Bereich des technologischen Wandels spiegelte sich der Konflikt multipler Logiken in den Debatten über die Robotisierung der Werften. Da im sozialistischen Industrialisierungsparadigma eine Substituierung von Arbeitskraft nicht vorgesehen war, bot der Staat keine Anreize zur Automatisierung im Produktionsbereich. In Polen kollidierten vor und nach dem politischen Umbruch von 1989 die Motive der Renationalisierung der Werften mit den Zielen einer technologischen Restrukturierung. Im unabhängigen Kroatien hatten die finanziellen Einschränkungen Uljaniks zur Folge, dass die Last einer Modernisierung der Anlagen ganz auf den Schultern des Staates lag. Bedingt durch die mangelnde politische Kontinutität in den Regierungsbänken war sein Engagement aber zum Scheitern verdammt. Auf weniger Widerstände stieß die Computerisierung im Konstruktions- und Verwaltungsbereich. Besonders im Fall der atomisierten Werft Uljanik war ihre Einführung mit der Hoffnung verbunden, neue Technologien könnten die lästige Koordinierungsarbeit reduzieren.

Im Bereich der Organisationsform gestalteten sich Reformen bedingt durch die häufig divergierenden Logiken „von oben" und „von unten" schwierig. Die schrittweise Freigabe zur selbstbestimmten Organisationswahl im Zuge der polnischen Wirtschaftsreform der 1980er-Jahre und des jugoslawischen Unternehmensgesetzes von 1988 löste den Reformstau nicht. Manager und Beschäftigte erwiesen sich hier als eigensinnige Träger einer Inertia, an der konsequente Organisationsreformen abprallten. Während die Generaldirektoren der Werft Pariser Kommune die Reform der zentralistischen U-Form nachhaltig verhinderten, gelang es dem Generaldirektor von Uljanik lange nicht, die politisch induzierte Desintegration der Werft zu überwinden.

Auch nach der Umwandlung in Aktiengesellschaften bewegten sich beide Werften im Windschatten des Staates. Auf der Grundlage der neuen Eigentumsstruktur und der Abhängigkeit von staatlichen Ressourcen reichte der Einfluss staatlicher Akteure nach 1991 weiterhin bis in betriebswirtschaftliche Entscheidungen hinein. Nicht immer beruhte dieser Einfluss auf faktischen Handlungs- oder Verfügungsrechten. Häufig reagierten die Unternehmen mit einem „koerzitiven Isomorphismus",[167] indem sie Erwartungen staatlicher Akteure antizipierten. Strategische Entwicklungsschritte der Unternehmen waren kein Selbstzweck, sondern stifteten Legitimität gegenüber staatlichen Akteuren, die sich im Gegenzug an der Erhaltung der Werften beteiligten.

Die postsozialistischen Regierungen übertrugen auch ihre industriepolitischen Inkonsistenzen auf die Unternehmen. So war es im Postsozialismus oft nicht die Lenkung des Staates, die die Organisationen – ob direkt oder indirekt – beeinflusste, sondern gerade die Schwäche des Staates, die eine konsequente Transformation unterband.[168] Die staatlichen Akteure konnten also sowohl als Katalysator für Wandel als auch Inertiafaktor innerhalb der wirtschaftlichen Organisationen wirken. So hinterließen die in Kapitel 2 beschriebene fehlende Eigentümervision, unklare Evaluationskriterien und unvorhersehbare Regierungswechsel ihre Spuren in den Werften Gdynia und Uljlanik.

Am Beispiel der Organisationsform nach 1991 werden diese Spuren sichtbar. Die zentralistische U-Form der Werft in Gdynia und die föderale M-Form der Werft in Pula zeigten einen langen Atem und überlebten auch die Core-Business-Strategie beziehungsweise die Gründung einer Holding. Zwar verlangten die Regierungen in ihrer Funktion als Sanierer Reformen; diese wurden jedoch meist – wie bereits im Sozialismus – durch Improvisationsgeist und Mimikry ausgehöhlt. Wann immer sich die Werften als unrentabel erwiesen, schützten die Führungskräfte Organisationsprobleme vor; sie bastelten unaufhörlich an der Organisationsform, ohne diese je nachhaltig in der Substanz zu verändern. Mit permanenten Scheintransformationen versuchten die Manager und Gewerkschaften schmerzhaften Reformen wie Entlassungen und Automatisierung zu entgehen. Die Regierung, die mit einem politischen Mandat auftrat, deckte sie dabei.

Die lange Lebensdauer des sozialistisch geprägten holistischen Werftenmodells, in dem die Werft als autarker Kreislauf auftritt, der sich über Beschäftigung und Schiffsproduktionen selbst vergewissert, war also das Ergebnis eines Deals zwischen staatlichen Akteuren, die sich blind stellten und Werften, die Organisationsbereitschaft erfolgreich vortäuschten. Anders ausgedrückt, war der Organisationswandel nur ein Medium, um angesichts mangelnder Erfolgsmeldungen Legitimität zu produzieren. Im nächsten Kapitel steht ein anderes Medium der Legitimitätsproduktion im Vordergrund: der Diskurs.

167 DiMaggio/Powell: „The Iron Cage", S. 150.
168 Pearce: Organization and Management.

4 Verhandelte Beihilfen – die Unschärfe der Legitimität

Während Touristinnen und Touristen die Pulanische Markthalle, Cafés mit Meerblick und Boutiquen belagern, werden die Portemonnaies der Beschäftigten Uljaniks von Monat zu Monat dünner. Den ganzen Sommer schon warten sie auf die ausstehenden Löhne. Nach erfolglosen Verhandlungen mit dem Vorstand verlieren die Gewerkschaften und das Streikkomitee allmählich die Geduld. Ende August rufen die Beschäftigten der Werft Uljanik einen Streik aus. Für zwei Stunden blockieren sie den Verkehr der istrischen Kleinstadt Pula. Die Streikenden richten ihre Lohnforderungen nicht an den Vorstandsvorsitzenden Gianni Rossando, dessen Absetzung sie fordern, sondern an die Regierung, genauer gesagt an das Wirtschafts- und das Finanzministerium.[1] Tatsächlich erhört die HDZ-Regierung die Klagen der 3.500 Streikenden. Schon nach der ersten Streikwoche verspricht Premierminister Andrej Plenković die Auszahlung der ausstehenden Monatslöhne. Im September genehmigt das Finanzministerium Uljanik Bürgschaften für einen Kredit bei der Kroatischen Postbank.[2] Der Streik der Uljanikovci 2018 steht für die Brechung der autonomen Verhandlungslinien zwischen den Beschäftigten und dem Management. Weil sich der Vorstand als Verhandlungspartner disqualifizierte, umschifften ihn die Gewerkschaften, indem sie an seiner statt die Regierung ins Boot holten.

Auch in Gdynia, oder genauer in der Hauptstadt Warschau, nahmen im Jahr 2005 die Gewerkschaften die sozialdemokratische Regierung in die Pflicht. Ihre Forderung war scheinbar weniger retroaktiv als die Lohnbürgschaften für die Streikenden der Werft Uljanik und erinnerte an Mechanismen der polnischen Planwirtschaft. Sie verlangten Zuschüsse für einzelne Schiffsmodelle. „Subventionen sind ein notwendiges Übel“, kommentierte ein Journalist der überregionalen Tageszeitung *Rzeczpospolita* das entsprechende Gesetz.[3] Die Rettung der

---

1 Hina: „Uljanik i 3. maj nastavljaju strajk. Radnici marširaju pulskim ulicama“, in: Novi List vom 23.8.2018, https://www.novilist.hr/vijesti/gospodarstvo/uljanik-i-3-maj-nastavljaju-strajk-radnici marsiraju-pulskim-ulicama-pritisnuti-smo-kreditima-i-hocemo-svoje-place/, zuletzt geprüft am 18.1.2020.

2 O. A.: „Tražimo rješenja za budućnost, a ne gledajmo tko je kriv“, in: N1 vom 13.9.2018, http://hr.n1info.com/Vijesti/a331360/Premijer-stigao-u-Uljanik.html, zuletzt geprüft am 10.1.2020.

3 Katarzyna Jaźwińska/Paweł Janas: „Pomoc Publiczna Analiza programów naprawczych przez UE. Unia obserwuje polskie firmy“, in: Puls Biznesu vom 19.1.2005, S. 7; *Ustawa o dopłatach do umów na budowę niektórych typów statków morskich* idF vom 3.3.2005, in: Dz.U. (2005), 48/448.

https://doi.org/10.1515/9783110736007-007

Arbeitsplätze für Tausende Schiffbauerinnen und -bauer sowie mindestens ebenso vieler Beschäftigten in den Zulieferunternehmen sei zurecht umstritten. Richtig sei, dass im Fall einer Abwicklung der Staat für ihren Unterhalt hätte aufkommen müssen. Doch für den Kommentator stand hinter der Entscheidung kein volkswirtschaftliches Kalkül, das die Subventionen nach scheinbar objektiven Kriterien gerechtfertigt hätte, sondern ein schwacher Staat, „der dem Druck der Beschäftigten und Politiker erliegt".[4] Er stellte die rhetorische Frage: „Wenn wir die Werften bezuschussen, wie vermitteln wir den Beschäftigten der anderen Branchen, dass sie kein Anrecht auf diese Budgetgelder haben und dass ihre Unternehmen selbst um Rentabilität kämpfen müssen?"[5]

Ein staatliches Unternehmen, das die Regierung in Geiselhaft nimmt; in der polnischen akademischen Debatte wird dieses wenig erforschte Phänomen als „politischer Kapitalismus à rebours"[6] bezeichnet. „À rebours" – weil sich nicht die politischen Eliten mithilfe der staatlichen Unternehmen bereichern, sondern umgekehrt: Die staatlichen Unternehmen und ihre Beschäftigten strichen unverhältnismäßig viel Geld aus dem Staatsbudget ein. Was begründete diese Ungleichbehandlung der Unternehmen? Weshalb gelang es einzelnen Unternehmen, erfolgreich öffentliche Mittel von staatlichen Akteuren zu lukrieren? Wie wurde die Allokation aus der Staatskasse legitimiert?

Bereits aus dem Kommentar in der wirtschaftsliberalen Zeitung *Rzeczpospolita* wird deutlich, dass die volkswirtschaftliche Kalkulation allein noch keine Handlungsanleitung für Regierungen im Umgang mit erfolglosen Unternehmen bereithält. Im Folgenden argumentiere ich, dass staatliche Subventionen letztendlich gesellschaftlich legitimierbar sein müssen. Das betont auch Deborah Duff Milenkovitch, die eine strukturelle Ähnlichkeit sozialistischer Unternehmen mit Non-Profit-Organisationen konstatiert.[7] Da den sozialistischen Unternehmen die Möglichkeit einer externen Legitimation in Form von Leistungskennzahlen[8] fehlte, diagnostiziert die amerikanische Politökonomin ein virulentes Legitimationsproblem: „Large bureaucratic organizations, which require legitimacy and lack external mechanisms, have to become self-legitimating bureaucracies."[9] Mit

4 Katarzyna Jaźwińska/Paweł Janas: „Pomoc Publiczna Analiza programów naprawczych przez UE: Unia obserwuje polskie firmy", in: Puls Biznesu vom 19.1.2005, S. 7.

5 Ebd.

6 Bałtowski/Mickiewicz: „Prywatyzacja", S. 253.

7 Deborah Duff Milenkovitch: „An Organizational Theory of the Socialist Economy", in: János Mátyás Kovács/Márton Tardos (Hg.): Reform and Transformation in Eastern Europe. Soviet-Type Economics on the Threshold of Change, London 1992, S. 40 – 61.

8 Englisch: Key Performance Indicators.

9 Duff Milenkovitch: „An Organizational Theory", S. 41.

dem Ende der sozialistischen Regime öffnete sich der Weg für eine externe Legitimation in Form von Leistungszahlen. Falls Unternehmen wie etwa die Werften weiterhin unrentabel wirtschafteten, verwandelten sie sich in die angesprochenen „self-legitimating organizations", die viel politische und gesellschaftliche Legitimierungsarbeit leisten mussten.

Staatliche Akteure sind, um ihre politischen Ziele wie wachsenden Wohlstand und eine hohe Beschäftigungsrate zu erreichen, auf Unternehmen angewiesen. Es wird nachfolgend gezeigt, inwiefern in diesem poltisch-gesellschaftlichen Referenzrahmen Zuträglichkeit – und nicht Rentabilität – das entscheidende Evaluationskriterium für den Fortbestand von Unternehmen darstellte. Ich gehe davon aus, dass Legitimität als gesellschaftliche Zuträglichkeit[10] eine Alternative zu organisationaler Effizienz bildete.[11] Die These lautet, dass ein Unternehmen, das wirtschaftlich nicht hinreichend effizient war, seine Überlebenswahrscheinlichkeit durch Legitimitätsstrategien erhöhen konnte. Dennoch haftete jeder dieser Strategien ein letzter Rest Kontingenz an, da der staatliche Ressourceneinsatz und sein Verhältnis zur Zuträglichkeit kaum evaluierbar waren.

4.1 Die Verhandlungsmacht der Werft Pariser Kommune

Im Anschluss an den „Karneval der Solidarność" Ende 1980 häuften sich die Probleme der Werft Pariser Kommune in der Produktion. Nachdem sich eine liberianische Reederei aus dem Kaufvertrag für den Tanker B-555–2 zurückgezogen hatte, musste die Werft das fertiggestellte Schiff zwischenlagern. Außerdem war an dem Massengutfrachter B-535 der Motor defekt und musste vom Motorenbauer H. Cegielski ausgetauscht werden, wodurch sich die Lieferung verzögerte.[12] Prestigeaufträge über äußerst aufwendige Fähren, die die Werft erst mit einer mehrjährigen Verspätung an die schwedische Stena Line übergab, endeten mit

10 Der Begriff der „Zuträglichkeit" stellt eine Hilfsübersetzung des englischen „beneficiality" dar und geht auf Buchelis und Deckers unternehmenshistorische Beschreibung der Situation von Unternehmen im postkolonialen Afrika zurück. Um ihre Geschäfte zu legitimieren, integrierten Unternehmen „beneficiality" in ihr Unternehmensziel. Marcelo Bucheli/Stephanie Decker: „Expropriations of Foreign Property and Political Alliances. A Business Historical Approach", in: Enterprise and Society (2020), S. 1–38.

11 Seymour Martin Lipset: „Some Social Requisites of Democracy. Economic Development and Political Legitimacy", in: The American Political Science Review 53 (1959), Nr. 1, S. 69–105, hier S. 86.

12 Mirosław Kubacki: „‚Komuna' w IV kwartale", in: Głos Stoczniowca vom 6.11.1983, S. 7.

Strafzahlungen; zu guter Letzt brachte ein Sturm zu Weihnachten 1984 noch ein im Bau befindliches RoRo-Schiff zum Kentern, wobei es andere Schiffe beschädigte. Wer sollte für Pleiten, Pech und Pannen aufkommen?

In diesem Jahr stieß die bislang gängige Praxis, solche Verluste durch staatliche Zuschüsse zu decken, auf Kritik. In einem Artikel mit dem Titel „Lobby auf der Helling" kritisierte der reformorientierte Journalist Maciej Borowski die Privilegien der Schiffbauindustrie in der polnischen Planwirtschaft. Die Verhätschelung der Werften füge der Volkswirtschaft eine Menge Schaden zu. Obwohl die Schiffbauindustrie „mit ihrer Ingenieursdenke" nicht dazu bereit sei, sich an die wirtschaftlichen Realitäten anzupassen, könne sie ihre Sonderstellung festigen. Grund dafür sei allein ihre „Schlagkraft".[13]

Der Begriff „Schlagkraft"[14] ist hier als Synonym des im angelsächsischen Raum verbreiteten „Bargaining Power" zu verstehen. Während aber die Studien zu industriellen Beziehungen in Großbritannien und den Vereinigten Staaten seit dem Beginn einer strukturierten Beschäftigung mit Verhandlungsmacht vor allem die Gewerkschaften und das Management als Verhandlungspole im Blick hatten,[15] bezeichnete der Begriff in den sozialistischen Ökonomien die Machtstruktur auf einer anderen Beziehungsebene: zwischen Zentrum und Unternehmen.[16] Der Ökonom Terez Laky erklärte den Wandel des Begriffs „Bargaining" in der Ungarischen Volksrepublik folgendermaßen:

---

13 Maciej Borowski „Lobby na pochylni", in: Wybrzeże vom 8.4.1984, S. 6–7. Derselbe Autor ging schon 1982 davon aus, dass der Schiffbau die Wirtschaftsreform nicht überstehen würde. Ders.: „Zaorać stocznie?", in: Wybrzeże vom 7.11.1982, S. 11–12.

14 Polnisch: siła przebicia.

15 Eine strukturierte Beschäftigung mit Verhandlungsmacht erfolgte zuerst in den Publikationen von Chamberlain sowie Slichter, Healy und Livernash. Siehe Neil W. Chamberlain: Collective Bargaining, New York 1951; Sumner H. Slichter/James J. Healy/E. Robert Livernash: The Impact of Collective Bargaining on Management, Washington 1960.

16 Wiesław Otto; „Gra o wpływy. Gry i zabawy polskich przedsiębiorstw", in: Przegląd Organizacji 10 (1986), S. 17–20, hier S. 19. Die Vernachlässigung von industriellen Beziehungen in der sozialistischen Soziologie hat ideologische Gründe. Durch die, wie auch immer gelagerte Abtretung der Produktionsmittel an die Arbeiterinnen und Arbeiter sollte der kapitalistische Widerspruch zwischen Arbeit und Kapital aufgehoben werden. Die Folgen waren unter anderem ein neues Selbstverständnis der Gewerkschaften und eine Individualisierung der Arbeitskonflikte anstelle einer kollektiven Aushandlung. Vgl. John Thirkell/Krastyu Petkov/Sarah Vickerstaff: The Transformation of Labour Relations. Restructuring and Privatization in Eastern Europe and Russia, New York 1991; Renate Hürtgen: „Konfliktverhalten der DDR-Arbeiterschaft und Staatsrepression im Wandel", in: Peter Hübner/Christoph Kleßmann/Klaus Tenfelde (Hg.): Arbeiter im Staatssozialismus. Ideologischer Anspruch und soziale Wirklichkeit, Köln/Weimar/Wien 2005, S. 383–403.

> „The first expression used was still in the period of the most rigid plan directives – the very apt words: ‚plan bargain'. By now the use of the word ‚bargaining' has become completely general, indicating that every instruction, desire, and distribution of resources coming from the control sphere may be an object of bargaining between central organs and enterprises."[17]

Sowohl in den angelsächsischen als auch in den sozialistischen Ländern Ostmitteleuropas hatten Ende der 1970er-Jahre Studien über Verhandlungsmacht Konjunktur. Der Grund dafür waren der Durchbruch des Thatcherismus nach dem Wahlsieg der namensgebenden Premierministerin 1979, der zu einer Isolierung der Gewerkschaften und einer Kritik an ihrem Einfluss führte, sowie die spätsozialistischen Reformen in den Staaten des Rats für gegenseitige Wirtschaftshilfe, die Planstrukturen und die Selbstverständlichkeit weicher Budgetgrenzen aufbrachen. Bestehen blieb allerdings der Unterschied in der Betrachtungsebene. Während für postmarxistische Industriesoziologen wie Richard Hyman weiterhin der Shopfloor die primäre Verhandlungsarena darstellte[18] – und sogar deren Autonomie postuliert wurde[19] –, stand im Fall der sozialistischen Ökonomien das Verhältnis zwischen Unternehmen und Staat im Vordergrund.

Analog zum Verhältnis zwischen doppelt freien Lohnarbeitern und Kapital bestand auch zwischen Zentrum und sozialistischen Unternehmen ein Ungleichgewicht in den Verhandlungspositionen. Der Staat verfügte über die überlebensnotwendigen Ressourcen, um die Unternehmen zu belohnen, beziehungsweise über Instrumente, um sie zu sanktionieren.[20] Dennoch hatten auch die Unternehmen Zugriff auf Ressourcen, die ihre Ausgangslage verbesserten. Die Frage, welche Ressourcen das waren, beschäftigte auch den bereits erwähnten ungarischen Wirtschaftssoziologen Laky. „How does an enterprise get into a position to compel central organs into negotiations and reconciliation of interests, to lay down conditions and to assert its interests?"[21] Lakys Argument zur Verhandlungsmacht der Unternehmen kann mit der folgenden Typisierung zusammengefasst werden:

- Strukturelle Macht: Eine besondere Verhandlungsmacht ergibt sich für Unternehmen aufgrund ihrer volkswirtschaftlichen Bedeutung; Unternehmen

17 Terez Laky: „Enterprises in Bargaining Position", in: Acta Oeconomica 22 (1979), Nr. 3–4, S. 227–246, hier S. 227.

18 Richard Hyman: Strikes, London 1972.

19 Hansjörg Weitbrecht: Effektivität und Legitimität der Tarifautonomie. Eine soziologische Untersuchung am Beispiel der deutschen Metallindustrie, Berlin 1969.

20 Die spätsozialistischen Wirtschaftsreformen erweiterten die Kompetenzen des Staates in dem Bereich der Sanktionierung sogar, als sie etwa seine Verfügungsrechte hinsichtlich einer Liquidation stärkten.

21 Laky: „Enterprises", S. 228.

mit Monopolstellung oder mit Tausenden Beschäftigten haben mehr Macht als andere.

- Ökonomische Macht: Unternehmen können ihre Verhandlungsmacht durch herausragende ökonomische Ergebnisse verbessern; hierbei kommt Exporten sowie den durch sie erwirtschafteten Devisen eine Schlüsselrolle zu, da es in allen sozialistischen Ökonomien an Devisen mangelte.
- Instrumentelle Macht: Soziale Beziehungen können die Verhandlungsposition eines Unternehmens verbessern; entscheidend dafür ist die Person des Direktors, der persönliche Beziehungen zu höheren Funktionsträgern etwa in Branchenvereinigungen, Ministerien oder Planungsbehörden pflegt.

Die Planwirtschaft selbst bot den Nährboden für die von Laky beschriebenen Machtressourcen. In der Volksrepublik Polen wuchsen die sozialistischen Konzerne unter dem Vorzeichen der wirtschaftlichen Dezentralisierung des Parteisekretärs Edward Gierek ungebremst weiter und konnten ihre auf Monopolen basierende strukturelle Macht konsolidieren. Zwar war die Pariser Kommune nur eine von sechs polnischen Werften, doch ihr Produktportfolio und ihre Produktionskapazität hoben sich deutlich gegenüber den anderen ab. Mit dem Bau des zweiten Trockendocks und der dazugehörigen technischen Infrastruktur hatte sich die Pariser Kommune zur modernsten Werft Polens entwickelt. Im Unterschied zu den anderen Werften konnte sie damit Massengutfrachter und Supertanker produzieren, die global konkurrenzfähig waren. Außerdem investierte das Ministerium für Landwirtschafts- und Schwermaschinenindustrie 326 Mio. PLN für ein sogenanntes LPG-Programm in Gdynia,[22] weil es von einem steigenden Weltmarktbedarf an Flüssiggastankern ausging.[23] Die Verhandlungsmacht der Werft rührte nun daher, dass einige der von Centromor akquirierten Aufträge nur sie ausführen konnte.

Das „technologische Monopol“[24] war nur ein Aspekt der strukturellen Macht der Werft Pariser Kommune. Ein weiterer ergab sich aus der Rolle des Staates als Investor und der Verteidigung seiner Interessen. Allen großen Investitionen wohnt eine Trägheit inne.[25] Für den staatlichen Investor galt es nach Möglichkeit „Sunk

22 emk.: „Konferencje Samorządu Robotniczego. W stoczni im. Komuny Paryskiej“, in: Głos Stoczniowca vom 30.1.1976, S. 5.

23 Możliwości rozwoju eksportu polskiego przemysłu okrętowego do krajów II obszaru w latach 1981–90, August 1978, S. 5, APG, 3509/307.

24 Wiesław Otto: „Gra o wpływy. Gry i zabawy polskich przedsiębiorstw“, in: Przegląd Organizacji 10 (1986), S. 17–20, hier S. 19.

25 Vgl. Stefan Roth/Thomas Robbert/Lennart Straus: „On the Sunk-Cost Effect in Economic Decision-Making. A Meta-Analytic Review“, in: Business Research 8 (2015), Nr. 1, S. 99–138.

Costs“ – das sind Investitionskosten, die sich nicht amortisieren, weil sie sich etwa als Fehlinvestition erwiesen haben – zu vermeiden. Jede staatliche Investition beinhaltete damit eine grundlegende Pfadabhängigkeit. Der Unternehmerstaat war bedacht, seine Investitionen zu amortisieren; dadurch begab er sich in eine Abhängigkeit von dem Unternehmen, das die Produktionsmittel verwaltete.

Anders als in kapitalistischen Ländern hatten die sozialistischen Unternehmen ein genuines Interesse daran, ihre Beschäftigtenzahlen permanent zu steigern. Das Gros der politökonomischen Literatur interpretiert die gängige Praxis des „Arbeitskräftehorten“[26] als Reaktion auf den Arbeitskräftemangel in Ökonomien mit Vollbeschäftigung[27] oder als Abwehrmechanismus gegenüber unkontrollierbaren Vorgaben durch Fünfjahrespläne. Beide Strategien beschreiben Charles F. Sabel und David Stark als „defensiv“. In vielen Fällen setzten die sozialistischen Unternehmen die Beschäftigung auch als offensive Strategie ein: „[C]ommand over resources is a sign of political status in these economies, and this applies especially to command over labor. In many cases, in fact, the size of managers' base salaries and bonuses are tied to the size of the wage fund they administer.“[28]

Bis zur Liquidation der Werft Gdańska hatte das Überleben der Werften nie auf dem Spiel gestanden. Gegenstand der Verhandlungen mit dem Staat war lediglich die Verteilung von Investitionsmitteln und Werkstoffen gewesen. Mit den Lieferengpässen in den 1980er-Jahren waren die Ministerien jedoch gezwungen, Prioritäten zu setzen. Die Beschäftigtenzahlen waren einer der Faktoren, der bei der Verteilung des Mangelwerkstoffs Stahl durch Centrostal den Ausschlag gab. Laut einem Journalisten der Branchenzeitschrift *Głos Stoczniowca* war der Verband der Unternehmen der Schiffbauindustrie mit seinen 56.000 Beschäftigten im Vergleich zu kleineren Branchen „ein ganz anderer Partner in den Verhandlungen um etwaige Lieferungen“.[29]

In der Amtszeit Edward Giereks stieg die Beschäftigung der Werft Pariser Kommune auf über 12.000 Personen. Sie war in den 1970er-Jahren die zweitgrößte Werft Polens, nach der Werft Gdańska, gleichauf mit der Werft Szczecińska und

---

26 Vgl. Jan Adam: Why Did the Socialist System Collapse in Central and Eastern European Countries? The Case of Poland, the Former Czechoslovakia and Hungary, Basingstoke, Hampshire 1996; David Lane: The Socialist Industrial State. Towards a Political Sociology of State Socialism, London 1976; Katherine Verdery: What Was Socialism and What Comes Next?, Princeton 1996.

27 Vgl. János Kornai: „Resource-Constrained versus Demand-Constrained Systems“, in: Econometrica 47 (1979), Nr. 4, S. 802–920; János Kornai: Economics of Shortage, Amsterdam 1980.

28 Charles F. Sabel/David Stark: „Planning, Politics, and Shop-Floor Power. Hidden Forms of Bargaining in Soviet-Imposed State-Socialist Societies“, in: Politics & Society 11 (1982), Nr. 4, S. 449.

29 Wiesław Steckiewicz: „Na jednym wózku“, in: Głos Stoczniowca vom 17.6.1984, S. 6.

vor der Werft Północna in Danzig. Gemeinsam bildeten die Produktionswerften den größten Arbeitgebersektor innerhalb der Meereswirtschaft.[30] 1982 beschäftigten die Werften 39.000 Menschen. Weitere 17.000 Mitarbeiterinnen und Mitarbeiter arbeiteten für Zulieferer, die ebenfalls dem Verband der Unternehmen der Schiffbauindustrie angehörten. Zum Vergleich: In den Seehäfen und der Schifffahrt waren insgesamt rund 22.000 Menschen tätig, für die Fischereiwirtschaft 33.000 Personen.

In einem Atemzug nennt der eben zitierte Artikel die Beschäftigtenzahl der Schiffbaubranche und ihre Exportorientiertheit. Sie bildete eine ökonomische Machtquelle. Unter Edward Gierek stieg die Auslandsverschuldung durch Technologieimporte aus dem Westen exponentiell an. Die Regierung machte sich auf die Suche nach neuen Exportgütern, um mit Devisen die Zinsen zurückzahlen. Der Staat lobte eigene Prämien aus, um den Exportanteil der Unternehmen zu erhöhen. Die Zulieferer der Werften – etwa südpolnische Produzenten von Motoren, die dann in Schiffventilatoren eingebaut wurden – wollten es nicht akzeptieren, dass lediglich die Werften von diesen Prämien profitieren sollten. Sie kamen auf die Idee, sich direkt einen westlichen Absatzmarkt für ihre Produkte zu suchen. Das wiederum missfiel den Vertretern der Werftenindustrie. Ein Journalist schrieb in der Branchenzeitschrift *Głos Stoczniowca* polemisch:

> „Die Rechnung erscheint simpel. Ein Motor kostet Zehntausende Złoty. Der Schiffspreis liegt bei Zig-Millionen. Verstehen sie das in Tarnów, Brzeg, Bielsko? Städte weit vom Meer entfernt; Menschen, die höchstens während ihres Sommerurlaubs in Gdynia oder Stettin Schiffe gesehen haben. [...] Wie vielen dieser Menschen ist bewusst, dass der Schiffbau nach der Kohle der zweitwichtigste Devisenbringer des Landes ist?“[31]

In den 1980er-Jahren versetzte der Protektionismus westlicher Staaten und die schwache Konjunkturlage dem Exportgeschäft der Werften einen herben Schlag. Während der Anteil der Schiffsverkäufe ins Ausland 1975 noch 5,5 % des Gesamtexports betrug, lag dieser Wert 1981, zu Beginn der Wirtschaftsreformen, nur noch bei 2,9 % des Außenhandels.[32] Dennoch blieb die Werft Pariser Kommune über die 1980er-Jahre hinweg noch ein wichtiger Exporteur, der sich vor den anderen Werften hervortat. Im Jahr 1986 belegte die Werft in dem Leitmedium Lloyds Register den ersten Platz polnischer Exporteure unter den Werften.[33]

---

30 Bieliński/Sadkowski: Ekonomika, S. 102–103.

31 Stanisław Zaluski: „Ja cię morza uczyć każę“, in: Głos Stoczniowca vom 6.5.1977, S. 6.

32 O. A.: „Przemysł okrętowy w liczbach“, in: Głos Stoczniowca vom 3.7.1983, S. 6.

33 O. A.: „Eksport przedsiębiorstw przemysłu okrętowego“, in: Głos Stoczniowca vom 24.01. 1988, S. 6. Der Export von Schiffen brachte nicht nur Devisen in harter Währung, sondern auch eine weiche Währung in Form von internationalem Prestige. Fast die gesamte Dekade hindurch

Die instrumentelle Macht des Unternehmens war zu dieser Zeit stark an einzelne Personen gebunden. Maciej Tymiński beschreibt die Verhandlungsmacht der Direktoren in einer Planwirtschaft folgendermaßen:

> „The negotiating position of the factory manager compared to their principals was relatively weak as they were directly subordinated to the associations' CEOs. However, real bargaining power was also determined by the attributes that every particular manager possessed such as political connections, support of local power structures and factories organisations."[34]

In Gdynia hing die von Tymiński angesprochene Verhandlungsmacht der Werft an Zbigniew Maciejewski. Einst stellvertretender technischer Direktor und später stellvertretender Produktionsdirektor übernahm er den Direktorenposten, nachdem das Ministerium für Stahl- und Maschinenbauindustrie zur Einführung des Kriegsrechts im Dezember 1981 Willi Fandrey abgesetzt hatte. Einige langjährige Mitarbeiterinnen und Mitarbeiter stilisierten Maciejewski als Antonym zu den postsozialistischen Direktoren: „Da kam ein Direktor und erkundigte sich, wo der Schiffsbug ist, wo das Heck. Verdammt, dieser Typ hat keine Ahnung. Dieser Maciejewski – sie sollten ihn reanimieren; er würde hochleben, er würde etwas aushecken." (GD-W-3)

Die Vorstellung, Maciejewski „würde etwas aushecken"[35] verweist auf die Handlungsspielräume des Direktors im späten Sozialismus und auch auf die informellen Praktiken, in die der Direktor involviert war. Als Beispiel dafür kann die Anschaffung von fünfzig Computern des Modells Sinclair ZX Spectrum, die ein Reeder unbedingt auf seinem Schiff haben wollte, dienen. Das Problem war: Diese Computer standen auf der sogenannten CoCom-Liste, die den Export westlicher Produkte in die Länder des Ostblocks regulierte. Trotzdem versprach der Direktor: „Ich erledige das mit den Zollämtern." (GD-W-3) Nicht nur, dass die Geräte tatsächlich irgendwie den englischen Zoll passierten; Direktor Maciejewski entschied sich zu allem Überfluss dazu, Humankapital aus seinem Coup zu schlagen. Vor dem Einbau bekamen seine besten Mitarbeiterinnen und Mitarbeiter unter der Hand jeweils einen der Computer für einen Monat zum Üben mit nach Hause – so gestaltete sich Personalschulung in einer Mangelwirtschaft.

Der ausgebildete Ingenieur Maciejewski war offenbar auch in nicht technischen Belangen sehr pragmatisch veranlagt. Er wusste genau, „welche Musik er

---

belegte die Volksrepublik Polen gemessen an der dwt-Produktion den achten Platz aller Schiffbaunationen in den Lloyds Registern. Teils belegte die Werft Pariser Kommune sogar erste Plätze in den Segmenten Fischerboote oder Chemikalientanker.

34 Tymiński: „Managers", S. 10.

35 Polnisch: *wykombinować*.

spielen muss.“ (GD-W-3) Zu den Vertretern des Beschäftigtenrates, die ihm hierarchisch gleichgestellt waren, sagte er: „Jungs, es schaut so und so aus. Wir könnten es so machen, aber meiner Meinung nach wäre das für'n Arsch. Habt ihr eine Meinung? Sprecht sie aus, denn wir müssen einen Kompromiss finden.“ (GD-W-3)

Als jemand, der den Schiffbau von klein auf kannte, lag Maciejewski nichts an Prestigeaufträgen wie Fähren für die schwedische Reederei Stena Line, die Centromor eingeworben hatte. Bei einem Treffen der Werftendirektoren in der Zentrale des Verbands der Unternehmen der Schiffbauindustrie fragte der Verbandsdirektor in die Runde, wer die diffizilen und unrentablen Aufträge übernehmen möchte. Maciejewski entgegnete verschmitzt: „Werte Herren, unsere beste Firma, die Werft Gdańska“ (GD-W-3).[36] Er wusste mit den Kräften und Kapazitäten der eigenen Werft hauszuhalten. Diese Fähigkeit machte einen wesentlichen Bestandteil der Unternehmerfunktion im Staatssozialismus aus.

Die kurze Analyse der jeweiligen Machtressourcen deutet bereits eine Transformation in den 1980er-Jahren an. Auslöser dafür war die 1981 implementierte Wirtschaftsreform, die die Verhandlungsmacht der Werften und die damit verbundenen Wirtschaftslogiken und Machtnetzwerke für Kritik öffnete. Die Reform verhieß einen Legitimitätsentzug für die „Lobby auf der Helling“[37] und der drei typologisierten Machtressourcen von Unternehmen in den Verhandlungen mit staatlichen Akteuren. Dem Regierungsprogramm „Richtungen der Wirtschaftsreform“ folgend sollten in der neuen Wirtschaftsordnung alle Unternehmen gleichgestellt werden – unabhängig von ihrer Branchenzugehörigkeit und anderen besonderen Kennzeichen. Das Programm beschrieb eine neue Industriepolitik, der zufolge:

> „ein Unternehmen, dessen Einkommen die Produktionskosten und die notwendigen Entwicklungskosten nicht deckt, entweder ernsthafte Anstrengungen unternehmen muss, um

36 Trotz der Zurückhaltung des Direktors der Werft in Gdynia verdonnerte der Verband schlussendlich beide Werften zum Bau jeweils einer Fähre. Im Übrigen unterstellten viele Beschäftige der Werft Pariser Kommune der Werft Gdańska, dass sie durch die geografische Nähe besonders gute Beziehungen zu der Außenhandelsorganisation Centromor und dem Verband der Unternehmen der Schiffbauindustrie gepflegt hätte, die beide in Danzig ansässig waren. Dies zeige sich vor allem in der Verteilung von Aufträgen, so etwa in der hohen Anzahl an gemeinhin unrentablen Prototypen, die der Verband der Werft Pariser Kommune zuteilte. „Man könnte daraus den Schluss ziehen, dass die Branchenvereinigung die Kommune nicht mag“, kommentierte ein Sekretär einer Parteiorganisation innerhalb der Werft. Mirosław Kubacki: „Z pobytu Stanisława Kani“, in: Głos Stoczniowca vom 9.1.1981, S. 7.

37 Maciej Borowski, „Lobby na pochylni“, in: Wybrzeże vom 8.4.1984, S. 6–7.

die Rentabilität zu verbessern, das Produktionsprofil ändern oder schließlich liquidiert werden muss".[38]

Die Wirtschaftsreform sollte der Schacherei ein Ende setzen und die Unternehmensbilanzen[39] als Legitimitätsquelle monopolisieren. Ein Beitrag aus der Zeitschrift der polnischen Schiffbauindustrie verlieh der folgenden Frage Dringlichkeit:

> „Ist der Schiffbau rentabel? Hier gehen die Einschätzungen auseinander. Einige sagen, dass Werften kein rentables Geschäft seien, während andere argumentieren, dass nur der Schiffbau dazu in der Lage sei, selbst wenn man ihm Mittel zur Modernisierung neidet, viele Devisen für die Volkswirtschaft einzutreiben. Wer hat also Recht?"[40]

Diese Frage tauchte bereits Ende der 1970er-Jahre auf und rahmte von da an die gesamte Diskussion über die Stellung der Werften während der polnischen Wirtschaftsreform. Das erste im Zitat oben angesprochene Lager strebte eine kompromisslose Implementierung der Reform an und wollte die Unternehmenssphäre ohne Ausnahmen von der Administrationssphäre trennen. Seine Vertreterinnen und Vertreter warfen den Werften vor, dass sie sich in der Vergangenheit an den „Luxus und Komfort einer Position als Pupille der Volkswirtschaft, der im System der Kommandowirtschaft alles vor die Nase gestellt"[41] worden sei, gewöhnt hätten. Sie sahen im Schiffbau eine „Enklave, die sich immer mehr von dem Rest der polnischen Wirtschaft abgekoppelt" habe.[42] Ihr Urteil war eindeutig: „Die Situation der Schiffbauindustrie ist fatal. Eigentlich – wenn wir uns strikt an die Vorgaben der Reformen halten – sollte diese Industrie Konkurs anmelden."[43]

Doch ist die Rechnung so einfach? Konnte nicht auch ein „nackter König"[44] die Volkswirtschaft regieren, solang die Bevölkerung der Volksrepublik meinte, er trüge Kleider? Die Werftenapologetinnen und -apologeten – das zweite der im obigen Zitat angesprochenen Lager – externalisierten die Probleme mit Hinweisen auf die schlechte Konjunktur auf dem globalen Markt und auf die steigenden

38 Grala: Reformy, S. 357.
39 Polnisch: *rachunek gospodarczy*.
40 O. A.: „Z bliska i z daleka", in: Głos Stoczniowca vom 3.8.1979, S. 4.
41 Zdzisław Waganiak: „Czy przemysł stoczniowy jest pupilkiem", in: Głos Stoczniowca vom 5.1.1986, S. 6.
42 Maciej Borowski: „Lobby na pochylni", in: Wybrzeże vom 8.4.1984, S. 6–7.
43 Ders.: „Zaorać stocznie?", in: Wybrzeże vom 7.11.1982, S. 11–12.
44 Ders.: „Lobby na pochylni", in: Wybrzeże vom 8.4.1984, S. 6–7.

Materialpreise.[45] Sie bemühten die bekannten Verhandlungsmachtressourcen, um eine Förderung trotz schlechter Bilanzen der Werften zu legitimieren. Besonders wirksam schien ihnen der Verweis auf die Exportstärke. „Die Schiffbaubranche, die in der Branchenvereinigung des Schiffbaus zusammengefasst ist, sollte aufgrund der Exportspezialisierung ein besonders wichtiges Element in dieser landesweiten Reform bilden", argumentierte exemplarisch der ökonomische Direktor der Vereinigung der Schiffbauindustrie.[46]

Das Ergebnis der Wirtschaftsreform fiel widersprüchlich aus. Es dauerte nicht lange, da paarte sich ihr egalitärer Impetus mit einzelnen Ausnahmeregelungen, die im Laufe der Zeit inflationär wurden. Ausdruck einer neuen Spaltung der Unternehmenspopulation war die 1983 veröffentlichte Liste mit 1.392 „Unternehmen mit grundlegender Bedeutung für die Volkswirtschaft", die auch die Werften beinhaltete. Für sie wählte das zuständige Ministerium, und nicht wie von der Reform vorgesehen der Beschäftigtenrat, den Direktor.[47] Zudem konnte das Ministerium direkt Pflichtaufträge an die Werften vergeben und die Unternehmen dazu anhalten, langfristige Pläne vorzulegen.[48] Damit galt die von der Wirtschaftsreform ausgehende Liberalisierung für sie nur noch bedingt. Diese Ausnahme bezog sich einerseits auf die formale Unabhängigkeit der Unternehmen, die durch die Kontrollrechte der staatlichen Akteure ausgehebelt wurde, und andererseits auf den Zugang zu staatlichen Ressourcen, den Staatsaufträge, Steuererleichterungen und Zuschüsse gewährleisteten.[49] Staatliche Bevormundung war der Preis der Protektion.

Im Übergang von einer Planwirtschaft zu einer vom Recht des Stärkeren bestimmten „Bargaining Economy"[50] entwickelte sich eine „Symbiose zwischen Organen der Zentraladministration mit vielen, besonders großen Unternehmen"[51]. Damit verpassten die Reformerinnen und Reformer die Gelegenheit, die

---

45 Maciej Kucharski: „Wybrane problemy rozwoju przemysłu okrętwego do 1990 roku i perspektywy do 1995 roku", in: Rada koordynacyjna kół PTE w przemyśle okrętowym (Hg.): XX sesja ekonomistów przemysłu okrętowego. Wyższa efektywność – warunkiem rozwoju przemysłu okrętowego, Gdańsk 1985, S. 5–33.

46 T. Daszczyński: „Z ołówkiem w ręku. Rozmowa z dyrektorem ekonomicznym ZPO mgr. Mieczysławem Czałpińskim", in: Głos Stoczniowca vom 12.12.1980, S. 1, 11.

47 *Ustawa o przedsiębiorstwach państwowych* idF vom 25.9.1981, in: Dz.U. (1981), 24/122.

48 *Ustawa o planowaniu społeczno-gospodarczym* idF vom 26.2.1982, in: Dz.U. (1982), 7/51.

49 Grala: Reformy, S. 190–210.

50 Petr O. Aven: „Economic Reform in a Bargaining Economy", in: János Mátyás Kovács/Márton Tardos (Hg.): Reform and Transformation in Eastern Europe. Soviet-Type Economics on the Threshold of Change, London/New York 1992, S. 125–135.

51 Władysław Baka: Zmagania o reformę. Z dziennika politycznego 1980–1990, Warszawa 2007, S. 108.

Kritikerinnen und Kritiker dieses Partikularismus aus anderen Branchen zu besänftigen. Auch innerhalb der Schiffbaubranche wuchs der Unmut, denn sogar hier profitierten die einzelnen Unternehmen in unterschiedlicher Weise. Ein Artikel aus der Branchenzeitschrift *Głos Stoczniowca* beanstandete nicht so sehr die Privilegierung der Schiffbaubranche an sich als vielmehr die der großen Werften:

> „Wenn man jedoch eine solche Einteilung der Branchen von oben in bevorzugte und minderwertige Sektoren nur schwer nachvollziehen kann, wäre es zumindest ratsam, keine weiteren Differenzierungen nachfolgender Bereiche vorzunehmen. Aber genau das Gegenteil ist der Fall. In der ‚besseren' Gruppe finden sich nur die vier größten Werften wieder: die Werften Gdańska, Szczecińska, Pariser Kommune und Północna; die anderen sind schon schlechter gestellt."[52]

Die Priorisierung der Schiffbaubranche und der Einsatz der Machtressourcen dämpften den Aufprall der Werft Pariser Kommune während des Übergangs in die Welt der kalten Bilanzen. Die Tücke des Eindrucks der Unverletzbarkeit offenbarte sich in der Zeit nach dem Wahlverlust der PZPR im Jahr 1989.

4.2 Devisenhunger und andere Legitimationslitaneien der jugoslawischen Werften

Lakys Typologie der Machtressourcen kann nicht eins zu eins auf den jugoslawischen Kontext übertragen werden. Anders als in den staatssozialistischen Wirtschaftsformen, in denen die ökonomischen Verhandlungen hauptsächlich zwischen staatlichen Akteuren und Unternehmen angesiedelt waren, dominierte in Jugoslawien das „Shopfloor Bargaining" die Gestaltung der Lohn-, Investment- und Handelspolitik.[53] Die Verhandlungslinien verliefen also anders: „The system of self-management [...] was the means to shift the locus of bargaining over wages and jobs to the level of the firm or lower."[54] Genau diese Verschiebung forderte die Solidarność 1980 in ihren Postulaten und trug daher, mit Blick auf Jugoslawien, das Zauberwort der Selbstverwaltung vor sich her. Zur selben Zeit offenbarten sich am Balkan immer mehr Nachteile der in der polnischen Opposition wie auch in

---

52 Wiesław Steckiewicz, „Na jednym wózku", in: Głos Stoczniowca vom 17.6.1984, S. 6.

53 Entsprechend unterrepräsentiert war die wissenschaftliche Beschäftigung mit der Verhandlungslinie zwischen Unternehmen und Staat. Wie in den zeitgenössischen arbeitssoziologischen und politikökonomischen Analysen dominiert auch heute in der geschichtswissenschaftlichen Betrachtung eine Einengung auf die Arbeiterselbstverwaltung in Jugoslawien.

54 Susan L. Woodward: Socialist Unemployment. The Political Economy of Yugoslavia, 1945–1990, Princeton, NJ 1995, S. 329.

Westeuropa mythisierten Wirtschaftsform. Das Steuerungsvermögen der jugoslawischen Föderation war durch die Verlagerung der Verhandlungsarena in die Unternehmen stark eingeschränkt. Anfang der 1970er-Jahre wuchs unter den führenden Politikerinnen und Politikern der Unmut über die Selbstbeschränkung der staatlichen Akteure. Kiro Gligorov, der der Kommission für Entwicklung der sozialistischen Selbstverwaltung und ökonomische Probleme vorstand, kritisierte den Marktsozialismus deutlich:

> „[W]ir können die Herrschaft des Marktes als einzigen Regulator des Wirtschaftslebens, d. h. des Marktes als Naturgewalt, die unabhängig von Gesetzen wirkt und nicht von menschlichen Aktivitäten kontrolliert wird, nicht gutheißen. Als Kommunisten können wir es nicht zulassen, dass unsere soziale und wirtschaftliche Entwicklung unabhängig von unseren Zielen, unserer Ideologie und unseren Vorstellungen [...] ihren Lauf nimmt."[55]

Auch Tito erklärte in seiner Rede auf dem zehnten Kongress des Bundes der Kommunisten Jugoslawiens: „Die staatlichen Organe können die Verantwortung für den wirtschaftlichen und gesellschaftlichen Zustand nicht von sich weisen und sind verpflichtet, sich dort zu engagieren, wo etwas nicht richtig läuft."[56] Partikularistische Schreckgespenster wie der Fraktionismus[57] innerhalb des Bunds der Kommunisten Jugoslawiens, der Nationalismus einzelner Republiken und der Egoismus der Unternehmen dienten zur Legitimierung der ausgedehnten Steuerung durch den Staat.

Die neue Verfassung von 1974 rehabilitierte die Verhandlungsarena zwischen Staat und Unternehmen. Milica Uvalić nennt folgende Regulierungsmechanismen, mithilfe derer die jugoslawische Föderation ihre sozialen Ziele an die Unternehmen weiterleiten konnte:

- die Wirtschafts- und Industriepolitik des Exekutivrats (ganz wie in den marktwirtschaftlichen Ökonomien üblich),
- Planungsinstrumente wie Jahres- und Fünfjahrespläne,
- die Koordinierung durch Selbstverwaltungsabkommen und Gesellschaftsverträge und
- Ad-hoc-Maßnahmen.[58]

Ähnlich der polnischen Wirtschaftsreform hatten die hier genannten Mechanismen eine Spaltung des Unternehmenssektors zur Folge. In ausgewählten Priori-

---

55 Savez Komunista Jugoslavije. Deseti Kongres Saveza Komunista Jugoslavije. Dokumenti, Beograd 1975, S. 65.

56 Ebd., S. 33.

57 Serbokroatisch: *frakcionaštvo*.

58 Uvalić: Investment, S. 59.

tätsbranchen waren die Arbeitsorganisationen, Gewerkschaften und Wirtschaftskammern verpflichtet, Selbstverwaltungsabkommen abzuschließen, und die Banken waren wiederum angehalten, die Vorhaben der assoziierten Organisationen zu finanzieren: „They [the banks; P. W.] had an obligation to preempt resources for priority projects before they could contemplate lending elsewhere."[59] Zwei divergierende Unternehmenswelten taten sich auf. Die erste Parallelwelt umfasste einfache Unternehmen, für die weiterhin die Vertragsfreiheit der Verhandlungsökonomie galt; der anderen gehörten Unternehmen aus Prioritätsbranchen an, die eine Sonderbeaufsichtigung erlitten und zugleich eine Sonderbehandlung genossen.

Die Frage, zu welcher Parallelwelt die jugoslawischen Werften gehörte, war wesentlich von einer geopolitischen Verschiebung abhängig. Im Zuge der Föderalisierung als Folge der neuen Verfassung von 1974 wanderten immer mehr Kompetenzen aus den Bereichen Planung und Entwicklung an die Organe der Republiken ab. Die Republiken entwickelten sich zu „nationalen Sub-Ökonomien".[60] Dank dieser Kompetenzenerweiterung und der starken Konzentration in der kroatischen Republik – die nach Slowenien finanziell am besten aufgestellt war – erhielt der Schiffbau den Rang einer Prioritätsbranche.[61] Die Schiffbauindustrie profitierte von dieser besonderen Aufmerksamkeit durch die Bereitschaft der lokalen Banken und Fonds, wie des Reservefonds der Republik und des Fonds der Republik, heimische Schiffprojekte zu kreditieren und die Liquidität der Werften zu garantieren.

Das vom Exekutivrat des Sabor 1978 durchgesetzte „Abkommen zur Sicherstellung von Zusatzkrediten für den Export von Ausstattung und Schiffen"[62] war Ausdruck der neuen Koordinierungsambitionen von Akteuren auf der Ebene der Teilrepubliken. Doch die Verhandlungssituation war deutlich fragmentierter als in Polen. Das komplexe Akteursnetz – bestehend aus staatlichen Organisationen (Exekutivrat, Finanzsekretariat und Wirtschaftsrat), einzelnen Interessensvertretern (Jadranbrod und die Vereinigung der Banken der SRH) und den einzelnen Unternehmen – gestaltete den Abschluss solcher Abkommen schwierig. Allein für

59 Prout: Market Socialism, S. 74.

60 Schierup: Migration, S. 213.

61 Neben dem Schiffbau erklärten die Delegierten der Versammlung der Wirtschaftskammern Kroatiens auch Energie, Landwirtschaft, die Handelsflotte, Tourismus, Verkehr und Petrochemie zu Prioritätsbranchen. Drago Kojić: „Sjednica skupštine privredne komore Hrvatske. Brodogradnja i flota na prioritetnoj listi", in: Glas Istre vom 26.2.1975, S. 7.

62 Dogovor o načinu osiguranja dopunskih sredstava za kreditiranje izvoza opreme i brodova i izvođenje investicijskih radova u inozemstvu na kredit od godine 1978. do 1980. idF von 20.3.1978, in: Narodne Novine (1978), 40/610.

das eben erwähnte Abkommen musste der Exekutivrat 22 Banken zur Unterschrift bewegen.[63]

Um die eigenen Interessen erfolgreich zu vertreten, setzten die Unternehmen auf Allianzenbildung. Regionale, aus Arbeitsorganisationen, Fonds, Banken und Lokalregierungen bestehende Cluster, versuchten lokale Interessen auf einer höheren Ebene durchzusetzen. So bildeten etwa Uljanik und die Istrische Bank Allianzen, wenn es darum ging, die Regionalbank gegenüber der Nationalbank in Zagreb zu vertreten. In einem Brief verliehen die Direktoren Uljaniks und der Istrischen Bank gemeinsam ihrer Forderung nach einem Kredit der Nationalbank an die Istrische Bank Nachdruck.[64] Sollte die Bank nicht einlenken, drohe eine Blockade der Konten Uljaniks mit verheerenden Folgen für die ganze Region: „Und dafür möchten Sie bestimmt nicht verantwortlich sein."[65] Obwohl ein klarer Fall von eigenem Versagen vorlag – ein Brand auf einem Öltanker für die nigerianische Bundesregierung – beriefen sich die Bank und das Unternehmen auf die eigene strukturelle Verhandlungsmacht, indem sie ein „Too Big to Fail"-Szenario an die Wand malten. Damit war schon die Werft Pariser Kommune nach dem Sturm Weihnachten 1984 erfolreich gewesen.

Die prioritäre Stellung der Werften äußerte sich im Import. Angesichts einer erhöhten Importrechnung für Öl und einer negativen Entwicklung des Handelsbilanzdefizits in den 1970er-Jahren[66] gab der Bundesexekutivrat die Maxime aus, den Import so weit wie möglich einzuschränken. Da der Schiffbau eine sehr importintensive Branche ist – Motoren, Winden, Kessel und Schiffspumpen mussten eingeführt werden –, konnte eine solche restriktive Handelspolitik für die Werften existenzbedrohlich werden. Der Exekutivrat reagierte auf die Bedrohung, indem er den Werften eine „Priorität beim Import von Halbfabrikaten"[67] einräumte.

Die Maßnahmen reichten nicht aus, um die Handelsbilanz Jugoslawiens aufzubessern. Im Jahr 1979 zwang die Auslandsverschuldung die Föderation dazu, einen an strenge Auflagen gebundenen Stand-by-Kredit beim Internatio-

---

63 Informacija o potrebi osiguranja dopunskih sredstava za kreditiranje opreme i brodova i izvodjenje investicijskih radova u inozemstvu na kredit u razdoblju od 1978. do 1980. godine, 5.12.1978, S. 1, HDA, 280/156.

64 Den Hintergrund des Briefes bildete ein Brand auf einem Öltanker für die nigerianische Bundesregierung, der die Auslieferung und damit die letzte Ratenzahlung verzögerte.

65 Brief von den Direktoren Uljaniks an das Republički sekretarijat za financije, 15.7.1976, HDA, 280/57.

66 Marie-Janine Calic: „The Beginning of the End. The 1970s as a Historical Turning Point in Yugoslavia", in: Marie-Janine Calic/Dietmar Neutatz/Julia Obertreis (Hg.): The Crisis of Socialist Modernity. The Soviet Union and Yugoslavia in the 1970s, Göttingen 2011, S. 72–75.

67 Dogovor o osnovama Društvenog plana Jugoslavije za razvoj strojogradnje i brodogradnje u razdoblju od 1976. do 1980. godine, S. 3, HDA, 280/23.

nalen Währungsfonds (IWF) aufzunehmen. Auch dieses verschärfte Sparprogramm tat der Subventionierung der Schiffbauindustrie keinen Abbruch. Der Grund dafür war, dass der IWF zusätzlich zur Drosselung der Inflation und der Kürzung der Staatsausgaben auch die Steigerung des Exports forderte. Der Präsident des Außenhandelskomitees der Republik sicherte den Exporteuren eine „absolute Priorität bei der Deckung und Sicherstellung des Importbedarfs" zu. „Die jugoslawische und kroatische Schiffbauindustrie hat Exportverträge im Wert von 900 Mio. USD abgeschlossen, und wenn sie Devisen für den Import des Rohmaterials für die Realisierung dieses Auftrags benötigen, müssen diese gesichert werden."[68] Immerhin lag der Anteil des Schiffbaus am Gesamatexport Kroatiens bei 20 %.[69] Trotz ihrer Unrentabilität entwickelten sich die Werften zu einem der Träger der vom Exekutivrat der kroatischen Republik ausgerufenen „Exportoffensive"[70]. Paradoxerweise hatte gerade die missliche Finanzlage des Bundes zu einer komfortablen Verhandlungsposition für die Schiffbauindustrie geführt.

Von diesem Zeitpunkt an kann von einer exklusiven Exportversessenheit Jugoslawiens gesprochen werden. Legitimierungsstrategien, die die 1970er-Jahre dominiert hatten, wie etwa die fatalen Auswirkungen einer Illiquidität Uljaniks für die regionale Wirtschaft und die Kommune oder der Multiplikatoreffekt, der die positiven Auswirkungen – also die von den Werften ausgehenden wirtschaftlichen Impulse auf andere Sektoren – misst, fanden in den Dokumenten des Exekutivrats der Republik keine Erwähnung mehr. In Zeiten der Sparpolitik büßte jegliche arbeitsmarkt- oder industriepolitische Funktion der Unternehmen ihre politische Repräsentation ein. Dementsprechend hörten die Interessensvertreter des Schiffbaus auf, Ansprüche aus weitverzweigten Verflechtungen und gegenseitigen Abhängigkeiten abzuleiten. In den 1980er-Jahren musste jede Forderung der Werften mit Argumenten zur Exportwirksamkeit unterfüttert werden. Die Besessenheit der Politik vom Export übertünchte nicht nur die Illiquidität der einzelnen Unternehmen, sondern auch die Unrentabilität der gesamten Schiffproduktion nach der Rezession Mitte der 1970er-Jahre. Jeder in der Schiffbauin-

68 Drago Kojić: „Sjednica izvršog vijeća sabora SR Hrvatske. Brži pogon za Brodogradnju", in: Glas Istre vom 27.2.1980, S. 3.

69 Boris Maljković: „Komentar. Brodovi na papiru", in: Glas Istre vom 18.8.1980, S. 3. Zu Höchstzeiten war Uljanik nach den beiden Außenhandelsorganisationen Centrotekstil und Jugometal sogar Jugoslawiens drittgrößtes Exportunternehmen. O. A.: „Uljanik prvi izvoznik-proizvođač", in: Brodogradnja 6 (1973), S. 396.

70 Drago Kojić, „Svi putevi vode u izvoz", in: Glas Istre vom 23/24.2.1980, S. 3.

dustrie eingesetzte Dinar produzierte 0,18 Dinar Einnahmen.[71] Zu diesem Schluss kam nicht etwa der IWF, sondern der Exekutivrat des Bundes. Dennoch war für ihn dieser geringe Wert ausreichend, um die Legitimität der Schiffbauindustrie zu gewährleisten, solange die Kunden den Betrag in Devisen überwiesen.

Als Uljanik im Jahr 1987 vor dem Konkurs stand, war das keineswegs auf einen politischen Legitimationsverlust zurückzuführen. Die Ursache für ihre missliche Lage war eher in der gescheiterten Überzeugungsarbeit gegenüber dem Bankensektor zu suchen. Die Banken entschlossen sich die Konten der hochverschuldeten Werft zu sperren. Selbst die Einflussnahmen der Republik gingen ins Leere. Keine Bank war noch länger dazu bereit, die Schiffbauproduktion zu finanzieren. Nicht einmal die Exportbank JUBMES war finanziell noch in der Lage, Kredite zu gewährleisten.[72] Dass Gelder kaum mehr flossen, lag also weniger an den staatlichen Prioritäten als an ihrer Durchsetzung. Die Illiquidität der Werft Uljanik fußte in der Schwäche der staatlichen Verhandlungspartner, die ihre Versprechen nicht mehr in die Tat umsetzen konnten. Das gemeinsame Exportprogramm des Exekutivrats der Republik hatte jede Verbindlichkeit eingebüßt.

Das Problem war nicht neu. Schon früher hatten sich die Selbstveraltungsabkommen als fragil erwiesen und die Banken, die den unrentablen Schiffbaumarkt scheuten, deren Umsetzung sabotiert. So hatte etwa die Istrische Bank das Selbstverwaltungsabkommen für Zusatzkredite zwischen 1978 und 1980 boykottiert und auch beim sogenannten Piraner Abkommen, das einige protektionistische Maßnahmen umfasste, war es immer wieder zu Implementierungsschwierigkeiten gekommen. Trotz der Direktivregelung für die Schiffbaubranche gelang es dem Exekutivrat nicht, die Einhaltung der Selbstverwaltungsabkommen hinlänglich zu kontrollieren. Hinter diesen Störfaktoren verbargen sich zweifellos divergierende Interessen der einzelnen Akteure, der erstarkende Eigensinn und gleichzeitig die monetären Beschränkungen der Banken. Vor allem dokumentieren die Vertragsbrüche aber die ungenügende Durchsetzungsfähigkeit der Regierung. Der Umstand eines schwachen Staates relativierte in vielen Fällen die theoretische Verhandlungsmacht der Arbeitsorganisationen. Verhandlungsmacht ließ sich höchstens durch die Fähigkeit messen, staatlichen Akteuren Versprechen und Gesetze abzuringen; ob der Staat jedoch imstande war, die anderen Akteure zu ihrer Einhaltung zu mobilisieren, stand auf einem anderen Blatt.

Die Dissonanz zwischen Insolvenz und Produktion ist ein Leitmotiv der Unternhmensgeschichte Uljaniks. Angesichts der aktuellen Lage muss es einen

71 Savezno izvršno vijeće, Generalni sekretar. Predmet: 1. Tretman izvoza brodova u SSSR ..., 9.1. 1979, HDA, 280/161.

72 Informacija o problemima u poslovanju brodogradnje s prijedlohzima rješenja, 11.5.1987, HDA, 280/366.

skurrilen Eindruck gemacht habe, als der Direktor sich aus Anlass des 130. Jubiläums der Werft vor dem Präsidenten der sozialistischen Republik Kroatien Ante Marković brüstete, Jugoslawien sei im Vorjahr nach den Auftragsbüchern die drittgrößte Exportnation im Schiffbau gewesen sei, die Nummer eins in Europa. „Eine solche Position auf dem Weltmarkt hat keine einzige andere Industriebranche".[73] Der Direktor versuchte Kapital zu schlagen aus der gerade erschienenen Veröffentlichung eines Schiffbaurankings in Lloyds Register 1987 und das Ergebnis in Vertrauen zu konvertieren. Auf die kritische Nachfrage eines Journalisten, ob der Schiffbau überhaupt Bestand haben werde, antwortete der Direktor Radolović euphorisch:

> „Jedem realistischen Menschen, der vielleicht zu Hause auf den Schiffbau schimpft, sagen solche Verträge, wie sie der jugoslawische Schiffbau heute unterzeichnete, dass die Welt an diesen Schiffbau glaubt. Wenn wir auch in Pula, Split, Rijeka und dann in Zagreb und Belgrad anfangen würden, an den Schiffbau zu glauben und entsprechend zu handeln, wäre alles deutlich einfacher."[74]

Der Besuch des Präsidenten der sozialistischen Republik Kroatien während der Liquiditätskrise des Unternehmens deutet auf das Vorhandensein informeller Strukturen parallel zu den überinstitutionalisierten Selbstverwaltungsabkommen hin. Diese Kontakte bildeten die instrumentelle Macht, die auf persönlichen, informellen Beziehungen – den „veze" – zu administrativen und staatlichen Organen beruhte. Für die Anthropologin Bajuk Senčar charakterisiert „die soziale und politische Interaktion (in Form von Lobbying, informellen Verhandlungen auf mehreren Ebenen usw.)" zwischen den politischen Akteuren und dem Netzwerk der „roten Direktoren" die Funktion der Direktoren in einem selbstverwalteten Unternehmen.[75] Sie fungierten letztlich als eine „Art Außenminister ihrer eigenen Arbeiterräte".[76]

Gerade Ende der 1980er-Jahre, in denen sich das wirtschaftliche und politische System aufzulösen drohte, erwarteten sich viele Schiffbauerinnen und

---

73 O. A.: „ Proslavili smo 130 godina", in: Uljanik vom 1.2.1987, S. 14.

74 D. Blade: „Putokazi. Brodogradnja zaslužuje povjerenje", in: Glas Istre vom 29.12.1987, S. 5.

75 Tatiana Bajuk Senčar: „Direktorji in družbene mreže", in: Jurij Fikfak/Jože Prinčič/Jeffrey D. Turk (Hg.): Biti direktor v času socializma. Med idejami in praksami, Ljubljana 2008, S. 187–204, hier S. 195. Nach den Untersuchungen von Bajuk Senčar waren drei Netzwerke für den Erfolg eines Direktors zentral: das betriebliche Netzwerk mit Expertinnen und Experten, das Parteiennetzwerk und das Netzwerk der Unternehmensdirektoren.

76 Jurij Fikfak/Jože Prinčič/Jeffrey D. Turk/Tatiana Bajuk Senčar: „Company Directors under Socialism. Between Ideas and Practice", in: Jurij Fikfak/Jože Prinčič/Jeffrey D. Turk (Hg.): Biti direktor v času socializma. Med idejami in praksami, Ljubljana 2008, S. 267–278, hier S. 270.

-bauern Stabilität von einzelnen Personen oder Akteursnetzwerken. Sowohl die Beschäftigten als auch das Management setzten einige Hoffnung in den von den Schiffbauerinnen und -bauern geachteten, aber weithin unbekannten Ivo Vrandečić, als er das höchste Amt in Jugoslawien antrat. Vrandečić war am 15. Mai 1986 zum Präsidenten der Nationalversammlung der Sozialistischen Föderation Jugoslawiens gewählt worden. Der kroatische Schiffbauingenieur war seit 1981 Präsident des Geschäftsverbands Jadranbrod gewesen und dadurch wie kein Zweiter in den jugoslawischen Werften vernetzt. Bei einem wenige Tage nach seiner Bestellung stattfindenden Schiffbausymposium in Pula setzten die Teilnehmenden einen Brief an „ihren" Präsidenten auf:

> „Wir kennen Dich und Deine Fachkenntnisse, Deine professionellen und menschlichen Qualitäten, gehärtet durch die anspruchsvolle Schiffbaubranche; und so glauben wir, dass Dein persönlicher Beitrag zur Lösung und schnellen Überwindung der Schwierigkeiten, die in unserer Gesellschaft herrschen, in unserem Schiffbau und allen anderen [Branchen; P.W.] auf der Grundlage der Weiterentwicklung der sozialistischen Selbstverwaltung, der Brüderlichkeit und der Einheit helle und bessere Tage bringen wird."[77]

Noch im selben Jahr trafen sich Vrandečić und Ante Marković in Pula, um durch ihre Anwesenheit bei der Taufe des Containerschiffs Koper-Express ihre Solidarität mit Uljanik zum Ausdruck zu bringen.

Obwohl es also Kanäle zwischen den Werften, ihrem lokalen Kontext und den höchsten Vertreterinnen und Vertretern der Politik in Zagreb oder Belgrad gab, waren die Versuche, instrumentelle Macht auszuüben, zu diesem Zeitpunkt zum Scheitern verurteilt. Zum einen waren die Tage der Galebisierung[78] der jugoslawischen Politik mit dem Tod Josip Broz Titos gezählt. Nach ihm gelang es niemandem mehr, eine charismatische Herrschaft auszuüben, die es erlaubte, Abmachungen auf einer Schiffsreise über die Adria oder einer einsamen Insel vor Fažana zu treffen. Zum anderen waren die Durchgriffsrechte der einzelnen Akteure durch die Auflagen des IWF und vor allem durch Liquiditätsprobleme so weit eingeschränkt, dass sie kaum noch Ressourcen zu verteilen hatten. Darüber hinaus fiel es den Politikerinnen und Politikern immer schwerer, andere Akteure wie Banken und Zulieferer für politische Projekte zu mobilisieren. Solange die Herrschaftslegitimität der Politik selbst an einem seidenen Faden hing, konnten ihre Repräsentantinnen und Repräsentanten schwerlich die Schirmherrschaft für unrentable Werften wie Uljanik übernehmen.

77 O. A.: „Ivo Vrandečić: predsjednik Skupštine SFRJ", in: Brodogradnja 34 (1986), Nr. 3, S. 173.
78 „Galeb" hieß die repräsentative Yacht des jugoslawischen Machthabers Tito. Auf ihr empfing der Marschall Staatsoberhäupter und warb während des Kalten Krieges für die Politik der Blockfreiheit.

4.3 Polyphonie als Rhetorik des Überlebens in Kroatien

Der Tod Titos im Mai 1980 hinterließ ein politisches Vakuum in Jugoslawien. Die 1980er-Jahre waren durch einen schleichenden Verfall der von Wolfgang Höpken beschriebenen „Legitimitätsgrundlagen des jugoslawischen Systems" geprägt.[79] Nach dem Ende der charismatischen Legitimation hatte die Wirtschaftskrise der effizienzbasierten Legitimation jegliche Grundlage entzogen. Schließlich hatte eine Welle von wilden Streiks der Arbeiterinnen und Arbeiter auch die partizipative Legitimation der Selbstverwaltung obsolet gemacht. Legitimitätskrisen wie diese sind für Seymour Martin Lipset unbeabsichtigte Nebeneffekte gesellschaftlicher Transformationsprozesse.[80] Dem amerikanischen Soziologen zufolge bezeichnet Legitimität den Kitt, der eine Gesellschaft, trotz einer mangelnden Effizienz staatlicher Institutionen, zusammenhält. Da der junge kroatische Staat Effizienz im Sinne einer schnellen Lösung der vielfältigen politischen, sozialen sowie wirtschaftlichen Probleme nicht bieten konnte, stieg sein Legitimitätsbedarf. Für den Anfang sollten eine nationalistische Ideologie und das Charisma des neugewählten Präsidenten Franjo Tuđman die Legitimationsgrundlage des neuen politischen Regimes bilden.[81]

Da das unabhängige Kroatien damit beschäftigt war, außenpolitische Legitimität in Form von internationaler Anerkennung und gleichzeitig gesellschaftliche Legitimität zu generieren, konnte es nicht länger die Schirmherrschaft für unrentable Unternehmen übernehmen. Die Schiffbauindustrie, das einstige Vorzeigekind, geriet nun zum Stiefkind, das ständig nach der „Hilfe der Banken und des Staates"[82] rief und doch kein Gehör mehr fand. Zweimal wurde die Lage der Werft nach der Gründung der Republik Kroatien existenzbedrohend, in den Kriegsjahren von 1993 bis 1995 und in den Jahren 2018/19, wenige Jahre nach der vermeintlichen Privatisierung.

Die Antiinflationspolitik der HDZ-Regierung in der ersten Hälfte der 1990er-Jahre hätte die kroatische Werftenindustrie beinahe erstickt. Die Brandmarkung Kroatiens als Risikoland erschwerte die Situation zusätzlich, insbesondere gegenüber Investoren und Reedereien. „Die Schiffbauer aus Pula wissen nicht, welche Zukunft sie erwartet."[83] Die epistemologische Ungreifbarkeit der Zukunft,

---

79 Wolfgang Höpken: „Jugoslawien. Von der Wirtschaftskrise zur Systemkrise", in: Südosteuropa 31 (1982), Nr. 11–12, S. 607–625, hier S. 608.

80 Lipset: „Some Social Requisites".

81 Vgl. Goran Čular: „Political Development in Croatia 1990–2000. Fast Transition – Postponed Consolidation", in: Politička misao 37 (2000), Nr. 5, S. 30–46.

82 G. Drenak: „Nužna pomoć banaka i države", in: Glas Istre vom 27.12.1990, S. 4.

83 Ratko Radošević: „Zabrinuti pulski brodograditelji", in: Glas Istre vom 28.1.1993, S. 14.

die der Journalist der *Glas Istre* hier ansprach, weist auf eine bis dahin unbekannte Verletzlichkeit der Werft hin und damit implizit auf einen gefühlten Legitimationseinbruch. Das noch von Premierminister Ante Marković verschärfte Insolvenzrecht hing wie ein Damoklesschwert über der Existenz Uljaniks. Der Premierminister Nikica Valentić erachtete es als notwendig, bei einem Besuch in Pula vor den schwerwiegenden Folgen eines Konkurses zu warnen: „Der Bankrott des Schiffbaus würde Istrien an den Bettelstab bringen."[84] Bei den Verhandlungen mit dem Staat bestand der Einsatz nicht länger nur in Exportkrediten und Investitionsmitteln; die Werft würfelte mit dem Tod.

Nicht nur das nackte Überleben war legitimitätsbedürftig geworden. Seit der Umwandlung in eine Aktiengesellschaft 1991 war der kroatische Staat Mehrheitseigentümer der Werft Uljanik. Während das soziale Eigentum in Jugoslawien legitimitätsstiftend gewirkt hatte, verschärfte die staatliche Eigentümerschaft das Legitimitätsdefizit der Werft. Sie musste den Schiffbauerinnen und -bauern, die die De-facto-Verstaatlichung teils als Enteignung verstanden, vermittelt werden. Die HDZ-Partei wählte eine defensive Strategie, indem sie formale Gründe für die Adoption der Eigentümerfunktion vorschob. Die Verstaatlichung sollte erst einmal Klarheit in die Eigentumsverhältnisse und die Werften irgendwie durch die Kriegswirren bringen.

Auf das Problem der nicht definierten Eigentumsrechte[85] folgte das Dilemma der provisorisch-definierten Eigentumsrechte. Denn tatsächlich handelte es sich bei der Frage der Eigentumsrechte nicht so sehr um einen juristischen Stolperstein als vielmehr um ein Legitimationsproblem. Nicht nur den enteigneten Beschäftigten gegenüber war eine Verstaatlichung legitimationsbedürftig. Auch die kroatischen Bürgerinnen und Bürger, deren Steuern nun Geschäftsrisiken ausgesetzt waren, zeigten sich besorgt. Das staatliche Eigentum hatte sie indirekt zu Shareholdern gemacht. Jugoslawische Kommunistinnen und Kommunisten lehnten die „Sowjetisierung", die sie in der Verstaatlichung sahen, aus ideologischen Gründen ab.[86] Die Sozialdemokratie wiederum störte sich daran, dass die staatlichen Fonds zwar Mehrheitseigentümer waren, die Werften aber dennoch unprofitabel wie eh und je agieren könnten, weil sie kaum kontrolliert wurden.[87] Wiederum anderen, insbesondere Angehörigen anderer Branchen, blieb die Le-

84 Ders.: „‚Uljanik' uoči najavljenih oštrih rezova vlade. Tisuću Uljanikovaca na listi čekanja", in: Glas Istre vom 21.2.1995, S. 4.

85 Vgl. Dobias/Mehić/Rohmann: Marktwirtschaftliche Transformation.

86 E. Randića: „‚Torpedo'. Napuhani, Tromi Dinosaurus", in: Glas Istre vom 14.10.1990, S. 5.

87 Für diese Gruppe reduzierte sich ein Teil des Legitimitätsdefizits ab 1995, als im Zuge des Sanierungsprozesses eine weitreichende Kontrolle die Finanzhilfen und Staatsbeteiligungen kompensierte.

gitimation des Risikos, das der Staat mit der Verstaatlichung Uljaniks eingegangen war, bis zuletzt unplausibel. Für sie zeugten der misslungene Verkauf an einen norwegischen Investor 1996 und die in regelmäßigen Abständen wiederkehrende Frage nach der Privatisierung der Werft davon, dass es weder der Regierung noch den Vertreterinnen und Vertretern der Werft gelungen war, eine kohärente Legitimierungsstrategie des staatlichen Eigentums zu entwickeln.

Angesichts des Legitimitätsdefizits des staatlichen Eigentums und der Subventionen entwickelten die Akteure der Schiffbauindustrie selbst diverse Selbstverteidungsstrategien. Die erste Strategie war eine identitätspolitische. Die Wortführerinnen und Wortführer der Werften schrieben sich in die nationalistische Legitimität des politischen Regimes ein. Laut dem Schiffbauexperten und Berater des Wirtschaftsministers Milan Čuvalo hätten die Werften bewiesen, dass sie vor der Verteidigung der Heimat und der Beteiligung an ihrem Aufbau nicht zurückscheuten: „Als es notwendig war, in die erste Verteidigungslinie zu gehen, um eine massive Brücke zu bauen oder die Löhne zu kürzen, gehörten die Schiffbauer mit zu den ersten.“[88]

Die nationalistische Argumentationslinie stützte sich auf die Nationalisierung der Werften als Ergebnis der Föderalisierung Jugoslawiens mit der Verfassung von 1974. Die Gründung des unabhängigen Staates verstärkte diese Korrelation noch einmal. Direktor Radolović griff sogar zu Tropen der nationalen Ganzheit: Das Schicksal der Werft stand pars pro toto für das des Staates. Die Werft könne ohne den gesunden und kriegsbefreiten Staat nicht bestehen, da sie eine sichere Auftragslage und Auslandskredite brauche. Der Staat wiederum könne ohne die Werft nicht gedeihen, weil diese für soziale Sicherheit und ein Versprechen für die Zukunft stehe. Folglich müsse die Regierung „die Voraussetzungen schaffen, damit der Staat funktionieren kann und damit auch der Schiffbau“.[89] Es war Radolović gelungen, die Aktienbesitzer mit seiner Rhetorik anzustecken. „Ohne die Hilfe des Staates kann der Schiffbau nicht aus seinen Schwierigkeiten herausfinden, aber auch der Staat Kroatien kann seine wirtschaftlichen Probleme nicht überwinden, wenn der Schiffbau nicht genesen wird“, heißt es in einem Bericht über die Aktionärsversammlung 1994.[90] Die Argumentationsschiene des Direktors erinnert an eine Untersuchung des Anthropologen Ivan Rajković zum serbischen Automobilhersteller Zastava. Uljanik stand

88 Milan Čuvalo: „Hrvatska brodogradnja. Stanje i perspektive“, in: Brodogradnja 41 (1993), Nr. 4, S. 231–234, hier S. 234.

89 Jagoda Vukušić: „Privatizacija. Ključ gospodarskog razvoja“, in: Glas Istre vom 24.1.1992, S. 6.

90 Ratko Radošević: „‚Metlom‘ po brodograđevnom čvoru“, in: Glas Istre vom 28.2.1994, S. 8.

mit seinem Plädoyer auf eine nicht näher spezifierbare „Nützlichkeit für den Staat“ nicht alleine da.[91]

Die nationalistische Kerbe war nicht die einzige, in die die Schiffbauerinnen und -bauer zur Rechtfertigung schlugen. Eine weitere Argumentationslinie richtete sich an jene gesellschaftlichen Gruppen, die für eine nationalistische Ideologie unmusikalisch waren.[92] Für einen Vertreter einer istrischen Gewerkschaft war es augenscheinlich, „dass ein Kroatien, das nur die Habgier des Profits und nicht im gleichen Maße die Arbeit und den Arbeiter verteidigt, kein echter Staat ist“.[93] Ein legitimer Staat müsse in dieser Logik einen Bruch mit den IWF-Auflagen und Markovićs Schocktherapie vollziehen, um die Anzahl der Transformationsverliererinnen und -verlierer möglichst gering zu halten. Insbesonders unter Beschäftigten von ehemals selbstverwalteten Unternehmen betätigte sich der junge Staat als „Great Distributor“[94], um Legitimität zu verbreiten. Diese Gruppe forderte die Einbeziehung der Beschäftigung der Werften in die staatliche Sozialpolitik. Die Verschmelzung von Industrie- und Sozialpolitik war Teil einer von Pieter Vanhuysse konzeptuell beschriebenen „strategischen Sozialpolitik“,[95] die Krisenherde präventiv befriedet.[96]

Um die Rezipientenschaft zu verbreitern, verknüpfte der langjährige Direktor Uljaniks sozialpolitische mit identitätspolitischen Argumenten: „Ich behaupte, dass es die einzige Branche ist, die Verträge – und Chancen auf weitere – hat, mit denen sie den Kriegsrückkehrern Beschäftigung geben kann.“[97] Hier konnte der Schiffbau seine regional- und arbeitsmarktpolitische Trümpfe als tiefverwurzelte,

91 Ivan Rajković: „Concern for the State“, S. 41.

92 Der sozialpolitische Faktor war insbesondere in der Gespanschaft Istrien von Bedeutung. Die historische Region Istrien gilt als antifaschistische, multikulturelle und eher regionalistische als nationalistische Hochburg, in der weite Teile der Bevölkerung die Legitimation des neuen Regimes nicht überzeugte. Siehe dazu Ulf Brunnbauer: „Globalisierung als Chance. Die vielen Leben der Schiffswerft Uljanik in Pula“, in: Südost-Forschungen 75 (2016), S. 95–117.

93 Zit. in Ratko Radošević: „Država štiti nezasitni profit a ne radnike“, in: Glas Istre vom 24.11. 1995, S. 20.

94 Rajković: „Concern for the State“, S. 41.

95 Pieter Vanhuysse stützt sich in seiner Argumentation auf die Transformation in den Ländern Polen und Ungarn. „[E]arly postcommunist governments that were strongly committed to economic reforms made strategic use of state power in their efforts to ensure political order and to safeguard their initial reforms.“ Ders.: „Silent non-Exit and Broken Voice. Early Postcommunist Social Policies as Protest-Preempting Strategies“, in: Südosteuropa 67 (2019), Nr. 2, S. 150–174, hier S. 153.

96 Ders.: Divide and Pacify. Strategic Social Policies and Political Protests in Post-Communist Democracies, Budapest/New York 2006, S. 3.

97 Branko Ryšlavy: „Hrvatska brodogradnja danas. Razgovor s Karlom Radolevićem, predsjednikom Uljanika“, in: Brodogradnja 40 (1992), Nr. 3–4, S. 103–110, hier S. 105.

arbeitsintensive Industrie ausspielen. Zusätzlich zu sozialpolitischen Argumenten deutete Karlo Radolović in dem zitierten Interview eine weitere, handelspolitische Legitimationsressource gegenüber dem neugegründeten, bankrotten und kriegsversehrten Staat an: die künftigen Aufträge. Der Direktor gab zu, dass die Auftragslage gerade fatal und die Werft faktisch insolvent sei. Aber sei daran nicht vor allem der Krieg mit der Republik Serbische Krajina schuld? Die Weltkonjunktur befand sich im Aufschwung, und so gelang es dem Direktor, seine Werft als ein Zukunftsversprechen an den kroatischen Staat zu verpacken. Auch der Schiffbauberater des Wirtschaftsministers wurde nicht müde, auf die Perspektive des kroatischen Schiffbaus hinzuweisen: Er rechne damit,

> „dass das kommende Jahr in jeder Hinsicht besser wird. Langsam, aber sicher, stabilisieren sich die politischen und wirtschaftlichen Bedingungen in Kroatien, den Schiffbau erwartet eine Konjunkturwelle […]. Mit Ordnung, Arbeit und Einsparungen ist dies ein Grund für Optimismus und Hoffnung auf ein besseres Morgen.“[98]

Der Politiker warb für die Fortsetzung einer „maritimen Orientierung“[99], die den Fortschritt des neuen Staates gewährleisten sollte.

Anders als während der 1980er-Jahre, als der Export Exklusivität unter den Legitimationsstrategien beanspruchte, waren die postsozialistischen Regime nicht mehr in der Lage, eine ähnliche Kohärenz zu produzieren.[100] Da die politischen Ziele noch nicht zu Ende formuliert und die Elektorate sich noch in ihrer Formierungsphase befanden, mussten auch die Legitimationsstrategien der Unternehmen in der Schwebe bleiben. Erfolgversprechend in einer wechselhaften politischen Realität schien einzig die Polyphonie. Für Stark kennzeichnen „polyphone Diskurse“ die Schuldenpolitik postsozialistischer Staaten: „We can hear that polyphonic chorus in the diverse ways that firms justify their claims for participation in the debt-relief program.“[101] Je größer die Bandbreite an Argumenten, desto höher die Erfolgswahrscheinlichkeit.

98 Milan Čuvalo: „Hrvatska brodogradnja – stanje i perspektive“, in: Brodogradnja 41 (1993), Nr. 4, S. 231–234, hier S. 234.

99 Goran Drenjak: „Do kliničke smrti navoza?“, in: Glas Istre vom 23.1.1993, S. 8. Siehe weiterführend zur maritimen oder adriatischen Orientierung Igor Tchoukarine: „To Serve the King, the State and the People. The Adriatic Guard's Ambiguous Position in Interwar Yugoslavia“, in: European Review of History: Revue européenne d'histoire 26 (2019), Nr. 1, S. 121–140.

100 Stark: „Recombinant Property“.

101 Ebd., S. 1015.

Die Polyphonie der Legitimitätsstrategien war nicht nur der Instabilität des politischen Regimes, sondern auch einer uneindeutigen Vertretung der Interessen der Werften und ihrer Beschäftigten geschuldet. Auf jeweils unterschiedlichen Ebenen bildeten voneinander unabhängige Akteure die Stimme der Schiffbauindustrie; doch niemand verstand sich als ihr generisches Sprachrohr. Die Zögerlichkeit der Gewerkschaften, die politische Arena zu betreten, hatte historische Gründe.[102] In der jugoslawischen Selbstverwaltungswirtschaft befanden sich die Gewerkschaften in einer Identitätskrise. Nach Wolfgang Soergel hatten sie sich auf „Hilfsfunktionen im Bereich der Weiterbildung der Arbeiter und der sozialen Fürsorge" zurückgezogen.[103] In einer von Žuvela in den 1970er-Jahren durchgeführten Umfrage beschieden Mitarbeiterinnen und Mitarbeiter der Werften der Gewerkschaft innerhalb der Organisation Jadranbrod einen sehr geringen Einfluss.[104] Passivität und politische Selbstbeschränkung konnten die Gewerkschaften auch nach Abschaffung der Selbstverwaltung nicht sofort abstreifen. Bis zur Insolvenz Mitte der 1990er-Jahre traten die Gewerkschaften nicht als Interessensvertreter der Beschäftigten oberhalb der Betriebsebene auf.

Die Unternehmenskrise stellte für die Gewerkschaften einen Aufruf zur Selbsttransformation dar.[105] Im Jahr 1995 hielten die Gewerkschaften der Metallbranche und der Gespanschaft Istrien anlässlich von Lohnverzögerungen einen Warnstreik gegen das Management ab. Sie erkannten bald, dass diesem die Hände gebunden waren, weil die Entscheidung zur Schuldenrestrukturierung letztlich von der Regierung abhing. In dieser für sie neuen Verhandlungskonstellation leuchtete den Beteiligten ein, dass ein Rückzug auf die Betriebsebene einem strategisch ungeschickten Schattenspiel gleichkäme. Silvano Hrelja, gewerkschaftlicher Vertrauensmann und später Abgeordneter der Kroatischen Rentnerpartei, kritisierte die Selbstbeschränkung der Gewerkschaften öffentlich: „Wir

102 Siehe Mihail Arandarenko: „Waiting for the Workers. Explaining Labor Quiescence in Serbia", in: Stephen Crowley/David Ost (Hg.): Workers after Workers' States. Labor and Politics in Postcommunist Eastern Europe, Lanham, Md. 2001, S. 159 – 179.

103 Soergel: Arbeiterselbstverwaltung, S. 254.

104 Zitiert nach ebd., S. 255.

105 „Selbstbeschränkung" und „Selbsttransformation" sind beides Forschungstermini aus einem etwas anderen Kontext. Sie beziehen sich auf die Transformationsgeschichte der polnischen Gewerkschaften und Beschäftigten. Staniszkis Begriff der Selbstbeschränkung bezeichnet den Versuch der Solidarność in einen Verhandlungsraum mit der Regierung zu treten. Elizabeth Dunns Begriff der Selbstransformation kennzeichnet die Selbstbeschreibung entlang von ökonomischen und politischen Transformationen. Siehe dazu Staniszkis: Poland's Self-Limiting Revolution; Elizabeth Dunn: Privatizing Poland. Baby Food, Big Business, and the Remaking of Labor, Ithaca 2004.

müssen uns politisch profilieren."[106] Von nun an versuchten sie nicht mehr gegen das Management zu arbeiten, sondern betrachteten den Vorstand als Alliierten im Kampf um überlebenssichernde staatliche Ressourcen.

Die Schwäche der Gewerkschaften zeigte sich erneut gut zwanzig Jahre später, als Ende 2017 die zweite große Unternehmenskrise nach dem Kroatienkrieg ausbrach. Das Unternehmen verkündete den höchsten Geschäftsverlust seiner Geschichte in Höhe von 1,8 Mrd. HRK. Ähnlich wie in den 1990er-Jahren lag dem auf der Oberfläche breiten politischen Konsens zur Rettung der beiden Schiffswerten Uljanik und 3. Maj in Rijeka eine Polyphonie an Argumenten zugrunde. Die Wirtschaftsministerin wollte Pula vor dem Status einer Monostadt, deren Schicksal allein vom Florieren des Tourismus abhängt, bewahren.[107] Konservative Politikerinnen und Politiker stellten erneut identitätspolitische Bezüge her und deklarierten ein „nationales Interesse",[108] das niemand wagte, aufzudröseln; andere bezeichneten den Schiffbau als „strategische Industrie",[109] wobei auch hier im Dunkeln blieb, was das implizierte. Der Vorstandsvorsitzende seinerseits leitete einen Hilfsanspruch aus der Tatsache ab, dass Uljanik über die vergangenen 25 Jahre hinweg vom Staat viel weniger öffentliche Gelder als alle anderen Werften aufgebraucht hätte. Er wies auch auf die bereits eingeleitete Neuorientierung im Produktionsportfolio hin.[110] Während die lokalen Politikerinnen und Politiker weiterhin Argumente im sozialen Umfeld der Werft suchten und auch die Regierungspartei sich einen harten Schnitt politisch nicht erlauben konnte, bezog sich die Selbstlegitimation der Beschäftigten auf ein „Sensemaking" aus dem eigenen Arbeitsalltag: „If Uljanik uses its resources well but still shows a loss on its balance sheet, then it should receive the state support necessary for its survival."[111]

---

106 J. Orlić/B. Ćustić: „Kolike su managerske plaće?", in: Glas Istre vom 10.4.1995, S. 9.

107 Martina Dalić: Budućnost brodogradnje u Hrvatskoj, nicht veröffentl. Vortrag, Zagreb, 27.3. 2018.

108 Hina: „Miletić: Odluka Vlade o Uljaniku ispravna i pravovremena", in: Glas Istre vom 22.1. 2018, S. 5.

109 O. A.: „Predstavnici radnika i sindikata Uljanika krenuli u Zagreb na sastanak s predsjednicom Grabar-Kitarović", in: Glas Istre vom 27.3.2019, https://www.glasistre.hr/pula/predstavnici-radnika-i-sindikata-uljanika-krenuli-u-zagreb-na-sastanak-s-predsjednicom-grabar-kitarovic-584305, zuletzt geprüft am 1.12.2019.

110 Stellvertretend für die Modernisierung stand das Projekt Apollo: ein Errichterschiff für ein niederländisches Offshore-Unternehmen. Milan Pavlović: „Impresivna platforma ‚Apollo' vrijedna 100 milijuna dolara isporučena naručitelju", in: Glas Istre vom 10.8.2018, S. 4.

111 Zitiert nach Andrew Hodges: „Psychic Landscapes, Worker Organizing and Blame. Uljanik and the 2018 Croatian Shipbuilding Crisis", in: Südosteuropa 67 (2019), Nr. 1, S. 50 – 74, hier S. 69.

Der Beitritt zur Europäischen Union im Jahr 2013 hatte das etablierte Verhältnis des Staates zu den unrentablen Unternehmen nachhaltig gestört. Die Frage der politischen Legitimität, die im Zentrum der Unternehmenssanierung der 1990er-Jahre gestanden hatte, wurde ersetzt durch Zweifel an der Legalität ausgewählter Subventionsformen. Die Frage des „wie" löste die Gretchenfrage des „ob" ab. So hielten sich etwa alle Beteiligten an das Tabu, direkte Subventionen zu fordern. Obwohl unter der Hand selbst Wirtschaftsliberalen wie dem potenziellen Investor Darko Končar und der Partei HNS klar war, dass der Staat sehr wohl eine Schlüsselrolle in der Restrukturierung würde spielen müssen, betonten alle politischen Akteure, dass es ihnen gar „nicht einfiele zu behaupten, dass der Schiffbau direkt subventioniert werden sollte".[112] Spätestens seit der Abwicklung der Werft Gdynia wussten sie, dass die Wettbewerbshüter der Europäischen Union Subventionen nicht mehr so einfach zulassen würden.

Wenn es nach den Vorstellungen der Regierung ging, sollte ein ominöser strategischer Investor als Deus ex Machina mit einem Schlag sowohl das Problem der Legitimität als auch der Legalität einer Rettung Uljaniks lösen. Allerdings begegneten die Uljanikovci dem Anwärter Darko Končar mit großer Skepsis. Das traditionell misstrauische Verhältnis privaten Investoren gegenüber traf hier in unglücklicher Weise auf eine Heiland-Suche für die vom Staat hinterlassene Lücke.

Als die Verhandlungen zum Restrukturierungsplan mit der Europäischen Kommission ins Stocken gerieten, wurde die öffentliche Diskussion über die Legitimität und Legalität möglicher Interventionen durch die Frage nach der Verantwortung ersetzt. Drei Akteure schoben sich nun gegenseitig die Verantwortung zu: „der Staat, der Vorstand und der strategische Investor".[113] Der Premierminister und der Finanzminister verschanzten sich hinter den Richtlinien der Europäischen Union und stellten klar, dass sie lediglich Staatsgarantien mittragen konnten, aber nicht mehr. Sie erklärten: „Die Verantwortung liegt beim Vorstand."[114] Der Vorstandsvorsitzende Uljaniks versuchte wiederum, sich in diese Nichthaftbarkeitslogik einzuschreiben: „[I]ch bürge dafür, dass es [in der Verwaltung Uljaniks; P. W.] keine Unverantwortlichkeiten gab."[115] Der potenzielle

---

112 Ders.: „Traži se rješenje, a štrajk na vidiku. Država će plaće u Uljaniku osigurati preko CERP-a?", in: Glas Istre vom 21.8.2018, S. 5.

113 Dubravko Grakalić: „Na situaciju u Uljaniku mogu utjecati isključivo tri aktera. Uprava, Vlada Republike Hrvatske i strateški partner", in: Glas Istre vom 1.8.2018, S. 7.

114 Milan Pavlović: „Vlada mora reći. Uljanik opstaje ili Uljanik ne opstaje", in: Glas Istre vom 23.8.2018, S. 3.

115 Ders.: „Gianni Rossanda Predsjednik uprave Uljanika. Brodogradnja nije upitna, ostaje, ali se Uljanik ipak mora mijenjati", in: Glas Istre vom 9.2.2018, S. 5.

Investor Končar wurde nicht müde zu betonen, dass er aktuell weder am Management noch am Eigentum der Werft beteiligt sei und ihn entsprechend niemand haftbar machen könne.[116] Was blieb, war eine Menge besorgter, aber nicht haftpflichtiger Akteure, die allesamt ihre Hände in Unschuld wuschen. Im Zuge eines kontrollierten Rückzugs der beteiligten Akteure hatte ein Schuldmanagement das Schuldenmanagement abgelöst – ein Fall mehr, der bestätigt, dass die Ambiguität der Schuld und die unklaren Verantwortungsverhältnisse signifikant für die Abwicklung postsozialistischer Unternehmen sind.[117]

4.4 Die Werft Gdynia wartet auf Godot

In einem Ranking der größten Bruttoverluste der Zeitschrift *Polityka* 1993 stand die Werft Gdynia auf dem dritten Platz.[118] Noch düsterer stand es um die Schulden der Werft. Für den Vorstandsvorsitzenden Henryk Ogryczak bildeten das Schuldenmanagement und die Wiederherstellung der Liquidität die prägenden Herausforderungen seiner Amtszeit (GD-M-2). Mit seinem wirtschaftlichen Sachverstand und englischen Sprachkenntnissen punktete der Danziger Ogryczak bei den Mitgliedern der Reformregierung. Trotz des vernichtenden Rankings aus dem Vorjahr überredete er die Gläubiger aus dem öffentlichen und privaten Sektor zu einem Vergleich, bei dem sie auf die Hälfte ihrer Forderungen verzichteten und einer Umwandlung der anderen Hälfte in Aktien zustimmten. Wie war es ihm gelungen, die verschiedenen Akteure von diesem Deal zu überzeugen? Die Antwort ist vielschichtig. Gegenüber den staatlich kontrollierten Akteuren betonte der Unternehmer deren Bringschuld. Schließlich hatten die von der staatlichen Außenhandelszentrale Centromor abgeschlossenen nachteiligen Verträge und die nicht eingehaltenen Versprechen der Regierung die Werft überhaupt erst in diese Bredouille gebracht. Zweitens, den Banken legte der Unternehmer das aktuelle Auftragsbuch vor, in dem 13 Schiffe im Wert von 491 Mio. USD verzeichnet waren.[119] Drittens versprach er den Zulieferern künftige Aufträge. Der Stadt Gdynia selbst drohte er viertens mit der Rolle des Sündenbocks: „Die Kommune wird

116 Ders.: „Kermas Energija Danka Končara. S budućim naručiteljima već imamo dogovor za izgradnju brodova u vrijednosti od milijardu dolara", in: Glas Istre vom 20.6.2018, S. 3.

117 Weitere Belege zu unklaren Verantwortungsverhältnissen bei der Abwicklung postsozialistischer Unternehmen liefern Hodges: „Psychic Landscapes" und Debra Javeline: Protest and the Politics of Blame, Ann Arbor, MI 2003.

118 O. A.: „Ranking Polityki. Największe polskie firmy", in: Polityka (1994), Nr. 23, S. 18.

119 Marek Grzybowski,: „Stocznia Gdynia SA. Ugoda na długi", in: Głos Wybrzeża vom 17.3.1994, S. 18.

keine formellen Einwände gegen einen Vergleich vorbringen. Ich glaube nicht, dass sie schuld am Untergang des Unternehmens und folglich auch des Dramas vieler Einwohner von Gdynia sein will", kommentierte der Vorstandsvorsitzende die Verhandlungen mit der Kommune Gdynia.[120]

Nach Jahren praktizierter Übelebenskunst unter Ogryczak und seinem Nachfolger startete die Werft Gdynia im Jahr 1997 einen offensiven Expansionskurs. Unter der Führung des auswärtigen Managers Janusz Szlanta kaufte das Unternehmen die Werft Gdańska und bekundete ihr Interesse an den beiden zu Masa Yards gehörenden finnischen Werften in Helsinki und Turku. Niemand hätte in den 1980er-Jahren für möglich gehalten, dass einmal eine polnische Werft Teile des norwegischen Giganten Kvaerner aufkaufen könnte. Die Öffentlichkeit feierte den Mut zum angekündigten Börsengang – der in der internationalen Schiffbauindustrie eine Ausnahme darstellte, weil er eine strenge Aufsicht und eine Transparenz staatlicher Subventionen impliziert – als „natürlichen" Werdegang eines kapitalistischen Unternehmens. Beides blieb bis zuletzt illusorisch.[121] Dennoch war es Janusz Szlanta zumindest gelungen, die polnische Gesellschaft und auch die Politik glauben zu machen, derartige Schritte seien denkbar. In seiner Rede betonte der Vorstandsvorsitzende: „Wir sind derzeit ein wichtiger Akteur auf dem Weltmarkt und können ohne Komplexe mit den Besten mithalten."[122]

Auf die SLD-Regierung wirkte das selbstbewusste Auftreten eines polnischen Managers und seiner Holding wie Balsam für die von Minderwertigkeitskomplexen geschundene Seele. Mit dem Vorpreschen Szlantas konnte auch die gesamte Schiffbauindustrie ein Stück des verlorenen Renommees wiedergewinnen. Zu einer Zeit, als die großen Industriekomplexe gemeinhin als Relikte einer vergangenen Epoche verschrien waren, gelang einem Manager, der von Schiffbau im Grunde keine Ahnung hatte, ein mentaler Wandel. Die Werft Gdynia sei wegen ihrer beiden Trockendocks gar „eine Sünde wert", meinte er.[123] Wann hatte zuletzt ein polnischer Banker verkündet: „Die Meereswirtschaft ist ein guter Deal"?[124]

---

120 Ewa Grunert: „Ugoda Bankowa Stoczni Gdynia. Nie będzie żadnych negocjacji: Rozmowa z dyrektorem Henrykiem Ogryczakiem", in: Głos Wybrzeża vom 27.1.1994, S. 6.

121 Einige Interviewpartner nahmen die Expansion und den Börsengang von Beginn an als performativen Sprechakt wahr: „Aber ich denke, dass es auch ein Marketinggag war, um den Börseninvestoren zu zeigen, wie gut die Werft Gdynia ist, dass sie eine so tolle Werft wie die Werft in Turku kaufen will; deshalb lohne es sich, gutes Geld für ihre Aktien zu zahlen." (GD-I-1)

122 Monika Kosińska: „Janusz Szlanta nagrodzony. Najlepszy menedżer", in: Dziennik Bałtycki vom 29.1.2001, S. 10.

123 Tittenbrun: Z deszczu pod rynnę, S. 275.

124 Ebd.

Indirekt profitierten auch die Beschäftigten davon, dass Szlanta die Banken, die staatlichen Akteure und nicht zuletzt die Reedereien mit seinen Visionen für sich einnahm.

> „Die Meinung über die Schiffbauer war lange so, dass keine Bank ihnen einen Kredit gewährte, weil niemand den Werftarbeitern noch Vertrauen entgegengebrachte. Später liefen dann Banker auf dem Werftgelände herum und überredeten die Arbeiter, Kredite aufzunehmen. Nun, der Wind fing an, sich zu drehen. Und natürlich fuhr er [Szlanta; P. W.] die Produktion hoch, unglaublich. Wir haben sogar bis zu 18 Schiffe pro Jahr gebaut. Er hat die Werft regelrecht aufgeblasen." (GD-W-15)

Die ausgelastete Produktion, volle Trockendocks sowie der Bau von gigantischen Containerschiffen, die bis zu 2.700 Container befördern konnten, und von Autotransportern, die 6.000 Autos fassten, stifteten Legitimität unter den Beschäftigten. Für sie war klar: Solange die Produktion auf Hochtouren lief, wie könnte da ein Unternehmen kriseln?[125]

Im Jahr 2000 wählte der Verband der polnischen Manager Janusz Szlanta zum Manager des Jahres.[126] Bei der Preisverleihung kontemplierte der Preisträger ostentativ über den Erfolg seiner Werft:

> „Diese Position haben wir uns selbst erarbeitet. Anstatt in der Hauptstadt um Unterstützung der Politiker zu buhlen, haben wir den internationalen Wettbewerb zu unserer Domäne gemacht. Ohne staatliche Unterstützung in einer Branche, die als Symbol für Schwerfälligkeit und Perspektivlosigkeit gilt, haben wir ein Unternehmen aufgebaut, das in Europa führend ist. Die polnische Schifffahrtsindustrie wird überall respektiert und man hat sogar ein wenig Angst vor uns."[127]

Der rhetorische Coup ging auf. Für die Jury stand die furchtlose Expansion des Unternehmens exemplarisch dafür, dass polnische postsozialistische Unternehmen sich zu großen Playern auf dem europäischen Markt entwickeln konnten.

Das von Szlanta verkörperte Selbstbewusstsein stellte die Grundlage für die Auszeichnung dar, nicht aber das Zahlenwerk der Bilanzen. Schon in den 1980er-

---

125 In einem Artikel, den ich gemeinsam mit Piotr Filipkowski verfasst habe, haben wir den Begriff „Produktionsnarrativ" als Gegensatz zum „Unternehmensnarrativ" entwickelt. Das Produktionsnarrativ, das sich aus dem Produktionsprozess nährt, verstehen wir als Interpretationsmacht und so als Bestandteil der Verhandlungsmacht der Beschäftigten. Siehe Piotr Filipkowski/Peter Wegenschimmel: „Kontrnarracja perspektywy oddolnej. Program badań transformacji przemysłu stoczniowego", in: Konrad Knoch u. a. (Hg.): Historia Stoczni Gdańskiej, Gdańsk 2018, S. 551–566.

126 Monika Kosińska: „Najlepszy menedżer", in: Dziennik Bałtycki vom 29.1.2001, S. 10.

127 Janusz Szlanta – Menedżer roku 2000, APG, 130/2559.

Jahren hatte sich gezeigt, dass sich Produktion und Weltmarktposition nicht notwendig in Gewinnen widerspiegeln. Die Jury drückte bei der Prüfung der Unternehmensbilanzen ein Auge zu. Zwar hatte Janusz Szlanta seit seinem Antritt den Umsatz der Werft tatsächlich vervielfacht, doch die Nettogewinne waren mit Ausnahme des Jahres 1998 niedrig und fielen danach beständig; 2001 waren es lediglich 4 Mio. PLN. Weil viele Zweifel an den vorgelegten Zahlen hatten, war die Einschätzung der Leistung des Vorstandsvorsitzenden geteilt. Mehrere Gesprächspartner kritisierten die „Finanzingeneurie" (GD-M-1, GD-W-2, GD-W-6, GD-W-9) und die „kreative Buchhaltung" (GD-I-2), die hinter dem vermeintlichen Erfolg steckten. Jacek Tittenbrun verweist auf die hohe Kreditlastigkeit der Produktion und die persönlichen Beziehungen, die einen günstigen Kauf der Werft Gdańska ermöglicht hätten.[128] Auch die in der Dankesrede rhetorisch konstruierte Autonomie des Unternehmens wirkt aufgesetzt angesichts der 25 % Aktien, die das Ministerium für Staatsvermögen noch hielt.

Die Person Janusz Szlanta polarisierte und seine Außenwirkung reichte von Hofierung bis Diskreditierung. Ich argumentiere, dass die kognitive Dissonanz in der Bewertung der Unternehmensleistung in einem vermeintlich privaten Interregnum das Ergebnis vager Erfolgsindikatoren für Unternehmen im Postsozialismus ist. Während im Sozialismus die Indikatoren für erfolgreiche Unternehmen noch relativ transparent gewesen waren – hohe Produktionswerte, Beschäftigung und Exportraten –, ging diese Klarheit im Postsozialismus verloren. Die neue Wirtschaftsordnung war nicht imstande, die durch den Rückzug des Staates und den Verfall seiner Definitionsmacht hinterlassene institutionelle Lücke mit eigenen Kriterien zur Erfolgsbemessung zu füllen. Ein fehlender Bewertungsrahmen war der Grund, weshalb verschiedene Gruppen zu höchst disparaten Einschätzungen über diese Periode der Werft gelangen konnten. Die Ambivalenz, die schon Stark in einem ähnlichen Kontext als „Postsozialismus" bezeichnete, kennzeichnete diese Phase der polnischen Schiffbauindustrie.[129] Sie war die Bedingung für die Gleichzeitigkeit von Erfolgs- und Misserfolgsmeldungen.

Die Konjunkturwellen der Legitimität waren nicht deckungsgleich mit den Entwicklungen im Welthandel. Der Baltic Dry Index, der den Preis für das weltweite Verschiffen von Hauptfrachtgütern angibt, sank in der Zeit als Janusz Szlanta die Werft zu Hochleistungen antrieb. Als der Index ab 2003 wieder anstieg, erlitt die Werft Gdynia dagegen große Verluste. Die Legitimität, insbeson-

128 Tittenbrun: Z deszczu pod rynnę, S. 274–293.

129 Stark: „Recombinant Property", S. 1015.

dere die postsozialistische, ist ein „Vogerl", dessen Flugbahn von mehr als nur dem Wind auf dem Weltmarkt abhängt. Das musste als erste die Werft Szczecińska erfahren, die der Politikwissenschaftler Preston Keat gerade noch als „successful test case" bezeichnet hatte.[130] Als 2002 die Banken nach Problemen bei der Produktion eines Chemietankers das Vertrauen in die Pommersche Werft verloren, musste die Werft im Juli Konkurs anmelden. Mit der Schicksalswende bei der so artverwandten westpommerschen Werft brach auch die performative Unfehlbarkeit der Werft Gdynia in sich zusammen. Zunächst litt der gute Ruf bei den Banken, dann, als die Holding bei der Regierung um Bürgschaften vorstellig werden musste, die Autonomie, und schließlich, als der Vorstand die Entlassung von 400 Mitarbeiterinnen und Mitarbeitern ankündigte, auch die Anerkennung unter den Beschäftigten.

Am 22. Oktober 2002 fuhren Kolonnen organisierter Schiffbauerinnen und -bauer nach Warschau, um vor der Kanzlei des Ministerpräsidenten eine Kundgebung für die Ausstellung von Bürgschaften und mehr staatliche Unterstützung abzuhalten. Anders als die Gewerkschafterinnen und Gewerkschafter aus Pula konnten die polnischen Gewerkschaften sozialistische Verhandlungslinien reaktivieren. Für sie war die Hinwendung zur Regierung als Verhandlungsgegenüber beinahe eine Selbstverständlichkeit. So wie im August 1980 eröffneten die Gewerkschaften eine Verhandlungslinie zwischen Beschäftigten und der Regierung, in der unternehmensexistenzielle Themen besprochen werden konnten. Sie übergingen damit den Arbeitgeber, der in dieser Verhandlungskonstellation zu einem „sekundären Akteur" herabgestuft wurde.[131] Der Fall der Werft Gdynia zeigt eine doppelte Politisierung der polnischen Gewerkschaften. Erstens, die schon von David Ost konstatierte politische Affiliation der Gewerkschaften, die die Solidarność in Konfrontation mit der SLD-Regierung setzte;[132] zweitens, die Tendenz zur Verlagerung von Konflikten auf eine staatliche Ebene, die im Sinne eines etatistischen Zugangs zu Arbeitsbeziehungen lag.

Entlang der gewerkschaftlich-staatlichen Verhandlungslinie war die Allianzenbildung ein wirksames Mittel, um die eigene Macht auszubauen. Lokalpolitikerinnen und -politiker der Kommune Gdynia und der Wojewodschaft Pommern

---

130 Preston Keat: „Fallen Heroes. Explaining the Failure of the Gdansk Shipyard, and the Successful Early Reform Strategies in Szczecin and Gdynia", in: Communist and Post-Communist Studies 36 (2003), Nr. 2, S. 209–230, hier S. 215.

131 Marcin R. Szczepański: Konflikt przemysłowy w Polskich Kolejach Państwowych w latach 1989–2005. Podłoże, przebieg, znaczenie polityczne, Toruń 2014, S. 558.

132 David Ost: The Defeat of Solidarity. Anger and Politics in Postcommunist Europe, Ithaca 2005.

sprangen den Gewerkschaften bei. In einem Brief an den Premierminister schrieb der Vorsitzende des Stadtrates in Gdynia:

> „Der polnische Schiffbau befindet sich in einer dramatischen Situation. Wir stehen vor der Gefahr eines Niedergangs einer Schlüsselbranche der Region und insbesondere der Stadt Gdynia. Die Konsequenz wird eine Lawine von bankrotten Unternehmen sein, die für die Schiffbauindustrie [...] arbeiten, und somit ein enormer Anstieg der Arbeitslosigkeit. Wir fordern die sofortige und konsequente Umsetzung von Sanierungsmaßnahmen für die gesamte Schiffbaubranche."[133]

Der auf der lokalen Ebene so wichtige Faktor Beschäftigung stellte auf staatlicher Ebene jedoch keine nennenswerte Machtressource mehr dar. Die Gruppe Gdynia-Gdańsk musste monatelang auf die von der Regierung versprochenen Garantien warten. Der Eigensinn des Vorstandsvorsitzenden Szlanta, der jedes Mitregieren durch den Staat ablehnte, verfestigte die Pattsituation. In jeder weiteren Aktionärsversammlung, auf der wieder eine Entscheidung zum geplanten Rettungsmodus vertagt wurde, machten die Medien ein „Warten auf Godot"[134] aus.

Je länger das Patt andauerte, desto mehr entpuppte sich die Regierung als alternativloser Rettungsanker und konnte so ihre Verhandlungsmacht gegenüber dem Unternehmen ausbauen. Endlich gelang es der von Leszek Miller geführten SLD-Regierung, die Absetzung des Vorstandsvorsitzenden und eine Privilegierung der staatlichen Aktien durchzusetzen. Nun war sie in der Lage, ein industriepolitisches Projekt, das von dem Gros der Beschäftigten und dem früheren Vorstand abgelehnt wurde, durchzusetzen: die Konsolidierung der Schiffbauindustrie unter einem Dach. Die Idee zu diesem Großprojekt ging aus einer Arbeitsgruppe innerhalb des Wirtschaftsministeriums hervor, an der der Premierminister, der Wirtschaftsminister, der Minister für Staatsvermögen und der Direktor der staatlichen Agentur für Industrieentwicklung beteiligt waren (GD-S-1). Die Tatsache, dass Manager und Gewerkschafterinnen und Gewerkschafter bisweilen an diesen Gesprächen teilnahmen, änderte nichts an dem intransparenten Charakter dieser „Männergespräche".[135] Das Schicksal der Werft Gdynia entschied sich auf dem Warschauer Platz der Drei Kreuze und nicht an der Ostsee.

---

133 Przemysław Kuciewicz: „Gra o dobra gospodarcze czy punkty polityczne. Maciejowi Płażyńskiemu dedykuję", in: Głos Wybrzeża vom 24–26.1.2003, S. 9.

134 Katarzyna Jaźwińska: „Przepychanki w akcjonariacie Stoczni Gdynia. Programowa nacjonalizacja", in: Puls Biznesu vom 2.2.2004, S. 8.

135 Adam Maciejewski: „Stocznia Gdynia. Czy skarb państwa obejmie akcje za 120 milionów złotych: Decyzje do końca tygodnia", in: Głos Wybrzeża vom 21.1.2004.

Als die Pläne aufgrund eines Regierungswechsels 2005 platzten und die Werft Gdynia weiterhin Verluste machte, wuchs das Legitimationsdefizit von Staatshilfen. Ihre Rettung galt höchstens noch als „notwendiges Übel", das sich aus einer trockenen Kostenrechnung ergab.[136] In der Analyse des Wirtschaftsministeriums hieß es, dass

> „ohne öffentliche Beihilfen ein völliger Zusammenbruch des Werftensektors eintritt – mindestens 60.000 Arbeitsplätze wären gefährdet. Die Abfertigungen beliefen sich auf 600 Mio. PLN. Weitere 135 Mio. an Arbeitslosengeld wären für den Fall, dass ein Teil der Entlassenen keinen neuen Arbeitsplatz findet, fällig. Die Verluste, die der Staat übernehmen müsste, wenn die Werften bankrottgingen, wären unvergleichbar höher als die 100 Mio. PLN, die wir den Werften jetzt anbieten."[137]

Die Versuche einer volkswirtschaftlichen Verrechnung resultierten in einer unentschiedenen Haltung gegenüber den Werften, die weiterhin am Tropf des Staatsvermögens hingen. Laut Witold Gadomski von der *Gazeta Wyborcza* hatten die Werften Gdańsk, Gdynia und Szczecin „zu wenig [Geld; P. W.], um gut zu funktionieren, und gerade so ausreichend, um die Beschäftigten – wenngleich nicht ganz regelmäßig – zu bezahlen".[138] Eine Vision, die zur Legitimation hätte dienen können, hatten die staatlichen Akteure zu diesem Zeitpunkt nicht mehr anzubieten.

Die Renationalisierung und periodische Subventionierung der Werft Gdynia erwiesen sich als Sackgasse, denn beide Instrumente verfehlten ihren Zweck, unter den Marktakteuren Vertrauen in das Unternehmen zu generieren. Die durch die Europäische Kommission im Jahr 2005 eingeleitete Untersuchung der Beihilfen beförderte die spürbare Unsicherheit in der Branche zusätzlich. Für die Regierung hatte es nun Priorität, die „Sunk Costs" im Fall einer Liquidation der Werft so gering wie möglich zu halten. In diese Kategorie fielen auch politische Kosten. Aus Angst davor, am Ende als Sündenbock für den Zusammenbruch der Branche dazustehen, handelte die national-konservative Regierung der PiS nach dem Vorsatz, den Werftenbetrieb bis zum nächsten Regierungswechsel auf Sparflamme am Leben zu halten. Ab dem Jahr 2007 lag die Karte mit dem schwarzen Kaminkehrer Peter in den Händen der liberalen Platforma Obywatelska (PO). Während die postsozialistischen Regierungen ihre Ressourcen für das von der Europäischen Kommission beanstandete Schuldenmanagement aufgebraucht hatten, konzentrierten sie sich nun auf das Schuldmanagement. Sowohl

---

136 Paweł Jabłoński: „Dotacje to zło konieczne", in: Rzeczpospolita vom 26.1.2005, S. 2.

137 Sławomir Lewandowski: „Dopłaty bezpośrednie – instrumentem tymczasowym" in: Głos Morski vom 26.1.2005, S. 9.

138 Witold Gadomski: „Stocznie toną", in: Gazeta Wyborcza vom 19.4.2008, S. 20.

die PiS-Regierung als auch die spätere PO-Regierung leisteten alle nur denkbaren rhetorischen Anstrengungen, um deutlich zu machen, dass nicht sie, sondern die jeweilige Vorgängerregierung die aktuelle Situation verschuldet hätte.

Die Akteure entlang der Verhandlungslinie zwischen Gewerkschaften und Staat wollten lange nicht wahrhaben, dass Schuld die letzte Währung war, die noch im nationalen Rahmen verhandelt wurde. Sie ignorierten, dass die Einmischung durch die Europäische Union tradierte Verhandlungspraktiken obsolet machte. Verhandlungen, die noch lange nach 2004 geführt worden waren, bezeugen eine enorme Trägheit. Dabei hatten die Auflagen der Europäischen Union die beteiligten Akteure längst entmündigt und sie auf ihre sozialpolitische Komponente reduziert. Neben dem Schuldmanagement lag der einzige Verhandlungsspielraum, den der nationale Rahmen noch bot, darin, ein angemessenes Sozialpaket für die Schiffbauerinnen und -bauer zu schnüren.

Im Gegenzug zur Degradierung der Verhandlungen zwischen Gewerkschaften und Staat zu Scheinverhandlungen avancierte die Verhandlungslinie zwischen Staat und Staatenbund EU. Die Rollen waren hier auf nationaler Ebene aber noch nicht fest verteilt. Die Opposition kritisierte die Fragmentierung der Stakeholder in einer Situation, die einer einheitlichen Repräsentation nach außen bedurfte: „Die Werften haben ihre eigenen Ideen, das Finanzministerium andere und wieder andere die Agentur für Industrieentwicklung.“[139] Als Aleksander Grad, der Urheber dieser Kritik, zum Minister für Staatsvermögen der neuen liberalen Regierung ernannt wurde, bündelte er die Rechte der staatlichen Akteure und übernahm die Vertretung gegenüber der Europäischen Kommission.

Die Amtsübernahme Grads stellte einen Bruch im Nahverhältnis zu den Gewerkschaften dar. Zu Zeiten der PO-Regierung hatte keine der beiden großen Gewerkschaften mehr Zugang zum Minister für Staatsvermögen. Treffen verschob der Minister regelmäßig. Mit der Festigung seiner Verhandlungsposition verzichtete der Staat auf einen sozialpartnerschaftlichen Interessensausgleich.[140] Bei

---

139 Ders.: „Stocznie toną, rząd nie rządzi“, in: Gazeta Wyborcza vom 15.6.2007, S. 27.

140 Angesichts der drohenden Insolvenz rief 2006 der Arbeits- und Sozialminister Andrzej Bączkowski in Abstimmung mit dem Wirtschaftsminister der national-konservativen Regierung aus den Parteien PiS, Samoobrona und Liga Polnischer Familien (Polnisch: *Liga Polskich Rodzin*) die „Tripartistische Gruppe zur Schiffbauindustrie“ (Polnisch: *Zespół Trójstronny ds. Przemysłu Stoczniowego*) ins Leben. Wie schon zur Gründung der ersten tripartistischen Kommission zur Restrukturierung des Werftensektors 1996 sollte die Beteiligung der Sozialpartner den politischen Schaden minimieren, Schuld verteilen und Legitimität stiften. Der parteilose Arbeits- und Sozialminister ging damals davon aus, dass man unter den Bedingungen einer postsozialistischen Wirtschaft in Krisenzeiten die Sozialpartner an Entscheidungen beteiligen müsse. Pakt o przedsiębiorstwie państwowym w trakcie przekształcania, http://www.dialog.gov.pl/dialog-krajowy/porozumienia-spoleczne-w-polsce, zuletzt geprüft am 12.1.2020. Martin Krzywdzinski:

den Beschäftigten blieb der Eindruck der Entmündigung. Zum ersten Mal erlebten sie das Gefühl, dass das Schicksal der Werft über ihre Köpfe hinweg entschieden wurde.

Die Rolleninterpretation des EU-Verhandlers durch Minister Grad stellte aber auch einen Rückschritt dar. Er verstand sich selbst nicht als Eigentümer; sein Mandat umfasste lediglich die Privatisierung oder gar die Abwicklung. Er beschränkte seine Rolle auf die Suche nach einem strategischen Investor, der den Staat als Eigentümer ablösen und die Beihilfen zurückzahlen sollte. Eine solche eindimensionale Ausrichtung erinnerte an das einstige Ministerium für Eigentumsveränderungen vor der Zentrumsreform. Eine Werft ohne Eigentümer hatte keine Zukunft, ihr Ende war mit der Beschneidung der vielfältigen Eigentümerpolitik durch den Minister für Staatsvermögen bereits vorprogrammiert.

Nach Bekanntwerden der Abwicklung der Werft Gdynia mutmaßte ein Journalist der *Gazeta Wyborcza*, wie die Unternehmenskrise der Werft ohne die Einschränkungen durch die Europäische Union verlaufen wäre:

> „Wie ginge es weiter? Wenn wir nicht Mitglied der EU17 wären, würden die Gewerkschafter nach Warschau kommen und die Regierung zwingen, die Vorstandsvorsitzenden zu entlassen, die sich zu sehr bemühten, das Unternehmen zu retten und, Gott bewahre, zu privatisieren. Stattdessen müsste die Regierung zustimmen, mehr zu zahlen. Und für vier oder fünf Jahre hätten wir Ruhe. Wir sind jedoch Mitglied der Union, die – ganz unerwartet für alle – unsere Spielregeln verändert hat."[141]

Der Beitritt zur Europäischen Union hatte das von Gewerkschaften und Politik gemeinsam verfasste Drehbuch obsolet gemacht.

4.5 Zwischenfazit

Die Verhandlungsmacht der Unternehmen gegenüber dem Staat – die zentrale Verhandlungslinie staatssozialistischer Ökonomien – basierte auf den Pfeilern struktureller, ökonomischer und instrumenteller Macht. Die polnische Wirtschaftsreform von 1981 sollte den Schachereien um Machtressourcen ein Ende bereiten. Unter dem Strich blieb ihr Ergebnis aber widersprüchlich. Inflationäre Ausnahmen führten zu einer Zweiklassengesellschaft unter den Unternehmen, in der die Schiffswerften auch weiterhin Privilegien beanspruchten. Eine ähnliche

---

Arbeits- und Sozialpolitik in Polen. Interessenvermittlung und politischer Tausch in einem umkämpften Politikfeld, Wiesbaden 2008.

141 Witold M. Orłowski: „Smutna historia naszych stoczni", in: Gazeta Wyborcza vom 18.7.2008, S. 29.

Schere durchschnitt auch die jugoslawische Unternehmenslandschaft, wobei die Werften als strategisch wichtige Unternehmen von der verstärkten Koordinierungstätigkeit staatlicher Akteure profitierten. Im jugoslawischen Selbstverwaltungssozialismus machte die Brechung der Verhandlungslinien auf eine Vielzahl an Akteuren den Verhandlungsaufwand im Vergleich zu Polen ungleich höher und schränkte das Durchsetzungsvermögen des Staates ein. So hatte die Werft Uljanik als Devisenmotor zwar gute Karten, diese erwiesen sich jedoch einem nur bedingt zahlungs- und handlungsfähigen Staat gegenüber als nicht mehr konvertibel.

Die spätsozialistischen Reformen Ende der 1980er-Jahre und die anschließenden Regimewechsel warfen die Legitimierungsstrategien der beiden Werften Gdynia und Uljanik über den Haufen. Die Sterblichkeit der Unternehmen der Schiffbauindustrie, der sich die beteiligten Akteure in den 1990er-Jahren bewusst wurden, veränderte die Debatten nachhaltig. In Kroatien begegneten die Vertreterinnen und Vertreter des Schiffbaus sowie lokale Politikerinnen und Politiker dem Legitimitätsdefizit mit Versuchen, sich in das Narrativ der nationalistischen Politik der HDZ-Regierung und ihrer Kriegsrhetorik einzuschreiben. In Polen gelang der Werft Gdynia ein performatives Meisterstück, dessen Wirksamkeit auf der Kompensation der Komplexe einer postsozialistischen Gesellschaft beruhte. Von diesen Momentaufnahmen abgesehen, war für beide Werften langfristig nur eine Polyphonie von Argumenten überlebenssichernd, mit der die Werften unterschiedliche Akteure und politische Strömungen bedienen konnten. Ihr Nachteil bestand allerdings in einer ressourcenintensiven Legitimierungsarbeit, die häufig von den Kernaufgaben in der Produktion ablenkte.

In den mehrheitlich staatlichen Werften etablierte sich eine Verhandlungslinie zwischen Gewerkschaften und staatlichen Akteuren, die die Unternehmensleitung überflüssig machte. Erst der Beitritt beider Länder zur Europäischen Union brach mit dieser postsozialistischen Verhandlungskonstellation und verschob den Schwerpunkt in Richtung Brüssel. Während bislang auf der nationalen Ebene über den Umgang mit Schulden gefeilscht worden war, dominierten nun Schuldzuweisungen den letzten Akt dieser Verhandlungsarena. Die sozialverträgliche Abwicklung der Werften bot Anlass zu Ersatzverhandlungen zwischen Gewerkschaften und staatlichen Akteuren. Gleichzeitig stellte das parteipolitische Schwarze-Peter-Spiel eine Reminiszenz an die über Dekaden gepflogene Verhandlungslinie zwischen staatlichen Akteuren und Beschäftigten dar.

5 Öffentliche Werften – das Kontinuum der Verflechtungen

Die politische Ökonomie des 20. Jahrhunderts war durchzogen von Auseinandersetzungen um die Grenzziehung zwischen öffentlichen und privaten Domänen. Auf der einen Seite standen die privaten Unternehmen, auf der anderen die öffentlichen. Die Konstruktion dieser Dichotomie stellte die Bedingung für stereotype Systemvergleiche zwischen sozialistischen und kapitalistischen Volkswirtschaften dar. Binäres Denken prägte auch ihre gesellschaftliche Selbstbeschreibung. Das polnische Statistikamt unterschied in den 1980er-Jahren zwischen dem „vergesellschafteten" und dem „nicht vergesellschafteten Sektor".[1] In dem hier ex negativo definierten Sektor waren 1988 nur 7 % aller Beschäftigten tätig.[2] Dieselbe Differenzierung nahm auch das jugoslawische Statistikamt vor. Dabei erinnerte die Verteilung an den Staatssozialismus; 1986 waren 98 % der arbeitenden Bevölkerung im „gesellschaftlichen Sektor" beschäftigt und nur 2 % im Sektor des „individuellen Eigentums".[3] Wenngleich die Verteilung auf den Kopf gestellt war, verband doch die auf Eigentumsregimen basierende Dichotomie zwischen privaten und öffentlichen Unternehmen die sozialistischen und die kapitalistischen Statistiken.

Dabei ist das staatliche Eigentum als vermeintlich offensichtlichste Variable der in diesem Kapitel als öffentlich bezeichneten Unternehmen gar nicht so eindeutig. Mischunternehmen, deren Aktien sowohl in privaten als auch in staatlichen Händen liegen, trüben die scheinbar klaren Umrisse des Idealtyps öffentlicher Unternehmen. Die Diffusion der Eigentümerrechte auf eine Vielzahl verschiedener Organisationen, Ministerien, Fonds, staatlicher Banken oder anderer (Misch-)Unternehmen verwässert die reduktionistische Definition zusätzlich. Die Transformation der Werft Gdynia zeigt, wie kontingent das Eigentumskriterium zur Begründung des Attributs „öffentlich" ist. Während der polnische Staat nach der Kommerzialisierung 1991 über ein Ministerium zunächst die al-

1 Polnisch: *sektor uspołeczniony* und *sektor nieuspołeczniony*.

2 In den meisten Fällen handelte es sich um eine Beschäftigung in kleinen Handels- oder Handwerksbetrieben. Główny Urząd Statystyczny: *Rocznik Statystyczny Przemysłu 1989*, Warszawa 1990. Weitere Typen privater Unternehmungen sind sogenannte polonische Firmen (Polnisch: *firmy polonijno-zagraniczne*) und Nomenklaturgesellschaften (Polnisch: *spółki nomenklaturowe*). Bałtowski: Gospodarka.

3 Serbokroatisch: *društveni sektor und sektor individualne svojine*. Unter diese Kategorie fielen vor allem Mitarbeiterinnen und Mitarbeiter kleiner Handwerksbetriebe und Küchenhilfen. Savezni zavod za statistiku: *Statistički godišnjak Jugoslavije*, Beograd 1986.

https://doi.org/10.1515/9783110736007-008

leinige Kontrolle über die Werft Gdynia innehatte, fragmentierte sich die Eigentumsstruktur im Laufe der Zeit zusehends. Die staatliche Kontrolle wurde auf mehrere Akteure aufgeteilt; keine Spur mehr von einem staatssozialistischen Pfad, der auf einer klar geregelten, einheitlichen ministeriellen Kontrolle beruhte. Selbst bei der von den Medien kolportierten „Privatisierung" 1997 handelte es sich bei genauerem Hinsehen um eine Teilprivatisierung, da das Ministerium für Staatsvermögen weiterhin der Aktionärsversammlung angehörte. Ebenso behielten private Unternehmen auch nach der vermeintlichen Verstaatlichung 2004 weiterhin Stimmrechte. Bis zur Abwicklung der Werft im Jahr 2009 kontrollierte eine staatliche Agentur als größter Aktionär 45 % der Aktien und 56 % der Stimmen im Aufsichtsrat. War die Werft Gdynia dadurch nun ein öffentliches Unternehmen?

Ich argumentiere im Folgenden, dass sich das Attribut „öffentlich" nicht auf die Eigentümerstruktur der Werften reduzieren lässt. Öffentlichkeit kann auch in jenen Fällen, in denen staatliche Akteure keine Kontrollrechte halten, eine relevante Bezugsgröße sein. Der stellvertretende Bürgermeister der Stadt Pula weist auf andere Verflechtungen, die der Werft Uljanik einen öffentlichen Status sicherten, hin:

> „Uljanik ist eine Art Institution in unserer Stadt. Und wenn ich das sage, dann meine ich Institution im wahrsten Sinne des Wortes – mit seiner Gründung im Jahr 1856, dem Schiffbau, der Produktion, Industrie und allem, was es für unsere Stadt geleistet hat und was bis heute Bestand hat; hier meine ich den Bau von Sportinfrastruktur und die Beschäftigung sowie die Ausbildung unserer Leute." (UL-S-3)[4]

In dem hier ausschnittweise wiedergegebenen Interview spricht der Vertreter der Stadt auch städteplanerische Verflechtungen an; die Stadt Pula habe in diesem Bereich stets auf Uljanik Rücksicht genommen. Beispiele dafür seien die Gestaltung der Riviera oder die Bahnstrecke, die nur mit Rücksicht auf Uljanik noch nicht aufgelöst worden sei. Auch eine finanzielle Verflechtung deutet der stellvertretende Bürgermeister an. Einerseits billigte die Stadt in der Vergangenheit Schuldenschnitte, um die Werft nicht weiter in Bedrängnis zu bringen; andererseits erwähnt er die Abhängigkeit der Stadt von den Steuern und Abgaben ihres größten Arbeitgebers. Drittens hebt er eine wohlfahrtsstaatliche Verflechtung hervor. Uljanik beschäftige viele Einwohnerinnen und Einwohner und sichere damit der lokalen Gemeinschaft ein Einkommen, halte die lokale Wirtschaft der großen Mittelstadt am Leben und entlaste gleichzeitig die örtlichen Filialen des kroatischen Arbeitsamtes. Noch dazu betreffe dieser Faktor nicht allein die im

4 Das Interview führte Andrew Hodges im Rahmen des Projektes „Transformations from Below".

Abnehmen begriffene Gruppe der Beschäftigten: „Wenn wir berücksichtigen, dass über 2.000 Menschen in Uljanik beschäftigt sind und dass diese Leute Familien – durchschnittliche Familien mit drei oder vier Mitgliedern – haben, dann zeigt sich, wie wichtig Uljanik hinsichtlich all dieser Arbeitsplätze in Pula und im Schiffbau ist." (UL-S-3) Dieser Multiplikatoreneffekt verdichtet die Verflechtungen des Unternehmens mit seiner lokalen Umwelt zusätzlich.

Angesichts der drei hier erwähnten Verflechtungskontexte mag es überraschen, dass die Stadt Pula zum Zeitpunkt, als das Interview geführt wurde, keine Aktien an der Uljanik Group hielt. Der Blick auf die Aktionäre reicht also nicht aus, um die Öffentlichkeit eines Unternehmens in einer multidimensionalen Perspektive, in der Eigentum lediglich einen Aspekt darstellt, zu bestimmen.[5] Diese Beobachtung schließt an grundlegende Einsichten der Public Administration aus den 1970er- und 1980er-Jahren an, als das New Public Management Einzug hielt und die Grenzen zwischen öffentlichen und privaten Organisationen verschwammen: „[A]n either/or, public/private world, separating the government and for profit enterprises, has long ceased to exist, if it ever really did."[6] In der Folge konstatierte Barry Bozeman ein „blurring of sectors"[7] und argumentiert, dass jede Organisation in gewisser Weise öffentlich sei.[8] Der heuristische Wert dieser Einsicht mag an sich unbefriedigend sein und doch wird dadurch der Grundstein für eine detaillierte Analyse der Öffentlichkeit von Unternehmen sowie des Austausches zwischen den regionalen und nationalen Ebenen gelegt.

Der hier verwendete Öffentlichkeitsbegriff basiert also auf einer konstitutiven Durchlässigkeit der Unternehmensgrenzen, durch die die Schicksale ganzer Gesellschaften mit mikroökonomischen Entscheidungen innerhalb der Unternehmen und umgekehrt miteinander verflochten werden. Während die ersten beiden Unterkapitel dem halböffentlichen Status der Unternehmen in einem staatlichen Kontext gewidmet sind, spüren die letzten beiden dem Wandel der betrieblichen Sozialpolitik und seinen lokalen Folgen nach. Im Mittelpunkt der Analyse steht

---

5 Barry Bozeman: All Organizations are Public. Bridging Public and Private Organizational Theories, San Francisco/London 1987.

6 Graham S. Finney: Public-Private Partnerships, Washington, D. C. 1978, S. 77 f.

7 Ebd., S. 30.

8 In seiner kontinuierlichen Konzeptualisierung der Dichotomie zwischen öffentlich und privat konzentrierte sich Bozeman auf drei Elemente: Eigentum (öffentlich oder privat), Finanzierung (Zuwendungen der öffentlichen Hand oder Kundenzahlungen) und Kontrolle (politische oder Marktautorität). Siehe ders.: Organizations.

die Frage, welchen Einfluss der Sonderstatus auf die Hilfsbereitschaft einzelner Stakeholder und damit auf das Überleben unrentabler Unternehmen hatte.[9]

5.1 Unternehmenshülle der Werft in Gdynia

Das Beihilfeverfahren der Europäischen Kommission löste auf vielen Ebenen ein Erdbeben aus. Mit der drohenden Insolvenz der Werft stand auch für die Stadt Gdynia viel auf dem Spiel. Am 16. Juli 2008, kurz vor der endgültigen Entscheidung über die Liquidation der Werft Gdynia, marschierten, angeführt vom Bürgermeister, zweitausend Beschäftigte vom Werftentor in der Czechosłowacka-Straße zum Rathaus. In seinen Presseerklärungen betonte der Bürgermeister, dass die Stadt ihren größten Arbeitgeber nicht retten könne. „Obwohl die Entscheidungen zur Zukunft der Werft nicht in der Verantwortung der Stadtverwaltung liegen, intervenieren wir seit Jahren in der Agentur für Industrieentwicklung, sodass am Ende das größte Werk der Stadt konkrete Hilfe erhalten wird.“[10] Den Hintergrund der Interventionsversuche bildete der Sonderstatus, den die Werft in ihrem kommunalen Umfeld genoss. Für den Bürgermeister der Stadt an der Ostsee wäre die Stadt Gdynia „ohne eine Werft, [...] ohne die für unsere Stadt typische Silhouette mit dem weithin sichtbaren Portalkran, den Kränen und Docks nicht denkbar“.[11]

Der Bürgermeister Wojciech Szczurek befürchtete einen Rückgang der Steuereinnahmen – immerhin flossen 6,71 % der Körperschaftsteuer des Unternehmens und 37,89 % der persönlichen Einkommensteuer der Werftarbeiterinnen und Werftarbeiter in die Stadtkasse. Schwer zu schultern wäre eine Abwicklung aber nicht nur in fiskalischer Hinsicht gewesen. Der Bürgermeister erklärte: „Für die Stadt könnte der Zusammenbruch der Werft fatale Folgen haben. Selbst wenn andere Unternehmen auf den Trümmern des Unternehmens gegründet würden, blieben so viele Menschen ohne Arbeit.“[12] Mit dem Wegbrechen eines lokalpolitischen Partners drohte eine Abwärtsspirale: die Insolvenz weiterer Unternehmen

---

9 Ich möchte darauf hinweisen, dass das folgende Kapitel nicht mehr so streng chronologisch abgehandelt wird wie die vorherigen. Die Struktur des Kapitels ist vielmehr zweigeteilt. Die ersten beiden Unterkapitel behandeln die Unternehmensseite, die letzten beiden die Betriebsseite der Werften.

10 Mariusz Jabłoński, „Dola stoczniowca“, in: Dziennik Bałtycki vom 19.5.2006.

11 Zbigniew Łabaziewicz: „Jak stocznię wspominają jej byli pracownicy“, in: Gazeta Wyborcza vom 23.1.2012, S. 4.

12 Ebd.

und die Abwanderung von Fachkräften. Am Horizont zeichneten sich soziale Probleme und ein Stadtverfall ab.

Der Bürgermeister der Stadt Gdynia sprach hier eine ähnliche Bandbreite an Verflechtungen an wie der offizielle Vertreter Pulas in dem eingangs zitierten Interview. Die Vermengung der Verflechtungsebenen des Unternehmens ist charakteristisch für die Perspektive der Lokalpolitikerinnen und -politiker. Eine Insolvenz der Werften wäre für den staatlichen Eigentümer ein finanzielles Desaster, lokal bedeutete sie eine soziale Tragödie. Um diese beiden Verflechtungskontexte im Detail zu erläutern, greife ich auf eine theoretische Debatte – mit unerwarteten, praktischen Implikationen – aus den 1980er-Jahren zurück.

Ende 1980 stellte die breite Diskussion um die Ausgestaltung der notwendigen Wirtschaftsreform in der Volksrepublik Polen das bislang geltende Kräfteverhältnis zwischen den Staatsunternehmen und der staatlichen Administration infrage. Die im Zuge einer landesweiten Protestwelle gegründete Gewerkschaftsbewegung Solidarność postulierte die „Unabhängigkeit" der Unternehmen.[13] Wovon sollten die Unternehmen künftig unabhängig sein? Die Stelle des Präpositionalobjektes blieb leer. Zur sprachlichen Vagheit kam noch die Ambivalenz des Begriffs „Unternehmen" hinzu. Wie in der deutschen Sprache gibt es auch im Polnischen die Begriffe „Betrieb" und „Unternehmen".[14] Beide tummelten sich bis in die 1990er-Jahre hinein in Gesetzestexten und wissenschaftlichen Abhandlungen und wurden dabei in den jeweiligen Disziplinen bemerkenswert unscharf voneinander getrennt. Für die Reformerinnen und Reformer wurde die begriffliche Unschärfe allerdings zu einem Problem. Es stellte sich die Frage, ob man den Betrieb oder aber das Unternehmen reformieren und von welcher Umwelt man sich entsprechend lossagen wollte.

Der polnische Arbeitssoziologe Edward Marciszewski strebte 1981, nach langer tautologischer Verwendung, eine Ausdifferenzierung der Begriffe an.[15] Dazu stützte er sich auf eine völlig vergessene Monografie aus den 1960er-Jahren, in der es heißt:

> „Der Industriebetrieb stellt in Bezug auf die technologische Produktion und Territorialität eine separate Einheit dar, d. h., er befindet sich in einem separaten Gebäude (einem Ge-

13 Vgl. NSZZ Solidarność: Polska 5 lat po Sierpniu. Raport, 2. Aufl., London 1986.

14 Polnisch: *zakład pracy und przedsiębiorstwo.*

15 Siehe Edward Marciszewski: „Socjologiczne aspekty działalności pozaprodukcyjnej w socjalistycznym zakładzie pracy", in: Zeszyty naukowe wyższej szkoły pedagogicznej w Bydgoszczy 8 (1981), S. 59–73.

> bäudekomplex), das mit umfassenden Produktionsanlagen ausgestattet ist und über eine entsprechende Belegschaft verfügt."[16]

In Hinblick auf das Unternehmen heißt es im Text weiter: „Der Betrieb oder eine Gruppe von Betrieben wird zu einem Unternehmen, wenn sie neben der Eigenständigkeit von Technik und Produktion auch eine wirtschaftliche Eigenständigkeit und Rechtspersönlichkeit besitzen."[17] Marciszewski deutete diesen Abgrenzungsversuch als Synchronität um. Ihm zufolge ist jedes Unternehmen zugleich auch Betrieb. Er schlug vor, im Kontext der Organisationsform der Produktion oder der gesellschaftlichen Institution von „Betrieb" zu sprechen; war eine Rechtsform oder ein Objekt der Planwirtschaft gemeint, dann empfahl er die Verwendung des Begriffs „Unternehmen".

Der polnische Arbeitssoziologe nahm hier die praxeologische Unterscheidung von Ulrike Schulz und Thomas Welskopp vorweg. Betrieb und Unternehmen seien beide Körperschaften, doch in einem unterschiedlichen Sinn. Die Körperschaft des Betriebs bestehe in einem physisch greifbaren „Ensemble von Gebäuden, Technik, Menschen und Materialfluss".[18] Als solches ist der Betrieb durch die Werksmauer begrenzt. Das Unternehmen sei hingegen eine „Körperschaft in einem rechtlichen und ökonomischen Sinn";[19] es repräsentiert ein Konglomerat von Betrieben. Für die Wirtschaftshistorikerin und den Wirtschaftshistoriker besteht die wesentliche Funktion des Unternehmens in der „Ziehung seiner Außengrenzen" gegenüber anderen Akteuren des Marktes, des Rechtssystems oder des Staates.

Aus dieser Begriffsdifferenzierung heraus wird das Postulat der Solidarność, das sich kurz darauf in dem neuen Unternehmensgesetz von 1981[20] niederschlug, klarer. Die Gewerkschafterinnen und Gewerkschafter sowie die politischen Aktivistinnen und Aktivisten wollten keine neue Werksmauer um den Betrieb herum errichten. Sie forderten die Einziehung einer harten Grenze zwischen Unternehmen und den staatlichen Akteuren. Sie wollten den Einfluss von mächtigen Akteuren, zum Beispiel der Branchenvereinigung oder den Ministerien, einschränken und die Kontrollrechte in unternehmensinterne Gremien transferieren.

Die Differenzierung zwischen Unternehmen und Betrieb erweist sich nicht nur als produktiv, wenn es Reformerinnen und Reformern darum geht, einen

---

16 Bohdan Gliński: Teoria i praktyka zarządzania przedsiębiorstwami przemysłowymi, Warszawa 1966, S. 7.

17 Ebd.

18 Schulz/Welskopp: „Unternehmen", S. 352.

19 Ebd., S. 353.

20 *Ustawa o przedsiębiorstwach państwowych* idF vom 25.9.1981, in: Dz.U. (1981), 24/122.

sauberen Schnitt zwischen dem Unternehmen und seiner staatlichen Umwelt zu setzen, sondern auch für eine Analyse, die die Durchlässigkeit der Grenze mit ihren „einschränkenden und gleichzeitig ermöglichenden Dimensionen“[21] bestimmen will. In dieser Sichtweise war die Werft Pariser Kommune als Unternehmen beziehungsweise als Betrieb über zwei verschiedene Membranen mit ihrer Umwelt verbunden. Während sich die Werksmauer, die von den Beschäftigten beim Ein- und Austritt durchquert werden konnte, als Einfallstor der lokalen Gemeinschaft beschreiben lässt, macht die Rechtshülle das Unternehmen anschlussfähig für staatliche Einflussnahme.[22] Als Membranen regulierten und gestalteten Werksmauer und Rechtshülle die Art, wie die Werft ihre Umwelt integrierte.

Die polnische Wirtschaftsreform, die die staatlichen Akteure auf die Rolle eines „Gründungsorgans“ reduzierte, büßte bald an Tempo ein. Die Diskussion über „Autonomie“[23] war notgedrungen mit der Forderung nach „Eigenverantwortung“[24] verbunden, die viele Politikerinnen und Politiker wie ein Damoklesschwert über die reformwilligen Unternehmen hängten.[25] Dieser Druck und die möglichen Konsequenzen führten dazu, dass auch in der Werft Pariser Kommune die Postulate ihre Dringlichkeit verloren. Das Schiffbauunternehmen war durch eine hohe Fluktuation, Rückstände gegenüber den Arbeitsnormen, Verspätungen beim Bau von 13 Schiffen und eine niedrige Arbeitsmoral schlecht für eine Abnabelung vom Staatshaushalt vorbereitet. Dazu hieß es in einer Analyse des Betriebskomitees der PZPR: „Unter diesen Bedingungen wurde die Implementierung der Reform gestoppt und eingeschränkt. Die Absichten von Mitte 1982 mussten verschoben und durch eine Reihe von Vorbereitungsarbeiten ersetzt werden.“[26] Die leitenden Gremien innerhalb der Werft wollten auf die Domestizierung des Geschäftsrisikos nicht verzichten und eine Verschiebung der Verantwortlichkeiten für schwache wirtschaftliche Ergebnisse auf unternehmensinterne Akteure inklusive Beschäftigten vermeiden. Somit blieb auch die von der Solidarność postulierte Autonomie Fiktion. Wenngleich sich die Reformen im Sand verliefen,

---

21 Grabher/Stark: Organizing Diversity, 1997, S. 10.

22 Die Verwendung des Begriffs Membran für die Unternehmensgrenze lehnt sich an einen Aufsatz von Campbell und Lindberg an, in dem die beiden Politökonomen Eigentumsrechte als Membran, die Staat und Wirtschaft miteinander verbindet, beschreiben. Dies: „Property Rights“.

23 Polnisch: *samodzielność*.

24 Polnisch: *odpowiedzialność*.

25 Stanisław Kania, „Przemówienie tow. Stanisława Kani a zakończenia obrad III Plenum“, in: Nowe Drogi 81 (1981), Nr. 10, S. 28 – 33.

26 Stan i perspektywy wdrażania reformy gospodarczej w Stoczni, 27.6.1983, S. 3, APG, 130/464/28.

so hatte die Debatte um die Abkapselung der Unternehmen zumindest ein besseres Gefühl für die komplexe gesellschafltiche Einbettung der Unternehmen hinterlassen. Unternehmen – das waren nun nicht länger die anderen, die „Kommunisten".

Die rezeptiven Membranen des Unternehmens definieren ihre Funktion in der Gesellschaft.[27] In jeder Ökonomie versorgen Unternehmen die Haushalte mit Gehältern und Löhnen, andere Wirtschaftsorganisationen mit Aufträgen und den Staat mit Steuern und Abgaben.[28] Es bedarf nicht viel Phantasie, um den klassischen Wirtschaftskreislauf, wie er in einem beliebigen volkswirtschaftlichen Lehrbuch einer bundesdeutschen Universität der 1980er-Jahre gelehrt wurde, mit dem Fall des Staatsunternehmens aus Gdynia zu illustrieren. Für die 10.000 Beschäftigten mitsamt ihren Familien erfüllte die Werft eine wohlstandsleistende Funktion.[29] Dann fällt die enge Zusammenarbeit mit anderen Mitgliedern des Verbands der Unternehmen des Schiffbaus ins Auge. So war etwa die Fabrik H. Cegielski, die Dieselmotoren für den Schiffbau anfertigte, auf die Aufträge der Schiffswerften angewiesen.[30] Die Steuern auf Produktionsmittel und die 1981 eingeführte Ertragsteuer förderten die Beziehung zu den staatlichen Akteuren.[31]

Die Integration in einen volkswirtschaftlichen Kreislauf bedingt für alle Unternehmen, unabhängig von der Wirtschaftsform, in der sie agieren, einen relativen Öffentlichkeitsstatus. Die Öffentlichkeit der in sozialistische Ökonomien eingebetteten Unternehmen ging aber über den klassischen volkswirtschaftlichen Kreislauf hinaus. Erstens waren die oben beschriebenen Verflechtungen dichter. Sozialistische Wirtschaftsformen vergrößerten die Anzahl der Transaktionen zwischen Staat und Unternehmen durch Koordinations- oder Planungsaufgaben und durch betriebliche Sozialleistungen zwischen Unternehmen und Beschäftigten. Zweitens subsumierten die Akteure sozialistischer Volkswirtschaften ihre Transaktionen. Sie wurden nicht minutiös zwischen den Akteuren abgerechnet, sondern als Teil langfristiger Beziehungen lediglich überschlagen. Gernot Grabher beschreibt das als Prinzip der Reziprozität: „Contributions are not expected to

---

27 Max Weber: Wirtschaft und Gesellschaft. Grundriß der verstehenden Soziologie, Tübingen 1985.

28 Emery K. Hunt/Howard J. Sherman: Volkswirtschaftslehre. Makroökonomie, Frankfurt am Main 1993.

29 Diese Zahl umfasst allein die Beschäftigten und noch nicht die Haushaltsmitglieder, die ebenfalls von den Löhnen abhängig waren.

30 Das Schicksal des Unternehmens H. Cegielski Poznań belegt diese Abhängigkeit. Wenige Monate nach der Abwicklung der Werft Gdynia stellte ein Gläubiger einen Insolvenzantrag für das Unternehmen.

31 Józef Kaleta: Finanse przedsiębiorstw w warunkach reformy gospodarczej, Warszawa 1985.

balance out in every single exchange act but rather over the entire exchange relation."[32] Drittens kam dem volkswirtschaftlichen Kreislauf ein anderer Rang zu. Anders als in den marktwirtschaftlichen Ökonomien, in denen eine volkswirtschaftliche Gesamtrechnung der Deskription diente,[33] war in den sozialistischen Ökonomien eine solche Bilanzierung auf der Ebene der Volkswirtschaft für politische wie unternehmerische Akteure handlungsweisend. In einem polnischen ökonomischen Lehrwerk aus den 1960er-Jahren hieß es dazu: „Aus allgemeingesellschaftlicher Sicht sind selbstverständlich die Ergebnisse der wirtschaftlichen Bilanzierungen auf volkswirtschaftlicher Ebene und nicht die Ergebnisse der wirtschaftlichen Bilanzierung der einzelnen Unternehmen von Bedeutung."[34] Folglich handelte es sich in der sozialistischen und volkswirtschaftlichen Gesamtrechnung nicht um eine analytische Kategorie, sondern um einen Imperativ, der die Handlungsspielräume auf der Unternehmensebene beeinflusste.

Die volkswirtschaftliche Bilanzierung hielt für die staatlichen Akteure ein Legitimitätsangebot für einen weitreichenden Entscheidungstransfer von der Unternehmenssphäre zu den staatlichen Akteuren bereit. Genauso gut konnten die Unternehmen diese Betrachtungsweise für sich nutzen, um Druck auf die staatlichen Akteure aufzubauen. Das volkswirtschaftliche Equilibrium verdammte den Staat dazu, unzählige unrentable Unternehmen am Leben zu erhalten. Weiche Budgetgrenzen können als Symptom beschrieben werden, das auftrat, wenn die wirtschaftliche Bilanzierung auf volkswirtschaftlicher Ebene gegenüber der Bilanzierung auf der Unternehmensebene den Vorrang erhielt. Damit bildet die sozialistische Art der Bilanzierung die historische Basis für die Öffentlichkeit der Geschäftsergebnisse.

„Zuschüsse zur Deckung der Verluste", „Zuschüsse zur Kompensation der Rentabilität des Verkaufs" oder „Subjektzuschüsse", um nur einige Subventionen zu nennen, die bis Ende der 1980er-Jahre die Bilanzen der Werft Pariser Kommune aufbesserten, verflochten den Staatshaushalt mit den Unternehmenskonten. Die Kombination der vielfältigen Zuschüsse auf der Einnahmenseite als auch die Abgaben und Steuern auf der Ausgabenseite des Unternehmens bildete nach Kornai

32 Gernot Grabher: „Adaptation at the Cost of Adaptability? Restructuring the Eastern German Regional Economy", in: Gernot Grabher/David Stark (Hg.): Restructuring Networks in Post-Socialism. Legacies, Linkages, and Localities, Oxford, New York 1997, S. 107–134, hier S. 109.

33 Vgl. André Vanoli/Marion Pinot Libreros/Gayle H. Partmann: A History of National Accounting, Amsterdam 2005.

34 Bronisław Minc: Ekonomia polityczna socjalizmu, Warszawa 1961, S. 360.

> „ein verwickeltes Netzwerk der Umverteilung, das aus vielen ‚Kanälen der Einkommensströme' besteht. Der Zentralhaushalt erhebt aus hundert verschiedenen Gründen Geld von den Firmen und gibt es ihnen aus hundert anderen wieder. Dies genau macht es klar, dass das Geld, das eine Firma nach dem Verkauf ihrer Produkte und Abzug ihrer Kosten erhält, nicht ihr gehört; über seine Verwendung wird zentral bestimmt."[35]

Ein Subventionsdschungel, der bereits in Kapitel 1 eingehend geschildert wurde, hatte die Grenze zwischen Unternehmenskosten und Staatshaushalt überwuchert. Eine Konsequenz dieser Verquickung war die kollektive Haftung für Unternehmensversagen oder – mit dem Vokabular der jugoslawischen Selbstverwaltung – eine Vergesellschaftung der Unternehmensschulden.

5.2 Verstaatlichung der Solidarität am Beispiel jugoslawischer Unternehmen

Der staatssozialistische Subventionsdschungel mit seiner Verdunkelung von Unternehmenskonturen und Einflussgebieten war ein Schreckgespenst des jugoslawischen Selbstverwaltungssozialismus. Zwar verfügten die staatlichen Akteure auch dort über die in Kapitel 4 aufgelisteten Interventionsmöglichkeiten, um die sozialen Ziele ihrer Politik durchzusetzen;[36] im Unterschied zum Staatssozialismus der Volksrepublik Polen hielten sie sich aber in der Wahl ihrer Mittel soweit es ging an die Integrität der Unternehmenskonten.[37] Dementsprechend gering waren die Unternehmenssteuern. Anfang der 1970er-Jahre beschloss die Regierung sogar die Abschaffung der systemtragenden Steuer für den Gebrauch des gesellschaftlichen Kapitals.[38] Die Reaktion der staatlichen Akteure auf das

35 János Kornai: Das sozialistische System. Die politische Ökonomie des Kommunismus, Baden Baden 1995, S. 152. Obwohl das Unternehmen die Möglichkeit hatte, in Verhandlungen die abgegebene Summe – und mehr – wieder einzuwerben, hinterließ die hohe Redistributionsrate Spuren auf der Ebene der Unternehmensstrategien. Aus der Analyse dieser Folgen leiten Schulz und Welskopp den Idealtyp einer staatssozialistischen Wirtschaftsordnung als „Budgetverwaltungswirtschaft" im Kontrast zur kapitalistischen „Investitionswirtschaft" ab. Dies.: „Unternehmen", S. 344.

36 Uvalić: Investment.

37 Die Integrität der Unternehmenskonten führte in der jugoslawischen Tradition zu einer scharfen Trennung zwischen Unternehmen (Serbokroatisch: *poduzeće)* und staatlichen Institutionen (Serbokroatisch: *ustanove*). Branco Horvat: The Yugoslav Economic System. The First Labor-Managed Economy in the Making, White Plains 1976, S. 234.

38 Uvalić: Investment. Nach der Abschaffung der Steuer auf soziales Kapital erwarben die Unternehmen theoretisch volle Rechte auf das von ihnen generierte Einkommen. Dieser Schritt wurde von einigen Wissenschaftlerinnen und Wissenschaftlern als Verschiebung der Eigen-

Straucheln der heimischen Werften angesichts des Einbruchs der Weltwirtschaft Mitte der 1970er-Jahre brach noch nicht mit dieser Selbstbeschränkung. Die Regierung entschied sich nicht etwa zu einer Aufhebung der scharfen Trennung, sondern zu ihrer Vertiefung: Sie erstattete der Werft Uljanik die Organisationssteuer und die Beiträge zum Föderationsfonds.[39] Wie in Kapitel 1 beschrieben, empfahl die „Plattform zur Lösung der Probleme des Schiffbaus und der Schifffahrt" der Stadt Pula, Uljanik die Kommunalsteuer zu erlassen. Der um die Arbeitsorganisationen herum eingerichtete Schuldenpuffer hatte für den Staat gravierende steuerliche Mindereinnahmen zur Folge.

Mit der 1980 beginnenden jugoslawischen Finanzkrise reichten selbst Steuernachlässe nicht länger aus, um Uljanik liquide zu halten. Die akute Bedrohung der Werft – immerhin Vertreter einer privilegierten Branche – ließ die politischen Akteure endlich von der scharfen Trennung zwischen staatlichen und Unternehmenskonten abrücken. In den Jahren 1981 und 1987 konnte die Produktion nur mithilfe von Finanzspritzen der Sozialistischen Republik Kroatien sowie Krediten der Jugoslawischen Nationalbank und der Banken Riječka und Istarska aufrechterhalten werden. Die Distribution der Schulden stand unter der ideologisch unantastbaren Maxime der Solidarität. Dem Ökonomen Vladimir Gligorov zufolge fungierte die Solidarität in der Selbstverwaltungsökonomie traditionell als Korrektiv zur unsichtbaren Hand des Marktes: „It provides sound economic foundations for self-management and, at the same time, avoids certain unacceptable effects of the market economy."[40] Die Architekten der Selbstverwaltungswirtschaft sahen ursprünglich nur Beihilfen zwischen unabhängigen Unternehmen, die untereinander „Selbstverwaltungabkommen" abschließen vor. Demgegenüber stehen die 1980er-Jahre für eine Verstaatlichung der Beihilfen. Die Solidarität wurde nun nicht länger zwischen den Organisationen der assoziierten Arbeit, sondern auf Republikebene verhandelt. Die Verschiebung von Verantwortlichkeiten und die zunehmende Verschränkung des Staatshaushaltes mit den

tumsrechte hin zu den Unternehmen interpretiert. Siehe beispielsweise Deborah Duff Milenkovitch: Plan and Market in Yugoslav Economic Thought, New Haven 1971. Präziser ist allerdings Aleksandar Bajts Unterscheidung zwischen wirtschaftlichem und juristischem Eigentum. Ders.: „Property in Capital and in the Means of Production in Socialist Economies", in: Journal of Law and Economics 11 (1968), Nr. 1, S. 1–4.

39 Zakon o načinu podmirenja obveza Republike u 1979. i 1980. godini preuzetih platformom za rješenje problema brodogradnje i brodarstva idF vom 29.4.1978, in: Narodne Novine (1978), 17/142.

40 Vladimir Gligorov: „The Social and Economic Basis of Socialist Self-Management in Yugoslavia", in: Radmila Stojanović (Hg.): The Functioning of the Yugoslav Economy, Armonk, NY 1982, S. 3–22, hier S. 17.

Unternehmenskonten wirkten zum ersten Mal entstellend für die Unternehmensgrenzen der sanierungsbedürftigen Arbeitsorganisationen.

Die verstaatlichte Solidarität wurde mit der Abkehr von der Selbstverwaltung nicht sofort aufgehoben. Anfang der 1990er-Jahre bemühten sich kroatische Wirtschaftspolitikerinnen und -politiker der konservativen HDZ-Partei, die Verteilung öffentlicher Ressourcen transparenter zu gestalten. Aktiengesellschaften mit ihren elaborierten Aufsichtsinstitutionen versprachen die Rückkehr zu einer klaren Trennung zwischen Unternehmenskosten und Staatsbudget. Entgegen der reformerischen Erwartungen waren die ersten Versuche einer transparenten Aufzeichnung von Zahlungsflüssen aber keineswegs von einer entsprechenden Entflechtung des Unternehmens und seiner staatlichen Umwelt begleitet. Auch nach der Umwandlung Uljaniks in eine Aktiengesellschaft 1991 wandten staatliche Akteure viel Steuergeld für Rettungsschirme und andere Subventionen auf. So ließen etwa 1995 staatliche Aktionäre und Gläubiger – allen voran der Kroatische Privatisierungsfonds – der Werft Verbindlichkeiten in Höhe von 2,5 Mrd. HRK nach.[41]

Während einer weiteren Geschäftskrise des Unternehmens im Jahr 2000 wälzte der staatliche Sanierer die bei Privatbanken angehäuften Schulden auf die Staatliche Agentur zur Bankensanierung[42] ab;[43] gleichzeitig befreite die Regierung die Werft von ihren Arbeitgeberbeiträgen zur Sozialversicherung und erließ ihr überfällige Kreditzinsen an das Finanzministerium und die Forderungen des Wirtschaftsministeriums. Der Mechanismus der kollektiven Haftung belastete immer mehr Akteure, die sich entweder gezwungen sahen, ihre Schulden in Aktien einzutauschen oder abzuschreiben.

Der Haftungsausschluss für Unternehmen im unabhängigen Kroatien ähnelte den Mechanismen, mit denen die Schulden der Werft Gdynia nach dem Umbruch 1989 auf die polnische Gesellschaft verstreut wurden. Auch in diesem Kontext gehörte das „Bad Banking" im Sinne eines Abwälzens von uneintreibbaren Unternehmensschulden auf staatliche Banken zur täglichen Praxis. Besonders die polnische Nationalbank hatte darunter zu leiden.[44] Neben den Banken trugen

41 M. Vermezović: „Iako saniran, kronični gubitaš Uljanik još uvijek na državnim jaslama", in: Glas Istre vom 2.11.2000.

42 Kroatisch: *Državna agencija za sanaciju banaka.*

43 Robin Antolović: „Brodogradnja dobila šansu da ponovno bude strateška grana hrvatskog gospodarstva", in: Glas Istre, Beilage Tresor vom 4.11.2000, S. 2.

44 Der Bad-Bank-Mechanismus geht auf sozialistische Praktiken zurück. Die Nationalbank war von der Praxis der öffentlichen Distribution der Schulden der Unternehmen besonders betroffen. In den 1980er-Jahren bewirkte das Ministerium für Stahl- und Maschinenbauindustrie, dass die Nationalbank einen Kredit an die Werft Pariser Kommune vergab. Obwohl die Kreditschulden bei

öffentliche Versorgungsunternehmen und Sozialversicherungsorganisationen die Last des in Schwierigkeit geratenen Unternehmens. So war 1995 die Werft Gdynia mit einer Summe von 111 Mrd. PLN der größte Schuldner der staatlichen Sozialversicherungsanstalt ZUS in der gesamten Woiwodschaft Danzig. Im Jahr 2004 beglich die Regierung im Rahmen eines Schuldenrestrukturierungsprogramms einen Teil der Schulden, die durch ausständige Beiträge an die ZUS und die Versicherungsgesellschaft PZU entstanden waren.[45] Schließlich übernahm die Regierung Teile dieser Verbindlichkeiten. Ein drängenderes Problem waren ausstehende Stromrechnungen. Das staatliche Energieunternehmen Energa Group drosselte zwar die Stromstärke, erklärte sich aber solidarisch und schloss kategorisch aus, die Stromzufuhr jemals ganz zu kappen.[46]

Auch nach dem politischen Umbruch liefen die staatlichen Aktionäre Gefahr, auf ihren Investitionen und Krediten sitzen zu bleiben. Das war aber nicht der Grund, weshalb sie das Scheitern der Werften fürchteten. Anders als in einer liberalen Marktwirtschaft war die Haftung des Staates hier nicht an Eigentum geknüpft; ich argumentiere, dass Haftung in postsozialistischen Ökonomien eine Funktion der Öffentlichkeit des Haftungssubjekts war. Die Staaten sprangen nicht deshalb helfend ein, weil sie Eigentümer waren, sondern weil es nicht irgendwelche Unternehmen waren, die ins Trubeln geraten waren. Die Werften waren Brotgeber für eine große Zahl von Menschen und symbol- sowie erinnerungspolitisch von großer Bedeutung.

Ein Blick auf die Entwicklung in Pula nach 2012 stützt das Argument, dass die Regierungen auch dann, wenn sie nicht mehr Eigentümer sind, bereit waren, den Werften unter die Arme zu greifen. Schließlich kamen dieselben Mechanismen zur Schulden- und Risikoabsorption auch nach der Privatisierung Uljaniks zum Tragen. Dazu gehörten Bürgschaften, die das Unternehmen verwendete, um Löhne auszuzahlen und die Produktion am Laufen zu halten. Selbst in Phasen der Eigentumsseparierung zwischen Staat und der Werft führten die Bürgschaften zu einer weiteren Verflechtungsebene der Schicksale dieser Akteure. Weil der Staat im Fall eines Konkurses für die Bürgschaften aufkommen müsste, sah er sich gezwungen, sich für die Werft einzusetzen und den Restrukturierungsplan mit

derselben Bank täglich um 4 Mio. PLN anwuchsen und allen Beteiligten bewusst war, dass der Schuldner nicht imstande sein würde, diese in absehbarer Zeit zurückzuzahlen, hielten die staatlichen Akteure die Bank an, die Liquidität der Werft sicherzustellen. Wystąpienie pokontrolne, 10.7.1986, S. 3, ANIK, PCM-41008 – 9 – 86.

45 Jadwiga Bogdanowicz: „Stocznia Gdynia. Jest 80 mln zł", in: Głos Wybrzeża vom 18.5.2004.

46 Jacek Klein: „Stocznia nie płaci rachunków. Energa zmiejsza dostawy", in: Dziennik Bałtycki vom 5.8.2004, S. 11.

50 % der Aufwendungen – mehr war von den EU-Richtlinien nicht vorgesehen – zu unterstützen.[47]

Der denkbar schlechteste Fall war eingetreten. Es kam soweit, dass das Wirtschaftsministerium die Unternehmen der Uljanik Group im Jahr 2019 zum Verkauf ausschrieb. Den findigen Verhandlern war die Zwickmühle, in die die finanziellen Verflechtungen den Staat brachten, durchaus bewusst. Der Vorstandsvorsitzende der seit Kurzem reüssierenden und als strategischer Partner gehandelten Werft Brodosplit in Split nahm den Staat in die Pflicht. Tomislav Debeljak rechnete vor, dass der Staat Gläubiger von insgesamt 90 % der Schulden Uljaniks sei.[48] Dazu kämen im Fall eines Konkurses staatliche Verluste durch Bürgschaften in Höhe von 650 Mio. EUR und 70 Mio. EUR für die staatliche Bank für Erneuerung und Entwicklung[49]. Zudem zeigte sich der Vorstandsvorsitzende von Brodosplit überzeugt, dass wohl auch der staatlich kontrollierte Energiekonzern Hrvatska Elektroprivreda, die kommunalen Dienstleister und die Beschäftigten auf ihren Ansprüchen sitzen blieben.[50] Die staatlichen Akteure schwammen zwischen Skylla und Charybdis. Die weit fortgeschrittene finanzielle Verflechtung mit der Werft bedingte, dass sowohl ein Konkurs als auch eine staatlich subventionierte Restrukturierung einer Vergesellschaftung der Kosten gleichgekommen wäre. In derselben undankbaren Position befand sich übrigens die Kommune Pula. Ihrem Bürgermeister blieb als Handlungsoption einzig die Tugend der Geduld. Trotz der 17 Mio. HRK, die Uljanik der Stadt und den kommunalen Unternehmen schuldete, kam für ihn eine Sperrung der Unternehmenskonten nicht infrage.[51]

---

47 Robert Frank/Milan Pavlović: „Plan restrukturiranja koji bi trebao spasiti Uljanik. Brodogradnja ostaje na Otoku, Arsenal postaje dio gradske jezgre, nema otpuštanja radnika“, in: Glas Istre vom 4.10.2018, https://www.glasistre.hr/pula/plan-restrukturiranja-koji-bi-trebao-spasiti-uljanik-brodogradnja-ostaje-na-otoku-arsenal-postaje-dio-gradske-jezgre-nema-otpustanja-radnika-571567, zuletzt geprüft am 21.5.2020.

48 Jozo Vrdoljak: „Debeljak o Uljanik Grupi. Stečaj ili restrukturiranje? Za državu je jednak trošak“, in: Jutarnji List vom 11.3.2019, https://novac.jutarnji.hr/aktualno/debeljak-o-uljanik-grupi-stecaj-ili-restrukturiranje-za-drzavu-je-jednak-trosak/8472587, zuletzt geprüft am 1.11.2019.

49 Kroatisch: *Hrvatska banka za obnovu i razvitak.*

50 Ders.: „Debeljak. Moje rješenje za Uljanik uštedjelo bi državi 400 milijuna eura“, in: Jutarnji List vom 15.3.2019, https://novac.jutarnji.hr/incoming/debeljak-moje-rjesenje-za-uljanik-ustedjelo-bi-drzavi-400-milijuna-eura/8490413, zuletzt geprüft am 2.5.2020.

51 Milan Pavlović: „Prvi čovjek Grada Pule o tome na koji način se pomaže brodogradnji“, in: Glas Istre vom 19.4.2019, https://www.glasistre.hr/pula/prvi-covjek-grada-pule-o-tome-na-koji-nacin-se-pomaze-brodogradnji-uljanik-duzan-gradu-i-komunalnim-poduzecima-17-milijuna-kuna-/-miletic-nismo-isli-blokirati-racune-kao-neke-druge-sredine-586249, zuletzt geprüft am 5.3.2020.

Die kollektive Haftung ließ auch die kroatischen Bürgerinnen und Bürger nicht unbehelligt. Die kroatischen Haushalte waren indirekt mit dem Schicksal der Werft Uljanik verbunden. Ab dem Jahr 2018 kolportierten die Medien Beträge, wie hoch die Rechnung wäre, die jede einzelne Bürgerin, jeder einzelner Bürger durch Uljanik zu tragen hätte. Ein Journalist des national-konservativen Nachrichtenportals Narod.hr errechnete etwa für eine durchschnittliche kroatische Familie eine Summe von 6.000 EUR.[52] Ging die moralische Unterstützung der Bürgerinnen und Bürger so weit, diese persönlichen Einbußen gutzuheißen? In Krisenzeiten entpuppte sich die Vergesellschaftung der Schulden als Stiefbruder des Multiplikatoreneffekts, der über die vergangenen Jahrzehnte hinweg immer wieder zur Legitimation der Schiffbaubranche herangezogen worden war. Der als Ballast entstellte Multiplikatoreneffekt führte die historisch gewachsene Öffentlichkeit des Unternehmens noch einmal schmerzlich vor Augen.

Ebenso öffentlich wie das Unternehmen über Jahrzehnte agiert hatte, war auch der Konkurs Uljaniks im Jahr 2019. Zu spüren bekamen ihn nicht nur die Gläubiger und Aktionäre, sondern auch die Vertreter der kroatischen Schiffbauindustrie. Der bereits erwähnte Vorstandsvorsitzende der Werft Brodosplit skizzierte in einem Interview die weithin spürbaren indirekten Folgen des Konkurses der Werft in Pula. Es drohe nicht nur die Abwanderung der Schiffbauexpertinnen und -experten sowie der Facharbeiterinnen und -arbeiter. Der Konkurs Uljaniks gefährde die „Finanzierung der Schulen und Fakultäten, die sich auf den Schiffbau konzentrieren".[53] Der Konkurs Uljaniks steht also emblematisch für den Niedergang eines kroatischen Modells des Schiffbaus in öffentlich-privater Partnerschaft. Mit dem Konkurs Uljaniks verschwand nicht nur ein öffentliches Unternehmen, sondern die Öffentlichkeit einer ganzen Branche.

Für die Unternehmensseite lässt sich zusammenfassend festhalten, dass die Delegation von Kontrollrechten und die Verflechtung der Budgets die Rechtshülle porös gemacht hatte. Das Kontinuum zwischen „Öffentlichkeit" und „Selbstständigkeit" war während des gesamten Untersuchungszeitraums so weit in Richtung „Öffentlichkeit" verschoben, dass die Grenzen zwischen Unternehmen und staatlichen Akteuren kaum mehr identifizierbar waren. Die Werften entpuppten sich als Rechtsfiktion oder, anders formuliert, als ein Traum, bald Trauma des Staates. Für den Kontext spät- und postsozialistischen Wirtschaftens

52 Marcel Holjevac: „Kako su milijarde bacili u vjetar. Kratka povijest državnih jamstavam", in: Narod.hr vom 30.3.2019, https://narod.hr/hrvatska/kako-smo-milijarde-bacili-u-vjetar-kratka-povijest-drzavnih-jamstava, zuletzt geprüft am 4.12.2019.

53 Zitiert nach ebd.

führte ein freistehender Unternehmensbegriff, der von Grenzen ausgeht, die einen Bereich relativ autonomer Entscheidungen oder buchhalterischer Selbstständigkeit markieren,[54] unweigerlich zu Missverständnissen. Die Verhandlungsparteien beider Seiten redeten hoffnungslos aneinander vorbei. Es hat den Eindruck, das EU-Organ wusste nicht – oder wollte nicht wissen –, mit wem es es hier zu tun hatte. Die Kommission war nicht bereit, sich auf ein eingebettetes Unternehmensverständis, das Grenzen als rezeptive Membrane gegenüber staatlichen Akteuren konzipiert, einzulassen. Ähnlich taub war sie für die zweite Seite des Unternehmens – den Betrieb.

5.3 Inklusive Buchhaltung des polnischen Betriebes

Auf der Betriebsseite lag die Öffentlichkeit sozialistischer Unternehmen in ihrer Multifunktionalität. Sie waren mehr als nur Produktionsstätten. Die polnische Arbeitssoziologie identifizierte in den 1960er-Jahren eine Reihe von der Belegschaft gewidmeten „produktionsfremden Funktionen".[55] Diese transzendierten den wirtschaftlichten Kontext. Durch Fortbildungsangebote, betriebseigene Bibliotheken und Kulturhäuser erfüllte der Betrieb erstens eine kulturell-pädagogische Funktion. Zweitens hatte der Betrieb durch die Unterhaltung einer medizinischen Versorgung und Kinderbetreuung eine Pflegefunktion inne. Drittens zählte Jolanta Kulpińska zu den produktionsfremden Funktionen eine ideologisch-erziehende und, viertens, politische Funktion des Betriebs. Relevant für die Öffentlichkeit des Betriebs ist auch jene Kategorie, die „Funktionen gegenüber der Umwelt" umfasst. Die Autorinnen rechneten dazu das Engagement des Betriebs bei der Renovierung von Schulen, bei verschiedenen Kundgebungen und in der Kommunalpolitik.

Die Multifunktionalität der sozialistischen Unternehmen manifestierte sich in der Buchhaltung. Nicht von ungefähr war sie laut Karl Polányi das „Schlüsselproblem der sozialistischen Wirtschaft".[56] Gemeint war bei ihm die Frage, unter welcher Organisationseinheit natürliche und soziale Kosten verbucht werden und was davon in den Unternehmensbilanzen aufscheint.[57] Für Michael Power legt ein

---

54 Santos/Eisenhardt: „Organizational Boundaries".

55 Siehe Salomea Kowalewska: „Społeczne zadania przedsiębiorstw i ich socjologiczna kontrola", in: Jan Lenart (Hg.): Przedsiębiorstwo w polskim systemie społeczno-ekonomicznym, Państwowe Wydawnictwo Ekonomiczne 1967, S. 198 – 226; Kulpińska: „Pozaprodukcyjne funkcje".

56 Karl Polányi: „Sozialistische Rechnungslegung", in: Archiv für Sozialwissenschaft und Sozialpolitik 49 (1922), Nr. 2, S. 377 – 420, hier S. 378.

57 Ebd., S. 397.

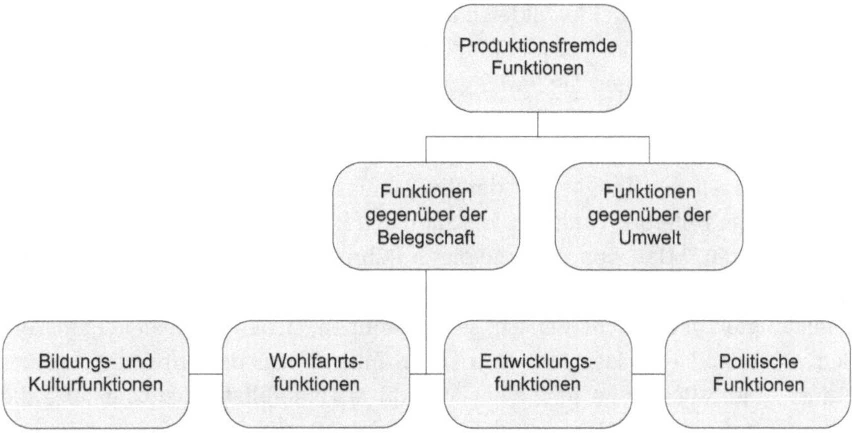

Organigramm 9: Konzeptualisierung der produktionsfremden Funktionen eines sozialistischen Betriebes
Quelle: Eigene Darstellung nach Kulpińska: „Pozaprodukcyjne funkcje".

Unternehmen durch die Buchführung seine Grenzen fest und bestimmt, was sichtbar und was unsichtbar ist: „It thereby constructs boundaries and frames permeability in terms of what counts, is accounted for, as being inside and outside of the organization."[58] Die folgende Untersuchung der Grenzverläufe sozialistischer Unternehmen zeigt das Ausmaß der Durchlässigkeit für gesellschaftliche Bedürfnisse.

Die Buchhaltung der Werft Pariser Kommune umfasste abseits der Produktionskosten auch die indirekten Kosten. In diese Kategorie fielen zusätzlich zu den administrativen Kosten und Investitionen auch die Arbeitssicherheit und die „sozialen und häuslichen Tätigkeiten" des Betriebs. Zu den „sozialen Tätigkeiten" zählten laut dem Jahresbericht von 1980 Erholungsmöglichkeiten für Beschäftigte und deren Kinder in den betriebseigenen Erholungsheimen in Wieżyca, Szklarska Poręba oder Jastrzębie Góra, in denen im Jahr 1980 4.718 Beschäftigte gastierten.[59] Die Werft unterhielt Kultur- und Bildungseinrichtungen wie zum Beispiel eine belletristische und eine Fachbibliothek. Sie bezuschusste in dem erwähnten Jahr die frühkindliche Betreuung der Kinder der Beschäftigten mit fast 10 Mio. PLN. Auch Ausgaben für den Betriebssport fielen in diese Rubrik. Die in der sozialistischen Mangelwirtschaft populären Schrebergärten, die die Werft den Beschäf-

58 Michael Power: „Accounting, Boundary-making, and Organizational Permeability", in: Leopold Ringel/Petra Hiller/Charlene Zietsma (Hg.): Toward Permeable Boundaries of Organizations?, Bingley 2018, S. 31–53, hier S. 31.
59 Rocznik Statystyczny 1981, 24.4.1982, APG, 130/2365.

tigten zur Verfügung stellte, bildeten einen kleineren Posten. Insgesamt beliefen sich die Ausgaben für „soziale Tätigkeiten“ 1980 auf 31 Mio. PLN. Nur einen Bruchteil davon konnten die jeweiligen Einrichtungen durch eigene Einnahmen refinanzieren. Der größte Teil, 20 Mio. PLN, war über den Betriebssozialfonds abgedeckt, dessen Höhe vom Lohnfonds abhing.[60]

Die „häuslichen Tätigkeiten“ der Werft umfassten den Wohnungsbau und die anderweitige Unterbringung von Beschäftigten in fünf Arbeiterhotels und anderen Quartieren.[61] Daneben zählte zu dieser Rubrik die Gesundheitsversorgung der Beschäftigten in den Gesundheitszentren. Auch die Kosten für die Verpflegung der Beschäftigten in den acht Mensen, sechs Kantinen, sieben Lebensmittelkiosken, dem Obst- und Gemüsekiosk, dem Lebensmittelladen, der Suppenküche, der Kaffee- und Milchküche und einer Mineralwasserabfüllstelle subsumierte die Buchhaltung als „häusliche Tätigkeiten“. Zudem vergab die Werft Stipendien an junge Arbeitnehmerinnen und Arbeitnehmer und finanzierte die betriebseigene Berufsschule.[62]

Der transnationale Vergleich zeigt, dass die Werft Pariser Kommune ein Vollversorger ähnlich westdeutschen Unternehmen nach dem Zweiten Weltkrieg war.[63] Bis mindestens in die 1990er-Jahre praktizierten sozialistische Unternehmen eine Naturalwirtschaft. Im Jahr 1978 verteilte die Werft Pariser Kommune zum Beispiel Kartoffeln, Zwiebeln und Obst an die Belegschaft und Rentnerinnen und Rentner.[64] Insgesamt beliefen sich die „häuslichen Tätigkeiten“ 1980 auf 85 Mio. PLN; Kosten, die nur zu einem geringen Teil durch Einnahmen und bis zu 34 Mio. PLN durch den Betriebswohnfonds gedeckt waren.

Wohlfahrtsinstitutionen flankierten also die Produktion der Werft Pariser Kommune. Deren Organisation hatte die kommunistische Regierung von der

---

60 *Ustawa o zasadach tworzenia i podziału zakładowego funduszu nagród oraz zakładowych funduszów socjalnego i mieszkaniowego* idF vom 23.6.1973, in: Dz.U. (1973), 27/150.

61 Instrukcja Nr Ks-7 E w sprawie Rachunku kosztów w Stoczni im. Komuny Paryjskiej, Rocznik Statystyczny 1981, 5.12.1984, S. 22, APG, 130/2504

62 Polnisch: *dział zaopatrzenia.*

63 Rüdiger Gerlach: Betriebliche Sozialpolitik im historischen Systemvergleich. Das Volkswagenwerk und der VEB Sachsenring von den 1950er bis in die 1980er Jahre, Stuttgart 2014, S. 317–322; Peter Hübner: „Betriebe als Träger der staatlichen Sozialpolitik, betriebliche Sozialpolitik“, in: Bundesministerium für Arbeit und Soziales (Hg.): Geschichte der Sozialpolitik in Deutschland seit 1945. 1971–1989. Deutsche Demokratische Republik, Baden-Baden 2009, S. 703–738, hier S. 738.

64 Ab den 1980er-Jahren führte die Werft zwar Preise zur Kompensation der Ausgaben ein, aber diese lagen noch immer sehr niedrig; für Bedürftige übernahm die Abteilung Soziales weiterhin die gesamten Kosten. Informacja na temat zaopatrzenia jesienno-zimowego, 17.10.1988, S. 1, APG, 130/464/87.

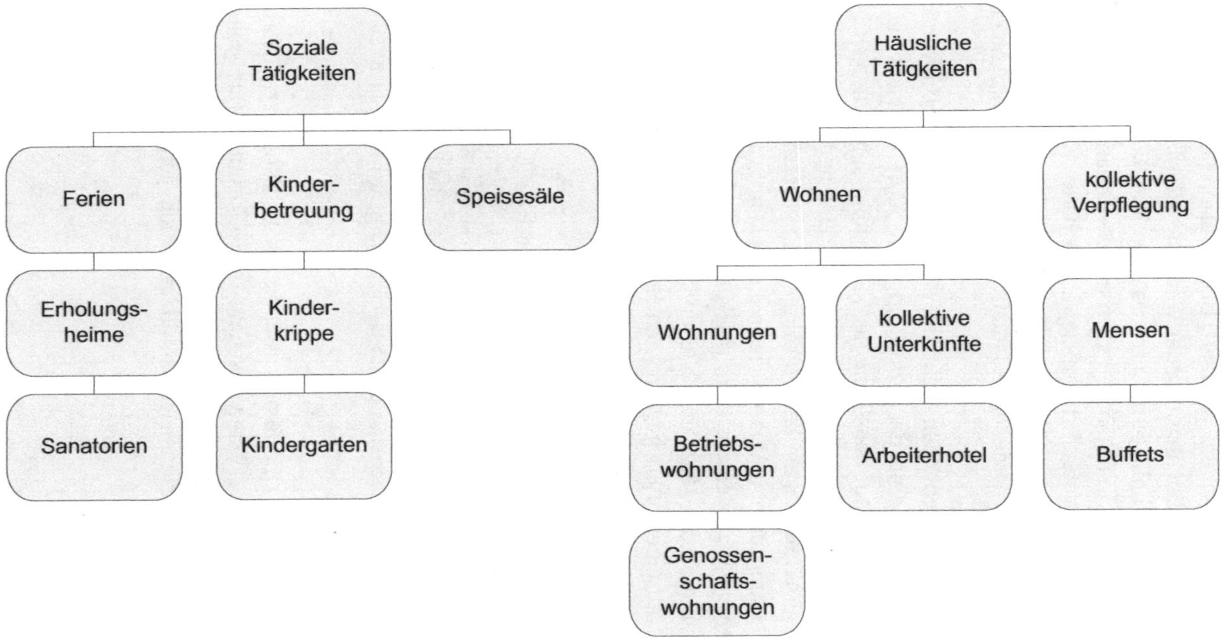

Organigramm 10: Die indirekten Kosten der Werft Pariser Kommune im Jahr 1980
Quelle: Eigene Darstellung nach Rocznik Statystyczny 1981, 24.4.1982, APG, 130/2365.

staatlichen Ebene auf die Betriebsebene verlagert. Die Inklusion der „häuslichen und sozialen Tätigkeiten“ in die Buchhaltung der Werft war allerdings gewissermaßen ein Rechtskonstrukt. Die hohe Subventionsrate der Wohlfahrtsinstitutionen deutet darauf hin, dass sich der Staat lediglich aus der Organisation, nicht aber aus der Finanzierung der Wohlfahrt zurückgezogen hatte. Hochgerechnet machte die „zweite Lohntüte“[65] im Jahr 1980 einen Anteil von 15 % am gesamten Nettoverlust der Werft aus, den wiederum staatliche Akteure übernehmen mussten.

Die Transformation der betrieblichen Wohlfahrt war die Folge der Umwandlung in eine Aktiengesellschaft und der Einführung des „Core Business“ als Leitideologie. Die Umwandlung auf der Ebene der Rechtsform spiegelte sich in den produktionsperipheren Bereichen. Auch sie erhielten eine neue Rechtsform und ein neues Rechtsverhältnis gegenüber dem Unternehmenszentrum. So gliederte die Werft das Erholungsheim in Wieżyca zwar aus, es konnte aber weiterhin von den Beschäftigten genutzt werden. Der Sportklub Bałtyk wurde ebenfalls ausgelagert, aber seine einzigen Mitglieder blieben die Beschäftigten. Ähnlich verhielt es sich auch mit einem 1993 gegründeten Hotel- und Tourismusunternehmen. Dessen statutarische Aufgaben zeigen, dass die betrieblichen Sozialleistungen in ihrem Umfang nicht gekürzt worden waren:

> „1. Erbringung von Dienstleistungen im Bereich Tourismus und Freizeit, 2. Sanatoriumsdienstleistungen, 3. Catering- und Verpflegungsdienstleistungen, 4. Vermietung von Geschäftsräumen und Wohngebäuden, 5. Lagerung und Überwachung von Immobilien, 6. Herstellung und Verarbeitung von Lebensmitteln, 7. Renovierungs- und Baudienstleistungen, 8. Laufender Handel einschließlich des Außenhandels, des Groß- und Einzelhandels mit Nahrungsmitteln, chemischen Erzeugnissen, Metallen, elektrischen Maschinen, Bau- und Innenausstattungen.“[66]

Zwar lässt sich an diesem Statut eine Reorganisation der betrieblichen Sozialpolitik ablesen, aber nicht unbedingt eine Verengung des Spektrums.[67] Das breite Angebot des von der Werft kontrollierten Dienstleisters legt eher die Resilienz der Multifunktionalität offen. Im folgenden Abschnitt gehe ich genauer auf die

65 Gerlach: Betriebliche Sozialpolitik, S. 309.

66 O. A.: „Przedsiębiorstwo hotelowo-turystyczne S.A.“, in: Cała Naprzód 7–8 (1993), S. 5.

67 Auch für einen Funktionswandel, wie er im Fall bundesdeutscher Großunternehmen beobachtet wurde, gibt es in den 1990er-Jahren keine Anhaltspunkte. Vgl. Almuth Bartels, Monetarisierung und Individualisierung. Historische Analyse der betrieblichen Sozialpolitik bei Siemens (1945–1989), Stuttgart, 2013; Ute Engelen: Demokratisierung der betrieblichen Sozialpolitik? Das Volkswagenwerk in Wolfsburg und Automobiles in Sochaux 1944–1980, Baden-Baden, 2013.

Transformation, aber auch auf die Trägheit der Multifunktionalität in den Bereichen Gesundheitsversorgung, Wohnungsbau und Ausbildung ein.

Die betriebseigene Klinik war bis zum Jahr 2000 an die Werft angeschlossen. Nach dem Verkauf betrieb Euromedicus sie als Ableger des Nationalen Gesundheitsfonds ohne rechtliche Verbindungen zur Werft weiter. Die Folge des Verkaufs war, dass die Beschäftigten der Werft ihren privilegierten Status im Krankenhaus einbüßten. Viele Mitarbeiterinnen und Mitarbeiter beklagten sich im Laufe der nächsten Jahre über die monatelangen Wartezeiten.[68] Noch schlechter gestellt waren die Arbeitnehmerinnen und Arbeitnehmer, die bei rechtlich selbstständigen Subunternehmen wie Euromal, beauftragt mit der Lackierung der Schiffe, beschäftigt waren. Ihr Arbeitgeber hatte einen Vertrag mit einem privaten medizinischen Dienstleister abgeschlossen, wodurch die Beschäftigten ihre Berechtigung verloren, sich in dem noch immer auf dem Werftengelände befindlichen Krankenhaus behandeln zu lassen. Ein Mitarbeiter von Euromal suchte nach einem Unfall, bei dem Metallstaubspäne sein Auge verletzt hatten, das Krankenhaus auf:

> „Wie üblich ging ich in solchen Fällen zum Augenarzt auf der Werft. Ich wurde jedoch unangenehm überrascht. Mir wurde die Behandlung verweigert, obwohl ich versichert bin! Diesmal bekam ich an der Rezeption zu hören, dass die Mitarbeiter von Euromal sich in der Czechosłowacka Straße nicht mehr anmelden könnten. Ich wurde in eine Klinik in der Chrzanowski-Straße geschickt. Dort musste ich jedoch bis zum nächsten Tag warten und dreißig Złoty bezahlen. Als Werftarbeiter und jemand, der seit zwanzig Jahren ehrenamtlich Blut spendet, fühlt sich das für mich falsch an.“[69]

In seiner Replik relativierte der Ombudsmann der Werft Gdynia das Problem mit dem Hinweis, dass das Unternehmen „jetzt viel schwerwiegendere Probleme als das mit dem Krankenhaus“ habe.[70] Der Überlebenskampf hatte also zu einer Herabstufung der betrieblichen Sozialleistungen in einer imaginierten Hierarchie von Problemen und damit zu einer artikulierten Nachrangigkeit der sozialen gegenüber ökonomischen Belangen geführt. Nach 2003 verstummte die Debatte über die betrieblichen Sozialleistungen und wurde von Forderungen um ausstehende Löhne und von Versuchen, eine größtmögliche Anzahl von Arbeitsplätzen zu retten, abgelöst.

---

68 Szymon Szadurski: „Przychodnia nie dla stoczniowców“, in: Dziennik Bałtycki vom 24.6. 2004.

69 Zitiert nach ebd. Die massiven Liquiditätsprobleme ließen sogar eine Anpassung des Tarifvertrags in Form einer Kürzung der Sozialleistungen zu.

70 Ders.: „Przychodnia nie dla stoczniowców“, in: Dziennik Bałtycki vom 24.6.2004.

Anders stellte sich die Situation im Wohnungsbau dar. Aus diesem hatten sich der Staat und die Kommunen bereits in den 1970er-Jahren schrittweise zurückgezogen. Auf der Grundlage des neuen Genossenschaftsgesetzes[71] gründete die Werft Pariser Kommune 1982 die Wohnungsbaugenossenschaft Stoczniowiec[72], deren Sitz sich auf dem Betriebsgelände befand. Mit günstigen Krediten der PKO Bank baute sie bis zum Jahr 1989 über 40 Wohnblocks. Danach konnten diese Wohnungen zu günstigen Konditionen von den Mitgliedern gekauft werden. Die Privatisierung des Wohnungsbestand leitete eine Entkoppelung von Unternehmen und Genossenschaft ein, die im Jahr 1995, als der „Schiffbauer" aus den Räumlichkeiten auf dem Betriebsgelände auszog, abgeschlossen war. Gleichzeitig schaffte die Genossenschaft das Vorrecht der Schiffbauerinnen und -bauern ab und vergab nunmehr ausschließlich Wohnungen zu kommerziellen Bedingungen an zahlungskräftige Kunden (GD-S-3).

Neben Wohnungspolitik und Gesundheitspflege bietet auch der Bereich der Ausbildung einen ergänzenden Indikator für die nichtlineare Transformation der betrieblichen Sozialpolitik. Während die beiden bereits besprochenen Tätigkeitsfelder der Dynamik der Privatisierung folgten, war die Transformation der Ausbildung von einer Kommunalisierung geprägt. Bis in die 1990er-Jahre unterhielt die Werft Pariser Kommune eine eigene Abteilung Ausbildung. Diese betrieb auf dem Werftgelände die „Berufsschule für Schiffbau" und die örtliche „Technische Schule für Schiffbau".[73] Von Anfang an absolvierten die Schülerinnen und Schüler Praktika in der Werft. Ein Arbeiter beschrieb die Verschränkung der Werft mit den betriebseigenen Schulen während der sozialistischen Ära wie folgt: „Ich erinnere mich, dass Herr Zwierzyński, der Vizepräsident der Werft, mich unterrichtete [...] Es waren die Werftarbeiter, die eine Menge solcher [technischer; P. W.] Dinge lehrten." Praktika banden die künftigen Schiffbauerinnen und -bauer frühzeitig in den Arbeitsalltag ein:

> „Wir hatten von der ersten Klasse an Praktika in der Werft. Die meisten, wie Schweißer und andere, waren von Beginn an auf dem Schiff; die aus der zweiten, dritten Klasse wurden bereits den Brigaden zugeteilt. So konnten sie [die Arbeiterinnen und Arbeiter der Brigaden; P. W.] ihre Leute gleich kennenlernen. Nach dem Schulabschluss wusste jeder Brigadier, jeder Leiter, wer er war, mit wem er sich zusammentun wollte und so fort. Es gab eine solche

---

71 *Prawo spółdzielcze* idF vom 16.9.1982, in: Dz.U. (1982), 30/210.

72 Deutsch: *Der Schiffbauer.*

73 Wer nicht eine dieser Schulen besucht hatte, der hatte zumindest die Technische Schule Conradinum in Danzig absolviert. In Danzig befindet sich auch die Fakultät für Meerestechnik und Schiffstechnik, deren Abschluss für die Laufbahn der Werftingenieure Voraussetzung war. Sowohl die Schule als auch die Technische Universität waren mit der Stadtschnellbahn SKM von der Werft aus gut zu erreichen.

> Kontinuität. Auch später dann [nach der Schule; P. W.] wurden sie [die ausgelernten Schülerinnen und Schüler; P. W.] von den anderen erzogen; nicht wie in der Schule, aber die Ausbildung ging weiter." (GD-W-15)

Betriebsbedingte Sozialleistungen wie die betriebliche Ausbildung waren so vorteilhaft für alle Beteiligten, dass sie die politische Wende 1989 überdauerten.[74] Bis zum Jahr 2004 gehörten sowohl die Berufsschule als auch die Technische Schule zur Werft. Dann verkaufte sie die Schulen an die Stadt Gdynia, um Schulden zu tilgen. Ein öffentlicher Träger führte den Ausbildungskomplex für den Schiffbau am Standort Energetikerstraße, etwa einen halben Kilometer vom Haupttor der Werft entfernt, weiter. Dieser Teil der produktionsfremden Funktionen überlebte selbst ihre Produktionsfunktion. Die Schule wurde erst 2016 im Zuge einer nationalen Bildungsreform geschlossen. Während einer Abschlusszeremonie interpretierte die Abgeordnete Małgorzata Zwiercan die Schließung des Schulkomplexes als „symbolischen Akt, der das Liquidationsverfahren der Gdynia Werft endültig beendet".[75]

Meine ersten Forschungsreisen an die Ostsee unternahm ich in der Annahme, dass die Werft Gdynia Geschichte sei. Der Blick auf den multifunktionalen Charakter der Werft und die Entwicklungen seit 1991 zeigen jedoch, dass diese Annahme auf vielen Prämissen hinsichtlich der Identität und der Grenzen des Unternehmens beruht. Der Werft Gdynia den Totenschein auszustellen würde die Multifunktionalität der ehemaligen Werft Pariser Kommune ignorieren und die ahistorische Rechtshülle des Unternehmens fetischisieren. Die Abwicklung bezog sich lediglich auf die Teilfunktion der Produktion und hier auch nur in Hinblick auf die Rechtshülle. Weshalb aber sollten allein die Produktionsfunktion und die Unternehmensseite die Kontinuität der Werft Gdynia für sich in Anspruch nehmen? Solange die Wohnungsbaugenossenschaft „Schiffbauer" als auch die Reparaturwerft Crist weiterhin das Leben zahlreicher Menschen prägen, bleiben Bruchstücke des einstigen Kolosses am Leben.

Auch ein Blick in die Nachbarschaft der Werft Uljanik gibt Anlass zur Kritik an einer Schalentheorie der Unternehmen, der zufolge der Produktionskern der einzig profitable und gleichzeitg identitätsstiftende Teil der Werften wäre. Während Uljanik nach dem Schälungsprozess Konkurs anmelden musste, überlebte unweit davon die multifunktionale Kleinwerft Tehnomont. Ihr Erfolgsrezept be-

74 Das polnische Bildungswesen kennt ansonsten keine duale Ausbildung.

75 Sw.: „Dopełnił się akt likwidacji. Zakończenie roku w ZST z udziałem poseł M. Zwiercan i Sztandaru Solidarności", in: Młoda Gdynia vom 27.6.2016, http://mlodagdynia.pl/czytaj/co-sie-dzieje/15672, zuletzt geprüft am 5.12.2019.

steht in der Diversifizierung von dem kaum rentablen Schiffbau und dem dafür umso ertragreicheren Betrieb eines Yachthafens.

5.4 Die Betriebsmauer und Exklaven der Werft Uljanik

Im Jahr 1989 begann Uljanik damit, sämtliche Sachanlagen der Holding zu inventarisieren. Das Ergebnis fiel überraschend aus. Nicht etwa die Werft machte den größten Substanzwert aus. Der Wert des Zweigs Uljanik Standard lag mit 130 Mio. DEM etwa doppelt so hoch. Auch für die Kommune und ihre Bewohnerinnen und Bewohner war die Arbeitsgemeinschaft mindestens ebenso wichtig wie der Schiffbau. Uljanik Standard erfüllte eine Scharnierrolle zwischen der Holding und der lokalen Gemeinschaft. Sowohl mit seinem Engagement in Bereichen wie Wohnungsbau und sportliche Infrastruktur als auch durch andere Leistungen verschränkte Uljanik Standard das Unternehmen mit der Stadt. Indem es die Unternehmensteile organisierte, die keine ökonomische Funktion erfüllten, stand es für die zweite Seite des Unternehmens, den Betrieb. Genauer gesagt, bildete es das Organisationszentrum der Öffentlichkeit des Betriebs.

Die starke materielle Position von Uljanik Standard spiegelt die ausgeprägte Rolle der betrieblichen Sozialpolitik in den sozialistischen Staaten Ost- und Südosteuropas wider. In ihren Wohlfahrtssystemen überlagerten sich betriebliche und staatliche Strukturen. Rüdiger Gerlach identifiziert gerade das „Ineinandergreifen von staatlicher Sozialpolitik und betrieblichen Maßnahmen" als distinktives Merkmal gegenüber der Betonung des unternehmerischen Spielraums in der rheinkapitalistischen Tradition betrieblicher Sozialpolitik.[76] Peter Hübner beobachtet im Ostblock eine an das Konzept der sozialistischen Industrialisierung gebundene „Arbeitszentrierung sozialer Leistungen".[77] Der Sozialhistoriker Ulf Brunnbauer zeigt am Beispiel eines bulgarischen Stahlwerks, dass das Unternehmen dem Staat eine Reihe von Wohlfahrtsleistungen abnahm: „[D]as Unternehmen stellte umfangreiche Sozialleistungen zur Verfügung, organisierte Wohnraum und schuf einen Rahmen für diverse Freizeitaktivitäten."[78] Viele

76 Gerlach: Betriebliche Sozialpolitik, S. 13.

77 Peter Hübner: „Arbeitsbeziehungen und soziale Sicherungen für Arbeiter in Ländern des sowjetischen Blocks", in: ders./Christoph Kleßmann/Klaus Tenfelde (Hg.): Arbeiter im Staatssozialismus. Ideologischer Anspruch und soziale Wirklichkeit, Köln/Weimar/Wien 2005, S. 249–270, hier S. 262.

78 Ulf Brunnbauer: Die sozialistische Lebensweise. Ideologie, Gesellschaft, Familie und Politik in Bulgarien (1944–1989), Wien u. a. 2007, S. 214.

klassische Aufgabenbereiche kommunaler Selbstverwaltung wurden in den Unternehmen internalisiert.[79]

In Jugoslawien verstärkte sich der Trend der Verbetrieblichung der Sozialpolitik mit dem Ausbau der Selbstverwaltung in den 1960er-Jahren. Die Verwaltungsreformen verlagerten die Kompetenz im Bereich Wohnungsbau von der Ebene der Republik und der Kommune an die Unternehmen. Die Folge der Verbetrieblichung in der von Srna Mandić untersuchten Wohnungsbaupolitik war eine modifizierte Rolle des Betriebs in der Gesellschaft: „[The] consequence of the reform was that the self-managing enterprises became responsible for the satisfaction of housing needs of employees. [...] Thus rental housing provision came to be institutionalized as a form of employment benefit."[80]

De-facto entledigte sich die Kommune mit dieser Kompetenzabgabe eines Problems, das sie nicht imstande gewesen war, in den Griff zu bekommen. Auch für Uljanik bildetete der Wohnungsbau ein chronisches Problem. Generell nutzte die Werft dafür einen Fonds, der durch den nationalen Solidaritätsfonds aufgestockt werden konnte.[81] Die Illiquidität der Arbeitsorganisationen sorgte dafür, dass die Mittel aus diesen beiden Fonds nie ausreichten, um den Bedarf zu decken. Erst ein weiterer Problemtransfer mittels der Privatisierung in Form von Beschäftigtendarlehen für Bauherren half, die Mangelwirtschaft einzudämmen. Während 1976 noch 92 % des betrieblichen Wohnfonds für den Bau von Wohnungen aufgewendet wurden, stieg in den 1980er-Jahren der Anteil an Eigenheimförderung. Mit dem Trend „vom Wohnungsbau zum Personaldarlehen" folgte die jugoslawische betriebliche Sozialpolitik mit rund einer Dekade Verspätung einem westeuropäischen Muster.[82] Gegen Ende des Jahrzehnts kam der Wohnungsbau durch die hohe Inflation und die Illiquidität Uljaniks vollkommen zum Erliegen. Formal führte erst eine politische Intervention zur Einstellung des Wohnungsbaus. Die erste HDZ-Regierung führte 1990 eine Wohnreform durch, die

79 Vgl. Sasha Tsenkova: Housing Policy Reforms in Post Socialist Europe. Lost in Transition, Heidelberg 2009; Carsten Benke: „Am Ende der Hierarchie. Grenzen und Spielräume der Kommunalpolitik in der DDR – mit Beispielen aus der Industriestadt Ludwigsfelde", in: Christoph Bernhardt/Heinz Reif (Hg.), Sozialistische Städte zwischen Herrschaft und Selbstbehauptung. Kommunalpolitik, Stadtplanung und Alltag in der DDR, Stuttgart, 2009, S. 21–46, hier S. 30.

80 Srna Mandić: „Reformism in Yugoslvia. An Example Reconsidered", in: Bengt Turner/Iván Tosics/József Hegedűs (Hg.): The Reform of Housing in Eastern Europe and the Soviet Union, London/New York 1992, S. 296–307, hier S. 298.

81 Tsenkova: Housing Policy Reforms.

82 Bartels: Monetarisierung, S. 260–293.

den Verkauf der Betriebswohnungen beinhaltete.[83] Im Laufe der darauffolgenden Jahre wurden die Wohnungen zunächst verstaatlicht und im nächsten Schritt an die Beschäftigten verkauft. Die Privatisierung des Wohnungsbestandes lief damit parallel zur Entkopplung von Unternehmen und Wohnbau in Gdynia ab.

Die Organisation des Wohnungsbaus und anderer Bereiche der sozialen Wohlfahrt in Uljanik oblag seit der Unternehmenstransformation in den 1970er-Jahren der Arbeitsgemeinschaft der Gemeinsamen Arbeiten[84]. Dabei handelte es sich nicht um eine klassische und um ein Produktionsfeld angeordnete Grundorganisation, sondern um einen Dienstleister, der allen Grundorganisationen zuarbeitete. Zu ihr gehörte auch die Abteilung für den sozialen Standard.[85] Mit der Verfassung von 1974 splittete sich die Arbeitsgemeinschaft auf und die Beschäftigten gründeten eine eigenständige Arbeitsgemeinschaft Sozialer Standard[86]. Die Arbeitsgemeinschaft kümmerte sich nunmehr um Sozialleistungen wie Wohnungsbau, Kantinen und Erholungsheime für die Beschäftigten und kooperierte eng mit den Gewerkschaften und Arbeiterräten.

Im Jahr 1990 beschloss der Arbeiterrat die Umwandlung Uljaniks in ein Unternehmen. Parallel dazu wurde die Arbeitsgemeinschaft Sozialer Standard ausgegliedert; sie blieb jedoch als Gesellschaft unter dem Dach der Holding lose an die produktiven Bereiche gebunden. Das neu gegründete Unternehmen hatte 214 Beschäftigte.[87] Es verwaltete Junggesellenhotels, das Neue Haus, in dem die betriebliche Bildung untergebracht war, und das Alte Haus, in dem sich auch die Büros von Uljanik Standard befanden. Sozialer Standard verwaltete auch die Erholungs- und Sportanlagen Veruda, Bunarina und Fratarski Otok, das Krankenhaus „Arsenal", das Schiff „Ulika", das Haus der Jugend, Mensen, drei Kantinen und 3.300 Wohnungen, von denen 2.700 von Uljanikovci bewohnt waren.

Bereits Anfang der 1990er-Jahre setzte eine tiefgreifende Transformation der Rolle der betriebseigenen Erholungs- und Sportanlagen ein. Orte, die viele Beschäftigte bisher als „zweites Haus"[88] wahrgenommen hatten, unterlagen nun einer strengen Zugangs- und Verhaltensreglementierung. Konflikte, wie der um ein Verbot des Kartenspielens im Hafen Bunarina, legten die Hybridität von Uljanik Standard offen. Zum einen fühlte es sich „den Wünschen der Arbeiter"

83 Vgl. Gojko Bežovan: „Croatia. Towards Formalisation", in: József Hegedüs/Martin Lux/Vera Horváth (Hg.): Private Rental Housing in Transition Countries. An Alternative to Owner Occupation?, London 2018, S. 149–166.

84 Serbokroatisch: *Radna zajednica zajedničke službe.*

85 S. Marišić: „Čime se bavi RZ Zajedničke službe?", in: Brodograditelj vom 15.1.1976, S. 3.

86 Serbokroatisch: *Radna zajednica društveni standard.*

87 K.Š: „RJ Društveni Standard prerasta u poduzeće", in: Uljanik vom 27.4.1990, S. 14.

88 Ebd.

verbunden, zum anderen musste es „Umsätze generieren".[89] Die übrigen Gesellschaften überließen Standard die Immobilien nur unter der Bedingung, dass es kostendeckend wirtschaftete. Dementsprechend stellte der Direktor Standards, Maksimo Milenković, in einem Interview klar: „Dieses Unternehmen kann keine niedrigeren Preise anbieten, wenn es nicht gleichzeitig den Preisunterschied selbst stemmt. Alles, wofür der Endbenutzer nicht aufkommt, muss ein anderer bezahlen."[90]

Dem Strategieplan des Direktors zufolge sollten „ungenutzte Kapazitäten dem freien Markt zur Verfügung gestellt"[91] und die Aktiva des Unternehmens schrittweise mit dem lokalen Tourismus verschränkt werden. Aus diesem Grund sollte auf Bunarina die Restaurantinfrastruktur verbessert werden. Die Gesellschaft Standard plante das Schiff Ulika und das im Stadtteil Veruda gelegene Stadion des Werksvereins Uljanik auch für anderweitige – etwa touristische – Zwecke zu vermieten. Das neue Sozialmanagement führte zu diesem Zeitpunkt noch zu keiner Entflechtung der Beziehungen zwischen dem Unternehmen und der lokalen Gemeinschaft, sondern lediglich zu Versuchen einer profitablen Integration ausgewählter Bereiche der Umwelt. Hierzu bot sich in Istrien als erstes eine lokale Partnerschaft mit dem Tourismus an.

Die Anzahl der Gesellschaften der Uljanik Group war bis 2006 von 13 auf acht zurückgegangen.[92] Antun Brajković, der 2006 den langjährigen Vorstandsvorsitzenden Karlo Radolović abgelöst hatte, setzte die Verdichtung des Unternehmens fort. Er plante den Verkauf der Gesellschaften, „die nicht direkt mit dem Schiffbau verbunden sind" zum Zwecke „einer Verringerung des Platzbedarfs und wir beabsichtigen, einen Teil der Liegenschaften zu verkaufen, um den von uns anvisierten technologischen Umbau abzuschließen".[93] Der Vorstand beschloss den Verkauf des Alten Hauses, des Neuen Hauses und des Bürogebäudes Kasarna an die Stadt und kündigte auch den Verkauf des legendären Rockclubs Uljanik an. Der sichtbare Nebeneffekt dieser einfachsten Möglichkeit, liquide Mittel zu generieren, war die Bündelung des Betriebs hinter den Mauern des Arsenals, die schon historisch eine harte Grenze zwischen Kriegshafen und Stadt dargestellt hatten.

---

89 Ebd.

90 Ebd., S. 14 f.

91 Ebd., S. 14.

92 Die Gesellschaften hießen: Werft, Motorenwerk, Einrichtungsbau sowie Dienstleistungsunternehmen für Rechtsangelegenheiten, IT, Finanzen, Kommerz und Standard.

93 Agneza Urošević: „Pula preuzima od Uljanika prostore od 30.000 četvornih metara", in: Poslovni Dnevnik vom 19.10.2006, http://www.poslovni.hr/hrvatska/pula-preuzima-od-uljanika-prostore-od-30000-cetvornih-metara-24787, zuletzt geprüft am 12.12.2019.

Nur die Sportstätten überlebten den schleichenden Abbau des Sozialen Standards in der ersten Dekade des neuen Jahrtausends. Erst die drohende Insolvenz in den Jahren 2017 bis 2019 zwang den Vorstand zum Verkauf der letzten Immobilien von Standard. Zunächst überließ Uljanik der Stadtverwaltung die Insel Fratarski Otok und schließlich auch das Stadion ŠRC Uljanik Veruda.[94] Mit der Veräußerung der letzten gesellschaftlichen Exklaven war es noch nicht getan; selbst das Innere der Werksmauern war nun kein Tabu mehr. Der vom Vorstand ausgearbeitete Restrukturierungsplan von 2018 sah vor, private Enklaven innerhalb der Werksmauern zuzulassen. Während der gesamte Bauzyklus in komprimierter Form auf die Insel mit den Slipanlagen verlegt werden sollte, plante der Vorstand das Zusammenwachsen weiter Teile des Arsenals mit der Stadt durch die Eröffnung von Handels-, Wohn- und Tourismuszentren.[95]

Die Entwicklung des Sozialen Standards zeigt, dass die Verschiebung der Unternehmensgrenzen zur Veräußerung von Unternehmenssparten lediglich eine Dimension bei der Anpassung der Außengrenzen ausmachte. Die Rolle, die die Werft innerhalb der Gesellschaft einnahm, unterlag auf der Seite des Betriebes einer Neubestimmung. Der Verkauf der gesellschaftlichen Exklaven Uljaniks und die Rücknahme der in den 1960er-Jahren eingeleiteten Verbetrieblichung kommunaler Dienstleistungen reduzierten das Engagement Uljaniks für die lokale Gemeinschaft außerhalb der Werksmauern und dadurch auch die lokalpolitische Legitimität und Verhandlungsmacht. Die Verschiebung der Betriebsgrenzen auf Kosten der Hybridität des Unternehmens stellte eine Verengung des ursprünglich breit angelegten und an den Beschäftigten orientierten Betriebsziels dar. Die Folge war eine Eindimensionalität, die das Unternehmen leichter steuerbar machen sollte, es dabei aber gleichzeitig von der lokalen Gemeinschaft entfremdete und ihm die politische Schlagkraft entzog. Der Trend zur Eindimensionalisierung auf der Betriebsebene und der in Kapitel 3 besprochene Zug zur Komprimierung auf der Unternehmensseite verliefen parallel; beide erlebten in der Unternehmenskrise ab 2018 ihr Finale – zunächst mit dem Ausverkauf der letzten gesellschaftlichen Mehrwertsproduzenten, dann mit dem Vorschlag einer Umsiedlung des Unternehmens auf die 13 Hektar kleine Insel Otočić westlich der Altstadt. Der Konkurs vom 17. Mai 2019 bildete für beide Entwicklungen den Grenzwert.

---

94 Ch. B.: „Pula Sport preuzeo Uljanikov Stadion", in: Glas Istre vom 3.3.2019, https://www.glasistre.hr/pula/pula-sport-preuzeo-uljanikov-stadion-582443, zuletzt geprüft am 12.1.2020.

95 Robert Frank/Milan Pavlović: „Plan restrukturiranja koji bi trebao spasiti Uljanik. Brodogradnja ostaje na Otoku, Arsenal postaje dio gradske jezgre, nema otpuštanja radnika", in: Glas Istre vom 4.10.2018, https://www.glasistre.hr/pula/plan-restrukturiranja-koji-bi-trebao-spasiti-uljanik-brodogradnja-ostaje-na-otoku-arsenal-postaje-dio-gradske-jezgre-nema-otpustanja-radnika-571567, zuletzt geprüft am 1.5.2019.

5.5 Zwischenfazit

Die Werft in Gdynia und die Werft Uljanik waren bis zuletzt öffentliche Unternehmen. Das Attribut der Öffentlichkeit bezeichnet in der vorliegenden Untersuchung nicht die Eigentumsstruktur, sondern eine Qualität von Verflechtungen. Zur genaueren Beschreibung der vorgefundenen Verflechtungen hat sich eine zu Beginn dieses Kapitels eingeführte Differenzierung zwischen Unternehmen und Betrieb als produktiv erwiesen. Auf beiden Ebenen erfüllt die Schnittstelle eine Doppelfunktion. Sowohl Werksmauer als auch Rechtshülle dienen einerseits der Abrenzung der Werften gegenüber ihren Umwelten, andererseits stellen sie sich als duchlässige und damit konstitutive Membranen heraus. Während die Unternehmensgrenze den Einfluss staatlicher Akteure reguliert und gestaltet, bildet die Betriebsgrenze die Differenz zur Gesellschaft und insbesondere der lokalen Gemeinschaft, mit der der Betrieb in einem lebensweltlichen Austausch steht.

Worin bestand die Öffentlichkeit der beiden untersuchten Werften? Die Porosität der Unternehmensgrenze – als Bedingung für Öffentlichkeit – war die Folge eines vertikalen Transfers von Enscheidungskompetenzen und einer dadurch bedingten ökonomischen Entfremdung des Unternehmens von sich selbst. Während die Produktionssphäre weitgehend autonom organisiert war, waren Fragen der Finanzierung und des Vertriebs an staatliche Instanzen ausgelagert. Ein weiterer Faktor, der sich auch im postsozialistischen Kontext beharrlich hielt, war die juristische und politische Haftung staatlicher Akteure, die zur Vergesellschaftung unternehmerischer Verluste beitrug. Die historische Grundlage für die Verflechtung der Unternehmenskonten, des Staatsbudgets und der privaten Haushaltskassen bildeten die weichen Budgetgrenzen sozialistischer Ökonomien.

In den sozialistischen Wirtschaftsordnungen rechtfertigte das Primat einer volkswirtschaftlichen Betrachtung vielfältige Subventionspraktiken. Eine solche Betrachtungsweise berücksichtigte neben dem Geschäftsergebnis eines Unternehmens auch die jeweiligen Verflechtungen und Multiplikatoreneffekte. Im Fall einer hereinbrechenden Unternehmenskrise verwandelten sich die ehemaligen Profiteure in Gläubiger und der volkswirtschaftliche Nutzen in Haftung. Nach der Demokratisierung Kroatiens und Polens blieb das Primat der volkswirtschaftlichen Bilanzierung weithin unangetastet. Durch die Notwendigkeit nun auch schwer dotierbare Faktoren, wie die Stimmungsbilder der Wählerinnen und Wähler, zu berücksichtigen, verlor das Bilanzierungskonzept im Vergleich zum Sozialismus aber an Transparenz.

Die Durchlässigkeit der Betriebsgrenze – als zweite Bedingung für Öffentlichkeit – ergibt sich aus der Entgrenzung der Werft durch die Übernahme von produktionsfremden Funktionen. Wenngleich weder Gdynia noch Pula klassische Industriestädte wie Nowa Huta oder Tol'jatti sind,[96] waren sie durch die Multifunktionalität aufs Engste mit den Werften verflochten. Diese Charakteristika sozialistischer Betriebe zeigten in beiden Fällen während der 1990er-Jahre eine überraschende Resilienz. Obschon die Umwandlung in eine Aktiengesellschaft zu einer organisationalen Restrukturierung der betrieblichen Sozialleistungen führte, war diese nicht per se von einem Abbau der Multifunktionalität begleitet. Erst mit großer Verspätung führten die Privatisierung und Kommunalisierung der betrieblichen Sozialleistungen zu einer Entkopplung von Werft und Umland. Die Untersuchung zeigt auch, wie der Abbau der Verflechtungen eine Bedingung für eine saubere Abwicklung der symbolpolitisch aufgeladenen Branche darstellte.

Die Unternehmensgeschichten der beiden Werften Gdynia und Uljanik können als Einübung in nichtbinäres Denken gelesen werden. Zahlreiche Verflechtungen auf der Ebene des Unternehmens und des Betriebs schüttelten die Dichotomien zwischen einer auf Profit und einer nicht auf Profit ausgerichteten Organisation sowie öffentlicher und privater Logiken kräftig durch.[97] Mit Grabher und Stark gesprochen, erweckten die Unternehmen den Eindruck „verschachtelter Holdings, an denen die Grenzen zwischen staatlichem und privatem Eigentum zunehmend unscharf geworden sind".[98] Infolge der spätsozialistischen Wirtschaftsreformen und Massen(-teil)privatisierungen in den 1990er-Jahren stand der Öffentlichkeitsgrad in dem Kontinuum zwischen „Öffentlichkeit" und „Autarkie" unter dauernder Aushandlung und Beobachtung. Während im Staats- und später auch im Selbstverwaltungssozialismus das Kontinuum so weit Richtung „Öffentlichkeit" verschoben war, dass die Grenzen zwischen den Werften, den staatlichen Akteuren und der lokalen Gemeinschaft fiktiv erscheinen konnten, erwarteten die postsozialistischen Reformerinnen und Reformer vom Werftenmanagement eine Verhärtung dieser Fiktion. Wenngleich im Hintergrund weiterhin Mechanismen der Öffentlichkeit an der Tagesordnung waren, trug diese Fiktion in einem wirtschaftsliberal geprägten Umfeld dazu bei, das Überleben der Werften zu legitimieren. Überraschend lange war es den beiden Werften gelungen, sich als Unternehmen zu tarnen.

96 Zum Verhältnis zwischen Werk und Stadt am Beispiel der beiden erwähnten Städte siehe Lewis H. Siegelbaum: Cars for Comrades. The Life of the Soviet Automobile, Ithaca 2009; Dagmara Jajeśniak-Quast: Stahlgiganten in der sozialistischen Transformation. Nowa Huta in Krakau, EKO in Eisenhüttenstadt und Kunčice in Ostrava, Wiesbaden 2010.

97 Siehe dazu Taco Brandsen/Philip Marcel Karré: „Hybrid Organizations. No Cause for Concern?", in: International Journal of Public Administration 34 (2011), Nr. 13, S. 827–836; Wilfred van de Donk: De gedragen gemeenschap. Over katholiek maatschapelijk organiseren de ontzuiling voorbij, Den Haag 2001.

98 Grabher/Stark: Organizing Diversity, S. 15.

Fazit

Es ist nicht immer der Fitteste, der eine Transformation überlebt. Eine Reihe von Unternehmen entgingen der „natürlichen“ Selektion eines europaweiten Strukturwandels in den letzten Dekaden des 20. Jahrhunderts. Bedingt durch ihr permanentes Scheitern repräsentierten die Werft Pariser Kommune – ab dem Jahr 1991 Werft Gdynia – in Polen und die Werft Uljanik in Kroatien in der Unternehmenslandschaft Ostmitteleuropas scheinbar rar gewordene Extremfälle. Beide Fallstudien in ihrem heuristischen Wert ernst zu nehmen, bedeutet allerdings, sie nicht als Ausnahmen zu stigmatisieren, sondern als Kontrapunkt zu der neoliberalen Hegemonie zu lesen, die laut dem Gros der Transformationsforschung in den 1980er-Jahren vorbereitet und nach 1989 endgültig tonangebend wurde. Aus dieser Perspektive lässt das vertrackte Verhältnis der beiden besprochenen Werften zu den staatlichen Akteuren und sozialistischen Pfadabhängigkeiten staatlich gelenkter Ökonomien umfassende Rückschlüsse auf die der Transformation inhärenten Widersprüche und Spannungen zu. Im Folgenden skizziere ich zunächst die Irregularität der Trajektorien beider Werften im nationalen und internationalen Vergleich, um im zweiten Teil des Fazits die Ursachen dafür darzulegen. Abschließend fasse ich die Relevanz der Erkenntnisse für die Bildung eines Modells von Subventionsregimen und staatlichen Unternehmen nach dem Sozialismus kurz zusammen.

Die Resilienz der Werften Gdynia und Uljanik

Die vorliegende vergleichende Unternehmensgeschichte widmet sich der Transformation der Beziehungen zwischen zwei Schiffswerften und dem Staat vom Spät- zum Postsozialismus zwischen 1970 und 2020. In diesem halben Jahrhundert bewiesen Gdynia und Uljanik vor dem Hintergrund wechselnder politischer Regime und anderer Transformationsprozesse eine bemerkenswerte Resilienz. Sie überstanden selbst existenzbedrohende Krisen, ohne ihre Unternehmensziele und -strategien oder ihr Geschäftsmodell einer grundlegenden Revision zu unterziehen. Die Spurensuche nach den ausschlaggebenden Faktoren für diese Resilienz beginnt unter extremen Bedingungen. Als 1973 die Organisation der erdölexportierenden Länder infolge des Jom-Kippur-Krieges die Fördermengen von Rohöl drosselte, stieg der Ölpreis um etwa 70 %. Weltweit bekamen die Werften den Einbruch des Ölhandels und in der Folge des gesamten globalen Handels unmittelbar zu spüren. Das Gesamtvolumen der neuen Aufträge sank im

https://doi.org/10.1515/9783110736007-009

Zeitraum zwischen 1973 und 1975 um 82 %.[1] Das Ende einer präzedenzlosen, seit dem Jahr 1950 anhaltenden Wachstumsphase manifestierte sich in schmerzhaften Restrukturierungen der überwiegenden Mehrheit der europäischen Unternehmen in der Schiffbaubranche. Deutsche, englische oder skandinavische Werften nahmen vom Bau einfacher Containerschiffe Abstand und spezialisierten sich stattdessen auf Nischen. Sie bauten Beschäftigung ab, reduzierten das Produktionsvolumen und setzten auf eine technologische Modernisierung der Anlagen, insbesondere unter Anwendungen von Computer Aided Design und Manufacturing.[2]

Gleichzeitig mit dem globalen Strukturbruch durchlief auch Uljanik eine „transformacija". Die Transformation, der einem Fachjournalisten zufolge das „Hauptaugenmerk" der Branche galt,[3] entsprach nicht dem fundamentalen Wandel, der die Industrie in Deutschland und anderen Ländern in Atem hielt. Sie umfasste also keineswegs die Anstrengungen der Werft, mit der globalen Entwicklung Schritt zu halten, sondern eine Umsetzung von Gesetzesnormen mit dem Ziel der Aufsplittung des Unternehmens in seine Einzelteile. Das Beispiel deutet eine bemerkenswerte Immunität gegenüber globalen Konjunkturwellen an, die sowohl die Werft Uljanik als auch die Pariser Kommune kennzeichnete; beide Werften entwickelten sich in vielen Aspekten antikonjunkturell. Uljanik erreichte seinen Beschäftigungszenit erst 1989, als eine große Zahl europäischer Werften längst insolvent war und die übriggebliebenen zumindest eine „managed contraction"[4] durchgemacht hatten. Polen – und daran hatte die Werft Pariser Kommune mit dem größten polnischen Trockendock einen großen Anteil – erlangte infolge des Abwärtstrends anderer Schiffbaunationen 1978 den dritten Platz der globalen Schiffbauproduktion.[5] Diese Abweichung galt auch umgekehrt. Während die Konjunktur im Jahr 2003 anzog, geriet die Werft an der Ostsee ins Wanken.

Länger als ein halbes Jahrhundert hatte der Staat als Mittler zwischen Markt und Unternehmen agiert. Seine Interventionen fingen Konjunktureinbrüche ab und nahmen Hochkonjunkturen den Wind aus den Segeln. Nach dem ersten Ölpreisschock nutzte der Exekutivrat der Sozialistischen Republik Kroatien seine Einflussmöglichkeiten, um die Werften zu stabilisieren. Er band Stakeholder wie Banken und heimische Reedereien in ein Konjunkturprogramm ein und ver-

---

1 Murphy/Tenold: „Effects", S. 668.

2 Stråth: Politics.

3 B. Šribar: „Proces transformacije u prvom planu", in: Brodograditelj vom 13.3.1975, S. 3.

4 Stråth: Politics.

5 O. A.: „W 1978 r. Polska na 3 miejscu. Statki na eksport", in: Głos Stoczniowca vom 13.4.1979, S. 6.

suchte, den Ausfall des Exports durch Barter-Handel und Exporte in blockfreie Staaten und die Sowjetunion zu kompensieren. Die Maßnahmen waren jedoch nicht in eine zielgerichtete Strukturpolitik – die notwendigerweise auch die Werften selbst betroffen hätte – eingebunden. Im Gegenteil, mit einer Reihe von Ad-hoc-Lösungen bemühten sich die staatlichen Akteure, die Werften so lange wie möglich vor einer Restrukturierung zu bewahren. So stellte die Pufferfunktion staatlicher Akteure die Bedingung für die Resilienz der Werften gegenüber globalen Konjunkturwellen dar.

Die Bereitschaft, die staatlichen Kapazitäten für eine Abschirmung der Werftenindustrie zu verwenden, schlug sich in einer steigenden Staatsverschuldung nieder. Während die sozialistischen Staaten Ost- und Südosteuropas den ersten Ölpreisschock noch mit Auslandskrediten abfedern konnten, zwang die zweite Ölpreiskrise 1979 sie endgültig zur Implementierung struktureller Veränderungen auf der makroökonomischen Ebene. In Jugoslawien beschloss 1982 der Bundesexekutivrat unter der Leitung von Milka Planinc ein Stabilisierungsprogramm, das die hohe Importrate, die Kreditfreizügigkeit der Banken und das grassierende Subventionswesen eindämmen sollte. In Polen verabschiedete die Regierung im selben Jahr ein Reformpaket, das den Unternehmen mehr finanzielle Selbstbestimmung und Eigenverantwortung einräumte.

Aus der Perspektive der Schiffbaubranche ergibt sich unterdessen ein widersprüchliches Bild dieser Reformen. Im Jahr 1982 beklagte ein Mitglied des Betriebskomitees der Werft Pariser Kommune, die Wirtschaftsreform sei in der Werft nie richtig angekommen.[6] Da die wirtschaftliche Lage der Werft eine Abnabelung nicht zulasse, „muss die Reform verschoben werden".[7] Die als Wiege der Solidarność geltenden Werften unterliefen die Wirtschaftsreform und hielten sich so die Türen zu staatlichen Ressourcen in Form von Zuschüssen, Steuererleichterungen und Staatsaufträgen offen. Die zögerlichen Anläufe einer Umorientierung des Produktportfolios auf Passagierschiffe endeten mit Strafzahlungen in Millionenhöhe. Als ähnlich resilient gegenüber globalen Tendenzen und staatlichen Wirtschaftspolitiken erwies sich die Werft Uljanik, die – obwohl der Absatzmarkt für ihr wichtigstes Produkt, Ölcontainerschiffe, eingebrochen war – von dem Stabilisierungsprogramm der 1980er-Jahre kaum etwas mitbekam.

Sogar die Schocktherapie der frühen 1990er-Jahre verschonte die mittlerweile umbenannte Werft Gdynia. Die polnische Reformregierung unter dem Premierminister Tadeusz Mazowiecki nahm die spätsozialistische Exekution von Unrentabilitätsurteilen zurück und unterstützte die finanzielle Restrukturierung der

6 Referat na Posiedzenie Plenarne KZ, 21.3.1988, S. 6–7, APG, 130/464/29.

7 Stan i perspektywy wdrażania reformy gospodarczej w Stoczni, 27.6.1983, S. 3, APG, 130/464/28.

Werft. Die Privatisierung – einer der wesentlichen Pfeiler der „neoliberalen Hegemonie"[8] in Ostmitteleuropa – setzte sich mit langjähriger Verzögerung und nur temporär durch. Als der Staat nach 2002 wieder zum Mehrheitseigentümer wurde, machten die Medien eine „programmatische Nationalisierung"[9] der Werft und die Rückkehr des „Sozialismus über die Hintertür"[10] aus. Die öffentliche Meinung hielt es für ausgemacht, dass die Werft in Gdynia ihren sozialistischen Pfad im Grunde niemals verlassen hatte. Wie in Polen war auch die Werft Uljanik bereit, Abstriche im Bereich der Selbstständigkeit zu akzeptieren, solange dies dem Überleben des Unternehmens dienlich war. In Kroatien wollten die paternalistischen Regierungen – wenngleich aus unterschiedlichen Motiven – der Werft eine schmerzhafte Restrukturierung ersparen. Die Verstaatlichung zu Beginn der 1990er-Jahre und die anschließende Kontrolle durch einen politisch nicht haftbaren Staatsfonds unterminierten die Prinzipien der gesellschaftlich ausverhandelten Privatisierungspolitik. Eine wenige Jahre später einsetzende Sanierung auf Staatskosten konzentrierte sich wiederum auf die Finanzrestrukturierung und nicht auf organisationale oder technologische Aspekte. Nach der Schließung der Bergwerke in Labin in den 1980er- und 1990er-Jahren blieb Uljanik lange eines der letzten industriellen Relikte für die postindustrielle und vom Tourismus geprägte Halbinsel Istrien.

Ähnlich der von Sznajder Lee untersuchten polnischen Stahlbranche war es erst der Beitritt zur Europäischen Union, der der Prokrastinierungstaktik der Regierungen und Werften ein Ende setzte: „The enterprises were kept afloat by various institutional lifelines, which shielded them from the bottom-up market pressures. These were not sufficient, however, to shield them from the EU's regulatory rules."[11] Das Überleben der Werften war nur in dem als Postsozialismus bezeichneten zeitlichen Zwischenraum, den der Beitritt in den europäischen Binnenmarkt beendete, möglich. Dabei war die zeit-räumliche Verankerung in Ostmitteleuropa nach 1989 keine notwendige Bedingung für das Auftreten der weiter unten zusammengefassten Faktoren, die das Überleben unrentabler Unternehmen wahrscheinlicher machten.

Die ungewöhnliche Trajektorie der beiden Werften impliziert die Notwendigkeit, die Unternehmen als eigenständige Erfahrungsräume der Transformation mit

8 Ther: Ordnung.

9 Katarzyna Jaźwińska: „Przepychanki w akcjonariacie Stoczni Gdynia. Programowa nacjonalizacja", in: Puls Biznesu vom 2.2.2004, S. 8.

10 Witold Gadomski: „Socjalizm wraca tylnymi drzwiami", in: Gazeta Wyborcza vom 6.3.2003, S. 2.

11 Sznajder Lee: Transnational Capitalism, S. 164.

eigensinnigen Rezeptoren für Umwälzungen in der Umwelt zu betrachten. An ihrer Membran brach sich die klare Programmatik der ausländischen Beraterinnen und Berater sowie der ursprünglichen wirtschaftlichen Reformpläne; zu Tage traten Inkohärenzen und Ambivalenzen der Transformation. Eine dieser Brechungen betrifft die Temporalität der Transformation. Auf der Unternehmensebene wichen die Zäsuren deutlich von denen der politischen Systeme ab; so brachte etwa 1989 – das Jahr der ersten teilweise freien Parlamentswahlen in Polen – keine nennenswerte Zäsur für die Werft Pariser Kommune. Eine weitere Brechung zeigt sich in den Vorstößen der spätsozialistischen Regierungen zur Abwicklung der Werften und ihrer bemerkenswerten Resilienz gegenüber neoliberalen Schlagworten im Postsozialismus.

Die Fähigkeit, Reformen aus der Umwelt an sich abprallen zu lassen, steht den makroökonomischen oder sozialwissenschaftlichen Analysen zur postsozialistischen Transformation teils diametral entgegen. Während radikale Unternehmenswandel in ethnografischer Tiefe dokumentiert sind,[12] gibt es kaum Fallstudien zur Resilienz von Unternehmen während dieser Phase. Die vorliegende Studie zeigt, dass die institutionellen Umbrüche mitsamt der von ihnen ausgelösten Instabilität ebenso gut wie einen radikalen Unternehmenswandel auch Trägheit auslösen konnten. Die scheinbare Ruhe in den Werften Gdynia und Uljanik war jedoch fragil, beruhte sie doch in einem hohen Maß auf Unbestimmtheit und Unausgesprochenem in der Eigentümer- und Industriepolitik des Staates. Sie war also unterschwellig mit Spannung geladen, da die Werften unter einem ständigen Druck standen, der je nach Regierungsformation aus unterschiedlichen Richtungen wirkte.

Das Überleben unrentabler Unternehmen

Wie gelang es den beiden Werften Gdynia und Uljanik, trotz chronischer Unrentabilität bis in das Jahr 2009 beziehungsweise 2019 zu überleben? Die Mehrebenenanalyse der vorliegenden Studie vergleicht dafür den Organisationswandel auf der Staats-, Branchen- sowie Unternehmensebene. Die Darstellung der Werften in der Vermittlung zwischen verschiedenen Ebenen macht Ambivalenzen, Paradoxien und Leerstellen der jeweiligen Sozialismusvariante beziehungsweise des eingebettet neoliberalen Produktionsregimes, die das Überleben

12 Vgl. Chiara Bonfiglioli: Women and Industry in the Balkans. The Rise and Fall of the Yugoslav Textile Sector, London 2019; Dunn: Privatizing Poland; Richard Whitley/Laszlo Czaban: „Institutional Transformation and Enterprise Change in an Emergent Capitalist Economy. The Case of Hungary", in: Organization Studies 19 (1998), Nr. 2, S. 259 – 280.

der Unternehmen trotz mangelnder Effizienz beförderten, sichtbar. Erst das Zusammenspiel zwischen den beiden Unternehmen und ihren staatlichen Umwelten erlaubt die Identifikation von Variationen in der Dynamik zwischen den einzelnen Ebenen. Hier lassen sich trotz unterschiedlich gerahmter Wirtschaftsformen bereits in den 1980er-Jahren Annäherungen feststellen. Mit der Umwandlung in Aktiengesellschaften in staatlicher Hand mehrten sich dann gerade in Hinblick auf eine bedingt durch diverse Verflechtungen inkonsequente Eigentümerpolitik die Überschneidungspunkte zwischen den beiden Werften. Besonders hervorheben möchte ich vier Sujets, die die Ähnlichkeiten dokumentieren und die kombiniert die wesentlichen Rahmenbedingungen für das Überleben der unrentablen Werften bildeten.

a) Defizitäre Eigentümerkontrolle

Der Abbau der sozialistischen Eigentümerkontrolle verlief ebenso überhastet, wie der darauffolgende Aufbau einer effizienten Eigentümerkontrolle durch staatliche Akteure in Kroatien und Polen nur schleppend vorankam. Mit der Umwandlung in Aktiengesellschaften 1991 übernahmen staatliche Akteure die Kontrolle über die Werften Gdynia und Uljanik. In Polen erfüllte das Ministerium für Eigentumsumwandlungen die Rolle des Mehrheitsgesellschafters; im zweiten Fall der Kroatische Privatisierungsfonds. Formal fielen in diesen Organisationen Privatisierungs- und Kontrollkompetenzen zusammen. Angesichts dieser Eigentumsstruktur ist es zweifellos angebracht, die Veränderung der Rechtsform der beiden Werften als eine De-facto-Verstaatlichungzu bezeichnen.[13] Die beiden Fallstudien zeigen aber, dass es präziser wäre, von einer defizitären Verstaatlichung zu sprechen. Namensgebung und statutarische Zielsetzung beider Mehrheitsaktionäre weisen eine deterministische Privatisierungspolitik der 1990er-Jahre aus. Die staatlichen Akteure vernachlässigten die zweite Seite der Eigentümerpolitik: die Eigentümerkontrolle.

In dem jeweiligen Kontext waren beide Eigentümerorganisationen weder ideologisch noch professionell oder finanziell auf die Ausübung ihrer Eigentümerrechte gegenüber den Heerscharen von Unternehmen im staatlichen Portfolio vorbereitet.[14] Die staatlichen Akteure verhielten sich wie eine Art „Nichteigentümer"[15] ohne Mitbestimmungsinteresse oder strategische Vision sowie ohne die

13 Federowicz/Levinas: „Poland", S. 300.
14 Kozarzewski: Polityka, S. 276.
15 Kensbok: „Państwowe".

Bereitschaft, notwendiges Kapital zu investieren. Das Problem saß aber noch tiefer: In beiden Fällen hinterließ der Abbau des Parteistaates ein Unvermögen, politische Programme zu formulieren.[16] Tatsächlich geht das Defizit auf die inkonsequente Ausverhandlung der Grenzen zwischen Unternehmen und Staatsadministration in den 1980er-Jahren zurück. Bereits im Zuge der polnischen Wirtschaftsreform von 1981 erodierte das klassische Modell staatlicher Kontrolle über die Unternehmen; juristisch hatte sich der Staat auf die Rolle als „Gründungsorgan“[17] zurückgezogen. Im Selbstverwaltungssozialismus hatte das Dilemma der nicht definierten Eigentumsrechte zu einer Vagheit auf der Eigentümerposition geführt. Das Vorrücken staatlicher Akteure ab den 1970er-Jahren hatte hier bereits vorhandene Unklarheiten nur noch weiter verstärkt.

Die defizitäre staatliche Eigentümerkontrolle hatte sich nicht, wie von den Reformregierungen erhofft, durch eine Privatisierung erübrigt, sondern kristallisierte sich immer mehr als eminent politisches Dilemma heraus. Die Regierungen waren nicht imstande, die provisorische Legitimierung der Verstaatlichung als Vorbereitung für die Privatisierung auf neue Beine zu stellen. Sämtliche Reformversuche – etwa die polnische „Zentrumsreform“ 1996 oder die Novellierung des kroatischen Privatisierungsgesetzes 2000 – waren zum Scheitern verurteilt, solange es den Regierungen nicht gelang, das Ziel der staatlichen Kontrolle zu erklären. Die Folgen waren ein Legitimitätsdefizit, intransparente Entscheidungen und eine ineffiziente Aufsicht. Erst die fortschreitende Integration Kroatiens in supranationale Wirtschaftskontexte, insbesondere der Betritt zur Europäischen Union, veranlasste eine Nachjustierung der Public Corporate Governance und eine damit notwendig verbundene Ausdünnung des staatlichen Aktienportfolios. Die Privatisierung des Unternehmens Uljanik 2013 stellte gewissermaßen einen Kollateralschaden der Reform der staatlichen Eigentümerpolitik dar. Die Abwicklung der Werft Gdynia zeugt davon, dass die polnischen Regierungen zu einem solchen friedlichen Kompromiss nicht bereit waren.

b) Messunsicherheit der Unternehmensleistung

Ein weiteres Puzzleteil zum durch und durch unwahrscheinlichen Überleben der beiden Werften Gdynia und Uljanik liefert eine Analyse der Inflation der Leistungsindikatoren im Untersuchungszeitraum. Im Jahr 2000 wählte der Verband der Polnischen Manager den Vorstandsvorsitzenden der Werft Gdynia zum Ma-

16 Ekiert: „State“.
17 *Ustawa o przedsiębiorstwach państwowych* idF vom 25.9.1981, in: Dz.U. (1981), 24/122.

nager des Jahres. Die Anerkennung scheint angesichts des angekündigten Börsengangs und der Gerüchte um den Kauf zweier finnischer Werften auf den ersten Blick nachvollziehbar. Im selben Jahr verzeichnete das Unternehmen allerdings nur einen bescheidenen Jahresüberschuss; der Vorstand hatte gerade den Haustarifvertrag beschnitten und sich mit den Gewerkschaften überworfen. Die kognitive Dissonanz hinsichtlich der Geschicke des Vorstandsvorsitzenden der Werft Gdynia war kein Einzelfall der Gleichzeitigkeit von Erfolgs- und Misserfolgsmeldungen. Der Mangel eines verbindlichen Bewertungsrahmens für die Leistungen von Unternehmen war der Grund, weshalb unterschiedliche Gruppen, diese Periode der Werft betreffend, zu höchst divergenten Einschätzungen gelangen konnten.

Der Rückzug der Definitionsmacht des Staates über die Maßstäbe wirtschaftlichen Handelns war Teil einer Abkopplung staatlicher Akteure von der Unternehmensebene, die durch die spätsozialistischen Reformen in Gang gesetzt worden war. Wenngleich die Indikatoren für erfolgreiche Unternehmen im klassischen sozialistischen Wirtschaftsmodell an eine volkswirtschaftliche Perspektive gekoppelt waren, so waren sie doch relativ transparent gewesen – hohe Produktionswerte, Beschäftigung und Exportrate. Die Unternehmensbilanz sollte gesamtgesellschaftlich unterm Strich positiv ausfallen. Im Laufe der 1980er-Jahre hatte dieses gesellschaftlich eingebettete Rechnungslegungsmodell seine Gültigkeit verloren. Mangels einer eigenen Industriepolitik – ein Ressort, das als Relikt der sozialistischen Epoche galt – waren die postsozialistischen Regierungen beider Länder nicht imstande, das Vakuum mit einem kohärenten Gegenmodell zu füllen. Das Ergebnis war ein Palimpsest teils widersprüchlicher Bewertungsstandards.

Die im Untersuchungszeitraum beobachtete Vagheit der Unternehmensleistung hatte den Bewertungsspielraum und damit die Überlebenswahrscheinlichkeit wirtschaftlich nicht effizienter Unternehmen erhöht. Trotz roter Zahlen konnten die Unternehmen in den Verhandlungen mit dem Staat auf „zuträglich" plädieren. Allerdings waren weder den polnischen noch den kroatischen Regierungen nennenswerte Fortschritte in der Entwicklung von Bewertungsmodellen – Methoden, Metriken und Indikatoren – für den gesellschaftlichen Mehrwert der Unternehmen gelungen, die sie den Wettbewerbshütern der Europäischen Union entgegenhalten hätten können.

c) Legitimierungsarbeit

Die im Bereich der Unternehmensbewertung geltende Unschärferelation blähte den Bedarf an Legitimierungsarbeit innerhalb der Unternehmen auf. Das zeigte sich besonders deutlich im Bereich der Organisation, in dem ständige mit dem Staat liebäugelnde Scheinreformen Ressourcen verschlangen, die dann für echte Reformen fehlten. Als die Legitimierungsarbeit immer mehr Ressourcen in Anspruch nahm und sich zu einem Hauptarbeitsfeld der Werften entwickelte, wurden aus den vermeintlichen Industrieunternehmen Non-Profit-Organisationen. Als „selbstlegitimierende Organisationen"[18] produzierten die Werften nunmehr primär Legitimität statt Schiffe. Sie entwickelten sich zu Überlebenskünstlern, die über Jahre hinweg in diesem Schwebezustand verharrten und erfolgreich auf den politischen und gesellschaftlichen Erwartungen balancierten.

Unter diesen Umständen erwies sich eine Polyphonie von Argumenten als beste Strategie, die in Anschlag gebracht werden konnte, um unterschiedliche Akteure und politische Strömungen zu bedienen.[19] In Kroatien diente eine Litanei, bestehend unter anderem aus identitäts-, sozial- und handelspolitischen Tropen, dazu, einen möglichst breiten gesellschaftlichen Konsens herzustellen und um dadurch für die wechselnden ideologischen Programme der Regierungen anschlussfähig zu sein. In Polen nutzten die Proponentinnen und Proponenten der Branche den politisch strahlenden Symbolcharakter der Werften als Orte des Kampfes für Freiheit und Demokratie, um jeder Kritik den Wind aus den Segeln zu nehmen.

d) Multidimensionale Verflechtungen

Irgendjemand musste für unrentable Unternehmen, wie es die beiden Werften Gdynia und Uljanik waren, aufkommen. Im Jahr 2019 begannen Journalistinnen und Journalisten einiger kroatischer Zeitungen, die von der „Zombiewerft" verursachten und über die Jahre hinweg akkumulierten Kosten bis auf die einzelnen Haushalte hin aufzuschlüsseln. Das Ergebnis war ein ungeahnt heterogenes Netzwerk an Kostenträgern, das die Verflechtungen der Werft offenlegte. Die Diffusion der Schulden der Werft geht auf ein sozialistisches Erbe zurück. Im selbstverwalteten Jugoslawien ließ eine institutionalisierte Solidarität einzelne Arbeitsorganisationen, Unternehmen und Banken füreinander haften. Mit den wachsenden Liquiditätsproblemen der wirtschaftlichen Akteure fand schließlich in den 1980er-Jahren eine Verstaatlichung der Solidarität statt. Ein ähnlicher Mechanismus kollektiver Haftung führte in der Volksrepublik Polen sowohl zu einem „Bad Banking" im Sinne eines Abwälzens von Unternehmensschulden auf

---

18 Duff Milenkovitch: „An Organizational Theory", S. 45.
19 Stark: „Recombinant Property".

staatliche Banken als auch zu einer Verquickung der Unternehmenskonten mit dem Staatsbudget. Hier beruhte die Verstaatlichung der Schulden auf dem Primat einer volkswirtschaftlichen Betrachtung, das eine staatliche Lenkung von Investitionsmitteln, aber auch von Schulden begründete. Nach der Umwandlung in Aktiengesellschaften 1991 belastete die Unrentabilität zunehmend auch andere Organisationen, deren Forderungen in Aktien umgewandelt wurden. Dazu zählten Sozialversicherungsanstalten, die keine Beiträge mehr erhielten, Energieversorger, deren Rechnungen unbezahlt blieben, staatliche Akteure und zuletzt eben auch Privathaushalte.

Die finanziellen Verflechtungen verbanden das Schicksal der beteiligten Akteure mit den Werften. Diese Befangenheit brachte die Gläubiger in ein Dilemma. Der Konkurs der jeweiligen Werft gefährdete ihre Forderungen und Bürgschaften. Das durch die Diffusion der Schulden entstandene Akteursnetzwerk entwickelte sich zum genuinen Interessensvertreter der unrentablen Werften. Für die staatlichen Akteure, die die Unternehmen nebst Wohlfahrtseinrichtungen unterhielten, endete die Kalkulation nicht an der Unternehmensgrenze: Verliert der Staat mehr Geld durch eine weitere Finanzspritze oder durch ansonsten anfallende Leistungen aus der Arbeitslosenversicherung? Welche Kosten verursacht der Wegfall der volkswirtschaftlichen Leistungen der Unternehmen? In dieser inklusiven Betrachtung wird die Absolutheit der Frage nach der Rentabilität von Unternehmen durch die Frage „Wie unrentabel darf ein Unternehmen noch sein?" abgelöst.

Ein weiterer Verflechtungskontext, der sich gegen eine Abwicklung sperrte, war die regionale Einbettung des Betriebs. Die Verbetrieblichung der Sozialpolitik in den sozialistischen Staaten Ost- und Südosteuropas hatte zu porösen Grenzen zwischen Unternehmen und Umland beigetragen. Die Verschränkung von staatlichen und betrieblichen Sozialleistungen und die unterhaltsstiftende Rolle für mehrere Tausend Beschäftigte in einem angespannten lokalen Arbeitsmarkt machten die Alimentierung der Werften zu einem Anliegen der Lokalpolitik. Unter diesen Vorzeichen wollte sich keine politische Gruppierung an den Werften die Finger verbrennen oder gar politischen Suizid begehen. Um den Druck der Interessensvertreterinnen und -vertreter zu minimieren, war zunächst eine schrittweise Entflechtung von lokaler Gemeinschaft und Unternehmen notwendig. Die Veräußerung der Einrichtungen des Sozialen Standards der Werft Uljanik und der Einrichtungen zur Erfüllung produktionsfremder Funktionen der Werft Gdynia kann als strategischer Vorbote der Abwicklung der Werften betrachtet werden. Im Zuge dieser Restrukturierung nahmen die gesellschaftlichen Legitimitätsreserven der Werften nach und nach ab, und die Zahl der an ihrem Überleben interessierten Stakeholder reduzierte sich.

Varianten des unternehmerischen Staates

„There will be no *national* products or technologies, no national corporations, no national industries“, prophezeite der Ökonom Robert B. Reich 1991.[20] Aus der osteuropäischen Perspektive war diese Einschätzung offensichtlich nur schwer nachvollziehbar, erklärten doch in demselben Jahr Länder wie Georgien, die Ukraine oder Weißrussland ihre Unabhängigkeit. 1991 endete auch für die Republik Polen mit den ersten vollständigen demokratischen Parlamentswahlen der Status als ein Satellitenstaat der Sowjetunion und selbst die Bürgerinnen und Bürger Kroatiens stimmten per Referendum für die Souveränität ihres Staates. Bereits nach der Verfassungsreform 1974, die eine stärkere Föderalisierung Jugoslawiens durchgesetzt hatte, hatte sich der Schiffbau zu einer explizit kroatischen Industrie und das Exekutivorgan der kroatischen Teilrepublik zum Schlüsselakteur entwickelt. Das symbiotische Verhältnis wurde durch den Subventionswettlauf zwischen konkurrierenden Schiffbaunationen im Anschluss an die beiden Ölkrisen der 1970er-Jahre noch verstärkt. Die protektionistischen Maßnahmen, auf die die Sozialistische Republik Kroatien setzte, um die Werften am Leben zu erhalten, formten einen Pfad, der eine vermittelnde Rolle staatlicher Akteure gegenüber dem globalen Markt beinhaltete. An diesen Pfad klammerte sich auch die Werft Gdynia während der Phase beginnender ausländischer Direktinvestitionen in Ostmitteleuropa. Anders als die Stahl- oder Automobilindustrie, die sich in den 1990er-Jahren für ausländische Direktinvestitionen öffneten,[21] verharrten die Unternehmen der Schiffbauindustrie auch nach ihrer Kommerzialisierung 1991 im Schoß des Staates.

Trotz der Kontinuität staatlicher Interventionen fand im Untersuchungszeitraum eine Neudefinition der Funktionen der staatlichen Akteure und der Beziehungen zwischen Staat und Unternehmen statt. Das sich wandelnde Verhältnis zwischen den Werften und den Staaten Polen und Kroatien lässt Rückschlüsse auf die jeweilige Sozialismus- und später Kapitalismusvariante zu. Der hier präsentierte Vergleich reichert damit den Forschungsstand zu den Varianten der landesspezifisch entwickelten Sozialismen[22] und des eingebettet neoliberalen Ka-

20 Robert B. Reich: The Work of Nationals. Preparing Ourselves for 21st Century Capitalism, New York 1991, S. 3 (Hervorh. i. Orig.).

21 Vgl. Sznajder Lee: Transnational Capitalism; Trappmann. Fallen Heroes; Pavlínek: Transformation.

22 Vgl. Nada Boškovska/Angelika Strobel/Daniel Ursprung: „Einleitung“, in: dies. (Hg.): Entwickelter Sozialismus in Osteuropa. Arbeit, Konsum und Öffentlichkeit, Berlin 2016, S. 9 – 21.

pitalismus[23] an. Im Folgenden fasse ich kurz den Beitrag in den Aspekten a) Subventionsregime und b) Staatskapazität zusammen.

a) Subventionsregime

Die Unternehmensperspektive zeigt zu Beginn des Untersuchungszeitraums deutliche Unterschiede in den Subventionsregimen der beiden untersuchten Spielarten des Sozialismus auf. Während die Volksrepublik Polen hohe Unternehmenssteuern erhob, die den staatlichen Akteuren eine Redistribution und zentrale Planung von Investitionen erlaubten, setzte der Selbstverwaltungssozialismus bis zum Beginn der jugoslawischen Sanierungspolitik ab 1982 auf eine scharfe Trennung zwischen Unternehmenskonten und dem Staatshaushalt. Mithilfe der Einführung der Kategorie der Schlüsselbranchen war auch die Sozialistische Republik Kroatien in ihrer turbulenten Spätphase in der Lage, das Subventionsaufkommen zielgerichtet zu erhöhen. In der Volksrepublik Polen zwang die drohende Überschuldung die Regierung in den 1980-Jahren dazu, die Treffsicherheit der bislang breitflächig ausgeschütteten Subventionen zu optimieren. Im Spätsozialismus hatten sich die Subventionsregime beider Länder also angenähert. Das primäre Selektionskriterium war nicht etwa die Überlebenswahrscheinlichkeit der betroffenen Unternehmen – wie das zur selben Zeit in Westeuropa der Fall gewesen war –, sondern ihre volkswirtschaftliche Einbettung.

Hinsichtlich der beiden Werften brachten die revidierten Ansätze zwar eine Verwissenschaftlichung der Subventionen, aber keine Verhärtung der weichen Budgetbeschränkungen. Der dominierende Subventionstyp gegenüber den Werften blieb weiterhin die Absorption der Geschäftsverluste; weitere, in beiden Kontexten verbreitete Instrumente waren weiche Kredite und unrentable Staatsaufträge. Wie schon die Auswahlkriterien unterschieden sich auch die Zwecke der Subventionen von denen, die die Europäische Wirtschaftsgemeinschaft ihren Werften zuerkannte.[24] Während der Staatenbund Subventionen primär als Restrukturierungsbeihilfe einsetzte, können die spätsozialistischen Subventionen als Reproduktionsbeihilfen typisiert werden.

Nach 1991 entwickelten sich in Kroatien und Polen Varianten des helfenden Kapitalismus,[25] die stark von postsozialistischen Pfadabhängigkeiten geprägt

23 Vgl. Bohle/Greskovits: Capitalist Diversity.
24 Vgl. Johanna Wolf: Assurances, S. 225–296.
25 Vgl. Weber/Schmitz: „Varieties“.

waren. Weiterhin bestimmte eine multidimensionale, sozial- und symbolpolitische Aspekte berücksichtigende, aber schwer nachvollziehbare Bewertung den Unterstützungswert einzelner Unternehmen. In beiden Länderkontexten dominierten retroaktive Schuldenrestrukturierungen, die lediglich an lockere Auflagen geknüpft waren, was auf Reproduktionshilfen schließen lässt. Finanzierungsangebote für eine technologische Modernisierung oder eine institutionalisierte Exportförderung wurden in diesem Modell kaum berücksichtigt und nicht als Aufgabe des Staates angesehen.

In den 1990er-Jahren deutete nichts auf eine Harmonisierung der Subventionsregime zwischen Ost- und Westeuropa hin. Während in den eingebettet neoliberalen Regimen Ostmitteleuropas vor allem eine weit gefasste gesellschaftliche Zuträglichkeit zur Legitimierung von Subventionen an ausgewählte Branchen diente, stützte die Europäische Union ihre Beihilfepolitik auf den zentralen Begriff der Konkurrenzfähigkeit. Der Beitritt zur Europäischen Union kann demnach als Zusammenprall zweier divergierender Subventionsregime – eines eingebettet-reproduktiven gegenüber einem kompetitiv-restruktierenden – beschrieben werden. Pfadabhängigkeiten und Adaptionsschwierigkeiten gegenüber dem hegemonialen Beihilfenregelwerk der Europäischen Union bewirkten schließlich die Dequalifizierung des postsozialistischen Subventionsregimes. Als Konsequenz führten das Verbot, Schulden anders als nach Marktniveau zu restrukturieren und die lange Verschleppung der Anpassung des Subventionsregimes zu einem Zusammenbruch der Schiffbauindustrie in Kroatien und Polen im Nachgang ihres Beitritts zur Europäischen Union.

b) Staatskapazität

Während der Transformation der Werften Gdynia und Uljanik schwang das „Polanyische Pendel“[26] zwischen Reformschüben des freien Marktes und Abschottungspraktiken des Staates hin und her. In der eingebettet neoliberalen Kapitalismusvariante war der Druck der Unternehmen und Beschäftigten der Schiffbauindustrie auf den Staat hoch; sie forderten eine Absicherung der Reformen durch einen „Regenschirm“[27] an Sozialleistungen. Die Blockade von Arbeitsplatzabbau und Betriebsschließungen ging auf Kosten des staatlichen Ei-

26 Ther: Ende.

27 Antoni Dudek: „Dzieje obozu solidarnościowego w III Rzeczypospolitej. 1989 – 2005“, in: Adam Borowski (Hg.): Droga do niepodległości. Solidarność 1980 – 2005, Warzawa 2005, S. 377–402, hier S. 387.

gentümers. Anders als im Gros der politökonomischen Literatur beschrieben,[28] lag dem wirtschaftlichen Etatismus weniger „Rent-Seeking“, sondern vielmehr ein „politischer Kapitalismus à rebours“[29] zugrunde. Nicht die politischen Eliten bereicherten sich mithilfe der staatlichen Unternehmen, sondern umgekehrt, die staatlichen Unternehmen und ihre Beschäftigten schröpften fortdauernd das Staatsbudget. Die Untersuchung zeigt, dass die niedrige staatliche Assertivität gegenüber einzelnen Interessensgruppen ein akutes Problem der postsozialistischen Regierungen darstellte, deren Reformversuche regelmäßig an der Schiffbauindustrie abprallten.

Die Untersuchung des eingebettet-reproduktiven Subventionsregimes registriert in beiden Fällen hohe staatliche Kapazitäten[30] im Bereich der Schuldenrestrukturierung. In Jugoslawien war die generelle Hilfsbereitschaft der Regierung jedoch durch ihr faktisch niedriges Durchsetzungsvermögen eingeschränkt. Das Problem der postsozialistischen Regierungen bestand in der einseitigen Anwendung ihrer Kapazität. Sie nutzten Subventionen lediglich zur Reproduktion, nicht aber zur Restrukturierung. Die zögerliche Durchsetzung der Verfügungsrechte der staatlichen Akteure und die Kontinuität weicher Budgetgrenzen gegenüber strategischen Unternehmen zeugen von niedrigen Staatskapazitäten im Bereich der Unternehmensrestrukturierung. Die kritische Bemerkung Sznajder Lees zur ostmitteleuropäischen Stahlindustrie hat auch im Schiffbau Berechtigung: „The question is not just whether the state has sufficient funds to sink into a failing enterprise, but what it does to foster market-oriented restructuring.“[31] So wenig prägnant die Beschreibung des Phänomens als „strong weak states“[32] sein mag, so scheint sie doch zutreffender zu sein, als jede überzeichnete Darstellung der beiden Staaten in Transformation. Ein radikaler Strukturwandel der Schiffbaubranche und notwendige Reformen der Unternehmen blieben durch das Wechselspiel von hohen Reproduktions- und niedrigen Restrukturierungskapazitäten aus. Ein Zusammenprall mit dem Subventionsregime der Europäischen Union war nur eine Frage der Zeit.

Trotz ihrer volkswirtschaftlichen Auffälligkeit in Ostmitteleuropa stellen Staatsunternehmen und ihre Geschichte nach 1989 ein Desideratum in der Forschung dar. Die Werften Gdynia und Uljanik geben einen Einblick, was es bedeutet,

---

28 Vgl. Miklos Szanyi: Privatization and State Property Management in Post-Transition Economies 2014.

29 Bałtowski/Mickiewicz: „Prywatyzacja“, S. 253.

30 Englisch: *state capacity*.

31 Sznajder Lee: Transnational Capitalism, S. 40.

32 Madeline Reeves: Border Work. Spatial Lives of the State in Rural Central Asia, Ithaca 2014.

Staatsunternehmen nach dem Sozialismus zu sein. Die beiden Fallstudien liefern einen Beitrag zur Entwicklung eines Modells staatlicher Unternehmen in einem pfadabhängigen, eingebettet neoliberalen Produktionsregime. Sie zeigen, dass der spätsozialistische Staat zwar bereit war, strategische Unternehmen am Leben zu erhalten, aber nicht imstande war, die Modernisierung dieser Unternehmen voranzutreiben. Mit der Volkswirtin Mariana Mazzucato ließe sich die Variante des unternehmerischen Staates im Postsozialismus als „losers picking the state"[33] typisieren. Die Werften gehörten zu jenen Verlierern der Integration postsozialistischer Länder in den globalen Markt, deren sich der Staat annahm, die er aber nicht zu „Global Champions" weiterentwickeln konnte. Das Modell chronisch unrentabler staatlicher Unternehmen in Ostmitteleuropa – neben dem Modell, das sich wie im Montanwesen auf natürliche Monopole stützt – beruhte auf staatlichem Eigentum und intensiven gesellschaftlichen Verflechtungen. Charakteristisch ist nicht nur, dass die Haftungsbereitschaft des Staates deutlich stärker ausgeprägt war als die Innovationsbereitschaft, sondern auch, dass er scheiterte eine explizite Zielsetzung und einen öffentlichen Auftrag für die Unternehmen zu formulieren.

Den beiden Werften Gdynia und Uljanik war es nicht gelungen, dieses nur vage bestimmte und dadurch verhängnisvolle Modell staatlicher Unternehmen lebend zu verlassen. Mit ihrem Konkurs war aber nicht notwendigerweise das gesamte postsozialistische Modell politisch diskreditiert. Im Jahr 2015 initiierte die rechtskonservative PiS Partei in Polen ein „Reindustrialisierungsprogramm polnischer Werften"[34] und die kroatische Regierung arbeitet bereits an Plänen, die Anlagen der Werft Uljanik zu reaktivieren. Schritte in die Industrie 4.0 oder andere Modernisierungsmaßnahmen spielen jedoch in all diesen Plänen keine Rolle; dafür befrieden sie den regionalen Arbeitsmarkt, zollen der langen Tradition der jeweiligen Werft Tribut und geben der wiedererlangten nationalökonomischen Potenz einen weithin sichtbaren Ausdruck. Dabei könnte das in den letzten Jahren neu aufgeflammte Staatsunternehmertum in Ostmitteleuropa nur eine Fortsetzung der unzähligen Hilfspakete darstellen, die die Werften Gdynia und Uljanik die letzten fünfzig Jahre überleben ließen.

---

33 Mariana Mazzucato: The Entrepreneurial State. Debunking Public vs. Private Sector Myths, New York 2015, S. 25.

34 Ministerstwo Gospodarki Morskiej i Żeglugi Śródlądowej: *Przemysł stoczniowy*, https://www.gov.pl/web/gospodarkamorska/przemysl-stoczniowy, zuletzt geprüft am 26.4.2020.

Verzeichnis der Tabellen und Organigramme

Tabellen

Organigramme

https://doi.org/10.1515/9783110736007-010

Quellen- und Literaturverzeichnis

Unveröffentlichte Quellen

Kroatien

Arhiv brodogradilišta Uljanik (Pula)
Arhiv Centrum za restrukturiranje i prodaju (Zagreb)
Hrvatski Državni Arhiv (Zagreb)

Polen

Archiwum Akt Nowych (Warszawa)
Archiwum Państwowe w Gdańsku (Gdańsk/Gdynia)
Archiwum Zakładowe Agencji Rozwoju Przemysłu (Warszawa)

Veröffentlichte Quellen

Kroatien

Državni ured za reviziju, Revisionsberichte, 2004
Narodne Novine, 1970–2019
Savezni zavod za statistiku 1980–1991
Službeni List Socijalisticke Federativne Republike Jugoslavije, 1971–1991
Uljanik, Jahresberichte, 2009–2018
Uljanik, Referenzliste, 1977–2019

Polen

Biuletyn informacyjny NSZZ Solidarność, 1991
Dziennik Ustaw, 1981–2008
Główny Urząd Statystyczny, 1974–1989
Najwyższa Izba Kontroli, Revisionsberichte, 1984–2008
Sesje ekonomistów przemysłu okrętowego, 1980–1989
Werft Gdynia, Jahresberichte, 1988–2009
Werft Gdynia, Referenzliste, 1977–2008

https://doi.org/10.1515/9783110736007-011

Periodika (1970 – 2019)

Kroatien

Borba
Brodograditelj
Brodogradnja
Dnevnik.hr
Glas Istre
Jutarnij list
Mali Informator
Narod.hr
N1
Novi list
Poslovni Dnevnik
Uljanik

Polen

Budownictwo Okrętowe i Gospodarka Morska
Cała naprzód
Dziennik Bałtycki
Gazeta Wyborcza
Głos stoczni Gdynia S.A.
Głos Stoczniowca
Głos Wybrzeża
Nowe Drogi
Panorama stoczni
Przegląd ekonomiki przemysłu okrętowego
Przegląd Organizacji
Rzeczpospolita
Wprost

Online-Quellen

Europäische Kommission: *State aid. Commission clears rescue aid for Croatian shipbuilder Uljanik* (22. 1. 2018). Abgerufen von https://ec.europa.eu/commission/presscorner/detail/en/IP_18_391, zuletzt geprüft am 19. 1. 2020.

Forum Okrętowe: *Uchwała Zwyczajnego Walnego Zgromadzenia Członków Statut Związku Pracodawców FORUM OKRĘTOWE* (21. 3. 2019). Abgerufen von http://www.forumokretowe.org.pl/files/statut-zp-forum-okretowe.pdf, zuletzt geprüft am 5. 2. 2020.

Ministerstwo Gospodarki Morskiej i Żeglugi Śródlądowej: *Przemysł stoczniowy.* Abgerufen von https://www.gov.pl/web/gospodarkamorska/przemysl-stoczniowy, zuletzt geprüft am 20. 2. 2019.

Ministerstwo Rodziny, Pracy i Polityki Społecznej: *Pakt o przedsiębiorstwie państwowym w trakcie przekształcania*. Abgerufen von http://www.dialog.gov.pl/dialog-krajowy/porozumienia-spoleczne-w-polsce, zuletzt geprüft am 17. 7. 2019.

OECD: *Agreement Respecting Normal Competitive Conditions in the Commercial Shipbuilding and Repair Industry*. Abgerufen von https://www.oecd.org/sti/ind/agreementrespectingnormalcompetitiveconditionsinthecommercialshipbuildingandrepairindustry.html, zuletzt geprüft am 12. 11. 2019.

Interviews

Kroatien

UL-S-1 Leitender Angestellter des Hrvatski fond za privatizaciju, Zagreb, April 2018
UL-S-2 Leitender Angestellter des Ministeriums für Wirtschaft, Unternehmertum und Handwerk, April 2018
UL-S-3 Kommunalpolitiker der Stadt Pula, Pula, Mai 2018
UL-W-1 Arbeiter der Werft Uljanik, Pula, April 2018
UL-W-2 Arbeiter der Werft Uljanik, Pula, April 2018
UL-T-1 Gewerkschafter der Unternehmensebene, Pula, März 2018
UL-T-2 Gewerkschafter der Unternehmensebene, Pula, März 2018
UL-T-3 Gewerkschafter der Unternehmensebene, Pula, März 2018
UL-I-1 Mitarbeiter des Lehrstuhls Maschinen- und Schiffbau der Universität Zagreb, April 2018
UL-I-2 Mitarbeiterin des Lehrstuhls Maschinen- und Schiffbau der Universität Zagreb, April 2018
UL-I-3 Leitender Angestellter von Kroatischer Schiffbau-Jadranbrod, Zagreb April 2018

Polen

G-S-1 Minister für Staatsvermögen, Warszawa, Februar 2018
G-S-2 Leitender Angestellter der Agentur für Industrieentwicklung, Februar 2018
G-S-3 Leitende Angestellte der Wohnungsbaugenossenschaft „Stoczniowiec“, Juli 2018 (telefonisch)
G-W-1 Ingenieur der Werft Gdynia, Januar 2018
G-W-2 Ingenieur der Werft Gdynia, Januar 2018
G-W-3 Ingenieur der Werft Gdynia, Januar 2018
G-T-1 Gewerkschafter der Unternehmensebene, Januar, 2018
G-T-2 Gewerkschafter der Unternehmensebene, Januar, 2018
G-T-3 Gewerkschafter der Unternehmensebene, Februar, 2018
G-I-1 Leitender Angestellter des Forum Okrętowe, Februar, 2018
G-I-1 Leitender Angestellter des Forum Okrętowe, Februar, 2018

Literatur

Adam, Jan: Why Did the Socialist System Collapse in Central and Eastern European Countries? The Case of Poland, the Former Czechoslovakia and Hungary, Basingstoke, Hampshire 1996.

Ahrens, Ralf: „Sectoral Subsidies in West German Industrial Policy. Programmatic Objectives and Pragmatic Applications from the 1960s to the 1980s“, in: Jahrbuch für Wirtschaftsgeschichte/Economic History Yearbook 58 (2017), Nr. 1, S. 59–82.

Alheit, Peter/Haack, Hanna: Die vergessene Autonomie der Arbeiter. Eine Studie zum frühen Scheitern der DDR am Beispiel der Neptunwerft, Berlin 2004.

Arandarenko, Mihail: „Waiting for the Workers. Explaining Labor Quiescence in Serbia“, in: Stephen Crowley/David Ost (Hg.): Workers after Workers' States. Labor and Politics in Postcommunist Eastern Europe, Lanham, Md. 2001, S. 159–179.

Aven, Petr O.: „Economic Reform in a Bargaining Economy“, in: János Mátyás Kovács/Márton Tardos (Hg.): Reform and Transformation in Eastern Europe. Soviet-Type Economics on the Threshold of Change, London/New York 1992, S. 125–135.

Bajt, Aleksandar: „Property in Capital and in the Means of Production in Socialist Economies“, in: Journal of Law and Economics 11 (1968), Nr. 1, S. 1–4.

Bajuk Senčar, Tatiana: „Direktorji in družbene mreže“, in: Jurij Fikfak/Jože Prinčič/Jeffrey D. Turk (Hg.): Biti direktor v času socializma. Med idejami in praksami, Ljubljana 2008, S. 187–204.

Baka, Władysław: Zmagania o reformę. Z dziennika politycznego 1980–1990, Warszawa 2007.

Bałtowski, Maciej: Gospodarka socjalistyczna w Polsce. Geneza – rozwój – upadek, Warszawa 2009.

Bałtowski, Maciej/Kozarzewski, Piotr: „Formal and Real Ownership Structure of the Polish Economy. State-Owned Versus State-Controlled Enterprises“, in: Post-Communist Economies 28 (2016), Nr. 3, S. 405–419.

Bałtowski, Maciej/Mickiewicz, Tomasz: „Prywatyzacja a ład korporacyjny. Polska w perspektywie porównawczej krajów Nowej Unii“, in: Raport o przekształceniach własnościowych w 2007 roku, Warszawa 2009, S. 223–257.

Bartels, Almuth: Monetarisierung und Individualisierung. Historische Analyse der betrieblichen Sozialpolitik bei Siemens (1945–1989), Stuttgart, 2013 (Wirtschaftsgeschichte).

Bartlett, David: „Democracy, Institutional Change, and Stabilisation Policy in Hungary“, in: Europe-Asia Studies 48 (1996), Nr. 1, S. 47–83.

Bartunek, Jean M./Moch, Michael K.: „First-Order, Second-Order, and Third-Order Change and Organization Development Interventions. A Cognitive Approach“, in: The Journal of Applied Behavioral Science 23 (1987), Nr. 4, S. 483–500.

Baxandall, Phineas: Social Rights under State Socialism? Pensions and Housing in Hungarian Welfare State Development 1994 (Program on Central and Eastern Europe Working Paper Series).

Benke, Carsten: „Am Ende der Hierarchie. Grenzen und Spielräume der Kommunalpolitik in der DDR – mit Beispielen aus der Industriestadt Ludwigsfelde“, in: Christoph Bernhardt/Heinz Reif (Hg.), Sozialistische Städte zwischen Herrschaft und Selbstbehauptung: Kommunalpolitik, Stadtplanung und Alltag in der DDR, Stuttgart, 2009, S. 21–46.

Ben-Ner, Avner/Neuberger, Egon: „The Feasibility of Planned Market Systems. The Yugoslav Visible Hand and Negotiated Planning“, in: Journal of Comparative Economics 14 (1990), Nr. 4, S. 768–790.

Berend, Ivan: The Economic History of Twentieth-Century Europe, Cambridge, 2006.
Berghoff, Hartmut: Zwischen Kleinstadt und Weltmarkt. Hohner und die Harmonika 1857–1961. Unternehmensgeschichte als Gesellschaftsgeschichte, Paderborn 2006.
Bežovan, Gojko: „Croatia. Towards Formalisation", in: József Hegedüs/Martin Lux/Vera Horváth (Hg.): Private Rental Housing in Transition Countries. An Alternative to Owner Occupation?, London 2018, S. 149–166.
Bićanić, Ivo: „Privatization in Croatia", in: East European Politics and Societies 7 (1993), Nr. 3, S. 422–439.
Bieliński, Jerzy/Sadkowski, Zdzisław: Ekonomika i organizacja przemysłu okrętowego, Gdańsk 1985.
Bockman, Johanna: Markets in the Name of Socialism. The Left-Wing Origins of Neoliberalism, Stanford, CA 2011.
Bohle, Dorothee/Greskovits, Béla: Capitalist Diversity on Europe's Periphery, Ithaca/London 2012.
Bonfiglioli, Chiara: Women and Industry in the Balkans. The Rise and Fall of the Yugoslav Textile Sector, London 2019.
Boškovska, Nada/Strobel, Angelika/Ursprung, Daniel: „Einleitung", in: Nada Boškovska/Angelika Strobel/Daniel Ursprung (Hg.): Entwickelter Sozialismus in Osteuropa. Arbeit, Konsum und Öffentlichkeit, Berlin 2016, S. 9–21.
Bowden, Sue: „Ownership Responsibilities and Corporate Governance. The Crisis at Rolls Royce, 1968–71", in: Business History 44 (2002), Nr. 3, S. 31–62.
Böwer, Uwe: State-Owned Enterprises in Emerging Europe. The Good, the Bad, and the Ugly, Washington, D. C. 2017 (IMF working paper WP/17, 221).
Bozeman, Barry: All Organizations are Public. Bridging Public and Private Organizational Theories, San Francisco/London 1987.
Brandon, Pepijn/Jafari, Peyman/Müller, Stefan (Hg.): Worlds of Labor Turned Upside Down. Revolutions and Labor Relations in Global Historical Perspective, Leiden 2020.
Brandsen, Taco/Karré, Philip Marcel: „Hybrid Organizations. No Cause for Concern?", in: International Journal of Public Administration 34 (2011), Nr. 13, S. 827–836.
Borodziej, Włodzimierz: Geschichte Polens im 20. Jahrhundert, München 2010 (Europäische Geschichte im 20. Jahrhundert).
Brunnbauer, Ulf: Die sozialistische Lebensweise. Ideologie, Gesellschaft, Familie und Politik in Bulgarien (1944–1989), Wien u. a. 2007 (Zur Kunde Südosteuropas 2/35).
Brunnbauer, Ulf: „Globalisierung als Chance. Die vielen Leben der Schiffswerft Uljanik in Pula", in: Südost-Forschungen 75 (2016), S. 95–117.
Brunnbauer, Ulf: Building Ships and Surviving Late Socialism. The Shipyard „Uljanik" in Pula in the 1970s and 1980s, Regensburg 2019 (IOS Mitteilungen 69).
Brus, Włodzimierz: Ogólne problemy funkcjonowania gospodarki socjalistycznej, Warszawa 1961.
Bucheli, Marcelo/Decker, Stephanie: „Expropriations of Foreign Property and Political Alliances. A Business Historical Approach", in: Enterprise and Society (2020), S. 1–38.
Bucheli, Marcelo/Kim, Jin Uk: „The State as a Historical Construct in Organization Studies", in: Marcelo Bucheli/Daniel Wadhwani (Hg.): Organizations in Time: History, Theory, Methods, Oxford 2014, S. 241–262.

Budziński, Michał: „Wielkie organizacje gospodarcze. Próba reformy gospodarki PRL“, in: Joachim Osiński/Marta Dobrzycka (Hg.): Postęp i regres. Ekonomiczno-społeczne uwarunkowania ewolucji cywilizacji, Warszawa 2017, S. 219 – 229.

Bunce, Valerie: Subversive Institutions. The Design and the Destruction of Socialism and the State, Cambridge 1999.

Burawoy, Michael: The Politics of Production. Factory Regimes under Capitalism and Socialism, London 1985.

Burg, Steven L.: Conflict and Cohesion in Socialist Yugoslavia. Political Decision Making since 1966, Princeton, NJ 1983.

Calic, Marie-Janine: „The Beginning of the End. The 1970s as a Historical Turning Point in Yugoslavia“, in: Marie-Janine Calic/Dietmar Neutatz/Julia Obertreis (Hg.): The Crisis of Socialist Modernity. The Soviet Union and Yugoslavia in the 1970s, Göttingen 2011 (Schriftenreihe der FRIAS School of History 3), S. 66 – 86.

Calic, Marie-Janine/Neutatz, Dietmar/Obertreis, Julia (Hg.): The Crisis of Socialist Modernity: The Soviet Union and Yugoslavia in the 1970s, Göttingen 2011 (Schriftenreihe der FRIAS School of History 3).

Calori, Anna/Jurkat, Kathrin: „‚I'm Both a Worker and a Shareholder.‘ Workers' Narratives and Property Transformations in Postsocialist Bosnia-Herzegovina and Serbia“, in: Südosteuropa 65 (2018), Nr. 4, S. 654 – 678.

Campbell, John L./Lindberg, Leon N.: „Property Rights and the Organization of Economic Activity by the State“, in: American Sociological Review 55 (1990), Nr. 5, S. 634 – 647.

Carroll, Glenn R./Goodstein, Jerry/Gyenes, Antal: „Organizations and the State. Effects of the Institutional Environment on Agricultural Cooperatives in Hungary“, in: Administrative Science Quarterly 33 (1988), Nr. 2, S. 233 – 256.

Chamberlain, Neil W.: Collective Bargaining, New York 1951.

Chandler, Alfred D.: Strategy and Structure. Chapter in the History of the Industrial Enterprise, Cambridge, London 1962.

Coase, R. H.: „The Nature of the Firm“, in: Economica 4 (1937), Nr. 16, S. 386 – 405.

Cooley, Alexander: Logics of Hierarchy. The Organization of Empires, States, and Military Occupations, Ithaca, NY 2005.

Corden, W. Max/Fels, Gerhard: Public Assistance to Industry. Protection and Subsidies in Britain and Germany, London 1976.

Čular, Goran: „Political Development in Croatia 1990 – 2000. Fast Transition – Postponed Consolidation“, in: Politićka misao 37 (2000), Nr. 5, S. 30 – 46.

Czayka, Tomasz: Stocznia im. Komuny Paryskiej w Gdyni w latach 1922 – 1972, Gdynia 1973.

Dalić, Martina: Budućnost brodogradnje u Hrvatskoj, nicht veröffentl. Vortrag, Zagreb, 27. 3. 2018.

Deephouse, David L./Suchman, Mark: „Legitimacy in Organizational Institutionalism“, in: Royston Greenwod u. a. (Hg.): The SAGE Handbook of Organizational Institutionalism, Los Angeles u. a. 2013, S. 49 – 77.

DiMaggio, Paul/Powell, Walter W.: „The Iron Cage Revisited. Institutional Isomorphism and Collective Rationality in Organizational Fields“, in: American Sociological Review 48 (1983), Nr. 2, S. 147 – 160.

Dimitrijević, Dimitrije: Osnovni putevi rešavanja nelikvidnosti privrednih organizacija, Niš 1971 (Savez Ekonomiste Srbije).

Dobias, Peter/Mehić, Ahhmet/Rohmann, Angelika: Marktwirtschaftliche Transformation in Kroatien, Berlin 2000 (Schriften zu internantionalen Wirtschaftsfragen 27).
Doerffer, Jerzy: Życie i Pasje: Wspomnienia, Bd. 4, Gdańsk 2008.
Drahokoupil, Jan: Globalization and the State in Central and Eastern Europe. The Politics of Foreign Direct Investment, London 2009.
Dudek, Antoni: „Dzieje obozu solidarnościowego w III Rzeczypospolitej. 1989–2005", in: Adam Borowski (Hg.): Droga do niepodległości. Solidarność 1980–2005, Warzawa 2005, S. 377–402.
Dudziak, Jan/Spigarski, Henryk: Polski Przemysł Okrętowy 1945–2000, Gdańsk 2000.
Duff Milenkovitch, Deborah: Plan and Market in Yugoslav Economic Thought, New Haven 1971.
Duff Milenkovitch, Deborah: „An Organizational Theory of the Socialist Economy", in: János Mátyás Kovács/Márton Tardos (Hg.): Reform and Transformation in Eastern Europe. Soviet-Type Economics on the Threshold of Change, London 1992, S. 40–61.
Dunn, Elizabeth: Privatizing Poland: Baby Food, Big Business, and the Remaking of Labor, Ithaca 2004.
Đurek, Danijel: „Tehnologija borbe za dohodak", in: Naše Teme 25 (1981), Nr. 12, S. 1966–1971.
Ebhardt, Christian: „‚Als Ganzes gesehen ist das Schiff noch immer Beispiel für eine Riesenhandarbeit'. Produktionssysteme und der Körper des Werftarbeiters während der 1970er Jahre", in: Body Politics – Zeitschrift für Körpergeschichte 9 (2018), S. 201–227.
Ekiert, Grzegorz: „The State After State Socialism. Poland in Comparative Perspective", in: Thazha V. Paul/Gilford John Ikenberry/John A. Hall (Hg.): The Nation-State in Question, Princeton, NJ 2003, S. 291–320.
Engelen, Ute: Demokratisierung der betrieblichen Sozialpolitik? Das Volkswagenwerk in Wolfsburg und Automobiles in Sochaux 1944–1980, Baden-Baden, 2013 (Wirtschafts- und Sozialgeschichte des modernen Europa).
Erker, Paul: „Aufbruch zu neuen Paradigmen. Unternehmensgeschichte zwischen sozialgeschichtlicher und betriebswirtschaftlicher Erweiterung", in: Archiv für Sozialgeschichte 37 (1997), S. 321–365.
Evans, Peter B.: Embedded Autonomy. States and Industrial Transformation, Princeton, NJ 1995.
Federowicz, Michał/Kozek, Wiesława/Morawski, Witold: Stosunki przemysłowe w Polsce. Studium czterech przypadków, Warszawa 1995.
Federowicz, Michał/Levinas, Anthony: „Poland. Councils under Communism and Neoliberalism", in: Joel Rogers/Wolfgang Streeck (Hg.): Works Councils. Consultation, Representation, and Cooperation in Industrial Relations, Chicago 1995, S. 283–312.
Feiwel, George R.: The Economics of a Socialist Enterprise. A Case Study of the Polish Firm, 2. Aufl., New York u. a. 1966 (Praeger Special Studies in International Economics and Development).
Fikfak, Jurij/Prinčič, Jože/D. Turk, Jeffrey/Bajuk Senčar, Tatiana: „Company Directors under Socialism: Between Ideas and Practice", in: Jurij Fikfak/Jože Prinčič/Jeffrey D. Turk (Hg.): Biti direktor v času socializma. Med idejami in praksami, Ljubljana 2008, S. 267–278.
Filipkowski, Piotr/Wegenschimmel, Peter: „Kontrnarracja perspektywy oddolnej. Program badań transformacji przemysłu stoczniowego", in: Konrad Knoch u. a. (Hg.): Historia Stoczni Gdańskiej, Gdańsk 2018, S. 551–566.
Finney, Graham S.: Public-Private Partnerships, Washington, D. C. 1978.

Fligstein, Neil: The Transformation of Corporate Control, Cambridge/London 1990.

Flis, Stanisław/Kazański, Arkadiusz: Sierpień 1980 roku w Gdyni, Warszawa 2010.

Fritzsche, Bernd: Subventionen. Probleme der Abgrenzung und Erfassung – eine Gemeinschaftspublikation der an der Strukturberichterstattung beteiligten Institute, München 1988 (Ifo-Studien zur Strukturforschung 11).

Frumkin, Peter/Galaskiewicz, Joseph: „Institutional Isomorphism and Public Sector Organizations", in: Journal of Public Administration Research and Theory 14 (2004), Nr. 3, S. 283–307.

Furubotn, Eirik G./Pejovich, Svetozar: „Property Rights and Behaviour of the Firm in a Socialist State. The Example of Yugoslavia", in: Zeitschrift für Nationalökonomie 30 (1970), S. 431–454.

Gedeon, Shirley J.: „Monetary Disequilibrium and Bank Reform Proposals in Yugoslavia. Paternalism and the Economy", in: Soviet Studies 39 (1987), Nr. 3, S. 281–291.

Gerlach, Rüdiger: Betriebliche Sozialpolitik im historischen Systemvergleich. Das Volkswagenwerk und der VEB Sachsenring von den 1950er bis in die 1980er Jahre, Stuttgart 2014 (Vierteljahrschrift für Sozial- und Wirtschaftsgeschichte).

Gligorov, Vladimir: „The Social and Economic Basis of Socialist Self-Management in Yugoslavia", in: Radmila Stojanović (Hg.): The Functioning of the Yugoslav Economy, Armonk, NY 1982, S. 3–22.

Gliński, Bohdan: Teoria i praktyka zarządzania przedsiębiorstwami przemysłowymi, Warszawa 1966.

Graber-Majchrzak, Sarah: „The Gdańsk Shipyard. Production Regime and Workers' Conflicts in the 1970s and 1980s in the People's Republic of Poland", in: Raquel Varela/Hugh Murphy/Marcel van der Linden (Hg.): Shipbuilding and Ship Repair Workers around the World. Case Studies 1950–2010, Amsterdam 2017 (Work around the Globe), S. 365–396.

Grabher Gernot (Hg.): The Embedded Firm. On the Socioeconomics of Industrial Networks, London 1993.

Grabher, Gernot: „Adaptation at the Cost of Adaptability? Restructuring the Eastern German Regional Economy", in: ders./David Stark (Hg.): Restructuring Networks in Post-Socialism. Legacies, Linkages, and Localities, Oxford/New York 1997, S. 107–134.

Grabher, Gernot/Stark, David (Hg.): Restructuring Networks in Post-Socialism. Legacies, Linkages, and Localities, Oxford/New York 1997.

Grabher, Gernot/Stark, David: „Organizing Diversity. Evolutionary Theory, Network Analysis, and Post-Socialism", in: dies. (Hg.): Restructuring Networks in Post-Socialism: Legacies, Linkages, and Localities, Oxford/New York 1997, S. 1–32.

Grala, Dariusz T.: Reformy gospodarcze w PRL 1982–1989. Próba uratowania socjalizmu, Warszawa 2005 (W krainie PRL).

Grdešić, Marko: „Exceptionalism and Its Limits. The Legacy of Self-Management in the Former Yugoslavia", in: Stephen Crowley (Hg.): Working Through the Past. Labor and Authoritarian Legacies in Comparative Perspective, Ithaca/New York 2015, S. 103–121.

Greenwood, Royston/Hinings, C. R.: „Understanding Radical Organizational Change. Bringing Together the Old and the New Institutionalism", in: Academy of Management Review 21 (1996), Nr. 4, S. 1022–1054.

Gregurek, Miroslav: „Stupanj i učinci privatizacije u Hrvatskoj", in: Ekonomski Pregled 52 (2001), Nr. 1–2, S. 155–188.

Greskovits, Béla: „Leading Sectors and the Variety of Capitalism in Eastern Europe", in: John Pickles (Hg.): State and Society in Post-Socialist Economies, Basingstoke 2008, S. 19–46.

Grubiša, Damir: „Political Corruption in Transitional Croatia. The Pecularities of a Model", in: Politička misao XLII (2005), Nr. 5, S. 55–74.

Grzymala-Busse, Anna/Jones Luong, Pauline: „Reconceptualizing the State. Lessons from Post-Communism", in: Politics & Society 30 (2002), Nr. 4, S. 529–554.

Hall, Peter A./Soskice, David: „Introduction", in: Peter A. Hall/David Soskice (Hg.): Varieties of Capitalism. The Institutional Foundations of Comparative Advantage, Oxford, 2001, S. 1–68.

Harbron, John D.: Communist Ships and Shipping, London 1962.

Hirschhausen, Christian von/Bitzer, Jürgen: The Globalization of Industry and Innovation in Eastern Europe. From Post-Socalist Restructuring to International Competitiveness, Cheltenham 2000.

Hirszowicz, Maria: The Bureaucratic Leviathan. A Study in the Sociology of Communism, New York 1980.

Hodges, Andrew: „Psychic Landscapes, Worker Organizing and Blame. Uljanik and the 2018 Croatian Shipbuilding Crisis", in: Südosteuropa 67 (2019), Nr. 1, S. 50–74.

Hölscher, Jens/Nulsch, Nicole/Stephan, Johannes: „State Aid in the New EU Member States", in: Journal of Common Market Studies 55 (2017), Nr. 4, S. 779–797.

Höpken, Wolfgang: „Jugoslawien. Von der Wirtschaftskrise zur Systemkrise", in: Südosteuropa 31 (1982), Nr. 11–12, S. 607–625.

Höpken, Wolfgang: Sozialismus und Pluralismus in Jugoslawien. Entwicklung und Demokratiepotential des Selbstverwaltungssystems, München 1984.

Horvat, Branco: The Yugoslav Economic System. The First Labor-Managed Economy in the Making, White Plains 1976.

Hübner, Peter: „Arbeitsbeziehungen und soziale Sicherungen für Arbeiter in Ländern des sowjetischen Blocks", in: Peter Hübner/Christoph Kleßmann/Klaus Tenfelde (Hg.): Arbeiter im Staatssozialismus. Ideologischer Anspruch und soziale Wirklichkeit, Köln/Weimar/Wien 2005 (Zeithistorische Studien 31), S. 249–270.

Hunt, Emery K./Sherman, Howard J.: Volkswirtschaftslehre. Makroökonomie, Frankfurt am Main 1993.

Hürtgen, Renate: „Konfliktverhalten der DDR-Arbeiterschaft und Staatsrepression im Wandel", in: Peter Hübner/Christoph Kleßmann/Klaus Tenfelde (Hg.): Arbeiter im Staatssozialismus. Ideologischer Anspruch und soziale Wirklichkeit, Köln/Weimar/Wien 2005 (Zeithistorische Studien 31), S. 383–403.

Hyman, Richard: Strikes, London 1972.

Iskra, Josip: Uljanik, Pula 1986.

Jajeśniak-Quast, Dagmara: Stahlgiganten in der sozialistischen Transformation. Nowa Huta in Krakau, EKO in Eisenhüttenstadt und Kunčice in Ostrava, Wiesbaden 2010.

Jasińska, Agnieszka: Pomoc państwowa udzielona polskim stoczniom w świetle prawa Unii europejskiej, Warszawa 2012.

Javeline, Debra: Protest and the Politics of Blame, Ann Arbor, MI 2003.

Jong, Abe de/Higgins, David Michael/van Diel, Hugo: „Towards a New Business History", in: Business History 57 (2015), Nr. 1, S. 5–29.

Jugoslavenski leksikografski zavod Miroslav Krleža (Hg.): Pomorska enciklopedija, Zagreb 1972.

Kaleta, Józef: Finanse przedsiębiorstw w warunkach reformy gospodarczej, Warszawa 1985.
Kamola-Cieślik, Małgorzata: Polityka przekształceń własnościowych przedsiębiorstw państwowych gospodarki morskiej w okresie transformacji systemowej w Polsce, Szczecin 2013.
Kardelj, Edvard: Pravci razvoja političkog sistema socjialističkog samoupravljanja, Beograd 1977.
Kardelj, Edvard: Self-Management and the Political System, Beograd 1980.
Karpiński, Andrzej/Paradysz, Stanisław/Soroka, Paweł/Żółtkowski, Wiesław: Jak powstawały i jak upadały zakłady przemysłowe w Polsce, Warszawa 2013.
Kassim, Hussein/Lyons, Bruce: „The New Political Economy of EU State Aid Policy“, in: Journal of Industry, Competition and Trade 13 (2013), Nr. 1, S. 1–21.
Keat, Preston: „Fallen Heroes. Explaining the Failure of the Gdansk Shipyard, and the Successful Early Reform Strategies in Szczecin and Gdynia“, in: Communist and Post-Communist Studies 36 (2003), Nr. 2, S. 209–230.
Kensbok, Andrzej: „Państwowe koło zamachowe“, in: Rzeczy wspólne 21 (2015), Nr. 3, S. 172–185.
Kollmorgen, Raj/Merkel, Wolfgang/Wagener, Hans-Jürgen: „Transformation und Transformationsforschung. Zur Einführung“, in: dies. (Hg.): Handbuch Transformationsforschung, Wiesbaden 2014, S. 11–27.
Komisja do Spraw Reformy Gospodarczej: Podstawowe założenia reformy gospodarczej. Projekt, Warszawa 1981.
Kornai, János: „Resource-Constrained versus Demand-Constrained Systems“, in: Econometrica 47 (1979), Nr. 4, S. 802–920.
Kornai, János: Economics of Shortage, Amsterdam 1980 (Contributions to economic analysis 131).
Kornai, János: „The Soft Budget Constraint“, in: Kyklos 39 (1986), Nr. 1, S. 3–30.
Kornai, János: The Socialist System. The Political Economy of Communism, Oxford 1992.
Kornai, János: Das sozialistische System. Die politische Ökonomie des Kommunismus, Baden Baden 1995 (Schriftenreihe des Bundesinstituts für Ostwissenschaftliche und Internationale Studien 29).
Kowalewska, Salomea: „Społeczne zadania przedsiębiorstw i ich socjologiczna kontrola“, in: Jan Lenart (Hg.): Przedsiębiorstwo w polskim systemie społeczno-ekonomicznym, Państwowe Wydawnictwo Ekonomiczne 1967, S. 198–226.
Koyama, Yoji: Self-Management in the Former Yugoslavia. From a Viewpoint of Corporate Governance, Sopot 13.–14. 5. 2013.
Kozarzewski, Piotr: Polityka właścicielska państwa w okresie transformacji systemowej. Próba syntezy, Lublin 2019.
Krzykała, Franciszek: Wprowadzenie do socjologii socjalistycznego przedsiębiorstwa przemysłowego, Warszawa 1975.
Krzywdzinski, Martin: Arbeits- und Sozialpolitik in Polen. Interessenvermittlung und politischer Tausch in einem umkämpften Politikfeld, Wiesbaden 2008.
Kulpińska, Jolanta: „Pozaprodukcyjne funkcje przedsiębiorstwa przemysłowego“, in: Jan Lenart (Hg.): Przedsiębiorstwo w polskim systemie społeczno-ekonomicznym, Państwowe Wydawnictwo Ekonomiczne 1967, S. 458–479.
Laaser, Claus-Friedrich/Rosenschon, Astrid: Subventionen in Deutschland in den Jahren 2000 bis 2011/2012. Der Kieler Subventionsbericht, Kiel 2013.

Labus, Miroljub: Društvena ili Grupna Svojina, Beograd 1987.

Laky, Terez: „Enterprises in Bargaining Position“, in: Acta Oeconomica 22 (1979), Nr. 3–4, S. 227–246.

Lane, David: The Socialist Industrial State. Towards a Political Sociology of State Socialism, London 1976.

Leyk, Aleksandra/Wawrzyniak, Joanna: Cięcia. Mówiona historia transformacji, Warszawa 2020.

Lijphart, Arend: „The Comparable-Cases Strategy in Comparative Research“, in: Comparative Political Studies 8/2, (1975), S. 158–177.

Lipset, Seymour Martin: „Some Social Requisites of Democracy. Economic Development and Political Legitimacy“, in: The American Political Science Review 53 (1959), Nr. 1, S. 69–105.

Ludwig, Thorsten/Tholen, Jochen: Schiffbau in Europa, Düsseldorf 2008 (Edition der Hans-Böckler-Stiftung 211).

Lydall, Harold: Yugoslav Socialism. Theory and Practice, Oxford 1984.

Lydall, Harold: Yugoslavia in Crisis, Oxford 1989.

Mandić, Srna: „Reformism in Yugoslvia. An Example Reconsidered“, in: Bengt Turner/Iván Tosics/József Hegedűs (Hg.): The Reform of Housing in Eastern Europe and the Soviet Union, London/New York 1992, S. 296–307.

Marciszewski, Edward: „Socjologiczne aspekty działalności pozaprodukcyjnej w socjalistycznym zakładzie pracy“, in: Zeszyty naukowe wyższej szkoły pedagogicznej w Bydgoszczy 8 (1981), S. 59–73.

Maskin, Eric/Qian, Yingyi/Xu, Chenggang: „Incentives, Information, and Organizational Form“, in: The Review of Economic Studies 67 (2000), Nr. 2, S. 359–378.

Mazzucato, Mariana: The Entrepreneurial State. Debunking Public vs. Private Sector Myths, New York 2015.

McDermott, Gerald A.: Embedded Politics. Industrial Networks and Institutional Change in Postcommunism, Ann Arbor 2003.

Merl, Stephan: „The Soviet Economy in the 1970s. Reflections on the Relationship between Socialist Modernity, Crisis and the Administrative Command Economy“, in: Marie-Janine Calic/Dietmar Neutatz/Julia Obertreis (Hg.): The Crisis of Socialist Modernity. The Soviet Union and Yugoslavia in the 1970s, Göttingen 2011 (Schriftenreihe der FRIAS School of History 3), S. 28–65.

Meyer, John W./Rowan, Brian: „Institutionalized Organizations. Formal Structure as Myth and Ceremony“, in: The American Journal of Sociology 83 (1977), Nr. 2, S. 340–363.

Meyer, Marshall W./Zucker, Lynne G.: Permanently Failing Organizations, Newbury Park u. a. 1989.

Minc, Bronisław: Ekonomia polityczna socjalizmu, Warszawa 1961.

Mrozowicki, Adam: „Socjologia pracy w Polsce. Perspektywy odbudowy subdyscypliny“, in: Humanizacja Pracy 48 (2015), Nr. 1, S. 13–28.

Mrozowicki, Adam: „Sociology of Work in Poland“, in: Paul Stewart/Jean-Pierre Durand/Maria-Magdalena Richea (Hg.): The Palgrave Handbook of the Sociology of Work in Europe, Cham 2019, S. 253–285.

Murphy, Hugh/Tenold, Stig: „Appendix 1. The Effects of the Oil Price Shocks on Shipbuilding in the 1970s“, in: Raquel Varela/Hugh Murphy/Marcel van der Linden (Hg.): Shipbuilding and Ship Repair Workers around the World. Case Studies 1950–2010, Amsterdam 2017 (Work around the Globe), S. 665–681.

Murrell, Peter: The Nature of Socialist Economies. Lessons from Eastern European Foreign Trade, Princeton, N. J. 1990.

Musacchio, Aldo/Lazzarini, Sérgio G.: „Leviathan in Business. Varieties of State Capitalism and Their Implications for Economic Performance“, in: SSRN Electronic Journal (2012).

Niedbała, Zdzisław: „Rozwój form organizacyjno-prawnych przedsiębiorstw państwowych w PRL“, in: Ruch Prawniczy, Ekonomiczny, Socjologiczny 3 (1974), S. 171–185.

NSZZ Solidarność: Polska 5 lat po Sierpniu. Raport, 2. Aufl., London 1986.

OECD: Guidelines on Corporate Governance of State-Owned Enterprises 2005.

Offe, Claus: „Das Dilemma der Gleichzeitigkeit“, in: Merkur 45 (1991), Nr. 505, S. 279–292.

Ost, David: The Defeat of Solidarity. Anger and Politics in Postcommunist Europe, Ithaca 2005.

Palairet, Michael: „Croatian Shipbuilding in Crisis. 1979–1995“, in: Goić Srećko (Hg.): Enterprise in Transition: Proceedings. Fourth International Conference on Enterprise in Transition, Split-Hvar 2001, S. 758–816.

Pavlínek, Petr: A Successful Transformation? Restructuring of the Czech Automobile Industry, Heidelberg 2008 (Contributions to Economics).

Pearce, Jone L.: Organization and Management in the Embrace of Government, London u. a. 2001.

Perić Hadžić, Ana/Karačić, Tea: „Restrukturiranje hrvatske brodogradnje u kontekstu pristupanja Europskoj Uniji“, in: Pomorski zbornik 47–48 (2013), S. 121–132.

Plumpe, Werner: „Die Unwahrscheinlichkeit des Jubiläums – oder: warum Unternehmen nur historisch erklärt werden können“, in: Jahrbuch für Wirtschaftsgeschichte 44 (2003), Nr. 1, S. 143–156.

Polányi, Karl: „Sozialistische Rechnungslegung“, in: Archiv für Sozialwissenschaft und Sozialpolitik 49 (1922), Nr. 2, S. 377–420.

Power, Michael: „Counting, Control and Calculation. Reflections on Measuring and Management“, in: Human Relations 57 (2004), Nr. 6, S. 765–783.

Power, Michael: „Accounting, Boundary-making, and Organizational Permeability“, in: Leopold Ringel/Petra Hiller/Charlene Zietsma (Hg.): Toward Permeable Boundaries of Organizations? Bingley 2018 (Research in the Sociology of Organizations 57), S. 31–53.

Prinčič, Jože: „Direktorska funkcija v jugoslovanskem socialističnem gospodarskem sistemu“, in: Jurij Fikfak/Jože Prinčič/Jeffrey D. Turk (Hg.): Biti direktor v času socializma. Med idejami in praksami, Ljubljana 2008, S. 57–101.

Prout, Christopher J.: Market Socialism in Yugoslavia, Oxford 1985 (Economies of the world).

Pula, Besnik: Globalization under and after Socialism. The Evolution of Transnational Capital in Central and Eastern Europe, Stanford, CA 2018 (Emerging frontiers in the global economy).

Puljar D'Alessio, Sanja: Mi gradimo brod, a brod gradi nas. Etnografija organizacije brodogradilišta 3. Maj, Zagreb 2018.

Puttkamer, Joachim von: „Der schwere Abschied vom Volkseigentum. Wirtschaftliche Reformdebatten in Polen und Ostmitteleuropa in den 1980er Jahren“, in: Norbert Frei/Dietmar Süß (Hg.): Privatisierung. Idee und Praxis seit den 1970er Jahren, Göttingen 2012, S. 158–183.

Rajković, Ivan: „Concern for the State. Normality, State Effect and Distributional Claims in Serbia“, in: Glasnik Etnografskog Instituta SANU, Nr. LXV/1 (2017), S. 31–15.

Ramet, Sabrina Petra: The Three Yugoslavias. State-Building and Legitimation 1918–2005, Bloomington 2006.

Reeves, Madeline: Border Work. Spatial Lives of the State in Rural Central Asia, Ithaca 2014.

Reich, Robert B.: The Work of Nationals. Preparing Ourselves for 21st-Century Capitalism, New York 1991.

Reuter, Jens: „Jugoslawiens Austerity-Programm", in: Südosteuropa 31 (1982), Nr. 11–12, S. 599–606.

Richmond, Christine: Reassessing the Role of State-Owned Enterprises in Central, Eastern, and Southeastern Europe, Washington, DC 2019 (Departmental paper series 19/11).

Roth, Stefan/Robbert, Thomas/Straus, Lennart: „On the Sunk-Cost Effect in Economic Decision-Making: A Meta-Analytic Review", in: Business Research 8 (2015), Nr. 1, S. 99–138.

Rueschemeyer, Dietrich/Evans, Peter B./Skocpol, Theda (Hg.): Bringing the State Back in, Cambridge 1985.

Rus, Veljko: „Influence Structure in Yugoslav Enterprises", in: Industrial Relations 9 (1970), Nr. 2, S. 148–160.

Rus, Veljko: „Radna organizacija kao otvoreni sistem polazišne pretpostavke", in: Josip Obradović (Hg.): Psihologija i sociologija organizacije, Zagreb 1982, S. 365–414.

Rutar, Sabine: „Containing Conflict and Enforcing Consent in Titoist Yugoslavia. The 1970 Dockworkers' Strike in Koper (Slovenia)", in: European History Quarterly 45 (2015), Nr. 2, S. 275–294.

Sabel, Charles F./Stark, David: „Planning, Politics, and Shop-Floor Power. Hidden Forms of Bargaining in Soviet-Imposed State-Socialist Societies", in: Politics & Society 11 (1982), Nr. 4, S. 439–475.

Santos, Filipe M./Eisenhardt, Kathleen M.: „Organizational Boundaries and Theories of Organization", in: Organization Science 16 (2005), Nr. 5, S. 491–508.

Satterwhite, James H.: Varieties of Marxist Humanism. Philosophical Revision in Postwar Eastern Europe, Pittsburgh 1992 (Series in Russian and East European studies 17).

Savez Komunista Jugoslavije: Deseti Kongres Saveza Komunista Jugoslavije. Dokumenti, Beograd 1975.

Schierup, Carl-Ulrik: Migration, Socialism and the International Division of Labour. The Yugoslavian Experience, Aldershot 1990 (Research in ethnic relations series).

Schult, Ulrike: Zwischen Stechuhr und Selbstverwaltung. Eine Mikrogeschichte sozialer Konflikte in der jugoslawischen Fahrzeugindustrie 1965–1985, Münster 2017.

Schulz, Ulrike: Simson. Vom unwahrscheinlichen Überleben eines Unternehmens 1856–1993, 2. Aufl., Göttingen 2013.

Schulz, Ulrike/Welskopp, Thomas: „Wieviel kapitalistisches Unternehmen steckte in den Betrieben des real existierenden Sozialismus. Konzeptionelle Überlegungen und ein Fallbeispiel", in: Jahrbuch für Wirtschaftsgeschichte 58 (2017), Nr. 2, S. 331–366.

Scranton, Philip: „Managing Communist Enterprises. Poland, Hungary, and Czechoslovakia, 1945–1970", in: Enterprise & Society 19 (2018), Nr. 3, S. 492–537.

Scranton, Philip/Fridenson, Patrick: Reimagining Business History, Baltimore 2013.

Sekretariat für den Informationsdienst der Bundesversammlung: Verfassung der Sozialistischen Föderativen Republik Jugoslawien, Beograd 1974.

Shin, Wonchul: „The Evolution of Labour Relations in the South Korean Shipbuilding Industry. A Case Study of Hanjin Heavy Industries, 1950–2014", in: Raquel Varela/Hugh Murphy/

Marcel van der Linden (Hg.): Shipbuilding and Ship Repair Workers around the World. Case Studies 1950 – 2010, Amsterdam 2017 (Work around the Globe), S. 615 – 636.
Siegelbaum, Lewis. H.: Cars for Comrades. The Life of the Soviet Automobile, Ithaca 2009;
Slichter, Sumner H./Healy, James J./Livernash, E. Robert: The Impact of Collective Bargaining on Management, Washington 1960.
Soergel, Wolfgang: Arbeiterselbstverwaltung oder Managersozialismus. Eine empirische Untersuchung in jugoslawischen Industriebetrieben, München 1979.
Stanić, Igor: „‚Jedan od najtežih dana u Uljaniku'. Štrajk u brodogradilištu Uljanik 1967. godine", in: Problemi sjevernog Jadrana 15 (2016), S. 73 – 94.
Staniszkis, Jadwiga: Poland's Self-Limiting Revolution, Princeton 1984.
Starbuck, William H.: „Organizations as Action Generators", in: American Sociological Review 48 (1983), Nr. 1, S. 91 – 102.
Stark, David: „Recombinant Property in East European Capitalism", in: American Journal of Sociology 101 (1996), Nr. 4, S. 993 – 1027.
Stepan, Alfred C.: State and Society, Princeton 1978.
Stinchcombe, Arthur L.: „Bureaucratic and Craft Administration of Production. A Comparative Study", in: Administrative Science Quarterly 4 (1959), Nr. 2, S. 168 – 187.
Stråth, Bo: The Politics of De-Industrialisation. The Contraction of the West European Shipbuilding Industry, London 1987.
Strauss, Anselm L./Corbin, Juliet: Basics of Qualitative Research, Newbury Park 1990.
Suhomlinova, Olga: „Property Rules. State Fragmentation, Industry Heterogeneity and Property Rights in the Russian Oil Industry, 1992 – 2006", in: Human Relations 60 (2007), Nr. 10, S. 1443 – 1466.
Szanyi, Miklos: Privatization and State Property Management in Post-Transition Economies, 2014 (IWE Working Papers 211).
Szczepański, Marcin R.: Konflikt przemysłowy w Polskich Kolejach Państwowych w latach 1989 – 2005. Podłoże, przebieg, znaczenie polityczne, Toruń 2014.
Szczerski, Andrzej/Kolenda, Karolina: The City is Born. Modernism in Gdynia between the Wars, Gdynia 2014.
Szczurkiewicz, Tadeusz: Socjologia przemysłu. Wykłady dla słuchaczy studium podyplomowego, Poznań 1966.
Sznajder Lee, Aleksandra: Transnational Capitalism in East Central Europe's Heavy Industry. From Flagship Enterprises to Subsidiaries, Ann Arbor 2016.
Tchoukarine, Igor: „To Serve the King, the State and the People. The Adriatic Guard's Ambiguous Position in interwar Yugoslavia", in: European Review of History: Revue européenne d'histoire 26 (2019), Nr. 1, S. 121 – 140.
Ther, Philipp: Die neue Ordnung auf dem alten Kontinent. Eine Geschichte des neoliberalen Europa, Berlin 2014.
Ther, Philipp: Das andere Ende der Geschichte. Über die Große Transformation, Berlin 2019.
Thirkell, John/Petkov, Krastyu/Vickerstaff, Sarah: The Transformation of Labour Relations. Restructuring and Privatization in Eastern Europe and Russia, New York 1991.
Tilly, Charles: Big Structures, Large Processes, Huge Comparisons, New York 1984 (75th anniversary series).
Tittenbrun, Jacek: Z deszczu pod rynnę. Meandry polskiej prywatyzacji, Bd. 2, Poznań 2007.
Trappmann, Vera: Fallen Heroes in Global Capitalism. Workers and the Restructuring of the Polish Steel Industry, Houndsmill 2013.

Troch, Pieter: „Tensions between Plan and Market in a Political Factory in Socialist Kosovo“, in: Business History (2020), DOI: 10.1080/00076791.2020.1733981.
Tsenkova, Sasha: Housing Policy Reforms in Post Socialist Europe. Lost in Transition, Heidelberg 2009.
Tymiński, Maciej: PZPR i przedsiębiorstwo. Nadzór partyjny nad zakładami przemysłowymi 1956–1970, Warszawa 2001 (W krainie PRL).
Tymiński, Maciej: „Managers in the Command Economy. Case Studies from Poland, 1956–1970“, in: Business History 113/3 (2019), Nr. 3, S. 1–27.
Tyson, Laura D'Andrea: „Liquidity Crises in the Yugoslav Economy. An Alternative to Bankruptcy?“, in: Soviet Studies 29 (1977), Nr. 2, S. 284–295.
Uljanik d.d.: Uljanik. 1856–2006, Pula 2006.
Uvalić, Milica: Investment and Property Rights in Yugoslavia. The Long Transition to a Market Economy, Cambridge 1992 (Soviet and East European studies 86).
Vagliasindi, Maria: Governance Arrangements for State Owned Enterprises, Washington 2008 (Policy Research Working Paper).
van de Donk, Wilfred: De gedragen gemeenschap. Over katholiek maatschapelijk organiseren de ontzuiling voorbij, Den Haag 2001.
Vanhuysse, Pieter: Divide and Pacify. Strategic Social Policies and Political Protests in Post-Communist Democracies, Budapest/New York 2006.
Vanhuysse, Pieter: „Silent non-Exit and Broken Voice. Early Postcommunist Social Policies as Protest-Preempting Strategies“, in: Südosteuropa 67 (2019), Nr. 2, S. 150–174.
Vanoli, André/Pinot Libreros, Marion/Partmann, Gayle H.: A History of National Accounting, Amsterdam 2005.
Varela, Raquel/Murphy, Hugh/van der Linden, Marcel: „Introduction“, in: dies. (Hg.): Shipbuilding and Ship Repair Workers around the World. Case Studies 1950–2010, Amsterdam 2017 (Work around the Globe), S. 15–43.
Verdery, Katherine: What Was Socialism and What Comes Next?, Princeton 1996.
Verdery, Katherine: „The Property Regime of Socialism“, in: Conservation & Society 2 (2004), Nr. 1, S. 189–198.
Vormbusch, Uwe: „Performative Entdeckungsverfahren und die Krise von Wert“, in: Jürgen Beyer/Konstanze Senge (Hg.): Finanzmarktsoziologie. Entscheidungen, Ungewissheit und Geldordnung, Wiesbaden 2018, S. 93–106.
Warlouzet, Laurent: „The Collapse of the French Shipyard of Dunkirk and EEC State-Aid Control (1977–86)“, in: Business History 25 (2017), Nr. 1, S. 1–21.
Weber, Beat/Schmitz, Stefan W.: „Varieties of Helping Capitalism. Politico-Economic Determinants of Bank Rescue Packages in the EU during the Recent Crisis“, in: Socio-Economic Review 9 (2011), Nr. 4, S. 639–669.
Weber, Max: Wirtschaft und Gesellschaft. Grundriß der verstehenden Soziologie, Tübingen 1985.
Wegenschimmel, Peter: „Public Enterprises in Poland. Institutionalizing a Provisional Model“, in: Mirosław Geise/Jarosław Oczki/Dariusz Piotrowski (Hg.): Transformacja gospodarcza w Polsce, Bydgoszcz 2016, S. 285–292.
Wegenschimmel, Peter: „Was ist ein Unternehmen – und wenn ja wie viele? Eine Organisationsgeschichte unternehmerischer Grenzverschiebungen“, in: Arbeits- und Industriesoziologische Studien 1 (2018), S. 25–37.

Weitbrecht, Hansjörg: Effektivität und Legitimität der Tarifautonomie. Eine soziologische Untersuchung am Beispiel der deutschen Metallindustrie, Berlin 1969.

Welskopp, Thomas: „Stolpersteine auf dem Königsweg. Methodenkritische Anmerkungen zum internationalen Vergleich in der Gesellschaftsgeschichte“, in: Archiv für Sozialgeschichte 35 (1995), S. 339–367.

Welskopp, Thomas: „Unternehmenskulturen im internationalen Vergleich – oder integrale Unternehmensgeschichte in typisierender Absicht?“, in: Hartmut Berghoff/Jakob Vogel (Hg.): Wirtschaftsgeschichte als Kulturgeschichte. Dimensionen eines Perspektivenwechsels, Frankfurt am Main/New York 2004, S. 265–294.

Whitley, Richard/Czaban, Laszlo: „Institutional Transformation and Enterprise Change in an Emergent Capitalist Economy. The Case of Hungary“, in: Organization Studies 19 (1998), Nr. 2, S. 259–280.

Wilczynski, Jozef: Technology in Comecon. Acceleration of Technological Progress through Economic Planning and the Market, London 1974.

Williamson, Oliver E.: Markets and Hierarchies. Analysis and Antitrust Implications. A Study in the Economics of Internal Organization, New York, NY 1975.

Wishlade, Fiona: „EU State Aid Control“, in: Clarke Roger/Eleanor Morgen (Hg.): New Developments in UK and EU Competition Policy, Cheltenham 2006, S. 232–261.

Witzel, Andreas, „Das problemzentrierte Interview“, in: Qualitative Social Research 1 (2000), Nr. 1, http://www.qualitative-research.net/index.php/fqs/article/view/1132/2519, zuletzt geprüft am 4.12.2019.

Wolf, Johanna: Assurances of Friendship. Transnationale Wege von Metallgewerkschaftern in der Schiffbauindustrie, 1950–1980, Göttingen 2018 (Transnationale Geschichte 11).

Woodward, Susan L.: „Reforming a Socialist State. Ideology and Public Finance in Yugoslavia“, in: World Politics 41 (1989), Nr. 2, S. 267–305.

Woodward, Susan L.: Socialist Unemployment. The Political Economy of Yugoslavia, 1945–1990, Princeton, NJ 1995.

Yin, Robert K.: Case Study Research. Design and Methods, Thousand Oaks 2009.

Zietsma, Charlene u. a.: „Field or Fields? Building the Scaffolding for Cumulation of Research on Institutional Fields“, in: Academy of Management Annals 11 (2017), Nr. 1, S. 391–450.

Zukin, Sharon: „Yugoslavia. Development and Persistence of the State“, in: Neil Harding (Hg.): The State in Socialist Society, London/Basingstoke 1984, S. 249–276.

Županov, Josip: Sociologija i samoupravljane, 2. Aufl., Zagreb 1987 (Biblioteka „Suvremena misao“).

Index

https://doi.org/10.1515/9783110736007-012

www.ingramcontent.com/pod-product-compliance
Lightning Source LLC
LaVergne TN
LVHW102230300926
849160LV00006B/87

* 9 7 8 3 1 1 0 7 3 9 3 7 4 *